Hans J. Kleinsteuber

Radio

Hans J. Kleinsteuber

# Radio

Eine Einführung

Unter Mitarbeit von:
Ralph Eichmann, Uwe Hasebrink,
Corinna Lüthje, Norman Müller
und Frank Schätzlein

**VS VERLAG**

Bibliografische Information der Deutschen Nationalbibliothek
Die Deutsche Nationalbibliothek verzeichnet diese Publikation in der
Deutschen Nationalbibliografie; detaillierte bibliografische Daten sind im Internet über
<http://dnb.d-nb.de> abrufbar

1. Auflage 2012

Alle Rechte vorbehalten
© VS Verlag für Sozialwissenschaften | Springer Fachmedien Wiesbaden GmbH 2012

Lektorat: Barbara Emig-Roller

VS Verlag für Sozialwissenschaften ist eine Marke von Springer Fachmedien.
Springer Fachmedien ist Teil der Fachverlagsgruppe Springer Science+Business Media.
www.vs-verlag.de

Umschlaggestaltung: KünkelLopka Medienentwicklung, Heidelberg
Umschlagbild: Hans J. Kleinsteuber, Hamburg.
Druck und buchbinderische Verarbeitung: STRAUSS GMBH, Mörlenbach
Gedruckt auf säurefreiem und chlorfrei gebleichtem Papier
Printed in Gemany

ISBN 978-3-531-15326-1

# Inhalt

**Kapitel 1: Einführung** ............................................................................ 11

**Kapitel 2: Radio – Versuch einer Begriffsbestimmung** ....................... 15

2.1 Entstehung des Begriffs Radio ........................................................ 16

2.2 Radio in Deutschland ...................................................................... 17

2.3 Transkulturelle Bedeutung des Begriffs Radio ............................... 19

2.4 Der deutsche Sonderweg: Hörfunk ................................................. 20

2.5 Radio als Marke .............................................................................. 22

2.6 Radio als akustisches Medium ........................................................ 23

2.7 Radio als Audio-Medium ................................................................ 24

2.8 Radio und Hören ............................................................................. 27

2.9 Radio als Programmmedium ........................................................... 29

2.10 Radio als unsichtbares Medium ...................................................... 31

2.11 Radio als Alltagsmedium ................................................................ 32

2.12 Bausteine zu einer Definition des Radios ....................................... 33

2.13 Fragen zur Vertiefung ..................................................................... 34

2.14 Definitionen und Erklärungen ........................................................ 35

**Kapitel 3: Theorien** *(Frank Schätzlein)* ................................................. 37

3.1 Radiotheorien – die deutsche Perspektive ...................................... 37

3.2 Theorie vs. Praxis – Individualtheorien – Radiotheorien ............... 38

3.3 Kontexte und Fachbezüge ............................................................... 39

3.4 Reichweite und Gegenstände .......................................................... 39

3.5 Phasen und Typen ........................................................................... 40

3.6 Entwicklungslinien der Radiotheorie ............................................. 42

3.7 Einzelmedientheorien des Radios im Überblick (I): utopische, medien- und gesellschaftskritische Ansätze ................................... 43

3.8 Einzelmedientheorien des Radios im Überblick (II): wissenschaftlich-systematische Ansätze ......................................... 47

3.9     Ausblick............................................................................... 52
3.10    Radiotheorien – der internationale Stand *(Hans J. Kleinsteuber)*.... 52
3.11    Fragen zur Vertiefung........................................................... 60
3.12    Definitionen und Erklärungen ............................................... 61

**Kapitel 4: Geschichte *(Frank Schätzlein)* ..................................... 63**
4.1     Entwicklung der Radiogeschichtsschreibung .......................... 63
4.2     Felder der Radiogeschichtsschreibung .................................... 64
4.3     Phasen der Radiogeschichte.................................................... 65
4.4     Vorgeschichte des Radios....................................................... 66
4.5     Etablierung des Radios in der Weimarer Republik.................... 67
4.6     Radio als Massen- und Propagandamedium im
        Nationalsozialismus............................................................... 68
4.7     Radio in der Nachkriegszeit und der Umbau des
        Rundfunksystems................................................................... 70
4.8     Das „Radiojahrzehnt" in den 50er Jahren................................ 71
4.9     Konkurrenz zum Fernsehen: der Wandel des Radioprogramms in
        den 60er und 70er Jahren....................................................... 73
4.10    Radio im dualen Rundfunksystem........................................... 75
4.11    Radio im wiedervereinigten Deutschland................................ 76
4.12    Perspektiven der Radiogeschichtsschreibung .......................... 78
4.13    Fragen zur Vertiefung............................................................ 79
4.14    Definitionen und Erklärungen ................................................ 80

**Kapitel 5: Technik ............................................................... 83**
5.1     Elektromagnetische Frequenzen............................................. 83
5.2     Sichtweisen von Technik........................................................ 85
5.3     Grundlagen der Radiotechnik ................................................ 86
5.4     Phase 1: Anfänge in den 1920er Jahren – Lang-, Mittel-,
        Kurzwelle.............................................................................. 86
5.5     Phase 2: Neuanfang nach 1945 – Ultrakurzwelle .................... 90
5.6     Phase 3: die schwierige Digitalisierung – DAB,
        Internetradio & Co. ............................................................... 92
5.7     Fazit ..................................................................................... 109
5.8     Fragen zur Vertiefung............................................................ 110

5.9 Definitionen und Erklärungen ....................................................... 111

**Kapitel 6: Politik** ................................................................................. **113**

6.1 Rechtliche Grundlagen ................................................................ 113

6.2 Grundbegriffe der Medienpolitik ................................................. 117

6.3 Ebenen der Medienpolitik ............................................................ 119

6.4 Kurze Geschichte der Medienpolitik ............................................ 121

6.5 Medienpolitik heute .................................................................... 123

6.6 Medien und politische Kommunikation ........................................ 123

6.7 Medienpolitische Fallbeispiele ..................................................... 126

6.8 Fazit .......................................................................................... 134

6.9 Fragen zur Vertiefung ................................................................. 135

6.10 Definitionen und Erklärungen ..................................................... 136

**Kapitel 7: Ökonomie** ............................................................................ **137**

7.1 Einige Grundlagen ...................................................................... 137

7.2 Grenzen ökonomischer Sichtweisen ............................................ 138

7.3 Ebenen der Analyse .................................................................... 139

7.4 Radio als Produkt ....................................................................... 145

7.5 Radiostrategien ........................................................................... 146

7.6 Radiomanagement ....................................................................... 146

7.7 Kommerzielles Radio ................................................................... 148

7.8 Radiowerbung ............................................................................. 151

7.9 Radiomarketing ........................................................................... 153

7.10 Fazit .......................................................................................... 157

7.11 Fragen zur Vertiefung ................................................................. 158

7.12 Definitionen und Erklärungen ..................................................... 159

**Kapitel 8: Organisation** ....................................................................... **161**

8.1 Einleitung ................................................................................... 161

8.2 Das duale System ....................................................................... 161

8.3 Das öffentliche Radio .................................................................. 163

8.4 Das privat-kommerzielle Radio ................................................... 169

8.5 Radioorganisation in der Schweiz und Österreich ........................ 172

8.6 Standards im Radio ............................................................... 175

8.7 Konvergenz .......................................................................... 179

8.8 Fazit ..................................................................................... 180

8.9 Fragen zur Vertiefung .......................................................... 181

8.10 Definitionen und Erklärungen ............................................ 182

**Kapitel 9: Programm** *(Corinna Lüthje)* ........................................ **183**

9.1 Einleitung ............................................................................ 183

9.2 Programmelemente .............................................................. 183

9.3 Zusammenfügung der Programmelemente zu einer Programmstruktur .............................................................. 191

9.4 Programmstruktur ................................................................ 193

9.5 Medienrechtlich relevante Programmtypen ......................... 194

9.6 Programme in internationaler Perspektive *(Hans J. Kleinsteuber)* 202

9.7 Fazit ..................................................................................... 205

9.8 Fragen zur Vertiefung .......................................................... 206

9.9 Definitionen und Erklärungen ............................................ 207

**Kapitel 10: Nutzung** *(Uwe Hasebrink/Norman Müller)* .............. **209**

10.1 Einleitung ............................................................................ 209

10.2 Methoden der Radionutzungsforschung ............................. 210

10.3 Aktuelle Ergebnisse der Reichweitenforschung ................. 216

10.4 Ausgewählte Einzelaspekte der Radionutzung .................. 220

10.5 Radionutzung in sich verändernden Medienumgebungen ........... 226

10.6 Das Radio als Bestandteil künftiger Medienrepertoires ............. 231

10.7 Fragen zur Vertiefung .......................................................... 233

10.8 Definitionen und Erklärungen ............................................ 234

**Kapitel 11: Journalismus** *(Ralph Eichmann)* ............................. **235**

11.1 Einleitung ............................................................................ 235

11.2 Die zehn radiojournalistischen Darstellungsformen ............ 236

11.3 Sprache und Sprechen im Radio ......................................... 258

11.4 Technik ................................................................................ 260

11.5 Sendungen ........................................................................... 261

11.6 Fazit ..................................................................................... 266

| | | |
|---|---|---|
| 11.7 | Weitere Quellen für diesen Text | 266 |
| 11.8 | Fragen zur Vertiefung | 266 |
| 11.9 | Definitionen und Erklärungen | 267 |

**Kapitel 12: Community Radio** ... **269**

| | | |
|---|---|---|
| 12.1 | Einleitung: Definition | 269 |
| 12.2 | Grundelemente | 270 |
| 12.3 | Theoretische Grundlagen | 271 |
| 12.4 | Anfänge | 272 |
| 12.5 | Community Radio in der Welt | 275 |
| 12.6 | Campus- und College-Radio | 290 |
| 12.7 | Fazit | 291 |
| 12.8 | Fragen zur Vertiefung | 292 |
| 12.9 | Definitionen und Erklärungen | 293 |

**Kapitel 13: Globale Dimension** ... **295**

| | | |
|---|---|---|
| 13.1 | Einleitung | 295 |
| 13.2 | Radio als globales Medium | 295 |
| 13.3 | Modelle weltweit: kommerziell versus öffentlich | 302 |
| 13.4 | Fazit | 310 |
| 13.5 | Fragen zur Vertiefung | 311 |
| 13.6 | Definitionen und Erklärungen | 312 |

**Kapitel 14: Radio in aller Welt** ... **313**

| | | |
|---|---|---|
| 14.1 | Einleitung | 313 |
| 14.2 | Ethnisches Radio | 313 |
| 14.3 | Kinder und Radio | 316 |
| 14.4 | Militär und Radio | 321 |
| 14.5 | Piratenradio | 323 |
| 14.6 | Religion und Radio | 324 |
| 14.7 | Sport und Radio | 326 |
| 14.8 | Talk und Radio | 328 |
| 14.9 | Krisen und Krieg im Radio | 329 |
| 14.10 | Katastrophen und Radio | 332 |

14.11    Fazit ............................................................................ 333

14.12    Fragen zur Vertiefung ................................................. 333

14.13    Definitionen und Erklärungen ..................................... 334

**Kapitel 15: Rund ums Radio** ................................................ **335**

15.1    Vereinigungen ............................................................. 335

15.2    Museen ........................................................................ 335

15.3    Konferenzen ................................................................. 336

15.4    Wissenschaft ............................................................... 337

15.5    Studiengänge ............................................................... 337

15.6    Geschichten ................................................................. 338

15.7    Humor .......................................................................... 340

**Kapitel 16: Fazit – Ein Medium der Zukunft?** ..................... **342**

**Abkürzungsverzeichnis** .......................................................... **345**

**Abbildungen und Tabellen** ...................................................... **349**

Tabellen .................................................................................. 349

Abbildungen ........................................................................... 350

**Literatur** ................................................................................... **351**

Zeitschriften ........................................................................... 367

Einige Websites ...................................................................... 367

**Autorinnen und Autoren** ........................................................ **369**

# Kapitel 1
# Einführung

Diese Einführung geht von der These aus, dass Radio das Vielfältigste aller Medien darstellt. Dies ist u. a. der Tatsache geschuldet, dass niemand so genau weiß, wo die äußeren Grenzen des Phänomens Radio liegen. Manches nennt sich heute Radio - z. B. Internetradio oder Radio-on-Demand -, da kann man mit Recht fragen, ob dies vom Begriff eigentlich gedeckt ist? In jedem Fall aber gilt, dass das erste elektronische Medium - im Prinzip ca. neunzig Jahre alt - schon viel mitgemacht hat. Nach seinen Pionier- und Experimentaljahren wurde es zum Leitmedium der „goldenen" Phase des Radios zwischen den 30er und 50er Jahren, es wurde später vom Fernsehen marginalisiert und erfand sich neu als Begleitmedium, wo es bis heute seine Stärke beweist. Es hat über die Jahre alle Lebensräume erobert und begleitet unsere Mobilität, es hat eine einzigartige Internationalität entwickelt und ist tief im Lokalen verankert. Es ist neben dem Fernsehen das meistgenutzte Medium in Deutschland und zeigt trotz des Siegeszugs des Internet kaum Rückgänge in der Nutzung. Mehr noch, es scheint zunehmend zum Komplementär im Internet-Zeitalter zu werden, da es wunderbar während der Arbeit am Bildschirm genutzt werden kann. Schließlich ist das Radio eine einzigartige Verbindung mit der Zivilgesellschaft eingegangen, im Unterschied zu allen anderen der klassischen Medien ist die Zugangsbarriere gering, das Selbermachen kein Problem, die Bedienung auch kleiner Zielgruppen möglich.

Eine Einführung, die ihren Namen verdient, sollte eigentlich immer transdisziplinär angelegt sein. In der vorliegenden Studie sind dennoch alle nachfolgenden Kapitel monodisziplinär angelegt (Geschichte, Politik, Wirtschaft etc.) oder sie folgen zumindest einem Leitbegriff (Theorie, Nutzung, Journalismus), damit ist ein einfaches und nachvollziehbares Gliederungsprinzip intendiert. Diese Kapitel sind als Einführungen geschrieben, sie sollen einen Überblick geben, zentrale Zusammenhänge aufweisen und Beispiele geben. Um auf die vielen transdisziplinären Querverbindungen hinzuweisen, wurden Verweise auf andere Kapitel in den Text eingebaut. Akteure mit Radiobezug (Stationen, Unternehmen, Verbände etc.) sind kursiv hervorgehoben.

Als Einführung konzipiert, ist dieses Buch kein Sammelwerk, in dem Spezialisten ihre Sicht des Radios darstellen. Vielmehr soll jedes Kapitel einen handbuchartigen Überblick über seinen Teilbereich geben. Die Gesamtkonzeption entwarf der Unterzeichnende, allerdings ist die Abfassung einiger Kapitel an ausgewiesene Fachleute weitergegeben worden. Radiotheorien werden z. B. vor allem im Umfeld der geisteswissenschaftlichen Medienwissenschaft diskutiert, da liegt es nahe, einen Kollegen aus diesem Bereich zu bitten. Oder: Ein akademisch geprägter Sozialwissenschaftler wird die Praxis des Radiojournalismus schwerlich darlegen können, das kann ein aktiver Radioredakteur viel besser. Dennoch, die Verantwortung für den Gesamtzusammenhang verblieb beim Unterzeichnenden. Fehler sind bei ihm zu reklamieren. Der Autor ist den Verfassern der Gastbeiträge sehr dankbar.

Die Idee des Buches entstand im Zusammenhang mit der ersten Vernetzung europäischer Wissenschaftler, die ein gemeinsames Interesse am Thema Radio verband. Es handelte sich um die inzwischen aufgelöste Gruppe *International Radio Research Network* (IREN), in der Wissenschaftler aus vielen europäischen Ländern zusammenarbeiteten. Die deutschen Vertreter in IREN waren der Hamburger Kollege Uwe Hasebrink und der Unterzeichnende. Die Funktionen dieser Gruppe gingen später in der *Radio Research Section* der europäischen Vereinigung der Kommunikationswissenschaftler (ECREA) auf, die heute sehr aktiv ist. In europäischer Zusammenarbeit wurde schnell klar, dass in Europa ein erhebliches und wachsendes Interesse am Thema Radio zu vermelden ist. Es sind in mehreren Ländern außerhalb Deutschlands nationale Fachvereinigungen und Fachmagazine zum Thema entstanden. (vgl. dazu Kap. 15) Im Vergleich wird deutlich, dass in Deutschland das Medium Radio eher stiefmütterlich behandelt wird, hier erscheint es als altmodisches, geradezu gestriges Medium, dem die Digitalisierung gänzlich den Garaus bereiten wird. Die außerdeutsche Erfahrung bezeugt dagegen, dass das Radio in Geschichte und Gegenwart ein besonders vielfältiges, facettenreiches Medium darstellt, das deswegen bestens auf die Zukunft vorbereitet ist. Dieser Zusammenhang erschließt sich oft erst im internationalen Kontext. Daher wird in dieser Einführung in den hinteren Kapiteln 12 bis 14 ausführlich auf weltweite Erfahrungen und Besonderheiten eingegangen.

Die Durchgliederung folgt den naheliegenden Kriterien vom Allgemeinen zum Speziellen bzw. vom Vergangenen zum Gegenwärtigen und Zukünftigen. Im Prinzip kann man sich die Strukturen rund um das deutsche Hörfunksystem in konzentrischen Ringen vorstellen. Im äußeren Ring finden sich die sehr allgemeinen Beiträge. Zu Beginn wird der schillernde Begriff des Radios erörtert. Weil der Schlüsselterminus dieser Einführung so wenig fassbar ist, wird ihm das folgende Kapitel 2 gewidmet. Dabei kommt nicht eine präzise Definition heraus, aber doch ein gemeinsames Verständnis vom Begriff Radio, seinem Kernbereich und seinen Grenzgebieten. Darauf folgt im Kapitel 3 ein historisch angelegter Abriss der Radiotheorie in Deutschland, ergänzt um einige internationale Ansätze. Das folgende Kapitel 4 ist der Radiogeschichte gewidmet, die sich auf Deutschland konzentriert (in anderen Kapiteln finden sich Hinweise auf außerdeutsche Erfahrungen). Beide Kapitel wurden von einem Wissenschaftler verfasst, der vor allem als Chronist des Radios bekannt wurde (www.frank.schaetzlein.de). Im Kapitel 5 steht - wiederum chronologisch angelegt - die Technik des Radiomediums im Mittelpunkt, von den vormedialen Anfängen bis zu den Perspektiven eines digitalisierten und interaktiven Radios.

In einem mittleren konzentrischen Ring werden die Rahmenbedingungen dargestellt, die hier jeweils in einem Kapitel zur Politik (inkl. einige Passagen zum Radiorecht) in Kapitel 6 und zur Ökonomie in Kapitel 7 umrissen worden sind. In dem inneren konzentrischen Ring zusammengefasst, finden wir in Kapitel 8 Darlegungen zur äußeren und inneren Organisation der Sender. Im Kern dieser zwiebelartigen Struktur findet sich das eigentliche Produkt, das Radioprogramm, analysiert im Kapitel 9, geschrieben von einer Autorin, die auch über Radio promoviert hat. Ebenso ist hier das Kapitel 10 zur Nutzung platziert, das von einem langjährigen Radioforscher verantwortet wird. Ein Praktiker, Redakteur beim NDR, schrieb dann in Kapitel 11 einen Überblick zum Handwerkszeug des Radiojournalismus und gibt dabei auch viele praktische Tipps.

Die anschließenden drei Kapitel ergänzen die deutschen Erfahrungen um die internationale Dimension, dabei wird speziell auf europäische Erfahrungen – Europa als Mutterland des öffentlichen Hörfunks – und auf die USA eingegangen – dem Entstehungsgrund der kommerziellen Variante. Radio soll aber auch als (erstes) Weltmedium erkennbar werden, das in vieler Hinsicht als Vorläufer des Weltnetzes Internet zu sehen ist. Kapitel 12 beschäftigt sich unter dem Sammelbegriff des Community Radio mit seiner nicht-kommerziellen, von Bürgern getragenen Variante. Im Kapitel 13 geht es um die globale Dimension, insbesondere den Auslandsrundfunk, im Kapitel 14 werden ungewöhnliche Radiomodelle und -genre aus der ganzen Welt beschrieben und eingeordnet.

Ein abschließendes kurzes Kapitel 15 widmet sich Informationen rund ums Radio, die eher Service-Charakter haben und keinen wissenschaftlichen Anspruch stellen. Es geht um Amateur- und Wissenschaftlervereinigungen und – aktivitäten, hier finden sich auch unterhaltsame Hinweise auf das Radio im erzählerisch-fiktiven Umfeld. All dies soll unterstreichen, wie nachhaltig dieses Medium die Menschen auf vielen Ebenen beschäftigt und inspiriert hat. Ein kurzes Fazit in Kapitel 16, ein Literatur- und Autorenverzeichnis runden das Buch ab.

Mein besonderer Dank gilt den Mitautoren und den anderen guten Geistern, namentlich Kristina Brkic und Michael Spangenberg die an dem Zustandekommen des Buches beteiligt waren.

Der Autor ist sich der Zweigeschlechtlichkeit der Welt bewusst. Wenn hier jeweils auf die Langform verzichtet wird („Redakteure und Redakteurinnen") dann dient dies allein der Übersichtlichkeit und Platzersparnis. Alle hier besprochenen Funktionen werden von Frauen wie Männern gleichermaßen wahrgenommen.

Hans J. Kleinsteuber

Hamburg, im Oktober 2011

# Kapitel 2
# Radio – Versuch einer Begriffsbestimmung

Den Begriff Radio kennen wir aus dem Alltagsleben. Ein Hörer macht morgens das technische Empfangsgerät, das wir Radio nennen, an, hört das Programm neben anderen Verrichtungen und genießt das Musikangebot. Zudem erwartet er kurze Radionachrichten zu Politik und Verkehr. Selten ruft er beim Radio an, weil er sich an einem Gewinnspiel beteiligen oder den Leuten vom Radio seine Meinung mitteilen will. Radio ist neben dem Fernsehen eines der zwei traditionellen elektronischen Medien. Wir haben nun ein wenig den Kernbereich dessen beschrieben, was in unserer Alltagssprache Radio umfassen mag, präzise wird der Terminus damit noch keineswegs.

Dieser Kernbereich löst sich zudem angesichts neuer digitaler Herausforderungen zusehends auf: Cyberradio, Radio via Handy, Radio-Podcasts, Pay-Radio. Sie führen quasi zu einem Ausfransen des ehemals so eindeutig definiert scheinenden Phänomens Radio. Das löste in den letzten Jahren Debatten darüber aus, was denn nun eigentlich noch genuines Radio sei. Diese Frage ergibt sich auch ganz konkret angesichts unserer deutschen rundfunkrechtlichen Ausgangssituation, welche die staatliche Aufsicht über öffentliche und private Radiostationen abschließend den Bundesländern zuweist. Unterschiedliche Konvergenzprozesse lassen dabei Kollisionen entstehen, denn das Radio wird vom Landesgesetzgeber (Landesmedienanstalten) reguliert, die Telekommunikation, etwa das Handy, aber vom Bund (Bundesnetzagentur). Ist es überhaupt machbar, die neuen Radiovarianten der bisherigen Aufsicht zu unterziehen, etwa das Radioangebot aus dem Internet? Und selbst wenn es machbar wäre, wäre es auch sinnvoll?

Tatsächlich findet sich kaum eine tragfähige Definition des Radios in der deutschen und internationalen Literatur. Radio zählt offensichtlich zu den anwachsend zahlreichen Termini, die wir ständig verwenden, die aber kaum definierbar sind, weil ihre Konturen verschwimmen (gilt z. B. auch für Begriffe wie „Europa", „Kultur" oder „Medium"). Dazu kommt, dass Radio (anders als Fernsehen) ein Weltbegriff ist, der in vielen Sprachen verwandt wird, dabei aber transkultureller Differenz unterliegt und keineswegs Identisches beschreibt. Das Vorhaben, den Begriff so zu definieren, dass er allseits akzeptierbar ist, erscheint folglich kaum realisierbar.

Radio bedeutet unter wechselnden Sprach- und Gesellschaftsbedingungen Unterschiedliches. In transkultureller Perspektive wird zudem ein deutscher Sonderweg sichtbar: Wir pflegen neben dem Radio noch den Begriff „Hörfunk". Etliche Autoren erklären beide zu Synonymen, was sich bei näherer Betrachtung als unhaltbar erweist, denn Radio beschreibt, anders als Hörfunk, u.a. das Empfangsgerät. So kennen wir nur das „Autoradio", während die Rundfunkgesetze sich nicht auf Radio, sondern auf Hörfunk als Unterkategorie zu Rundfunk beziehen. Umgekehrt zeigt der Blick in Wörterbücher, dass der Terminus Radio zwar in vielen Sprachen präsent, dort aber ganz unterschiedlich verortet ist. Meist umfasst der Begriff weitere Sachverhalte und muss deswegen stärker spezifiziert werden.

Angesichts dieser komplexen Rahmenbedingungen wird hier versucht, sich dem Begriff über verschiedene Stationen zu nähern, ihn sozusagen zu umkreisen, um dann zumindest auf den Kerngehalt vorzustoßen. Das Vorgehen ist induktiv, knüpft also an alltägliche Erfahrungen mit dem Radio und den damit verbundenen Sinnzuweisungen und Deutungen an. Es sind zwar seit dem Entstehen dieses Mediums auch Radiotheorien (vgl. Kap. 3) entstanden, die sich aber dadurch auszeichnen, dass sie oft spezifische Eigenschaften in den Mittelpunkt stellen und damit verabsolutieren.

Die Annäherung an das Phänomen Radio soll über diese Schritte erfolgen:
* Die Entstehung des Begriffs Radio
* Radio in Deutschland
* Die transkulturelle Bedeutung des Begriffs Radio
* Der deutsche Sonderweg: Hörfunk
* Radio als Marke
* Radio als akustisches Medium
* Radio als Audio-Medium
* Radio als Programmmedium
* Radio als Alltagsphänomen

Aus diesen Einzelbetrachtungen werden dann Bausteine zu einer Radio-Definition geformt.

## 2.1  Entstehung des Begriffs Radio

Die Begrifflichkeit beruht auf einer Ableitung des lateinischen radius (= Strahl) und den darauf bauenden englischen Weiterentwicklungen wie radiation (= Ausstrahlung). Da mit dem Italo-Briten Gugliermo Marconi (1874-1937) wesentliche frühe Entwicklungen zur Entstehung der Funktechnik in Großbritannien stattfanden, hat sich wohl auch von dort der Begriff weltweit ausgebreitet. Dies geschah allerdings bereits ein Vierteljahrhundert vor dem Start des Radios als

Massenmedium. In dieser Phase war gerade erst entdeckt worden, dass drahtlose Kommunikation technisch möglich ist. Der frühe Begriff für das, was sich dort entwickelte, war „wireless telegraphy". Dieser Begriff wiederholt, was wir aus vielen anderen Zusammenhängen wissen: Neue Techniken werden in vertrauten Kategorien beschrieben. Die bereits seit über 50 Jahren bekannte, drahtgebundene Telegrafie war nun auch ohne Draht möglich, also wurde diese Innovation als das Besondere der neuen Technik verbal hervorgehoben. Die erste kommerzielle Nutzung geschah mit Marconis 1897 gegründetem Unternehmen, das ab 1900 *Wireless Telegraphy Company Ltd.* hieß.

Es ist in der Frühgeschichte des Radios umstritten, wem der Ruhm zufällt, diese Technik erfunden zu haben; die Realität ist wohl, dass viele daran beteiligt waren und es parallele Entdeckungen an verschiedenen Orten gab. Somit fand viele Jahre ein immer neues Herantasten in unbekannte Gefilde statt. (vgl. Kap. 4 und 5) Großbritannien war seinerzeit die führende Technologiemacht und richtungsweisend in den ersten Funkanwendungen. Dort entstand der Begriff der „Radiophonie" für das, was mit den, seinerzeit die Menschen faszinierenden, elektromagnetischen Wellen anzustellen war. Wortkombinationen mit „Radio" beschreiben seitdem ganz unterschiedliche Phänomene und Anwendungen. Als jeweilige Gemeinsamkeit steht die Ausstrahlung im Mittelpunkt , so etwa bei „Radioaktivität" oder „Radiologie", was offensichtlich mit dem Medium Radio nichts zu tun hat. Begrifflichkeiten aus dieser Frühzeit, als alles Radio zu sein schien, haben bis heute überlebt. So geschieht die internationale Koordinierung von Sendefrequenzen seit vielen Jahrzehnten auf globalen „Radio Conferences", auf denen das Medium Radio gegenüber den vielen anderen Nutzungen wie Fernsehen, ziviler und militärischer Funk etc. keine hervorgehobene Rolle mehr spielt. Heute gilt deshalb: Der Radiologe ist nicht – wie man bei einfacher Übersetzung vermuten könnte – ein Radio-Wissenschaftler (altgriech. Logos = Wissen), sondern ein Strahlenmediziner, der mit Röntgenstrahlen arbeitet.

## 2.2  Radio in Deutschland

Auch in Deutschland etablierte sich der griffige Terminus Radio in den frühen Jahren des 20. Jahrhunderts, allerdings stand er hier in Konkurrenz zu dem ähnlich gelagerten Funken (siehe unten). Bereits 1921, also noch vor Einführung des Radiomediums, finden wir z. B. ein Buch zur „Radiotechnik", welches in das „Reich der elektrischen Wellen" einführt. Es beschreibt bereits eine ganze Palette von Anwendungen der Funktechnik, darunter die „Wellentelephonie", also die Nutzung für Sprachübertragung, einen „Funkpressedienst" zu Verbreitung von Pressemitteilungen, den „Seefunk" zur Verbindung mit Schiffen, den „Wetterfunk" etc. (Günther 1921). Damals war Radiotechnik also bereits ein Sammelbegriff für die unterschiedlichsten Anwendungen, freilich war unser heutiges Radio (Start in Deutschland 1923) noch nicht etabliert. Historisch gesehen gab es Radioanwendungen schon Jahrzehnte, bevor seine massenmediale Entwicklung einsetzte.

Ein seinerzeit bereits ungenauer Fachbegriff wurde Teil der Umgangssprache und bezeichnet seitdem in der deutschen Sprache eine ganze Reihe sich ergänzender Sachverhalte. Dazu zählen:

Radio als Audio-Medium: Radio stellt die zentrale Bezeichnung für auditive mediale Versorgung in einer Sender-Empfänger-Struktur dar, historisch basierend auf terrestrischer Ausstrahlung; man „hört es im Radio" (Radio = auditives Medium).

Radio-Technik: Radio bezeichnet eine elektronische Übertragungstechnik, bei der technische Einrichtungen eine gerichtete auditive Verbindung zwischen Studio-Mikrofonen und einem häuslichen oder mobilen Lautsprecher (oder Kopfhörer) herstellen; etwas „tönte im Radio" (Radio = Technik).

Radio als Massenmedium: Es zählt zu dem klassischen Kanon der Medien, die sich in Print-, und elektronische Medien aufteilen. Innerhalb der elektronischen Untergruppe Rundfunk steht es meist gleichberechtigt neben dem Fernsehen, Radio z. B. gilt als Morgen-, Fernsehen als Abendmedium (Radio = elektronisches Medium).

Radio als Organisation: Das Radioangebot wird von einer mehr oder minder großen Organisation (Funkhaus, Redaktion etc.) erstellt; man kann „beim Radio arbeiten" (Radio = Organisation).

Radio als Programm: Radio ist ein Programmmedium, bei dem der Anbieter ein lineares Programm zusammenstellt, das der Empfänger unverändert empfängt; „man verfolgt das Programm im Radio" (Radio = Programm).

Radio als Gerät: Das Radio ist ein technisches Aggregat zum Empfang der Programme; man „schaltet das Radio an" oder „das Radio ist leider kaputt" (Radio = Empfangsgerät).

Radio als mediales Angebot: Das Radio bietet spezifische, von Professionellen (Journalisten, Moderatoren etc.) oder von Amateuren gestaltete Programme an, die – anders etwa als CDs oder Tonbandaufnahmen – publizistischen Charakter haben; „mein Beitrag ist heute im Radio gelaufen" (Radio = publizistisches Produkt).

Radio als Nebenher-Medium: Das Radio übernimmt im Zeit- und Aufmerksamkeitsbudget des Hörers eine spezifische, zeitlich ausgedehnte, aber eher neben anderen Aktivitäten parallel laufende, Rolle ein; „man lässt das Radio nebenher laufen" (Radio = Begleitmedium).

Radio als neues Medium: Die auditiven Leistungen des Radios werden digitalisiert oder im Hypermedium Internet übernommen, z. B. integriert in multimediale Angebote und abrufbar (Audiofile) oder als eigenständiges (Cyberra-dio-) Angebot (Audiostream); man „hört Radio im Internet" (Radio = neues Medium).

Das Radio zeigt offensichtlich bereits in deutscher Umgangssprache ganz unterschiedliche Eigenschaften, je nach dem Kontext, in dem von ihm gespro-chen wird. Es verwundert deshalb nicht, dass diese Unbestimmtheit sich interna-tional und transkulturell fortsetzt, darin erkennbar, dass der Weltbegriff Radio in anderen Sprachen anders positioniert ist.

## 2.3 Transkulturelle Bedeutung des Begriffs Radio

Unter dem Begriff Radio verstehen wohl nahezu alle Menschen in unserem Kul-turkreis im Kern dasselbe, nämlich eine Verbindung von Technik, Geräten, Or-ganisationen, Programmen etc. für auditive Übertragungswege. Gleichwohl unterscheidet sich die Begrifflichkeit im Detail massiv und es ist durchaus mög-lich, dass bei oberflächlichen Übersetzungen Probleme entstehen. So gibt es die Unterscheidung zwischen Radio und Hörfunk in anderen Sprachen nicht, umge-kehrt wird der Begriff Radio in anderen Sprachräumen meist breiter verwandt, was entsprechend häufig klärende Zusätze erfordert. Im Endergebnis kann Radio ganz unterschiedliche Dinge beschreiben, welche die Klarheit weiter relativieren.

Wenn man in den derzeit größten und aktuellsten internationalen und trans-kulturellen Wissensbestand geht, in die Wikipedia, so fallen eine ganze Reihe Besonderheiten auf. In der deutschen Version wird (anders als in der obigen Zusammenstellung) unter Radio nur das Empfangsgerät geführt, der Rest wird unter Hörfunk abgehandelt. Unter Hörfunk wiederum fehlt weitgehend die tech-nische Dimension. Der englischsprachige Artikel beginnt dagegen mit den phy-sikalischen Eigenschaften von Radiowellen und ihren unterschiedlichen Anwen-dungen. Erst dann führt er zu den Erfindungen die deren Zähmung bis hin zur Entstehung des Radios ermöglichten. Für viele Sprachen ist typisch, dass sie – anders als die deutsche – jeweils angeben, welcher Aspekt des Gegenstandes Radio gemeint ist, so wird der französische Artikel eingeteilt in Begriffe wie „radiodiffusion", „radiophonie" oder „radioélectricité", der spanische spezifiziert neben anderen Anwendungen „radio como medio de comunicación" (Radio als Kommunikationsmedium). Anderssprachigen Artikeln ist außerdem gemein, dass sie den Begriff Radio viel weiter fassen, unter „uses of radio" finden wir im englischsprachigen Raum z. B. Telefonie, Radar oder Küchengerät (z. B. der Mikrowellenherd), bei den Franzosen Hinweise auf Radiografie, Radioaktivität und Radiotherapie, bei den Spaniern das radioaktiv strahlende Element Radium (span. radio) oder geologische Strahlung (radios geologicós). (Wikipedia ist ein fluides Medium, dort mögen sich Gewichte verschieben, die kulturelle Differenz bleibt aber erfahrungsgemäß konstant). Mitunter wirkt die Sprachvielfalt schon babylonisch, etwa wenn im englischen Sprachraum das Handy als „cellular radio" bezeichnet wird oder das Verb „to radio" auftaucht (etwa: jemanden drahtlos anfunken).

Man könnte nun darüber philosophieren, was diese unverkennbaren transkulturellen Differenzen bedeuten. An anderer Stelle wird diskutiert, dass wir in Deutschland dazu neigen, die technisch-physikalische Seite der Medien von der publizistischen zu trennen. So ist Medientechnik vorrangig ein Thema an Technischen Hochschulen, während die publizistische Seite in der universitären Kommunikationswissenschaft und Journalistik gelehrt wird. (vgl. Kap. 5, insbes. 5.2) Darum finden sich in deutschen kommunikationswissenschaftlichen Lehrbüchern eher selten Verweise auf die technische Seite von Medien, womit fast immer der Zusammenhang mit anderen technischen Strahlenanwendungen (siehe die Radio-Wortkombinationen oben) verloren geht. Unsere Wortschöpfung Hörfunk isoliert dann das Phänomen Radio vollends von seiner Gemeinsamkeit mit vielen anderen Einsatzformen der elektromagnetischen Strahlung.

Der transkulturelle Vergleich unterstreicht, dass der Universalbegriff Radio mit ganz unterschiedlichen Bedeutungen aufgeladen wird. Dieser komparative Ansatz beleuchtet aber nicht nur die schillernde Vielfalt der Inhalte, er sagt auch etwas über unser spezifisch deutsches Verständnis von Radio aus, das sich als vergleichsweise eng, technikfern und sprachlich mehrdeutig erweist.

## 2.4    Der deutsche Sonderweg: Hörfunk

Nur in der deutschen Sprache finden wir die Zweiteilung in Radio und Hörfunk. Beide Begriffe werden mitunter synonym gebraucht, mitunter auch differenziert, wenn etwa unter Radio das Empfangsgerät verstanden wird, unter Hörfunk aber das damit empfangene Programm. Dies korrespondiert damit, dass sich vor allem unsere öffentlich-rechtlichen Rundfunkproduzenten als Anbieter von Hörfunk und Fernsehen verstehen – was in der vortelevisionären Phase anders war, da wurde oft Rundfunk mit Hörfunk gleichgesetzt. Hörfunk-Journalismus klingt z. B. qualitätsvoller als Radio-Journalismus, obwohl beide Begriffe geläufig sind.

Es ist vor allem der offiziellen Sprache der Juristen geschuldet, dass die Begrifflichkeit rund um den Rundfunk verwendet wird: Im Rundfunkstaatsvertrag wird Rundfunk definiert (vgl. Kap. 6.2 und 8. 2), während Radio als Medium selten vorkommt. Es zählt zur Natur der Juristen, dass sie zwar definieren, warum sie mit entsprechenden Begriffen arbeiten aber dies weder begründen noch interessiert sind an ihrer Herkunft. Dies ist wohl unvermeidlich, denn mit der staatsvertraglichen Definition des Rundfunks ist eine für die Juristerei klassische binäre Logik verbunden: Er soll sicherstellen, Rundfunk von anderen Leistungen zu unterscheiden. Der Rundfunkbegriff des deutschen Medienrechts bietet dafür die Grundlage, Gerichte haben dann zu entscheiden, ob ein Krankenhausfunk oder eine örtliche Piratenstation unter die Definition fallen, mithin nach rundfunkgesetzlichen Bestimmungen zu behandeln sind. Der Sozialwissenschaftler hat andere Intentionen, er ist bereit, auch Zwischenlösungen zuzulassen: Wer Radio in Kern- und Randbereiche aufteilt, akzeptiert damit, dass auch ein „bisschen" Radio möglich ist.

Die Bedeutung des deutschen Rundfunkbegriffs ist gleichwohl in verschiedener Hinsicht interessant. Sie unterstreicht die Definitionsgewalt deutscher Juristen, denen es wohl vor allem zu verdanken ist, das ein Begriff jenseits des Radios am Leben erhalten wurde. Sie sorgen dafür, dass der eigentlich viel geläufigere Radio-Begriff in Gesetzestexten fast nicht vorkommt und untermauern damit ihren juristischen Anspruch, in allen Fragen des Rundfunks den Ausschlag zu geben. In vergleichbarer Gesetzgebung im Ausland wird dagegen oft an den ursprünglichen, historisch abgeleiteten Radio-Begriff angeknüpft; so kennt das zuständige Gesetz in den USA (Telecommunications Act von 1996) Begriffe wie „radio frequency" für Sendefrequenzen, aber auch „radio station", „radio market" und andere Ableitungen von Radio.

Wo aber liegen die etymologischen Quellen von Hörfunk und Rundfunk? Während die Entdeckung der physikalischen und technischen Grundlagen des Radios ein internationales Phänomen darstellt, mit Erfindern, Tüftlern und Geschäftsleuten in vielen Ländern, gibt es unbestritten einen zentralen deutschen Beitrag in der Vorgeschichte des Radios: Die Entdeckung der elektromagnetischen Wellen 1884 durch den deutschen Physiker Heinrich Hertz (1857-1894), der damit die experimentelle Bestätigung der elektromagnetischen Theorie des Lichts des schottischen Physikers James Clerk Maxwell (1831-1879) lieferte. Hertz konnte nachweisen, dass sich diese Wellen auf gleiche Weise wie Lichtwellen ausbreiten. Er demonstrierte dies in einem Versuchsaufbau, bei dem ein Induktor Funken erzeugte und im selben Moment bei einem entfernten Resonator, einem an einer Stelle unterbrochenen Drahtbügel, ein Funken überschlug. Damit war bewiesen worden, dass sich elektromagnetische Wellen prinzipiell für die drahtlose Übertragung von Informationen durch den Äther eignen.

Während in anderen Ländern vor allem – wie oben ausgeführt – die Welle (= Radius) den Namen gab, finden sich im deutschsprachigen Raum seit den ersten Jahren schon Ableitungen von „Funk", um das neue Phänomen zu beschreiben. Ein auf kaiserliche Anordnung für den Zweck der drahtlosen Nachrichtenübertragung 1903 gegründetes Unternehmen, dass dazu beitragen sollte, den britischen Vorsprung in diesem Technikbereich einzuholen, erhielt z. B. den Namen *Telefunken*.

Mit der Weiterentwicklung der Funktechnik ging die Metaphorik, die hinter diesem Begriff stand, verloren. Was verständlich ist, denn schließlich gilt: Würden in unseren modernen Sendeanlagen tatsächlich Funken überschlagen, so wäre höchste Gefahr angesagt. Hier fasziniert, wie ein Begriff aus der Vorgeschichte der Radioentwicklung so ungebrochen überlebt hat, obwohl seine Metaphorik mehr als problematisch ist. Vielleicht hat es damit zu tun, dass er den deutschen Anteil an der Radioentstehung betont oder wir besonders wenig Interesse an der physikalisch-technischen Seite unserer Medien zeigen. Nur bei uns wird aus dem (meist öffentlich-rechtlichen) „Funkhaus" gesendet.

Etwas anders liegt die Metaphorik in Bezug auf „rund" im Begriff des Rundfunks. Auch in anderen Sprachen wurde die Spezifik des ungerichteten Ausstrahlens via Antenne (was wir „rund" nennen) sprachlich ausgedrückt, z. B. im englischen broadcasting (eigentlich: „Breitwerfen") oder im niederländischen Omroep (eigentlich: „Umruf"). Diese Rundum-Sichtweise gibt die natürlichen Eigenschaften der über eine Antenne ausgestrahlten Wellen wieder, hat also wiederum eine unmittelbar technische Grundlage. Sie wird allerdings in dem Moment zu einem Anachronismus, da elektromagnetische Wellen entweder entlang eines Leiters (etwa: Koaxialkabel) oder mit gebündeltem Strahl (Rundfunksatelliten) verbreitet werden.

---

Aus alledem ergibt sich der derzeit gültige Rundfunkbegriff des Rundfunkstaatsvertrags:

„Rundfunk ist ein linearer Informations- und Kommunikationsdienst; er ist die für die Allgemeinheit und zum zeitgleichen Empfang bestimmte Veranstaltung und Verbreitung von Angeboten in Bewegtbild oder Ton entlang eines Sendeplans unter Benutzung elektromagnetischer Schwingungen. Der Begriff schließt Angebote ein, die verschlüsselt verbreitet werden oder gegen besonderes Entgelt empfangbar sind." (Rundfunkstaatsvertrag, 13. RÄST, § 2 (1) in der Fassung vom 1. April 2010)

---

Der Rundfunkbegriff hat sich also weit von der Rundum-Metapher entfernt. Unsere alltäglich verwandten Begriffe verfügen so besehen über eine „technische Seele", über die allerdings längst die aktuelle technische Entwicklung hinweggegangen ist und sie eigentlich ad absurdum führt.

## 2.5 Radio als Marke

Ein weiterer, ganz anders gelagerter Gesichtspunkt spricht für das Radio und gegen den Hörfunk. Radio klingt als Begriff fremd und doch vertraut, ist dazu angloamerikanisch inspiriert und fällt in die trendige Verwandtschaft von anderen kurzen Formeln wie Audio, Video etc. Wer sich die Benennung von Stationen anschaut, der trifft fast nur auf den Leitbegriff Radio: Auf dem heimatlichen Hamburger Markt etwa *Radio Hamburg, NDR Radio 90,3, Classic Radio, Radio ENJ, Tide Radio* oder auf dem deutschen Markt *Deutschlandradio Kultur.* Im internationalen Kontext wird verständlicherweise nur der Radio-Begriff eingesetzt, wie etwa beim Auslandsangebot *DWradio* der *Deutschen Welle* und den vielen Tausenden anderer Stationen in der Welt. Der Grund dafür scheint ein ganz technikferner zu sein: Begriffe im Zusammenhang mit Radio eignen sich in ihrer griffigen Kürze ideal als Marke, als Bezeichnung für einen Sender; sie lassen sich markenrechtlich schützen und werden ständig in der Stationswerbung eingesetzt.

Dagegen erweist sich der Hörfunk-Begriff als sperrig und umständlich. Es mag sein, dass in einer Station ein qualitätsvolles Hörfunk-Programm erstellt wird, aber auf dem umkämpften Markt der Aufmerksamkeiten wird der Begriff des Radios in den Vordergrund gestellt. Die Marke einer Radiostation besteht einerseits aus der (rechtlich geschützten) Markierung (Sendername) zum anderen aus den assoziierten Markeneigenschaften (z. B. qualitätsvolle Lokalnachrichten oder attraktive Musikfarbe). Die Markeneigenschaft wird durch ständige Wiederholung (Stationsnennung, Jingle etc.) unterstrichen. Seitdem sich Stationen bewusst in diese Marken-Logik einreihen, rückt dies faktisch den Radio-Begriff gegenüber dem Hörfunk weiter in den Vordergrund. (mehr dazu: Kap. 7.4-7.8)

## 2.6 Radio als akustisches Medium

Die bisher diskutierte Begrifflichkeit orientiert sich im Kern an der elektromagnetischen Transporttechnik für Programme, die – historisch gesehen – zuerst mit einfachem Signal auf das Ohr (Audio) und später, als komplexere Signale erzeugt und verarbeitet werden konnten, auf Auge und Ohr (Audio + Video) gemeinsam wirkten. Für alle Medien ist charakteristisch, dass sie über eine Schnittstelle zwischen Übertragungsapparaturen und den menschlichen Sinnen verfügen. Am Beginn und Ende des Radio-Transportweges stehen Schallwellen, die Geräusche transportieren: Worte, Musik etc., die sich nach physikalischen Gesetzmäßigkeiten im Raum bewegen. Aufgabe der Radiotechnik ist es, diese Schallwellen aufzunehmen, in technisch transportierbare elektromagnetische Signale umzusetzen und wieder als Schall abzugeben. Für das, was hier geschieht, hat sich der Terminus Akustik (von altgriech. akuein = hören) eingebürgert; eine Unterkategorie der Physik, die Lehre vom Schall und seiner Ausbreitung.

Aus naturwissenschaftlicher Sicht kann das Radio als akustisches Medium interpretiert werden. Akustiker haben mitgeholfen, spezifische Komponenten der akustischen Übertragungsstrecke zu entwickeln, etwa Mikrofon und Plattenspieler, Lautsprecher und Kopfhörer. Sie haben mitgewirkt, als der Radioton weiterentwickelt wurde, etwa in den 50er Jahren zum Raumklang (3-D) oder in den 60er zur stereofonen Übertragung. Sie entwickelten in Deutschland die Kunstkopf-Stereofonie, die besonders plastische Klangeindrücke erzeugte, aber angesichts ihrer Kompliziertheit das Medium nicht weiterbrachte. Der heutige State-of-the-Art der akustischen Übertragung sind Dolby-Varianten, die auf ganze Batterien von verteilt aufgestellten Lautsprechern wirken und den Traum vom perfekten Raumklang realisieren sollen. So besehen haben sich die Akustiker immer schon für das Medium Radio interessiert und seine Entwicklung massiv beeinflusst. Gleichwohl trifft der Begriff des akustischen Mediums nur bestimmte Aspekte und ist deswegen zur Definition wenig geeignet.

## 2.7  Radio als Audio-Medium

Schall ist die Voraussetzung für jedes Hören, aber er ist nicht mit dem Prozess des Hörens identisch, der einen Vorgang zwischen Gehörgang und Signalverarbeitung im Gehirn darstellt. Wer hört, der vergleicht das einkommende Signal mit seinem Gedächtnis, hört z. B. vertraute Stimmen, erkennt Melodien wieder oder lässt sich von der immer sonoren Stimme des Nachrichtensprechers auf den aktuellen Stand bringen.

Hören und Sehen gelten als die beiden wichtigsten, auf Distanz wirkenden Sinne des Menschen, die im Alltag meist gemeinsam genutzt werden. Dennoch unterscheiden sie sich deutlich: Der Mensch hört immer, gleich ob er wacht oder ruht, er hört, was rundum geschieht und kann sich dem nicht entziehen. Der Schall dient ihm bei der Orientierung im Raum. Sehen kann er dagegen nur in wachem Zustand, er steuert den Blick, lenkt ihn auf den ihn interessierenden Punkt. Vor anderen Dingen kann er – im Wortsinn und metaphorisch – die Augen verschließen. Die Unterschiede zwischen dem Hören und dem Sehen haben schon den klugen Horaz (65-8 v. Chr.) interessiert, der mit seiner „Ars Poetica" so etwas wie ein Lehrwerk für die Medien seiner Zeit (Theater, Poesie etc.) schrieb. Vor über zweitausend Jahren stellte er fest: „Etwas wird auf der Bühne entweder vollbracht oder wird als Vollbrachtes berichtet. Schwächer erregt die Aufmerksamkeit, was seinen Weg durch das Ohr nimmt, als was vor die verlässlichen Augen gebracht wird und der Zuschauer selbst sich vermittelt; doch wirst du nicht, was besser im Innern sich abspielen sollte, auf die Bühne bringen, wirst vieles den Augen entziehen, was dann die Beredsamkeit allen verkündet." (Horaz zit. in: Ehrnsberger 2006: 26f.) Die hier erörterten physiologischen Besonderheiten des Hörens zählen zu den Konstanten der menschlichen Entwicklung und gelten viel länger als das neuzeitliche Radio.

Nun wäre es zu einfach, die Dinge so zuzuordnen, dass das Radio dem Hören und das Fernsehen dem – wie es behauptet – Sehen diene. Aber Television ist immer Sehen + Hören, womit ein audiovisuelles Medium entsteht, das als Programmangebot erst in dieser Kombination Sinn gibt. Weil historisch das Fernsehen nach dem Radio eingeführt wurde und seine Botschaft eindringlicher und authentischer erscheint, als die gehörte Mitteilung, wird dieser Übertragungsweg wohl ausschließlich nach dem Sehen benannt. Medien, die exklusiv das Ohr bedienen, werden mit der Bezeichnung Audio (von lat. audire = hören, ich höre) geführt, solche, die das Auge bedienen als Video und die Verbindung beider wird als audiovisuell bezeichnet. Von Audio abgeleitet ist das Adjektiv auditiv, das folglich eine technische Versorgung im menschlichen Hörbereich (im Frequenzbereich etwa zwischen 16 Hz und 22 kHz) bezeichnet.

Der Mitbegründer des *Südwestfunks*, langjähriger Musikjournalist und -produzent Joachim-Ernst Behrendt (1922-2000) hat wie kaum ein zweiter Autor die Bedeutung des „Klangs in der Welt" beschworen (Behrendt 1985). Er beschäftigte sich mit dem Niedergang des Hörens vis-á-vis dem Fernsehen und was dies für die sinnliche Aufnahme des Menschen bedeutet. Er betonte, dass der Mensch bereits hört, bevor er auf die Welt kommt und er ab dann immer hört, weil er nicht die Ohren zu schließen vermag. Für ihn galt, dass der Hörsinn sehr viel feiner ist als das Sehvermögen. Diese Behauptung untermauert er vielfältig, etwa indem er beschreibt, dass die Farbmischung, die ein Maler vornimmt, vom Auge nicht mehr erkannt werden kann, während das Ohr verschiedene Musikinstrumente, die gleichzeitig spielen, sehr wohl zu unterscheiden vermag (Behrendt 1985: 177ff.). Das Auge nimmt in dieser Sicht nur die Oberfläche der Dinge auf, darum spiegelt es oft nur eine Wahrheit vor, die so nicht gegeben ist. „Unsere Sinne – vor allem der Seh-Sinn informieren uns falsch über die Dimensionalität der Welt. Aber: Der Gehörsinn ist (...) 'dimensionsunabhängig'. Auch dies gehört in den Umkreis der unverhältnismäßig größeren Genauigkeit und 'Kompetenz' unserer Ohren." (Behrendt 1985: 180). Bereits vor einem Vierteljahrhundert, als dieser Text entstand, unterstrich der Autor, dass es eine Gegenbewegung zum Hegemonialmedium Fernsehen gebe, die sowohl das Radio bestärken wie auch gefährden kann. „Immer mehr Menschen wollen (...) die Welt (wieder) als Klang erfahren, gewiss nicht mehr an altertümlichen Radios, durch Wort- und Musikfetzen und Morsezeichen aus fernen Ländern, sondern auf noch (...) abenteuerlichere Weise, nämlich als Klänge jener Welten, die eben noch ein Inbegriff des Schweigens waren: des Kosmos, der Tiefsee, der Pflanzen, der Leere, des Nichts, (...) der Stille und der Meditation..." (Behrendt 1985:189).

Der Ton füllt einen Raum umso differenzierter, je weiter die raumausfül-
lenden Techniken entwickelt sind; Stereo oder Dolby arbeiten mit verteilten
Lautsprechern und sollen unser Hörorgan mit einer „Klangtapete" versorgen.
Werner Faulstich betont die „Einsinnigkeit" des Hörens (Faulstich 1981: 49).
Diese fordert etwa vom Hörspiel Eindeutigkeit, die verteilt sprechenden Stimmen und Geräusche im akustischen Raum müssen dem Hörer das Sortieren erlauben, um das Geschehen mitdenken zu können. Doch was bedeuten diese Beobachtungen noch angesichts eines Mediums, bei dem konzentriertes Mithören
die Ausnahme darstellt?

Im Prinzip knüpft auch der kanadische Medienwissenschaftler Marshall
McLuhan (1911-1980) an ähnliche Beobachtungen an. Nach seiner Vorstellung
stellen alle Medientechniken Erweiterungen des menschlichen Zentralnervensys-
tems dar, also das Radio eine Erweiterung des Hörsinns. Nach der Art, wie Radiosignale beim Menschen ankommen und umgesetzt werden, charakterisiert er
es als „heißes Medium". „Ein 'heißes' Medium ist eines, dass nur einen der Sinne allein erweitert und zwar, bis etwas 'detailreich' ist." (McLuhan 1970: 31). In
dieser Sichtweise zeigt sich das Radio als „eine Erweiterung unseres Zentralner-
vensystems, dem nur die menschliche Sprache selbst gleichkommt". (McLuhan
1970: 291). Radio werde zur „tribal drum" (zur Stammestrommel) und damit
„jenes uralte Massenmedium der Sprache einer Gruppe" (McLuhan 1970: 291),
das an orale Traditionen anknüpft und daraus seine Stärke bezieht: Neuigkeiten,
Klatsch, Spaß und die gefühlte Zugehörigkeit zu einer Hörergemeinde. (vgl.
auch Kap.3.9.3)

In diesem Zusammenhang erscheint interessant, dass es schriftlose, oral
dominierte Kulturen waren, die das Radio besonders konstruktiv in ihre Kom-
munikationstraditionen einzufügen vermochten, weil es unmittelbar an bestehende Erfahrungen des Sprechen und Hörens anknüpfte. Diese Beobachtung konnte
auch bei spät von Massenmedien erreichten Kulturen gemacht werden, etwa den
Inuit in Nordkanada (Köbberling 1989), den Indianern in Nordamerika (Widlock
1989) oder den Aborigines in Australien (Kleinsteuber 1989), die Radioprogramme gut  in ihr tradiertes Leben einzubauen vermochten und heute häufig
eigene Radiostationen betreiben.

Aus gänzlich anderer Perspektive spinnt der pragmatisch denkende Werbe-
mann Tony Schwartz (1923-) diese Erklärungen weiter. Anknüpfend an sein
Modell der „responsive chord", der mitschwingenden Saite beim Mediennutzer,
behauptet er, nicht der Empfang der Botschaft sei wichtig, sondern die Reaktion
auf das Signal, z. B. die Wiedererkennung eines bereits vertrauten Liedes
(Schwartz 1973). „The content of radio is the interaction between stimuli on the
air and the stored material in our brain." (Schwartz 1979, zit. Fornatale/Mills
1980: xxvii). Für Schwartz ist das Radio das ideale Medium für „recall commu-

nication", für die Wiedererinnerung, die dazu weitgehend unbewusst verläuft, weil der Hörer die Botschaft nicht einfach empfängt, vielmehr „sitzt" oder „badet" er beim Hören in ihr. Schwartz kennt sich in der affektiven Seite des Radios gut aus, denn jahrzehntelang galt er als einer der erfolgreichsten amerikanischen Planer von Werbespots und Wahlkampagnen in diesem Medium. Tatsächlich folgen viele Radiowerber der Logik, dass sich Produkte mit Hörfunkwerbung schlecht im Markt einführen lassen, vielmehr sollten sie bereits bekannt sein. Die Radiobotschaft ist besser dafür geeignet, das letzte Signal für den Kauf eines Produkts vor dem Point-of-Sale zu geben, etwa auf der Fahrt zum Supermarkt. (vgl. Kap. 7.8-7.9)

## 2.8  Radio und Hören

Die Rahmenbedingungen des menschlichen Hörens sind komplex, aber für das Verstehen des Radios sehr wichtig. Menschliche Hörcharakteristik differiert stark, es kann von Bedeutung sein, dass junge Menschen Schall anders wahrnehmen als ältere oder derselbe Schall an verschiedenen Orten unterschiedlich klingt. In der Entwicklungsgeschichte des Radios finden sich immer wieder Ansätze, die Besonderheiten des Hörens technisch zu stützen. Der „Tastensuper" der 60er Jahre verfügte oft über zusätzliche Tasten, mit denen der Ton auf die Spezifik des Programms eingestellt werden konnte, z. B. „Sprache", „Orchester", „Tanz". Mit dem Tonträger CD kam dann der Kult des „glasklaren" Tons, der anderen wieder zu kalt erschien, was eine Renaissance der klassischen Vinylplatte auslöste. Es gibt also regelrechte Trends und Moden beim Hören. Moderne Radiostationen suchen sich darauf einzustellen, indem sie z. B. technisch das übertragene Hörbild manipulieren.

Wer Radio von der Nutzungsseite, also vom Hören, zu definieren sucht, unterstreicht damit auch seine Konkurrenzsituation, die in Techniken besteht, wie sie in vielen Empfangsanlagen schon eingebaut ist: In der Hi-Fi-Anlage reduziert sich z. B. der Radioempfang auf den Tuner, andere Audio-Angebote kommen von der CD oder Kassette und der gemeinsame Verstärker bringt das jeweilige Signal in die Lautsprecherboxen. Dem Audiophilen bleibt die freie Wahl. Dies wird insbesondere bei den Audio-Gewohnheiten der jungen Leute deutlich, die seit vielen Jahren deutlich weniger Radio hören. Sicherlich lauschen junge Menschen insgesamt nicht weniger den generationstypischen Musiktiteln, sie beziehen die Audio-Versorgung aber zunehmend aus anderen Quellen: CD, iPod, Internet etc. Sie hören (laut verschiedener ma-Analysen) um ca. 50 % mehr CDs als der Durchschnitt und gehen dreimal mehr in Konzerte. Die Audio-Welt der Jungen sieht bereits seit Generationen ganz anders aus als die der Älteren, bisher orientieren sie sich beim Älterwerden auf das Radio um; dies ist im Internet-Zeitalter keineswegs mehr gesichert.

Die geschilderten Beobachtungen sind auch für den Audio-Technikeinsatz von großer Bedeutung. Zukunftsgerichtete Techniken verschmelzen noch stärker in einer konvergierenden Struktur als Radio-typische und andere Audio-Leistungen bisher: Bei den Anbietern digitaler Audio-Pakete in den USA zählen sowohl traditionelle Radioprogramme wie auch formatierte Audio-Kanäle zum Angebot. Der US-Satellitenanbieter *Sirius* bietet etwa 200 Programme in seinem Pay-Bouquet, darunter traditionelle Stationen (*NPR, CNN, BBC*) wie auch Kanäle mit sehr speziellen Musikfarben, die unmoderiert ausgestrahlt werden. (vgl. Kap. 5.6.2.3) Der Anbieter *Sirius* offeriert in demselben Paket alles von klassischen Radioprogrammen bis zu reinen Audiodiensten.

Pay-Audio spielte schon einmal in der Frühgeschichte des Formatradios in den 50er Jahren eine zentrale Rolle. (vgl. Kap. 9.6) Erste Anstöße dazu resultierten aus der Beobachtung, dass junge Leute in den USA aktuelle Hits in der Jukebox wählten und bereit waren, dafür zu zahlen. Stationsinhaber begannen die jugendliche Zielgruppe, die niemals zuvor vom Radiomarketing erfasst worden war, mit den aktuellen Hits zu versorgen und entwickelten daraus das Top-40-Format, das auch heute noch bedient wird. Der Erfolg gab ihnen recht und nachfolgend wurde in den USA – und später überall auf der Welt – das Musikprogramm auf eine wiedererkennbare Farbe hin ausgewählt, es entstanden die heute noch angebotenen Formate (Kleinsteuber 1993). Entscheidend hier war, dass hinter der Innovation ein kultureller Cross-over stand. Die damals schon „alte" Radiotechnik wurde durch eine Transplantation vorhandener Audio-Angebote aus gänzlich anderer Umgebung in die Radiosphäre nicht nur erneuert, sondern regelrecht revolutioniert.

Aus technischer Sicht erscheint es eigentlich naheliegend, die Audio-Kombigeräte (Radio plus CD etc.) mit audiovisuellen Komponenten zu verbinden; tatsächlich fanden sich schon seit den 50er Jahren derartige Ansätze, darunter ein typisches Statussymbol der 60er Jahre, die „Fernsehtruhe" (die den Bildschirm mit Radio und Plattenspieler verband). Was technisch nahe liegt, erscheint aus Sicht des Nutzers eher abwegig, denn er fällt vorab die Grundsatzentscheidung, ob er hören oder „sehhören" will. Weil seine persönlichen Nutzungsbedingungen unterschiedlich sind, stehen Radios meist an einer anderen Stelle in einer Wohnung als Fernseher und werden ganz anders eingesetzt. Während Radio und Fernsehen technisch recht ähnlich operieren und Programme oft in denselben Sendehäusern produziert werden, zeigt sich die Nutzung sehr unterschiedlich, ja oft komplementär. (vgl. Kap. 10.3) Wer Kernelemente des Mediums Radio verstehen will, wird seine auditive Qualität in den Mittelpunkt stellen müssen..

## 2.9 Radio als Programmmedium

Radio unterscheidet sich von anderen auditiven Medien dadurch, dass es ein für den Hörer verlässliches und täglich (oft auch stündlich), wiederholtes Programmschema anbietet und damit linear auftritt. Für andere auditive Angebote ist dagegen charakteristisch, dass sie auf Speichermedien beruhen, die vom Nutzer individuell programmierbar sind (Schallplatte, Tonband, MP3-Player etc.). Das Radioprogramm wird in einer Redaktion produziert und mit zeitlich verlässlichem Ablauf angeboten. (vgl. zur redaktionellen Arbeit Kap. 11) Produziert wird in einem Radiostudio, in dem die genannten Speichermedien genutzt werden, etwa der CD-Player oder der digital gespeicherte Stations-Jingle. Folglich wird Radio oft als Live-Medium verstanden und geschätzt, dessen Charme gerade in der Live-Moderation rund um die Uhr besteht, Live-Talks mit Gästen und Hörern, Liveschaltungen in die Welt.

Zu der Zeit, da das Radio die Medienbühne betrat, also in den 20er Jahren, bestach es recht bald mit seiner Aktualität. In Relation zu der damals üblichen aktuellen Berichterstattung durch Tageszeitungen (oft mehrfach im Tagesverlauf aktualisiert) war das Radio technikbedingt sehr viel schneller. Nachrichtenagenturen, die „wire agencies", bedienten sich bereits seit längerem der elektronischen Nachrichtennetze und schickten damit Nachrichten rund um die Welt. Unter Einsatz des Radios konnten Botschaften zeitgleich in die Haushalte transportiert werden. Damit vermochte das damals neue Medium den Markt der kurzen aktuellen Nachrichten zu erobern, was etwa in den USA bedeutete, dass sich in den 20er Jahren viele Zeitungen schon aus Selbstschutz eigene Stationen zulegten. Am Radio lässt sich deutlich demonstrieren, dass ein Medium immer in Wechselbeziehungen zu anderen Medien steht. Mit dem Durchbruch des Radios wurde die bestehende Zeitungslandschaft erheblich bedroht; ihm ist wesentlich geschuldet, dass Abendzeitungen weitgehend verschwunden sind.

Dazu kamen die Live-Fähigkeiten des jungen Mediums: US-Präsidenten verlasen ihre Regierungserklärung, Wahlergebnisse konnten publiziert werden, die erste Sportreportage im Radio (1922 in New York) war eine Sensation (Faulstich 1981: 13ff). Viele Jahre blieb das Radio auch der Ort, an dem das Publikum als Erstes die ganz großen Neuigkeiten („breaking news") erfuhr, etwa die von der Ermordung des US-Präsidenten John F. Kennedy 1963. Diese historische Leistung ist aber inzwischen geschwunden, weil Fernsehen und Onlinemedien vergleichbare Schnelligkeit bieten und viele Radiostationen die aktuelle Berichterstattung reduziert haben oder im Extremfall ganz darauf verzichten. Dies gilt natürlich nicht für das Subgenre des Nachrichten-Radios (*Deutschlandfunk*, *NDRinfo* etc.), das weiterhin in exemplarischer Weise das Aktualitätspotenzial des Mediums ausschöpft.

Mit der Eigenschaft des Radios als Programmmedium ist verbunden, dass Inhalte von einer Organisation geliefert werden, von einem Funkhaus, einem Stationsunternehmen oder einem Trägerverein, die eine Redaktion unterhalten, in der typischerweise Programmmoderatoren, Nachrichtenredakteure und Techniker unter einem Manager zusammenarbeiten. Ist dieses Moment der Aktualität und der Professionalität nicht gegeben, etwa beim Pay-Audio, schwindet auch die Radio-Eigenschaft. Ein weiteres Moment des Programmmediums ist seine technische und kommunikative Gerichtetheit. Das Programm wird an einer Stelle, z. B. dem Ort des Senders, produziert und darauf ausgestrahlt; interaktive Elemente sind nur ansatzweise entwickelt, etwa beim Hereintelefonieren von Hörern. Für erfolgreiche Stationen sind wiedererkennbare Moderatorenstimmen von großer Bedeutung, sie signalisieren Vertrautheit und Verlässlichkeit. Sie bedienen dann z. B. eine täglich wiederkehrende „Morgenshow", die genau genommen im auditiven Medium niemals eine Morgen"schau" sein kann.

Legen wir die heute verfügbaren technischen Möglichkeiten zugrunde, so sind wir auch hier mit Austransungen konfrontiert. Inzwischen können wesentliche Teile des Programms von einem „Roboter" gefahren werden. In den USA gibt es viele Stationen, die auf eigenproduzierte Nachrichten ganz oder teilweise verzichten (vgl. Kap. 13.3.1.1). Dennoch bleibt das Leitbild einer redaktionell geführten Radiostation vorherrschend; kommt das Programm aus dem Computer, so wird dies sorgsam camoufliert, der Live-Charakter simuliert. Oder wie es der Nachrichtenchef von *FFH* Norbert Linke in einem (für die Szene üblichen) „Denglisch" bescheibt: „Mod-breaks werden getapet, um die Sendestunde besser timen zu können: Call-ins der Hörer werden während laufender Musiktitel aufgezeichnet und vor der Sendung bearbeitet (Off Air Editing)." Selbst von einem Computer-Roboter gefahrene Stationen sind möglich, die dem Hörer ein Live-Angebot vorgaukeln. „Die 'Krönung' sind en bloc vorab produzierte Moderationen, die am PC in die Sendeablaufsteuerung eingegeben und am Sendetag vom Rechner vollautomatisch mit Musik und Werbung zusammengefahren und ausgestrahlt werden (Voice Tracking)." (Linke 2006: 32). An diesem Punkt wird man feststellen müssen: Radio ist, wenn zumindest erfolgreich dessen Illusion erzeugt wird.

Eng mit der Eigenschaft des Programmmediums ist verknüpft, dass als Ziel angestrebt ist, ein unbestimmtes und disperses, den Radiomachern nicht bekanntes, Publikum zu versorgen. Die Programmverantwortlichen versuchen dabei, die Hörwünsche ihres Publikums zu antizipieren, um eine Maximierung (hohe Reichweite) oder eine Optimierung (hohes Hörerinteresse) ihres Angebots zu erreichen. Es liegt nahe, dass ein Programmmedium den Nutzer über den Programmablauf informiert. In der hohen Zeit des Radios in den 50er Jahren waren dafür zahlreiche Programmzeitschriften auf dem Markt, deren traditionsreichste die wöchentlich erscheinende *HÖRZU* darstellte. Sie verdient ihr Geld zwar inzwischen mit dem Fernsehprogramm, aber im Titel lässt sie noch erkennen, welchem Medium sie ursprünglich diente. Mit den formatierten Radioprogrammen sind über 24 Stunden hinweg feststehende und immer wiederkehrende Schemata entstanden, auf die sich der Hörer verlassen kann, wodurch eine Programmzeitschrift entbehrlich geworden ist. (vgl. Kap. 9.6.3) Heute sind es kleine und reichweitenschwache Stationen für mediale Feinschmecker, die besonders vielfältige Programme enthalten (oft im Internet einsehbar), etwa öffentliche Kultur-und Klassikprogramme oder Bürgerradios.

Die hier erläuterte Programmeigenschaft ist zwingende Voraussetzung, um ein auditives Angebot Radio nennen zu können. Aber auch dabei gibt es definitorische Ausfransungen, der Einzelfall entscheidet. Wenn mit einer Podcast-Datei ein aktuelles Programmstück für eine gewisse Zeit nach der Aussendung abrufbar bleibt, so bewegt sich dies im Radiobereich; wenn dagegen ein für das Radio produziertes Konzert oder Hörspiel anschließend auf Tonträgern verkauft wird, so geht die Radioeigenschaft verloren.

## 2.10 Radio als unsichtbares Medium

Die britischen Radioexperten Peter M. Lewis und Jerry Booth bestimmten Radio als „invisible medium" (Lewis/Booth 1989) und spielten dabei mit der bereits beschriebenen Audio-Seite des Radioangebots. Tatsächlich ist das Radio unter den klassischen Medienformen die einzige, die als nicht sichtbar beschrieben werden kann, weil sie das Auge bewusst ausspart. Aber diese Charakterisierung ist mehrdeutig gemeint. Radio ist ein Medium, das wenig in Erscheinung tritt, das von der großen Öffentlichkeit wenig beachtet wird, das eher im Verborgenen wirkt. „Radio ... enjoys a peculiar, not to say paradoxical position – at once present, and absent." (Lewis/Booth 1989: XII). Radio als ältestes Funkmedium hat Gewohnheiten geprägt, ist aber dann vom Fernsehen verdrängt worden; zudem wurde es in der Politik marginalisiert. Genau dieser Sachverhalt – so Lewis und Booth – macht aber auch seine Stärken aus. Es ist das Medium derer, die sich nicht nur für Fernsehen interessieren, für aktuell Interessierte, für solche, die eine Medienversorgung außerhalb des Heims erwarten etc. „A mass medium, and yet, in the Western world now, received personally, and susceptible of personal, variant or subversive readings, not least perhaps because another simultaneous activity colours the meaning of what's heard. Yet, again, individual reception is inflected by a sense of 'imagined community'." (Lewis/Booth 1989: XII).

Die Autoren Lewis/Booth haben die ganze Breite des Radioangebots am britischen Beispiel untersucht – öffentlich, kommerziell und community – und betonen damit, dass kein anderes Medium über eine derartige Breite von Einsatzmöglichkeiten verfügt. (vgl. Kap. 8.3 öffentliche, Kap. 7.7 und 8.4 für kommerzielle, Kap. 12 für community-Angebote) Tatsächlich charakterisiert das Radio, dass es über eine unvergleichlich große Zahl einfach zugänglicher Kommunikationskanäle verfügt und diese in ganz unterschiedlicher Weise genutzt werden (können). Wenn man die alte Kurzwelle oder das neue Cyberradio einbezieht, so handelt es sich um viele Tausende potenziell verfügbare Programme aus der ganzen Welt. Vielfalt findet sich aber auch in der Trägerschaft der Angebote, in den zahlreichen Programmvarianten, in den variierenden Hörerschaften. Radio konnte nicht zuletzt diese Breite entwickeln, weil es politisch selten im Fokus steht, es erscheint Machthabern – die sich auf hegemoniale Medien, also insbesondere das Fernsehen konzentrieren – schlicht zu unwichtig.

Das „unsichtbare" Medium Radio hat als Auslands-Kurzwellenfunk á la *Deutsche Welle* in den Jahrzehnten des Kalten Kriegs zuverlässig Zensurbarrieren gebrochen, eine Funktion, die nun zunehmend das Internet übernimmt. Radio erweist sich aber bis heute in der Summe als das universellste, variationsreichste, vielfältigste und damit flexibelste Medium, über das wir verfügen. Vielleicht konkurriert es heute mit dem rasch anwachsenden Medium Internet um diese Rolle, aber spezifische Eigenheiten des Radios werden noch lange überleben. So unterliegt es nicht dem „digital divide", also der Kluft zwischen digitalen „haves" und „not haves" bei den Neuen Medien, was vor allem für die armen Teile der Welt gilt. Radio ist in aller Welt verfügbar, der Studiobetrieb ist kostengünstig möglich, es ist einfach zu bedienen, ein simpler Transistorempfänger ist überall auf der Welt erschwinglich Wenn die Stromversorgung ein Problem darstellt, gibt es Batterien; in Südafrika wurde gar das kurbelgetriebene Radio auf den Markt gebracht.

## 2.11 Radio als Alltagsmedium

Ein bereits vor mehr als einem Vierteljahrhundert geschriebener Titel der amerikanischen Radioforscher Peter und Joshua E. Mills verzichtet – ganz im Sinne dieser Darstellung – auf Definitionen und beginnt damit, das Medium aus seiner alltäglichen Nutzung heraus zu beschreiben. Seit dem Aufstieg des Fernsehens (in den 50er Jahren) habe sich dieses Medium mehr auf der Seite der Hörer, denn auf der Senderseite gewandelt, argumentieren sie. Bereits damals (um 1980) war zu beobachten, dass ein Radio in fast jeder Umgebung, in fast jeder Wohnung und jedem Auto zu finden war. Sie beschrieben Autoradios (in 95 % aller Wagen), das Schlafzimmer-Radio (71 %), das Küchen-Radio (56 %), dazu Büro-, Outdoor-, und Ballspiel-Radios, ja sogar Empfänger, die nur den Ton von Fernsehprogrammen wiedergeben (Fornatale/Mills 1980: IXff). Auch in Deutschland steht in nahezu 100 % aller Haushalte mindestens ein Empfänger und etwa die

Hälfte verfügt über vier oder mehr Gerätetypen: Stereoanlage, tragbares Radio, Uhrenradio, Radiowecker, Autoradio etc. Kein anderes Medium ist so umfassend in unseren Alltag eingedrungen.

In dieser Sichtweise hat das Radio vis-à-vis dem Fernsehen überlebt, weil es ganz andere Leistungen anbieten konnte und es zunehmend zu einem „social lubricant" wurde, zu einem Medium, das Individuen miteinander zu verbinden scheint und diese das Gefühl erfahren, zu einer Gruppe Gleichgesinnter zu zählen. Radio wird zum „Companion" des Hörers, zum Kumpel, der Phasen der Langeweile oder auch der Isolation und Einsamkeit zu überwinden hilft (Fornatale/Mills 1980: XVII). Der bereits oben zitierte Kommunikationsberater Tony Schwartz unterstrich dies (in einer frühen Variante des Uses- and Gratification-Ansatzes), indem er hervorhob, dass Menschen nicht einfach Botschaften von einem Medium erhalten, sondern Signale, die in uns eine Seite anschlagen. Der Inhalt des Radios sind wir selbst. Dabei interpretierte er auch die inzwischen unbestrittene Nebenbei-Funktion des Radios neu, indem er unterstreicht, dass Zuhörer sich nicht an die Quellen von Informationen erinnern, weil sie nicht bewusst zuhören. Radio ist in hohem Maße ein gleichermaßen präsentes wie unbeachtetes Medium, weil Hörer sein Angebot ganz speziell verarbeiten: Eigentlich hören sie nicht, sie sitzen darin. (Schwartz 1983, 1973) So eignet es sich besonders als Medium, das affektiv wirkt, indem es Stimmungen einfängt oder Erinnerungen hervorruft. Gerade, weil das Radio unseren Alltag begleitet und so unspektakulär daherkommt, bezieht es seine spezifische Kraft aus Unsichtbarkeit, Unaufdringlichkeit und Omnipräsenz. (vgl. zu den Eigenheiten des Radios auch Kap. 3.9)

## 2.12 Bausteine zu einer Definition des Radios

Es sollte klar geworden sein, dass eine eindeutige, alle Seiten befriedigende, dazu international gültige Definition von Radio nicht möglich ist. Andererseits sollte der Begriff aber auch nicht der Beliebigkeit ausgeliefert werden, wie derzeit zu beobachten ist, wenn z. B. (im Zusammenhang mit Handys) mit „visual radio" geworben wird. Vielmehr sollte in Auswertung des bisher Gesagten der Kernbereich dessen bestimmt werden, was Radio in seiner Besonderheit ausmacht, seine Multidimensionalität betont und es von anderen Medien trennt.

Radio ist das älteste der elektronischen Medien und stellt sich als auditives, die Hörorgane des Menschen bedienendes Massenmedium dar, bei dem über einseitige Ausstrahlung ein disperses Publikum mit Programminhalten versorgt wird. Programme entstehen in einem Studio, verfügen normalerweise über Text- und Musik-Elemente und schließen (meist) aktuelle Berichterstattung ein. Der technische Transport des Programms kann analog oder digital, über Antenne,

Satellit, Kabel, Internet, mobil oder in anderer Form erfolgen. Der Hörer setzt ein Gerät zum Empfang ein und nutzt das Programmangebot normalerweise neben-her, also neben anderen Verrichtungen. Radio zeichnet sich – gerade auch im Vergleich zu anderen Medienformen – durch die Vielzahl der Optionen aus: eine hohe Zahl von Übertragungskanälen, unterschiedliche Organisationsformen der Stationen, einzigartige Variationsbreite der Programme, niedrige Anforderungen an Ausstattung, Betrieb und Empfang, sowie universelle Nutzbarkeit in praktisch allen Lebenssituationen. Radio bietet sich (vielleicht mit Ausnahme des Internet) wie kein anderes Medium zum Selbermachen an.

## 2.13 Fragen zur Vertiefung

1.   Bezeichnen Radio und Hörfunk dasselbe? Im Verständnis vieler Beobachter ist dies der Fall. Schaut man auf die Wortherkunft, so haben beide Begriffe verschiedene Wurzeln, die aber beide mit Physik und Übertagungstechnik zu tun haben. Radio ist der weiter verbreitete Begriff und bezeichnet viele Facetten dieses Mediums (u. a. Übertragung, Programm, Organisation, Empfangsgerät), der Hörfunk als Ableitung von Rundfunk kommt vor allem in der „offiziellen" Sprache vor, z. B. in Gesetzestexten.

2.   Welche Medien sind dem Radio besonders nah? Das kommt ganz darauf an. Radio und Fernsehen basieren historisch auf ähnlichen Übertragungstechni-ken, derzeit werden beide digitalisiert. In der Nutzung konkurriert Radio aber als auditives Medium eher mit anderen auf das Ohr wirkenden Ange-boten wie Walkman, iPod, CD oder Hörbuch. Als Programmmedium ähnelt es dem Fernsehen, als besonders aktuelles Medium erbringt es ähnliche Leistungen wie Online-Nachrichtenportale.

3.   Warum lohnt ein Blick auf die transkulturelle Seite des Begriffs Radio? Radio hat sich grenzüberschreitend als Bezeichnung für auditive elektroni-sche Medien durchgesetzt. Radio ist zu einem Weltbegriff geworden. Wäh-rend in deutscher Sprache Radio ungenau verwandt wird und ganz unter-schiedliche Inhalte annehmen kann, wird der Begriff in anderen Sprachen oft durch Zusätze spezifiziert, z. B. das Empfangsgerät Radio auf englisch als radio receiver bezeichnet.

4.   Warum ist es sinnvoll, Radio in einer Verbindung von Kernbegriff und Randerscheinungen zu definieren? Der schillernde Radiobegriff basiert auf bestimmten zentraler Merkmalen (auditives, programmliches, aktuelles

Medium etc.). Radio teilt dazu bestimmte Merkmale mit anderen Angeboten, die ihnen eine Radio-Nähe geben (akustische, gespeicherte, mobile Medien etc.).

5.  Hat das Radio eine Zukunft? Die Beantwortung hängt davon ab, wie man Radio definiert. Es wird immer einen Bedarf nach radiotypischen Leistungen (auditiv, aktuell, vielfach lokal etc.) geben. Ob dies in den tradierten Strukturen befriedigt wird (z. B. UKW-Empfänger) erscheint fraglich; Die Digitalisierung rückt das Radio technisch in Richtung Computer, Internet und Mobilfunk. Radioempfänger der Zukunft werden technisch anders konzipiert sein, sie werden Abruf- und Interaktionsmöglichkeiten einbeziehen, aber die spezifischen Vorteile des Radios werden sein Überleben sichern..

## 2.14 Definitionen und Erklärungen

*Hörfunk:* Vielfach als Untergruppe von Rundfunk (= Hörfunk und Fernsehen) bezeichnet. Der Begriff wird vor allem in „offiziellen" Bezeichnungen und Gesetzestexten verwandt. Mitunter wird argumentiert, Radio und Hörfunk seien identische Begriffe; angesichts ihrer unterschiedlichen Nutzung ist dies nur schwer nachzuvollziehen.

*Audio:* Die Kurzform Audio (Adjektiv: auditiv) wird meist als Bestandteil von Worten eingesetzt, die mit der Versorgung des menschlichen Gehörsinns zu tun haben (z. B. Audioanlage, Audiotechnik). Audio-Signale transportieren Sprache, Musik oder andere Geräusche. Radio ist ein Audio-Medium, das damit neben anderen Anwendungen steht, z. B. audiovisuelle Medien (Fernsehen), Audio-Speichermedien (CD) etc.

*Akustik:* Lehre vom Schall, einem Teilbereich der Physik, der sich mit der Produktion von Geräuschen und der Hörbarkeit beschäftigt. Typische Bereiche der Akustik sind die Schallaufnahme (z. B. durch ein Mikrofon), die Schallaufzeichnung (z. B. auf Harddisc) und die Schallwiedergabe (z. B. durch Lautsprecher). Mitunter wird Radio als „akustisches Medium" bezeichnet, was es auf seine physikalisch-technische Seite reduziert und damit nur begrenzte Aussagekraft hat.

*Marke:* Der in vielen unterschiedlichen Verbindungen verwandte Marken-Begriff (vgl. Briefmarke) bezeichnet in diesem Kontext eine rechtlich geschützte Kennzeichnung des Wirtschaftsprodukts Radio (um dessen Alleinstellung zu betonen). Sie beruht auf verlässlich gleich bleibenden und unverwechselbaren

Eigenschaften des Angebots. Sender schützen und pflegen ihre Markenbezeich-
nung (*Deutschlandradio Kultur*, *Radio Charivari*), versuchen hohe Bekanntheit
in der Öffentlichkeit zu erlangen und ein positives Image aufzubauen. Radio ist
ein sehr markengeeigneter Begriff (er schafft eine „Markenpersönlichkeit"), der
Begriff Hörfunk wird in diesem Zusammenhang kaum verwendet.

# Kapitel 3
# Theorien

*Frank Schätzlein*

In diesem Kapitel wird vor allem aus medienwissenschaftlicher Perspektive der Verlauf der Theoriediskussion in Deutschland nachgezeichnet (Frank Schätzlein). Danach wird ein kurzer Überblick über den internationalen Stand gegeben (Hans J. Kleinsteuber).

## 3.1 Radiotheorien – die deutsche Perspektive

Aus medienwissenschaftlicher Sicht lassen sich in Bezug auf das Radio die drei Bereiche Radiogeschichte, Radioanalyse und Radiotheorie unterscheiden (Hickethier 2003: 332 f.). Dabei kommt der Radiotheorie die Aufgabe zu, die „Gesetzmäßigkeiten" des Mediums zu erforschen, zu beschreiben und zu systematisieren. Die Aussagen der Theorie und die Darstellungen der Radiogeschichtsschreibung werden durch Analysen in Einzeluntersuchungen von konkreten Programmen und Sendungen überprüft. Umgekehrt entstehen wissenschaftliche Theorien des Radios erst durch die Analyse des Mediums bzw. der Medienprodukte (Faulstich 1981) oder auch durch die Verallgemeinerung von Beobachtungen und Erfahrungen in der Medienpraxis. Und schließlich gibt es auch Wechselbeziehungen zwischen der Radiotheorie und der Radiogeschichte (Hagen 2005): Denn zum einen liefert die Geschichte des Mediums das Material für die Entwicklung von Theorien, zum anderen können Theorieansätze umgekehrt auch Impulse und Orientierungspunkte für die Radiogeschichtsschreibung liefern oder als Gegenstand einer Theoriegeschichte des Radios fungieren.

Radiotheorien können als in sich geschlossene Systeme von allgemeingültigen Aussagen über die Merkmale, Strukturen und Funktionen des Mediums Hörfunk verstanden werden – das Medium soll dabei tendenziell als Ganzes erfasst werden (nicht nur ein einzelner Teilbereich wie beispielsweise nur die Sendeform Hörspiel oder ausschließlich die Radionutzung bzw. der Rezeptionsvorgang). Der Begriff „Radiotheorie" wird jedoch in der Öffentlichkeit, in der Medienpraxis und auch in der Wissenschaft mit sehr unterschiedlichen Bedeutungen verwendet. Die Auseinandersetzung mit Radiotheorien wird dadurch verkompliziert, dass zum Teil (historische) Diskurse über das Radio als „Theorie" eingestuft werden, obwohl es sich nicht um Arbeiten mit dem Anspruch einer Einzelmedientheorie handelt.

Um Radiotheorien und Texte, die als Theorien des Radios ‚verkauft' oder gelesen werden, inhaltlich besser zu verstehen, methodisch einordnen und in ihrem Nutzen bewerten zu können, ist es sinnvoll, Kriterien für ihre Beschreibung und Kategorisierung zu kennen. In der ersten Hälfte dieses Kapitels sollen deshalb zunächst die Verwendungsformen des Begriffs voneinander abgegrenzt sowie Konzepte und Systematisierungsmodelle der Radiotheorien vorgestellt werden, danach werden in der zweiten Hälfte einzelne Theorien und auch solche Beiträge, die im Nachhinein als Radiotheorien rezipiert wurden, kurz vorgestellt.

## 3.2   Theorie vs. Praxis – Individualtheorien – Radiotheorien

Wie auf der allgemeineren Ebene der Medientheorie lassen sich auch bei der Radiotheorie drei verschiedene Verwendungsweisen des Theoriebegriffs in der Öffentlichkeit, der Medienbranche und der Wissenschaft unterscheiden (Hickethier 2003: 366 ff.):

Da ist erstens die – zumeist vonseiten der Praktiker aus dem Medienbetrieb oder in der Alltagssprache von Laien vorgenommene – Abgrenzung der ‚Theorie' von der ‚Praxis' des Mediums. Bei dieser Vorstellung von Radio- bzw. Medientheorie wird alles, was nicht praktische Tätigkeit in den und für die Medien ist, als Theorie bezeichnet. So wird ein Medienberater, der auf einer allgemeineren Ebene Aussagen über die Medien, ihre Inhalte, Strukturen, Funktionen oder Wirkungen macht, voreilig zum Medien-‚Theoretiker' erhoben und auch Programm- und Marketingkonzepte wie das ‚Formatradio' werden zu Radiotheorien erklärt. (vgl. Kap. 9.6)

Zweitens die „Individualtheorien" von „Theorie-Auteuren" (Hickethier 2003: 367 f.) mit einer subjektiven und oft ungewöhnlichen Sichtweise auf spezifische Bereiche und Aspekte des Mediums. Individualtheorien arbeiten u. a. mit Assoziationen, mythologischen Bezügen sowie einer verklärenden Rhetorik und entziehen sich damit der wissenschaftlichen Überprüfbarkeit. Bekannte Vertreter dieses Theorietyps sind Autoren wie Marshall McLuhan, Vilém Flusser oder Paul Virilio, die das Radio oft in größere Theoriezusammenhänge einordnen.

Drittens die Radiotheorien im engeren Sinne, die als sogenannte „Einzelmedientheorien" des Radios darauf zielen, das Medium umfassend zu beschreiben und über die Betrachtung eines isolierten Aspekts hinausgehen. Diese Theorien stehen im Mittelpunkt dieses Beitrags. Auffällig ist, dass fast alle Autoren ihre Theorie ausgehend von Beispielen und Untersuchungen der zentralen künstlerischen Sendeform des Radios, dem Hörspiel, entwickeln und auf das Radio als

Ganzes übertragen. Hörspiel- und Radiotheorie lassen sich somit in den meisten Fällen nicht voneinander trennen.

## 3.3 Kontexte und Fachbezüge

Radiotheorien können unterschiedlichste Kontexte und wissenschaftliche Fachbezüge aufweisen, die ihre Perspektive auf das Medium und die Methodik der Untersuchung und Darstellung bestimmen. So bildet die künstlerische Arbeit als Schriftsteller neben dem und für den Rundfunk den Kontext für Bertolt Brecht und Walter Benjamin, die Tätigkeit in der Rundfunkpraxis den Rahmen für die Untersuchungen von Richard Kolb (*Bayerischer Rundfunk*) und Eugen Kurt Fischer (*Westdeutscher Rundfunk*).

Die kulturwissenschaftlich orientierte Medienwissenschaft versteht die Radiotheorie als eine Theorie der Medialität (der medienspezifischen Eigenschaften des Radios), der Ästhetik der Sende- und Programmformen des Radios (Kunsttheorie und Medienästhetik) und/oder der kulturellen Einbettung des Mediums (Institutionalisierung und Mediengebrauch). Die sozialwissenschaftlich ausgerichtete Kommunikationswissenschaft besitzt dagegen einen anderen Theoriebegriff und bettet das Radio beispielsweise in übergreifende sozialphilosophische oder soziale Theorien, wie die Theorie kommunikativen Handelns, ein oder sie versteht Theorien als Forschungshypothesen, die in empirischen Untersuchungen verifiziert oder falsifiziert werden.

Solche unterschiedlichen Fachbezüge und Perspektiven auf den Gegenstand liegen auch den Arbeiten der wissenschaftlichen Radiotheoretiker zugrunde: Rudolf Arnheim (Wahrnehmungspsychologie), Gerhard Eckert (Zeitungswissenschaft/Publizistik), Helmut Jedele (Philosophie, Literaturwissenschaft), Friedrich Knilli (Semiotik, Sprachwissenschaft, Informationstheorie), Werner Faulstich (Medienwissenschaft). Diese abweichenden Kontexte und Sichtweisen auf die Theorie des Radios müssen bei der Lektüre und Bewertung der einzelnen Arbeiten berücksichtigt werden; sie erschweren das Verständnis der Texte und machen es notwendig, auch die Grundzüge der im Hintergrund stehenden Fachdisziplinen zu kennen.

## 3.4 Reichweite und Gegenstände

Beiträge zur Theorie des Radios können zusätzlich auch nach der Reichweite bzw. dem jeweiligen Gegenstand ihrer Aussagen unterschieden werden (hierzu den „Sujetumfang von Medientheorien", Hickethier 2003: 374 f.). Die Vielzahl der im Folgenden aufgelisteten Objektbereiche macht deutlich, wie differenziert der Diskurs über das Radio und seine Teilbereiche geworden ist – auch wenn die

Anzahl der Publikationen und die Komplexität der Diskussion nicht mit den deutlich umfangreicheren Theoriedebatten über Film, Fernsehen, Computer bzw. Online-Medien zu vergleichen ist:

- Allgemeine Medientheorien (Radio als eines der Objekte der allgemeinen Medienphilosophie und -anthropologie),
- (Medien-)übergreifende Medientheorien (z. B. Theorie der Rundfunkmedien, Theorie der auditiven Medien),
- Einzelmedientheorien (Theorie des Radios),
- Theorien einzelner Bereiche des Mediums (z. B. Programm- oder Wirkungstheorie des Radios),
- Theorien einzelner Programmelemente (z. B. Theorie der Musik, der Unterhaltung, der Informations- oder Wortsendungen im Radio),
- Theorien einzelner Sendeformen (z. B. Theorie des Hörspiels, Radiofeatures, der Radioreportage),
- Theorien einzelner Genres (z. B. Theorie des Kriminal- oder Originalton-Hörspiels),
- Theorien einzelner Gestaltungsverfahren (z. B. Theorie der Blende oder Montage im Hörspiel),
- Theorien einzelner Gestaltungselemente (z. B. Theorie der Stimme oder Musik im Hörspiel).

Zu allen genannten Gegenstandsbereichen radiobezogener Theorien gibt es Beiträge von Wissenschaftlern, Praktikern oder Künstlern (Schätzlein 2010). Die in der Geschichte des Mediums am häufigsten thematisierten, umfangreichsten und bekanntesten Theorien bleiben jedoch die Ansätze der Einzelmedien- und der Hörspieltheorie – sie prägen den radiotheoretischen Diskurs bis heute.

## 3.5  Phasen und Typen

Im Arbeitsfeld der Meta-Medientheorie bzw. bei der wissenschaftlichen Darstellung von medientheoretischen Entwicklungen findet man heute unterschiedliche – sich in ihrer Systematik, Analyse und Kritik der Theorien zum Teil widersprechende – Ordnungsprinzipien. An drei Beispielen soll hier gezeigt werden, wie solche systematischen Gruppierungen aussehen können:

In ihrem Aufsatz zur Einführung in die „Theorien des Hörfunks" orientiert sich Friederike Herrmann (1999) einerseits an den Phasen der Radiogeschichte und ordnet die Einzelmedientheorien des Radios der Weimarer Republik, dem Nationalsozialismus, dem „Zeitalter des Fernsehens" und dem Radio „in der Gesellschaft der Gegenwart" zu. Andererseits fasst sie innerhalb historischer Phasen die Theorien in thematischen Kategorien zusammen, wobei sich viele

Autoren dann mehrfach wiederfinden, weil ihre Radiotheorien auf unterschiedlichen thematischen Ebenen Aussagen machen: Inhalt und Form (Döblin), Funktion (Pongs, Brecht, Benjamin in der Weimarer Republik und Eckert im Nationalsozialismus), Auditivität (Arnheim, Faulstich, Crisell), Zeit/Gleichzeitigkeit (Knilli, Faulstich, Schwitzke), Raum (Arnheim, Faulstich, Crisell), radiospezifische Formen/Inhalte (Arnheim, Schwitzke, Knilli, Faulstich), Hören/Rezeption (Arnheim, Knilli, Faulstich, Crisell), Kommunikatoren und Rezipienten (Brecht, Arnheim, Knilli), Gegenöffentlichkeit (Collin, Enzensberger) und Brauchtum (Nembach). Ergänzt wird diese thematische Gruppierung durch zahlreiche Querverweise auf die Hörspieltheorien von Arnheim, Schwitzke, Knilli, Schöning und anderen.

Rainer Leschke (2003) unterscheidet in seiner umfangreichen Metatheorie, die prinzipiell alle Medientheorien – also nicht nur die Ansätze zum Einzelmedium Radio – abdecken soll, fünf Phasen der Entwicklung von Medientheorien:

1. „Primäre Intermedialität" (vorwissenschaftlich, essayistisch, als Reaktion auf die Einführung eines neuen Mediums, Vergleich mit anderen bereits bestehenden Medien),
2. „Einzelmedienontologien" (Bestimmung des Wesens und der Merkmale des Mediums auf Grundlage von verwandten wissenschaftlichen Disziplinen; in sich geschlossene Theorien, die auch das vollständige Erfassen der Besonderheiten des Mediums abzielen),
3. „Generelle Medientheorien" (Leistungen und Wirkungen von Medien, Auswirkungen auf Gesellschaft, Politik und Wirtschaft),
4. „Generelle Medienontologien" (Medien als System erfassen und verstehen),
5. „Sekundäre Intermedialität" (erneute und grundlegende Reflexion der Differenzen zwischen den Medien, Ergänzungen der vorangehenden Theorieentwürfe und der Lücken, die zwischen ihnen entstanden sind; weitere Abstraktion, indem die Integration der Schnittstellen und Unterschiede zwischen den Ansätzen selbst zum Gegenstand der Betrachtung werden).

Für die Theorie des Radios sind hier die ersten beiden Phasen relevant: Der „primären Intermedialität" ordnet Leschke frühe Beiträge (1924-1929) der Schriftsteller und Radiopraktiker Walter F. Bischoff, Rudolf Leonhard, Arno Schirokauer und Arnold Zweig (Nachdruck in: Schneider 1984) zu, bei denen es sich um Essays zur Ästhetik und Technik des Radios bzw. des Hörspiels handelt, die die Unterschiede zu den ‚alten' Medien Buch/Literatur (und insbesondere ihren literarische Gattungen), Theater und Film thematisieren. Zu den „Einzelmedienontologien" des Radios zählt Leschke die Theoriefragmente Bertolt Brechts als „generalisierte Medienpraxis" sowie die wissenschaftlichen Theorien von Rudolf Arnheim, Friedrich Knilli und Werner Faulstich, die er einer Analyse und Kritik unterzieht.

Die differenzierteste Klassifikation von Einzelmedientheorien des Radios hat bislang Werner Faulstich (1991: 88) vorgenommen. Er unterscheidet in einem Überblick die sieben folgenden „Theorietypen" und dokumentiert, analysiert und bewertet ausführlich exemplarische Vertreter/Autoren der einzelnen Ansätze:

1.  „produktionsorientiert" (Brecht 1927-32),
2.  „historisch, komparatistisch, legitimatorisch" (Arnheim 1936),
3.  „normativ" (Eckert 1941),
4.  „deskriptiv, enzyklopädisch" (Fischer 1942, 1949),
5.  „philosophisch" (Knilli 1961, 1970),
6.  „analytisch, ästhetisch" (Faulstich 1981) und
7.  schließlich noch den „didaktischen" Typ (Busch 1981).

Obwohl Faulstichs Theorietypen sehr differenziert und die Bezeichnungen der entsprechenden Methoden in den meisten Fällen eindeutig und sprechend sind, können einzelne Theorien noch mit ergänzenden Begriffen beschrieben werden, um die Zuordnung der einzelnen Ansätze bei der Auseinandersetzung mit den unterschiedlichen Autoren und ihren Theorietypen zu erleichtern: So kann Brechts Ansatz auch als medien- und gesellschaftskritisch, Arnheims Radiotheorie als rezeptionsorientiert, psychologisch bzw. wahrnehmungspsychologisch beschrieben werden, Eckerts Ansatz als ideologisch-politisch („normativ" sind die meisten Radiotheorien), Knillis als semiotisch, sprachwissenschaftlich und auch kommunikations-/informationstheoretisch und die Konzepte von Busch und den freien Radio-Initiativen auch als medien- und gesellschaftskritisch (im Rückgriff auf Brecht), emanzipatorisch, handlungsorientiert und damit auch medienpraktisch/-pädagogisch. Die von Faulstich eingeführten und hier erweiterten Bezeichnungen und Beschreibungen der Theorietypen und Methoden, mit denen sie sich jeweils dem Radio als Gegenstand der Untersuchung annähern, kann dabei helfen, die fachbezogenen Einsatzbereiche (und Anwendungsmöglichkeiten auf spezifische Aspekte des Radios) der einzelnen Theorien einzuschätze

## 3.6  Entwicklungslinien der Radiotheorie

Um einen strukturierten Überblick über die in den wissenschaftlichen Einführungen thematisierten Radiotheorien zu geben, sollen diese im Folgenden in zwei Gruppen zusammengefasst werden. So können in Bezug auf die unterschiedlichen Inhalte, Methoden, Perspektiven und Fachbezüge der bislang vorliegenden Beiträge zur Radiotheorie zumindest grob zwei Diskussions- und Entwicklungslinien unterschieden werden:

- Erste Entwicklungslinie: Brecht – Benjamin – Enzensberger – (Negt/Kluge) – Busch/Freie Radios,
- Zweite Entwicklungslinie: Arnheim – (Eckert) – Fischer – Jedele – Knilli – Faulstich – Häusermann.

Diese beiden Stränge in der historischen Entwicklung radiotheoretischer Ansätze lassen sich – verallgemeinernd und vereinfachend – als

- eine medien- und gesellschaftskritische und bis auf die letzten Vertreter (Busch/Freie Radios) utopische sowie
- eine wissenschaftlich-systematische Linie beschreiben.

Eine Querverbindung, also ein Bezug zur anderen Linie, findet sich vor allem bei dem medienkritischen Ansatz Knillis, der sich eben nicht nur auf die Semiotik, Sprach- und Kommunikationswissenschaft, sondern explizit auch auf Brecht bezieht (Knilli 1970: 10 f.). Negt/Kluge einerseits und Eckert andererseits passen nicht vollständig in diese Darstellung, da Negt/Kluge keine Einzelmedientheorie geschrieben haben und Eckert nicht vorrangig wissenschaftlicher Erkenntnis folgt, sondern ideologisch-politisch argumentiert – sie sind deshalb in Klammern notiert.

## 3.7 Einzelmedientheorien des Radios im Überblick (I): utopische, medien- und gesellschaftskritische Ansätze

### 3.7.1 Bertolt Brecht

Bis heute ist das Thema Radiotheorie vor allem mit dem Namen Bertolt Brecht verbunden. Insbesondere die Freien Radios/Medien sowie Internet-Aktivisten und -Theoretiker (‚Netzkunst' und Webradios), aber auch wissenschaftliche Publikationen beziehen sich auf die Ansätze Brechts sowie die weiteren Vertreter der Ende der 20er Jahre begonnenen medienkritischen Diskussions- und Entwicklungslinie. Dabei hat Brecht keine Einzelmedientheorie des Radios geschrieben, sondern vielmehr Essays, die sich mit den potenziellen Inhalten und Nutzungsmöglichkeiten des Mediums aus der Sicht eines politisch engagierten Literaten der Weimarer Republik beschäftigen. Da Brechts kurze Texte zum Thema jedoch in der Gesamtausgabe aus dem Jahr 1967 von den Herausgebern in einem Kapitel mit der Überschrift „Radiotheorie" zusammengefasst wurden, wurde sie ab Ende der 60er Jahre auch als Radiotheorie rezipiert und thematisiert. In den Jahren zuvor bezog sich keine der zentralen radiotheoretischen Publikationen (Arnheim, Fischer, Jedele) auf Brecht, erst Enzensberger und Knilli – beide 1970 – führten Brecht in die radiotheoretische Diskussion ein. Liest man sich die entsprechenden Texte Brechts durch, wird deutlich, dass „Beiträge zu einer anderen Radiopraxis" oder „Beiträge zu einem Kommunikationsmodell des Radios" passendere Überschriften gewesen wären.

In einem ersten Beitrag über „Junges Drama und Rundfunk" (1927a) fordert Brecht mit Blick auf die Intentionen der jungen Dramatiker seiner Zeit und die „ungeheure Zahl der Hörer" beim Radio die „Reproduktion" der Theaterstücke durch das neue Medium: „Jede andere Reproduktion unserer Theaterstücke ist für sie besser als die des Theaters. [...] Deshalb ist der Rundfunk eine technische Erfindung, die sich das Bedürfnis der Masse erst schaffen und nicht sich einem schon abgenutzten alten Bedürfnis unterwerfen muß, eine große und fruchtbare Chance für unsere Stücke." (189). Im gleichen Jahr macht Brecht „Vorschläge für den Intendanten des Rundfunks" (1927b), in denen er einerseits wieder ganz aus der Perspektive des Schriftstellers und Rundfunkautors argumentiert, eine radiospezifische Musik und intensivierte Versuche mit der Form des Hörspiels („akustischer Roman") sowie ein Experimentalstudio und die Entwicklung eines Repertoires durch Wiederholungen zentraler Radioarbeiten einfordert – und höhere Honorare für diejenigen, die im literarischen Bereich für das Radio tätig sind. Andererseits übt er aber auch deutliche Kritik an den Programminhalten des Radios und fordert deshalb die Wandlung von einem Distributionsmittel in ein Medium mit politischen Aufgaben: „Meiner Ansicht nach sollten Sie aus dem Radio eine wirklich demokratische Sache zu machen versuchen. In dieser Hinsicht würden Sie z. B. schon allerhand erreichen, wenn Sie es aufgäben, für die wunderbaren Verbreitungsapparate, die Sie zur Verfügung haben, immerfort nur selbst zu produzieren [...]. ... Ich meine also, Sie müssen mit den Apparaten an die wirklichen Ereignisse näher herankommen und sich nicht nur auf Reproduktion oder Referat beschränken lassen. Sie müssen an wichtige Reichstagssitzungen und vor allem auch an große Prozesse herankommen." (Brecht 1927b: 215). „Außerdem können Sie vor dem Mikrophon an Stelle toter Referate wirklich Interviews veranstalten, bei denen die Ausgefragten weniger Gelegenheit haben, sich sorgfältige Lügen auszudenken, wie sie dies für die Zeitungen tun können. Sehr wichtig wären Disputationen zwischen bedeutenden Fachleuten." (216).

In seinem dritten Theoriebeitrag zum Thema Hörfunk, „Radio – eine vorsintflutliche Erfindung?", kritisiert Brecht wiederum die Inhalte des Mediums und die Bourgeoisie, die immer nur die „Chancen" und „Möglichkeiten" sehe, aber sich nicht „um Resultate" kümmere: „Die Resultate des Radios sind beschämend, seine Möglichkeiten sind ‚unbegrenzt'." (Brecht 1927c: 218). „Man wunderte sich, was für Darbietungen da aus den Sphären kamen. Es war ein kolossaler Triumph der Technik, nunmehr einen Wiener Walzer und ein Küchenrezept endlich der ganzen Welt zugänglich machen zu können. Sozusagen aus dem Hinterhalt." (217). „Ein Mann, der was zu sagen hat und keine Zuhörer findet, ist schlimm daran. Noch schlimmer sind Zuhörer daran, die keinen finden, der ihnen etwas zu sagen hat." (218). Zudem denkt Brecht in einem Textfragment („Über Verwertungen", 1927d) über die Frage nach, „wie man die Kunst für das Radio, und die Frage, wie man das Radio für die Kunst verwerten kann" und kommt zu dem Schluss: „Kunst und Radio sind pädagogischen Absichten zur Verfügung zu stellen." (Brecht 1927d: 219). Eine Haltung, die sich auch in seinen eigenen „Lehrstück"-Arbeiten widerspiegelt, vor allem in dem exemplarischen „Radiolehrstück für Knaben und Mädchen" mit dem Titel „Der Flug der Lindberghs" aus dem Jahr 1929 (später „Der Ozeanflug"). Der bis heute am stärksten beachtete radiotheoretische Text Brechts ist sein im Anschluss an mehrjährige Erfahrungen mit der Radiopraxis entstandener Vortrag „Der Rundfunk als Kommunikationsapparat. Rede über die Funktion des Rundfunks" (1932). Darin will er „das Positive am Rundfunk" finden und macht den berühmt gewordenen „Vorschlag zur Umfunktionierung des Rundfunks: Der Rundfunk ist aus einem Distributionsapparat in einen Kommunikationsapparat zu verwandeln. Der Rundfunk wäre der denkbar großartigste Kommunikationsapparat des öffentlichen Lebens, ein ungeheures Kanalsystem, d. h. er wäre es, wenn er es verstünde, nicht nur auszusenden, sondern auch zu empfangen, also den Zuhörer nicht nur hören, sondern auch sprechen zu machen und ihn nicht zu isolieren, sondern ihn in Beziehung zu setzen. Der Rundfunk müßte demnach aus dem Lieferantentum herausgehen und den Hörer als Lieferanten organisieren." (Brecht 1932: 553). Gleichzeitig wird das utopische Element dieses Konzept deutlich gemacht: „Sollten Sie dies für utopisch halten, so bitte ich Sie, darüber nachzudenken, warum es utopisch ist." (554). „Undurchführbar in dieser Gesellschaftsordnung, durchführbar in einer anderen, dienen die Vorschläge, welche doch nur eine natürliche Konsequenz der technischen Entwicklung bilden, der Propagierung und Formung dieser anderen Ordnung." (557).

Brechts Ausführungen sind zunächst voreilig vor allem medientechnisch interpretiert worden, erst spätere Untersuchungen zeigen sie wieder deutlich im Kontext seiner Theaterarbeiten und seiner Bemühungen um die Verbindung der Radio- bzw. Programmstrukturen mit denen des „epischen Theaters" (Leschke 2003: 84 ff.). Seit den 70er Jahren sind zahlreiche literatur-, theater- und medienwissenschaftliche Analysen und Neuinterpretationen der ‚radiotheoretischen' Beiträge Brechts vorgenommen worden; eine intensivierte Beschäftigung mit seinem Konzept ist seit den 90er Jahren im Rahmen der ‚Netztheorie' bzw. neuer Kommunikations- und Angebotsstrukturen über das Internet zu beobach-

ten. Heute wird die sogenannte ‚Radiotheorie' Bertolt Brechts in der medienwis-
senschaftlichen Forschung eher als „Kommunikationsmodell" untersucht, weniger im Kontext und Vergleich mit Einzelmedientheorien des Radios (Schwering
2007a: 2007b).

### 3.7.2  Walter Benjamin

Der Schriftsteller, Philosoph und Rundfunkautor Walter Benjamin knüpft mit
seinen radiotheoretischen Beiträgen und in der Zeit von 1929-1936 an die Ansätze Brechts an (Benjamin 1930/31, 1934; zu Benjamins Radiotheorie und -praxis
Schiller-Lerg 1984). Im Gegensatz zu Brecht war Benjamins Tätigkeit für den
Rundfunk jedoch umfangreicher und erstreckte sich auf verschiedenste Sendeformen (Hörspiele/„Hörmodelle", Schul- und Jugendfunk, Literaturkritik, Gespräche, Vorträge, Radioessays) – und er verlangte von den linken Intellektuel-
len die Aufgabe ihrer Privilegien als „Routiniers" und Lieferanten für das Radio,
eine „Umfunktionierung" des Mediums, um andere wiederum selbst „zur Produktion anzuleiten" (Benjamin 1934).

### 3.7.3  Hans Magnus Enzensberger

Diese medienkritische Entwicklungslinie wird 1970 von Hans Magnus Enzensberger mit seinem Aufsatz „Baukasten zu einer Theorie der Medien" fortgesetzt,
der sich u. a. auf Brecht und Benjamin bezieht, dabei aber nicht mehr das Radio
im Sinne einer Einzelmedientheorie in den Mittelpunkt rückt, sondern medienübergreifend argumentiert (siehe dazu auch: Öffentlichkeit und Erfahrung von
Negt/Kluge 1972). Im Zentrum des Beitrags steht die Analyse des Begriffes
„Manipulation" und die Kritik der „defensiven" Ausrichtung der „Manipula-
tionsthese der Linken", er stellt klar: „Jeder Gebrauch der Medien setzt also
Manipulation voraus. Die elementarsten Verfahren medialen Produzierens von
der Wahl des Mediums selbst über die Aufnahme, Schnitt, Synchronisation,
Mischung bis hin zur Distribution sind allesamt Eingriffe in das vorhandene
Material. Ein unmanipuliertes Schreiben, Filmen und Senden gibt es nicht."
(Enzensberger 1970: 166).
      Dem „repressiven Mediengebrauch" setzt Enzensberger einen „emanzipato-
rischen Mediengebrauch" gegenüber, dessen Eckpunkte eine Brücke von
Brecht/Benjamin zur Praxis – und Theoriebasis – der Freien Radios Ende der
70er/Anfang der 80er Jahre schlagen: „dezentralisierte Programme, jeder Empfänger ein potenzieller Sender, Mobilisierung der Massen, Interaktion der Teil-
nehmer, Feedback, politischer Lernprozess, kollektive Produktion, gesellschaftliche Kontrolle durch Selbstorganisation" (173). Man kann deshalb, wie Werner
Faulstich es vorschlägt, die medien- und gesellschaftskritischen und gleichzeitig

aber handlungsorientierten, medienpraktischen Konzepte der Freien Radios (exemplarisch Busch 1981) als „besondere Gruppe von Einzelmedientheorien" bewerten, da hier die in diesem Abschnitt beschriebene Entwicklungslinie der Theorie in eine neue Radiopraxis umschlägt bzw. die Basis für eine neue Radiopraxis bildet. Dieser Prozess ist nicht abgeschlossen: Mit der Einführung des WWW in den 90er Jahren und den in den letzten Jahren etablierten Möglichkeiten des „Web 2.0" eröffneten sich neue Spielräume für eine selbstbestimmte, selbst organisierte, dezentralisierte und interaktive Medienpraxis. (vgl. dazu Kap. 12)

## 3.8 Einzelmedientheorien des Radios im Überblick (II): wissenschaftlich-systematische Ansätze

### 3.8.1 Rudolf Arnheim

Sieht man von den ersten umfangreicheren Publikationen zur Hörspieltheorie (Pongs 1930, Kolb 1932) ab, beginnt die zweite Diskussions- und Entwicklungslinie der Radiotheorie mit vorwiegend wissenschaftlich-systematischen Ansätzen mit dem Buch „Rundfunk als Hörkunst" (1936) des Gestaltpsychologen, Medien- und Kunsttheoretikers Rudolf Arnheim, der das Radio – wie der Buchtitel schon zeigt – als akustisches Medium bzw. als Medium des Hörens untersucht. Als Psychologe wählt Arnheim die naheliegende Perspektive der Wahrnehmungspsychologie und verbindet sie mit einer Darstellung der Produktions- und Gestaltungsverfahren, wobei er sich fast ausschließlich auf die Praxis des Hörspiels bezieht. So stellt Arnheim das „Weltbild des Ohres" (18 ff.) in den Mittelpunkt seiner Arbeit, spricht ein „Lob der Blindheit" des Radios als „Befreiung vom Körper" aus, bei der „der Rundfunkkünstler […] in der Beschränkung auf das Hörbare seine Meisterschaft […] entfalten kann" (87) und beschreibt zentrale Faktoren der auditiven Wahrnehmung bzw. der Rezeption von Audiomedien: Zeitbasiertheit, Tonhöhe und Frequenzbereich, Richtungshören, Lautstärke, Raumakustik bzw. Raum-Hören, Abstände und Bewegung im Raum sowie die entsprechenden technischen und dramaturgischen Verfahren der Hörspielproduktion. Arnheims dramaturgischer Ansatz ist normativ, er will mit seiner Theorie beschreiben und festlegen, welche Sprache, Stimmen, Handlungen und Gestaltungsprinzipien im Radio ‚funktionieren'. Die wahrnehmungspsychologische Perspektive wird bei Arnheim durch einen soziologischen Blick auf den „Rundfunk und die Völker" (141) ergänzt. Zudem thematisiert Arnheim das Problem der „reproduktiven Kunst" und das Radio als „Reproduktionsinstrument" (Arnheim 1933: 211 ff.) – ein Aspekt des neuen Mediums, der danach über lange Zeit in der Radio- und vor allem der Hörspieltheorie diskutiert wird.

### 3.8.2  Gerhard Eckert/Eugen Kurt Fischer

Als die zentrale Publikation der Radiotheorie im Nationalsozialismus gilt die Habilitationsschrift „Der Rundfunk als Führungsmittel" (1941) von Gerhard Eckert. Der Autor untersucht darin die „Natur" und das „Wesen" des Radios und kommt zu dem Schluss, dass das Medium „in seiner ganzen Natur von vornherein Führungsmittel" (33) ist. Aus dieser Sichtweise kann und muss – weil es seinem politischen „Wesen" entspricht – das Radio funktionalisiert und in den Dienst der Politik gestellt werden. Die Radiotheorie liefert hier in ‚wissenschaftlichem' Gewand die Grundlage für die Zentralisierung und Funktionalisierung des Mediums durch die Nationalsozialisten. Neben Eckert sei noch auf die Hörspieltheorie (1932) und die radiotheoretischen Schriften (in Kolb/Siekmeier 1933) von Richard Kolb hingewiesen, dessen Konzept der „entkörperten Stimme" und „körperlosen Wesenheit" im Radio noch bis in die 60er Jahre die auf „Innerlichkeit" und das „Immaterielle" ausgerichtete Dramaturgie des traditionellen Hörspiels prägte und auch darüber hinaus Einfluss auf andere Sendeformen nahm.

Ein Jahr nach Eckert legt der Radiopraktiker Eugen Kurt Fischer seine Arbeit „Dramaturgie des Rundfunks" (1942) vor, in der er einen eher deskriptiven und – wie Faulstich ihn nennt – „enzyklopädischen" Zugriff auf das Radio wählt. Er betrachtet in den einzelnen Kapiteln seiner Arbeit die einzelnen Sendeformen (Ansage, Vortrag, Lesung, Gespräch, Hörspiel usw.) und ergänzt diese durch allgemeine Kapitel zu den Grundlagen von Dramaturgie und Programmplanung. Ende der 40er Jahre setzt Fischer dieses Konzept in seinem Buch „Der Rundfunk. Wesen und Wirkung" (1949) fort und ergänzt Themen wie Technik und Organisation, Wertung und Kritik des Radioprogramms sowie die Fortbildung und Forschung. Zudem fügt er ein längeres Kapitel „Versuch einer Theorie des Rundfunks" (1949: 42-99) hinzu, innerhalb dessen er wiederum gewissermaßen „enzyklopädisch" vorgeht und vom Allgemeinen des Rundfunks (Vergleich der Medien, Besonderheiten auditiver Wahrnehmung), über die Sendeformen, die Mitwirkenden („Hörspieler"), die Programmgestaltung bis hin zur Rezeption durch den Hörer eine aus der Radiopraxis abgeleitete theoretische Darstellung vornimmt.

### 3.8.3  Helmut Jedele

Anfang der 50er Jahre greift Helmut Jedele in seiner Dissertationsschrift die Frage der „Reproduktivität und Produktivität im Rundfunk" (1952) auf. Ziel seiner Arbeit ist es, die „Elemente des Produktiven" herauszuarbeiten, um daraus eine „Theorie des produktiven Rundfunks" zu entwickeln, die die Grundlage für eine zukünftige allgemeine „Ästhetik des Rundfunks" bildet (1952: 95 f.). Jedele betrachtet dazu sowohl die elektroakustische als auch die dramaturgische Ebene und die Rezeption von Radiosendungen. Mit Ausnahme des Hörspiels sind für ihn alle „Darbietungsformen" des Radios reproduktiv, das „produktive Element" bzw. die „Komposition produktiver akustischer Gesamtgestalten" erläutert Jedele am Beispiel der Raum- und Zeitgestaltung und der Verwendung von Blende und Montage im Hörspiel. Seine Arbeit wird dadurch für die Hörspielredakteure der 50er und 60er Jahre eine wichtige Argumentationsgrundlage für ihre dramaturgischen Konzepte.

### 3.8.4 Friedrich Knilli

Nach einer grundlegenden Arbeit zur Wahrnehmungspsychologie des Hörspiels (Knilli 1959) und dem viel beachteten Entwurf einer neuen Hörspiel-Dramaturgie (das „totale Schallspiel" als Gegenentwurf zum traditionellen Illusions- und Wort-Hörspiel der „inneren Bühne", Knilli 1961) legt der Literatur- und Medienwissenschaftler Friedrich Knilli 1970 die Aufsatzsammlung „Deutsche Lautsprecher. Versuche zu einer Semiotik des Radios" vor. Diese Sammlung stellt zwar keine in sich geschlossene Theorie dar, bietet jedoch auf Grundlage einer Zusammenfassung seiner vorangehenden Arbeiten unterschiedliche Zugänge zu einer Theorie des Radios (semiotisch, sprach- und kommunikationswissenschaftlich, wahrnehmungspsychologisch und medienästhetisch), die anhand exemplarischer Produktionen aus der Geschichte des Hörspiels erläutert werden. Im Vorwort entwirft Knilli auf wenigen Seiten die Eckpunkte eines informations- und zeichentheoretischen Modells der „Radiokommunikation" und überträgt dazu Ebenen der Semiotik auf das elektroakustische Medium (Knilli 1970: 7-10): Radiosyntax (Beziehungen zwischen den Zeichen in der Kommunikation), Radiosemantik (Bedeutung der Zeichen), Radiosigmatik (Beziehung zwischen Zeichen und Bezeichnetem) und Pragmatik des Radios (Beziehung zwischen Zeichen, Sender/Kommunikator/Sprecher und Empfänger/Kommunikant/Hörer). Beim Problem der festen Rollenzuschreibung von Radiosender auf der einen und Radiohörer auf der anderen Seite schlägt Knilli die Brücke zu Brechts Forderung nach einem Wandel des Radios vom „Distributionsapparat in einen Kommunikationsapparat" (11).

### 3.8.5 Werner Faulstich

Rund zehn Jahre später veröffentlicht Werner Faulstich eine medienästhetisch orientierte Radiotheorie, die anhand einer Analyse des Hörspiels *The War of the Worlds* (produziert von Orson Welles 1938) Kategorien einer allgemeinen Ästhetik des Radios entwickelt. Eine Theorie des Radios kann nach Faulstich nur aus der Analyse einer einzelnen Sendung bzw. eines exemplarischen (literari-

schen) Werks entwickelt werden: „Die mediale Vermittlung ist hier ein konstitu-
tiver Bestandteil des Werks selber. [...] Medienästhetik behauptet die Relevanz
allgemein des Mediums fürs konkrete Werk, ohne jedoch sein ‚Literarisches' mit
seinem Medialen in eins zu setzen." (Faulstich 1981: 9 f.). „Das konkrete Hörspiel und das allgemeine Medium Hörfunk stehen in einer dialektischen Beziehung zueinander, die unauflöslich ist. Insofern geht Medienästhetik gegen-
standsgemäß von diesem Widerspruch aus: Die Analyse und Interpretation eines
einzelnen Hörspiels setzt eine Theorie des Hörfunks unbedingt voraus, aber diese
Theorie wiederum kann nur erst gerinnen aus der Analyse des Falls. Diese Dia-
lektik von Produkt und Medium erzwingt die Analyse und Interpretation des
einzelnen Werks als Weg der Erkenntnis von der Erscheinung zum Wesen [...]."
(10). Aus der medienästhetischen Analyse des gewählten Hörspiels entwickelt
Faulstich „fünf Schlüsselkategorien" der Radiotheorie und verbindet sie mit
einer kritischen Analyse der Theorien von Arnheim, Eckert, Fischer, Jedele u. a.:

1.    „Live" (Radio als alltägliches und allgegenwärtiges „Medium des Jetzt",
      insbesondere in den Live-Informationen und -Berichten; hier nimmt Faul-
      stich auch eine kritische Analyse des Ansatzes von Jedele vor, 30 ff.),
2.    „Auditivität" (akustische Gestaltung und raumakustischer Realismus, „Ein-
      fachheit" und „Eindeutigkeit" als dramaturgische Prinzipien bzw. Normen
      des Radios, „Notwendigkeit der Imagination" auf der Seite des Hörers),
3.    „Illusion" („Das Auditive [...] als Stimulanz zur Verganzheitlichung, Ver-
      einheitlichung der Wirklichkeit qua imaginierter Visualität." „Der Hörfunk
      ‚lebt' in der Illusion der Hörer; insofern ist das Hörspiel nur das Einge-
      ständnis seiner Verspieltheit [...]": 60 f.; Tendenz zur „Innerlichkeit"),
4.    „Angst" (das Medium einerseits als „Quelle der Angst" in Bezug auf die
      Stimme ohne Widerhall sowie bei spezifischen Programminhalten – und
      andererseits als „Abwehr von Angst" in der Vermeidung von Stille, als
      „Lückenbüßer für fehlende Kommunikation" oder in der Nutzung der
      „mood function": 101) und
5.    „Reihe" (Radio als Programmmedium mit der Reihung von einzelnen Bei-
      trägen und Sendungen, die sich immer im Kontext des Programms befinden
      – das Magazin als exemplarische Sendungsform; dauerhafte Präsenz des
      Mediums und Zerstreuung, Nebenbei-Hören).

### 3.8.6  Jürgen Häusermann

Einen Versuch, in kleinerem Umfang die allgemeinen „Merkmale der Hörfunk-
kommunikation" zu beschreiben, hat Ende der 90er Jahre der Sprach- und Medienwissenschaftler Jürgen Häusermann gemacht (1998: 7 ff.). Er unterscheidet
dabei fünf Merkmale des „Radiospezifischen":

1.  Das Radio als „Medium der Aktualität": „Die Aktualität kann so hoch sein, dass Aufbereitung, Verbreitung und Rezeption einer Botschaft gleichzeitig, also live, geschehen. Allerdings wird dieser Vorzug durch die Rahmenbedingungen der Rezeption wieder etwas geschmälert." „Die Schnelligkeit des Radios beeinflusst positiv die Aktualität der Botschaften und negativ ihre Verfügbarkeit (weil einzelne Meldungen dann konsumiert werden müssen, wenn sie gesendet werden)." (8 f.).

2.  Das „mobile Medium": „Wenn sich die Hörer auch zeitlich den Vorgaben des Mediums anpassen müssen, passt sich ihnen das Radio in seiner Mobilität wieder an. [...] Der Vorteil der Mobilität gilt auch für die Kommunikatoren." (9).

3.  Das „grenzüberschreitende Medium": Das Radio „kann seine Inhalte kontinuierlich und aktuell über fast beliebig große Räume verbreiten. [...] Das Radio gestaltet seine Botschaften auch dementsprechend aus. Weil es herkömmliche politische und kulturelle Räume überschreitet, kann es sich der jeweiligen lokalen, regionalen, nationalen und internationalen Ausdehnung anpassen." (9 f.).

4.  Das „kostengünstige Medium": „Wer eine beschränkte Reichweite in Kauf nimmt, kann mit billigsten Mitteln zum Hörfunkveranstalter werden." „Auch vom Rezipienten lässt sich das Radio technisch und finanziell leichter handhaben als das Fernsehen [...]. Radiogeräte sind nicht nur billig, sondern sie eignen sich auch für die Rezeption in größeren Gruppen, so dass sich der Kostenaufwand pro Hörer drastisch reduziert." (13).

5.  Das Radio als das „einfache, schriftlose Medium": „Wer Hörfunk produziert, braucht weder zusätzliche Kodierungstechniken (wie das Schreiben) noch anspruchsvolle Techniken der Visualisierung (wie die Handhabung einer Kamera) zu beherrschen. Die gesprochene Sprache reicht im Prinzip aus. „Überhaupt ist Radio als Medium einfach zu handhaben. Zwar benötigt seine Sendetechnik einen gewissen technischen Aufwand, aber wenn einmal die Infrastruktur gegeben ist, kann ihre Bedienung schnell erlernt werden." (13 f.).

Häusermann greift mit diesen Merkmalen des Radios einzelne Thesen von Faulstich und Arnheim wieder auf und berücksichtigt dabei auch Entwicklungen, Phänomene und Nutzungsformen des Radios im Ausland. Die zweite, wissenschaftlich-systematische Entwicklungslinie der Radiotheorien bleibt für Anknüpfungen und Weiterentwicklungen offen, die sich in Ansätzen, Methoden und Thesen der aktuellen Radioforschung bereits zeigen.

## 3.9  Ausblick

In den letzten Jahren sind sowohl medienwissenschaftliche als auch kommunikationswissenschaftliche Untersuchungen vorgelegt worden, die zeigen, welches Potenzial nach wie vor in den Radiotheorien bzw. der radiotheoretischen Diskussion steckt. So findet sich beispielsweise in immer mehr Publikationen eine ländervergleichende bzw. interkulturelle Perspektive auf das Radio und die Radiotheorie (Häusermann 1998, Hagen 2005, Lindner 2007, Krebs 2008); Wolfgang Hagen (2005) zeigt die Bedeutung von technischen und theoretischen Konzepten für die Herausbildung abweichender Radiostrukturen und -programme in Deutschland und den USA und Livia Lindner (2007) führt die gesellschaftskritischen Radiotheorien auf der einen und die institutionelle und politische Entwicklung des Radios und des Internets auf der anderen Seite aus kommunikationswissenschaftlicher Sicht zusammen. Ein Desiderat bleibt neben einer aktuellen Einzelmedientheorie des Radios die explizite Verknüpfung der medien- und gesellschaftskritischen mit der wissenschaftlich-systematischen Diskussion – und umgekehrt.

Es bleibt die Aufgabe, eine wissenschaftliche Radiotheorie zu entwickeln, die dem heutigen Stand des Mediums und seinen aktuellen Veränderungen im Bereich der Technik, Distribution, Inhalte und Nutzung gerecht wird. Ob die Zeit der Einzelmedientheorien (des Radios) bereits vorbei ist und ob die einzelnen in diesem Beitrag vorgestellten Ansätze der Radiotheoretiker den Anforderungen an wissenschaftliche Theoriebildung in ausreichendem Maße entsprechen, bleibt unter Medienwissenschaftlern umstritten. Zumindest sind sie jedoch wichtige Bausteine einer allgemeinen historischen Theorie des Radios. Das Medium hat sich seit der Hoch-Zeit seiner Einzelmedientheorien deutlich gewandelt und wird sich in der Zukunft nicht zuletzt durch die fortschreitende Einbindung der Radioangebote in die (mobilen) Online-Medien noch weiter verändern – die Radiotheorie ist deshalb noch nicht an ihrem Ende angekommen: Wenn sich das Medium, seine Technik, Angebotsstrukturen, Inhalte, Funktionen und Nutzungsformen wandeln, muss auch die Theorie des Mediums fortgeschrieben werden.

### 3.10 Radiotheorien – der internationale Stand

*(Hans J. Kleinsteuber)*

International wird anerkannt, dass erste Ansätze zum Verständnis des damals neuen Mediums Radio – vor allem von Brecht und Benjamin – aus Deutschland stammten, sie wurden durch Übersetzungen bekannt und sind längst Teil des globalen Wissensbestands. Der deutsch-jüdische Autor Arnheim vagabundierte als Vertriebener durch Europa, er schrieb seine Radioanalyse in Italien, veröffentlichte sie erstmals in Großbritannien und arbeitete später in den USA (1936, deutsche Übersetzung 1979). Verständlich, dass er als Erster das globale Potenzial des Radios entdeckte, von „Rundfunk und die Völker" sprach. (vgl. oben Kap. 3.7.1) Auch von neueren Denkern wie Adorno, Enzensberger, Knilli liegen Übersetzungen vor, andere Autoren blieben unbekannt. Der weltweit meistzitierte Autor zum Radio blieb aber Bertolt Brecht, der auf der theoretischen Seite als Begründer der Idee eines demokratischen Radios reklamiert wird (Hochheimer 1993), bei praktischen Ansätzen sieht sich vor allem die globale Bewegung der Community Radios in seiner Tradition. (vgl. Kap. 12 )

Der Charme der frühen Theoretiker lag darin, dass sie eigene praktische Erfahrungen mit theoretischer Reflexion verbanden. Diese frühe Linie wurde mit dem deutschen Faschismus abgeschnitten, der die kritischen Geister ins Exil trieb. In den 30er Jahren wurden in den USA die ersten Bücher zum Radio geschrieben, allerdings ohne höheren theoretischen Anspruch. Meist handelte es sich um Handbücher für den praktischen Radiobetrieb, oft verbunden mit neugegründeten Radio-Departments an Universitäten oder gesponsort von der neuen Radioindustrie. Nach dem 2. Weltkrieg regte das aufkommende Fernsehen die theoretische Fantasie an, das Radio verlor an Bedeutung und Interesse.

Radio wurde erst wieder interessant, als es seine neue Rolle neben dem TV (und anderen Medien) gefunden hatte. Seine – auch theoretische – Renaissance erlebte es mit seiner Neuentdeckung als zivilgesellschaftlich getragenes Medium und als Ort der Medienausbildung in den Hochschulen im letzten Vierteljahrhundert. In dieser Szene entstand – leider oft an Deutschland vorbei – eine internationale Vernetzung von Radioforschern, -ausbildern und -machern, in der neue Reflexionen über das Radio und seine Natur angestellt wurden. (vgl. Kap. 15.3 und 15.4) Viele der gegenwärtigen Autoren haben – wie auch Urvater Brecht – Erfahrung in der praktischen Radioarbeit, diesmal an ihrer Bildungsstätte oder selbst betriebenen Radiostation. Anders als frühere deutsche Theoretiker suchen sie weniger nach einer Universaltheorie des Radios, sondern denken eher in Schlüsselbegriffen, in Versatzstücken, aus deren Kombination erst ein Gesamtbild des Phänomens Radio entsteht.

Um einen Überblick zum Stand der internationalen theoretischen Diskussion des Radios zu geben, wird eine Liste ausgewählter Begriffe mit kurzer Einordnung präsentiert (beruht teilweise auf Chignell 2007: 63-108). Immer wieder werden dabei auch Querverbindungen zu deutschen Theoretikern deutlich:

### 3.10.1 Stichwort: Gefühle

- Emotionen: „Die Welt ist Klang" (Berendt 1985) Das Radio gilt als besonders emotionales Medium, weil es sich auf unser Gehör bezieht, das viel direkter auf Gefühle reagiert und mit unserer Gefühlslage korrespondiert als das Auge. Geräusche vermochten wir schon zu vernehmen, bevor wir geboren wurden, sie sind nach innen gerichtet, während wir mit den Augen die Welt draußen zu begreifen suchen. Stimmen vermögen Charaktere direkter und authentischer wiederzugeben. Das gesprochene Wort offenbart Zusammenhänge, die visuell nicht erfahrbar sind. Worte müssen die Vorstellungskraft des Hörers ansprechen, der sich dann ein Bild vom Dargestellten macht – auf einer Art virtuellem Bildschirm, der viel größer und ganzheitlicher auf den Menschen wirkt als das reale Bild des TV-Geräts. Hörspielautoren oder Sportkommentatoren beziehen sich z. B. in ihrer Arbeit besonders auf diesen Zusammenhang. (vgl. auch Kap. 2.6-2.8)

- Intimacy – Intimität (Crisell 1994; Shingler/Wieringa 1998): Das Bild des Radios als intimes Medium wurde immer wieder bemüht. Damit beschreibt man einmal seine Omnipräsenz, da es wie kein anderes Medium den Menschen in viele stationäre und mobile Umwelten begleitet und ihm damit dauerhaft besonders nah ist, zudem auch in intimen Momenten präsent bleibt. Andererseits wird Radio meist als Individuum konsumiert, das Empfangsgerät und sein Hörer bleiben allein miteinander. Eine Extremform, bei der das Radio in die Intimsphäre eindringt, stellt der „troubles talk" dar, ein Sendeformat, bei dem ratsuchende Menschen eine Station anrufen und mit dem Moderator vor dem hörenden Publikum ihre sehr privaten Probleme besprechen. (vgl. Talk Radio Kap. 14.8)

### 3.10.2 Stichwort: Kultur

- Tribalism – Tribalismus (Douglas 1999): Auch schriftlose Kulturen haben hoch entwickelte Kommunikationsstrukturen entwickelt. In Afrika hat der Trommeltelegraf eine lange Tradition, über akustische Signale werden Nachrichten vermittelt. In diesen Gemeinschaften mit hohem Zusammengehörigkeitsgefühl steht die gemeinsam erlebte Erzählung im Vordergrund. Dabei erweist sich Hören in der Gruppe als gemeinschaftsfördernd, während das Lesen (z. B. eines Buches) als individueller, isolierter Akt interpretiert wird. Radio schafft so moderne Aggregate der Zuhörer, die sich ihrer Gemeinschaft bewusst sind. Der Sender unterstützt diese Gefühlslage, etwa indem er einzelne Hörer in Phone-Ins einbezieht, einer radiotypischen Beteiligungsform, bei der hinzugeschaltete Hörer per Telefon die Community ansprechen können. Diese Phone-Ins werden so inszeniert, dass sie das Gefühl der Zugehörigkeit zu einer Gemeinschaft unterstreichen, selbst wenn der Einzelne isoliert bleibt. Dabei wird suggeriert, dass jeder einmal die Chance erhält, zur Gemeinschaft der Mithörer sprechen zu dürfen.

- Radio und orale Kultur (Kleinsteuber 1989): Die Nähe des Radios zu den oralen Traditionen nichtschriftlicher Kulturen wird auch in einem anderen Kontext deutlich. Das Radio ist oft gerade dort erfolgreich, wo Schriftlichkeit noch keine Selbstverständlichkeit ist und das gesprochene Wort im Mittelpunkt steht. Dies gilt speziell für ethnische Stationen in Afrika oder Radioangebote in Peripherielagen, etwa für Inuits im Norden Kanadas oder für Aborigines, die Ureinwohner Australiens. Als man in Alice Springs, im Innern Australiens, die erste Radiostation für Aborigines gründete, erfuhr sie viel mehr Zuspruch als die früher verfügbaren Printmedien. Stammesälteste erzählten den Entsandten der Station ihre Geschichten, die dann ausgestrahlt wurden und weitere Erzählungen stimulierten. Die Station konnte in der Folge ein umfängliches Tonarchiv von Erzählungen in den aussterbenden Aborigines-Sprachen erstellen. Das Radio erscheint in dieser Perspektive wie eine technische Verlängerung und Multiplizierung uralter oraler Traditionen.

### 3.10.3 Stichwort: Technik

- Radio – heiß oder kalt (McLuhan 1964): Der kanadische Medienwissenschaftler Marshall McLuhan geht davon aus, dass die technische Natur aller Medien ihre Nutzung bestimmt, das Medium ist „Botschaft" („the medium is the message/massage") und wirkt gleichzeitig auf den Menschen wie eine Art körperliche Massage, wobei er Medien als Erweiterungen des menschlichen zentralen Nervensystems begreift. Unterschiedliche Medien hat er in heiße und kalte Medien aufgeteilt, heiße zeichnen sich durch „high definition" aus, prall mit Informationen gefüllt, die nur geringe Beteiligung fordern und den Nutzer ausschließen; für kalte ist es umgekehrt. Radio wird (wie Print) als heiß, Fernsehen (mit Sprache) als kalt interpretiert. McLuhan hatte seine Vorstellungen anfangs der 60er Jahre entwickelt, als das Fernsehbild noch in seinen Anfängen stand und wenig Konturen zeigte. Heute meinen Beobachter, dass es wohl eher umgekehrt sei, das Fernsehen überwältige den Nutzer, während das Radiohören zum eigenen Nachdenken („das Bild im Kopf") anrege. McLuhan gilt als Klassiker des technikdeterministischen Ansatzes, weil er konsequent die technische Natur der Medien in den Mittelpunkt seiner Erklärungsversuche stellt.

- Radio als Empire (Innis 1950): Der Wirtschaftshistoriker Harold Innis, gleichfalls aus Kanada, teilte mit McLuhan den Blick auf die technische Seite der Medien. Er sah in jeder Medientechnik einen „Bias", eine technisch begründete Nähe entweder zugunsten der Zeit oder des Raums. Das Radio, als zu seiner Zeit modernstes Medium, wirke im Raum, den es mit

Sendungen füllt, daher verfüge es über einen Raum-Bias. Medientechniken waren für ihn immer auch Herrschaftsinstrumente, die Monopole des Wissens schaffen und meist von wirtschaftlich Starken gegen Schwache einsetzt werden. Als er den Ansatz Ende der 40er Jahre entwickelte, fühlte sich das medial kleine, mehrsprachige Kanada vom großen Nachbarn USA im Süden bedroht, von wo viele Radioprogramme unkontrolliert einstrahlten. Sicher hat das Fernsehen später dem Radio diese Rolle genommen; freilich ist es laut Innis gerade die Peripherie (in der er auch Kanada sah), in der alternative, herrschaftskritische und gegen die Empire gerichtete Technologien entwickelt werden.

### 3.10.4 Stichwort: Ton

- Noise – Geräusch (Shingler/Wieringa 1998): Radio lebt nicht nur von Wort und Musik, in vielen Programmvarianten spielen auch Geräusche aller Art eine große Rolle. Sie begleiten das Programm, folgen dabei einer bestimmten Dramaturgie und führen zu mehr Lebendigkeit. So entstehen für den Hörer Geräusche, die er zuzuordnen vermag, manche werden vor dem Studiomikrofon erzeugt, etwa das laute Auftreten im Raum oder das Fließen von Wasser, andere werden aufgezeichnet und eingespielt, etwa das Natur suggerierende Vogelgezwitscher oder die vorbeifahrende Polizeisirene, die urbanes Leben signalisiert. Geräusche schaffen eine besondere atmosphärische Dichte, dramatisieren das Angebot und erzeugen Bilder im Kopf des Hörers. Ein drastischer Extremfall: Der polternde Talker Rush Limbaugh polemisiert gegen die Abtreibung und lässt zur Simulierung der Absaugung einen Staubsauger laufen (s. Kap. 14.8).

- Soundscape – Tonlandschaften (Bull/Back 2003): Es geht um die weitere akustische Umgebung, in der wir uns bewegen und in der sich das Radio mit anderen Geräuschkulissen einfügt: Heute wird urbanes Leben von diversen Lärmquellen begleitet, Autos und anderen Verkehrsmittel, dem Lärm von Handel und Unterhaltung. Das Radio wird dabei auf eine auditive Quelle unter anderen reduziert, was seine Bedeutung relativiert. Andererseits kann es aber auch eine Alternative zur Medienüberflutung sein, man schirmt sich mit dem Radio von anderen Lärmquellen ab, entgeht damit der Lärmbelästigung von außen. Die urbane Lärmkulisse beruht auf typischen Geräuschen, die selbst wieder zum Thema in Radioprogrammen werden können.

- Blindness – Blindheit (Crisell 1994, vgl. auch oben Arnheim Kap. 3.7.1): In dieser wahrnehmungspsychologischen Sichtweise findet Kommunikation quasi unter den Bedingungen eines visuellen Handicaps statt und das muss bei der Programmgestaltung berücksichtigt werden. So sind Zusammenhänge sprachlich ausgefeilt zu präsentieren, damit sich der Hörer einen bildhaften Entwurf vom Berichteten machen kann. Das fordert vom Radiomacher besondere Rücksichtnahmen. Dazu zählt z. B., dass sich Stationen regelmäßig identifizieren müssen oder Anfang und Ende eines Beitrags klar betont werden. Der Mangel an visuellen Reizen fordert, dass die Imagination des Hörers gezielt angeregt wird. Diese Eindimensionalität muss kein Mangel sein, sie kann sich auch als Vorteil erweisen, weil das Medium angesichts fehlender Bilder sehr kostengünstig arbeitet. Der wichtigste Hörspielpreis in Deutschland wird von den Kriegsblinden vergeben. (vgl. Kap. 8.6.3)


*3.10.5 Stichwort: Zeit*

- Radiozeit (Ackermann/Schwanebeck 1998): Das Radio zeichnet sich in seiner Dramaturgie dadurch aus, dass es dem Hörer zeitliche Orientierung gibt, dafür stehen täglich oder stündlich verlässlich wiederkehrende Sendezeiten und häufige Zeitangaben. „So wird dem Radio die Zeit vorgegeben, es macht sie aber auch." (Ackermann 1998: 50). Das Radio gilt als idealer Tagesbegleiter des Menschen, dies umso mehr, da es als einziges Medium auch den mobilen Menschen in jeder Lebenssituation zu begleiten vermag, was dem Fernsehen, einem anderen zeittaktenden Medium, nicht gegeben ist. Wenn diese herkömmlich linearen Radiofunktionen vom Internet mit seiner globalen Zeitlosigkeit übernommen werden, können diese Eigenschaften verloren gehen. (vgl. Kap. 5.6.3)
- Beschleunigung (Virilio 1998): Der französische Philosoph Paul Virilio sieht die Menschheitsgeschichte als Beschleunigungsprozess, bei dem Medien eine zunehmend zentrale Rolle spielen. Sie fördern das Bedürfnis, überall und jederzeit dabei zu sein, suggerieren simultane Teilhabe und lassen geschichtslose Augenblicklichkeit erfahren. In der Tat hat das Hören ein spezifisches Verhältnis zur Zeit, denn das Erlauschen von Geräuschen ist nur entlang einer Zeitachse möglich. Früher war das Radioprogramm langsam und getragen angelegt, heute dominieren aufgeregte Moderationen, Reportagen sind auf maximal 1:30 Minuten gestutzt und das Abspielen der Poptitel wird künstlich beschleunigt. So tritt zumindest das moderne Formatradio hektisch beschleunigt an, ja diese Beschleunigung wird oft zu seinem Markenzeichen. Gleichwohl ist auch das Gegenteil zu finden, das Webradio

bietet oft die andere Option, ununterbrochene, kontinuierlich fließende Musikhintergründe, die eher Ruhe und Gelassenheit verbreiten. (vgl. zum Internetradio Kap. 5.6.3.1)

### 3.10.6 Stichwort: Produktion

- Codes im Radio (Crisell 1994, vgl. auch oben Knilli Kap. 3.7.4): Legt man Ansätze der Semiotik, der Lehre von den Zeichen zugrunde, so kann man die Codes identifizieren, aus denen sich das Radioangebot zusammensetzt. Es handelt sich um gesprochene Worte, gespielte Noten, Geräusche und Stille. Alle Angebote setzen sich letztlich aus diesen Bausteinen zusammen. Dabei steht allerdings das Wort im Vordergrund, sein Einsatz gibt dem Programm erst Bedeutung und Sinn.
- Liveness – Live-Medium (Starkey 2004): In seiner Frühzeit war Radio produktionsbedingt fast immer ein Live-Medium, das Programm wurde in dem Moment produziert, in dem es auch ausgesendet wurde. Dieser Sachverhalt hatte technische Ursachen, weil damals leistungsfähige Speichermedien nicht zur Verfügung standen. Aus dieser Zeit stammen z. B. auch viele Rundfunkorchester, die regelmäßig vor den Mikrofonen aufspielten. Diese Rahmenbedingungen haben sich heute völlig verändert, Speichermedien stehen in vielfältiger Form (CD, Festplatte etc.) zur Verfügung. Gleichwohl wird immer noch ein erheblicher Teil des Angebots live produziert, dazu zählen Moderationen, aktuelle Berichte, aber auch Phone-Ins. Die Live-Übertragung schafft eine Atmosphäre von Unmittelbarkeit und Spontanität. Radioleute führen deshalb auch Interviews gern live, weil dadurch eine lebendigere und weniger inszenierte Gesprächssituation entsteht. (zum Interview vgl. Kap. 11.2.8) In den USA, wo zunehmend kommerzielle Stationen von „Robotern" – also automatisch und ohne Beteiligung von Menschen - gefahren werden, versucht man weiterhin durch Einspielungen Präsenz und Lebendigkeit zu suggerieren, weil dies vom Hörer so erwartet wird (s. Kap. 13.3.1.1).
- Localism – Lokalität (Hilliard/Keith 2005): Ausgehend von seiner physischen Eigenheit – das Signal wird über Antenne und Sendewellen verbreitet – ist das Radio ein mehr oder weniger lokales Medium, definiert durch den Raum, in dem Empfangsgeräte das Programm wiederzugeben vermögen. Diese Feststellung gilt, obwohl in Teilen Europas einzelne terrestrische Großsender und Sendenetze (technisch: Netze von Lokalstationen) eine erhebliche Rolle spielen. In den USA, in denen Radio staatsfrei von unten her (sozusagen als „Grassroots"-Medium) aufgebaut wurde, übernahm es lange Zeit eine zentrale Rolle in der lokalen Kommunikation, betrieben von oder in Konkurrenz zur Lokalzeitung. Es waren (und sind) politische Eingriffe

durch die Aufsichtsbehörde *FCC*, die diese lokale Stimme zerstörten oder zumindest gefährden, in den USA vor allem auf Druck einer expansiven Radioindustrie. (vgl. Kap. 8.4 und 13.3) Kommerzielle Sender folgen ihrer Natur nach einem Maximierungsprinzip und streben in den großen Raum, sie suchen die Zahl der Hörer zu maximieren und die Kosten zu minimieren. Dieser Logik folgend werden in den USA lokale Stationen zunehmend in Netze eingebunden und zentral gesteuert. Es sind insbesondere die nichtkommerziellen Community Sender, die an die lokale Versorgungstradition anknüpfen, aus der lokalen Hörerschaft heraus gesteuert werden und heute das Prinzip der Lokalität von Kommunikation im Radio sichern. (Kap. 12.4.1)

### *3.10.7 Stichwort: Nutzung*

- Co-Presence – Kopräsenz (Scannell 1996): Das Argument geht davon aus, dass Radiohören eine soziale Aktivität darstellt. Folglich wird für den Hörer simuliert, dass er eigentlich in virtueller Gemeinschaft mit Radiomachern und anderen Radiohörern verbunden ist. Die Nutzung des Programms wird als gemeinsam angelegte Erfahrung interpretiert. Während man die Zeitung in Isolierung und Ruhe studiert, sucht das Radio die Distanz zu überwinden und den Hörer anzusprechen. Kopräsenz muss in das Zentrum des Radiomachens gerückt werden, wenn erfolgreiche Programmarbeit geleistet werden soll.

- Imagined Communities – imaginierte Gemeinschaften (Douglas 1999): Dieser sehr viel breiter argumentierende Ansatz ist auf das Radio angewendet worden. Hörer schalten sich in großer Zahl in Programme ein, die sie gemeinsam erleben wollen, wobei sie durch simultanes Handeln eine Gemeinschaft konstituieren. Tatsächlich erfuhren Amerikaner das Radio als erstes nationales Medium (Zeitungen verblieben im Lokalen), in dem gemeinsam politische Ereignisse, sportliche Höhepunkte oder Naturkatastrophen erlebt wurden. Radio vermochte so ein Gemeinschaftserlebnis zu erzeugen und förderte damit in einer bisher lokal geprägten Gesellschaft das Verständnis für die Nation, es wirkt als Nation-Builder. Diese historische Erfahrung ist sicherlich nur teilweise auf Europa übertragbar, allerdings können die sehr unterschiedlichen Hörergruppen heutiger Stationen wie Migranten, Studierende oder Musikfans durchaus als moderne Variante von Imagined Communities interpretiert werden. In radiodominierten Ländern der armen Welt, insbesondere in Afrika, spielt das Medium auch heute noch bei der Entstehung von nationalem Zusammengehörigkeitsgefühl eine erhebliche Rolle.

*3.10.8 Stichwort: Zukunft*

▪  Tod des Radios (Beck 2002): Angesichts der Herausforderungen des digita-
    len Zeitalters wird der Tod des herkömmlichen, vordigitalen Radios postu-
    liert und damit auch das Ende der seine Entwicklung begleitenden „Radio
    Studies", zumindest so, wie wir sie kennen. Dieser Ansatz versteht sich ra-
    diophilosophisch, betont aber auch die Chancen einer Wiedergeburt. Ange-
    sichts digitaler Herausforderungen bedarf es einer Neukonfiguration des
    Begriffs vom Radio, ja seiner gänzlichen Neuerfindung, die sich dann auch
    in neu konfigurierten „Radio-Audio-Studies" niederschlagen muss.

Führt man diese vielen, oft widersprüchlichen Sichtweisen des Radios zusammen, so wird eines gewiss: Es stellt sich als Medium voller Wandlungsfähigkeit
und Überraschungen dar. Manche Aussagen beziehen sich auf ausgewählte, nur
selten abgerufene Besonderheiten des Mediums, andere bleiben im Grundsätzli-
chen. In jedem Fall wird deutlich, dass sich Radio mit seinen vielen Gesichtern
einer simplen Charakterisierung entzieht. Dies gilt umso mehr, da es im digitalen
Zeitalter seine einst festgezurrten Grenzen verliert und zu fragen bleibt, was
eigentlich die Essenz des Radios ausmacht und was davon überleben wird.

## 3.11 Fragen zur Vertiefung

1.  Wo liegen die Unterschiede zwischen den sogenannten „Einzelmedientheo-
    rien" (wie es sie auch als Einzelmedientheorie des Radios gibt) und allge-
    meinen bzw. „generellen" Medientheorien? Einzelmedientheorien leisten
    eine Analyse und Beschreibung der Gesetzmäßigkeiten eines ausgewählten
    Mediums und bestimmen in einer in sich geschlossenen Theorie "das We-
    sen" bzw. die (besonderen) Merkmale dieses Mediums; allgemeine oder
    "generelle" Medientheorie betrachten dagegen die Medien in einem größe-
    ren gesellschaftlichen, politischen oder philosophischen Zusammenhang.

2.  Nennen Sie in chronologischer Reihenfolge wichtige Autoren von Radio-
    theorien bzw. Beiträgen zur Radiotheorie im deutschsprachigen Raum. Ber-
    tolt Brecht (1927, 1932); Walter Benjamin (1930/31, 1934); Richard Kolb
    (1932); Rudolf Arnheim (1933, 1936); Gerhard Eckert (1941); Eugen Kurt
    Fischer (1942, 1949); Helmut Jedele (1952); Friedrich Knilli (1961, 1970);
    Hans Magnus Enzensberger (1970); Oskar Negt/Alexander Kluge (1972);
    Christoph Busch (1931); Werner Faulstich (1981); Jürgen Häusermann
    (1998); Wolfgang Hagen (2005).

3. Wie können Radiotheorien kategorisiert werden bzw. im Hinblick auf welche Merkmale können Radiotheorien voneinander unterschieden werden? Die Beiträge zur Theorie des Radios können auf unterschiedliche Weise kategorisiert werden: z. B. in Bezug auf ihre Kontexte (Kunst, Radiopraxis, Wissenschaft) und Fachbezüge (Psychologie, Publizistik, Literaturwissenschaft, Sprachwissenschaft, Semiotik, Medienwissenschaft u.a.); ihre Reichweite bzw. den jeweiligen Gegenstand ihrer Aussagen (Hickethier); ihre radiohistorische Entwicklung (Herrmann); ihre medientheoretischen Entwicklungsstufen (Leschke) und in Bezug auf ihre Perspektiven und Zugriffswege (Faulstich).

4. Welche Bereiche und Einzelaspekte des Radios/der Medien sind Gegenstand theoretischer Betrachtungen? Aus radiotheoretischer Sicht werden beispielsweise die folgenden Aspekte des Radios untersucht: Radioprogramme und ihre Strukturen; die Wirkung von Radiosendungen beim Rezipienten; Programmelemente wie Musik, Unterhaltung, Information/Nachrichten usw.; Sendeformen wie das Hörspiel, das Feature oder die Reportage; einzelne Genres wie z. B. das O-Ton-Hörspiel oder die Funkoper; radiophone Gestaltungsverfahren wie die Blende, Montage oder Mischung sowie Gestaltungselemente wie die Stimme, Musik oder Geräusche in bestimmten Radiosendungen.

## 3.12 Definitionen und Erklärungen

*Radiotheorien:* Systematisierte und allgemeingültige Aussagen über die Merkmale, Strukturen und Funktionen des Radios, die das Medium als Ganzes beschreiben und erklären.

*Einzelmedientheorien:* Sie analysieren und beschreiben die Merkmale und Funktionen eines einzelnen Mediums (z. B. als Filmtheorie, Radiotheorie, Fernsehtheorie); sie versuchen also nicht, medienübergreifend zu argumentieren und die Medien allgemein zu beschreiben, sondern konzentrieren sich auf die spezifischen Gesetzmäßigkeiten eines Mediums. Neben solchen Einzelmedientheorien gibt es auch zahlreiche Beiträge zur Theorie des Radios, die sich mit Teilbereichen des Mediums beschäftigen (z. B. Programmtheorie, Hörspieltheorie).

*Individualtheorien:* Ansätze von „Auteuren" mit einer sehr individuellen Sichtweise auf ausgewählte, meist sehr spezielle Aspekte der Medien. Individualtheorien werden den allgemeinen Kriterien der Wissenschaftstheorie und den Anforderungen der wissenschaftlichen Arbeit nicht in vollem Umfang gerecht, sind aber in der Öffentlichkeit sehr populär.

# Kapitel 4
# Geschichte

*Frank Schätzlein*

## 4.1 Entwicklung der Radiogeschichtsschreibung

Der Schwerpunkt der radiogeschichtlichen Forschung lag in Deutschland über Jahrzehnte auf den ‚klassischen' Ansätzen der Geschichts-, Publizistik- und Kommunikationswissenschaft, die sich vorwiegend mit den Rundfunkanstalten als Institutionen, der Medienpolitik und der Kommunikatorforschung beschäftigten. Erst ab der Mitte der 70er Jahre und verstärkt in den 80er Jahren wurden (unter den Mitgliedern des „Studienkreises Rundfunk und Geschichte" und in Zusammenhang mit der Etablierung einer kulturwissenschaftlich ausgerichteten Medienwissenschaft) auch Konzepte für eine Programmgeschichte bzw. eine Geschichte der Produkte und Inhalte der Medien Hörfunk und Fernsehen diskutiert. 1997 legte das Deutsche Rundfunkarchiv eine erste umfangreiche „Programmgeschichte des Hörfunks in der Weimarer Republik" vor (Leonhard 1997), danach folgten weitere Forschungsprojekte zum Radio in der Weimarer Republik, im Nationalsozialismus sowie in der Nachkriegszeit und den 50er Jahren, die die Aspekte Programm und Rezeption/Publikum genauer untersuchten (Marßolek/von Saldern 1998; Dussel 2002). Seit einigen Jahren liegt nun auch eine „Kultur- und Programmgeschichte des öffentlich-rechtlichen Hörfunks in der Bundesrepublik Deutschland" vor (Marchal 2004).

Über einen langen Zeitraum wurde im wissenschaftlichen Diskurs darüber debattiert, ob der Rundfunk in der Geschichte der Motor, das Instrument, der Indikator oder der Spiegel des gesellschaftlichen bzw. kulturellen Wandels ist und wie groß der Einfluss der Macher (der Kommunikatoren) auf die Rezeption und das Radiopublikum tatsächlich ist. Die Forschung der vergangenen zehn Jahre hat gezeigt, dass alle Aspekte (Motor und Spiegel, Macher und Publikum, Programmstrukturen und Inhalte, Technik und Gestaltung, Institution und Rezeption) wichtige Faktoren in einem Beziehungsgeflecht des Mediums sind und es keine einfachen Erklärungsmuster gibt – die Forschung zur Radiogeschichte musste auch aus diesem Grunde immer vielschichtiger bzw. multifaktorieller werden. So wird in der neueren Radioforschung beispielsweise der Rezeption bzw. der Rolle des Hörers nicht nur wesentlich mehr Beachtung geschenkt, sondern die Bedeutung des Publikums für die Entwicklung des Mediums und seiner Inhalte deutlich höher eingeschätzt als in der älteren Rundfunkforschung (Dussel 2002: 14-32, 408 f.).

Obwohl – im Vergleich zum Gesamtbestand der Literatur über das Radio – relativ viele Publikationen zur Radiogeschichte vorliegen, sind dennoch weder alle rundfunkhistorischen Phasen und regionalen Besonderheiten noch alle Ebenen des Mediums (Programme, Sendeformen, Rezeption, Einfluss der Technik und anderer Faktoren auf die Produkte/Inhalte/Gestaltung) in gleichem Umfang und mit gleicher Intensität untersucht worden. Der Schwerpunkt der meisten größeren wissenschaftlichen Projekte lag bisher auf dem Zeitraum von der Einführung des Mediums in den 20er Jahren bis zum Ende der 50er Jahre/Anfang der 60er Jahre, also bis zur Etablierungsphase des neuen Mediums Fernsehen.

## 4.2 Felder der Radiogeschichtsschreibung

Radiogeschichte als Geschichte eines Einzelmediums kann mit dem Schwerpunkt auf einem oder mehreren Feldern des Mediums geschrieben werden. In der Forschung finden sich vier typische Ansätze der Mediengeschichtsschreibung (Hickethier 2002: 179), die im Folgenden kurz beschrieben werden und für die jeweils exemplarische Publikationen genannt werden:

- Die Technikgeschichte des Radios beschäftigt sich mit den Erfindungen, die dem Radio zugrunde liegen, und den weiteren technologischen Entwicklungsschritten des Mediums (z. B. Rindfleisch 1985, Riegler 2008). Die Sendetechnik findet hierbei eine deutlich stärkere Berücksichtigung als die Produktions- bzw. Studiotechnik des Radios. (vgl. dazu Kap. 5)
- Die Institutions- und Organisationsgeschichte arbeitet die institutionellen, politischen, ökonomischen und medienrechtlichen Rahmenbedingungen heraus und beschreibt die Veränderungen in den Rundfunkanstalten als gesellschaftliche Institutionen und in der Medienpolitik (z. B. Lerg 1970 und Bausch u. a. 1980). (vgl. Kap. 8)
- Die Programmgeschichte untersucht die Konzepte, Strukturen, Inhalte und Ziele von Radioprogrammen (z. B. Leonhard 1997 und Marchal 2004); als Produktgeschichte auch die Themen, Motive, Genres und Gestaltungsformen der Sendungen. Von den unterschiedlichen Sendeformen, die sich im Radioprogramm finden, liegen zur Geschichte des Hörspiels und seinen Formen bislang die meisten Publikationen vor (dazu die zahlreichen Monografien zur Hörspielgeschichte bei Schätzlein 2009). (vgl. auch Kap 9)
- Die Rezeptionsgeschichte rückt das Radiohören, den (einzelnen) Hörer bzw. das Publikum in den Mittelpunkt der Untersuchung und erforscht Veränderungen auf der Ebene der Medienrezeption sowie die Wechselwirkungen

zwischen Publikum und Radioprogramm (z. B. Marßolek/von Saldern 1998 und Falkenberg 2005). (vgl. Kap. 10)

Neben diesen Hauptrichtungen radiogeschichtlicher Forschung gibt es weitere mediengeschichtliche Arbeitsfelder, die in der Gesamtzahl der zum Radio vorliegenden Veröffentlichungen zurzeit (noch) eine etwas geringere Rolle spielen, beispielsweise die Theoriegeschichte (Hagen 2005), Diskursgeschichte (Lenk 1997, Schneider 2002 ff.) und Sozialgeschichte (Dahl 1983, Mäusli 1999, Penka 1999) des Radios. Eine Zusammenfassung des Forschungsstands und der bis 2003 erschienenen Publikationen im Bereich der Institutionsgeschichte ab 1945 gab zuletzt Ansgar Diller (2006).

## 4.3  Phasen der Radiogeschichte

Ein zentraler Aspekt historischer Untersuchungen ist immer die Frage nach der Phasengliederung der historischen Entwicklung (Wilke 1999 b). Beim Radio finden wir in fast allen institutionsgeschichtlich angelegten Publikationen eine ähnliche Einteilung der rundfunkgeschichtlichen Phasen in Deutschland, die sich an politischen Entwicklungen und an der Konkurrenz zum Fernsehen und den Folgen für das Radio orientiert (Diller 1997, Lersch 2001, die Beiträge zum Radio in Wilke 1999 a, Dussel 2002, Dussel 2004):

- Bis 1923: Vorgeschichte des Mediums bis zum Beginn des Sendebetriebs
- 1923 bis 1932: Einführung und Etablierung des Radios in der Weimarer Republik
- 1933 bis 1945: das Radio als staatlich kontrolliertes Medium und seine Bedeutung für die Medienpolitik im Nationalsozialismus und Zweiten Weltkrieg,
- 1945 bis 1949/50: das Radio in der Nachkriegszeit und der Aufbau des Rundfunksystems in West- und Ostdeutschland
- 1949/50 bis ca. 1960: das „Radiojahrzehnt" – Radio als Leitmedium
- Ca. 1960 bis 1985: die Entwicklung des Radios in der Konkurrenz zum Fernsehen
- 1986 bis 1990/91: die Einführung privatwirtschaftlicher Rundfunksender – Radio im dualen Rundfunksystem
- 1990/91 bis heute: von der deutschen Einheit und der Auflösung des DDR-Rundfunks bis zur Gegenwart

Auch die folgende Darstellung der Radiogeschichte übernimmt diese Gliederung und zeichnet im Rahmen dieser Struktur die Eckpunkte der Entwicklung des Radios in Deutschland nach (technik- oder programmgeschichtliche Untersu-

chungen führen zu einer abweichenden Gliederung, Halefeldt 1999, Hale-
feldt/Schumacher 2001, Marchal 2004: 814 ff.). Wer eine intensivere Beschäftigung mit der historischen Entwicklung des Radios in Deutschland anstrebt, sollte
die Publikationen von Hans Bausch u. a. (1980), Konrad Dussel (1999, 2002,
2004), Joachim-Felix Leonhard u. a. (1997), Peter Marchal (2004), Inge Marßo-
lek u. a. (1998, 1999) und Jürgen Wilke (1999 a) zurate ziehen. Dokumente bzw.
Quellen zur Radio- und Programmgeschichte finden sich bei Fischer (1957) und
Dussel/Lersch (1999) und bezogen auf die neueren Entwicklungen im öffentlich-
rechtlichen Rundfunk auch im Anhang der ARD-Jahrbücher.

## 4.4  Vorgeschichte des Radios

Die Vorgeschichte des Radios bis zur ersten Rundfunksendung im Jahr 1923
bildet die technische Entwicklung vom Einsatz der drahtlosen Telegrafie (Morsezeichen) um die Jahrhundertwende über die drahtlose Telefonie (Übertragung
von Stimme und Musik) in den Jahren vor dem Ersten Weltkrieg bis hin zur
Übertragung ganzer Konzerte und dem Betriebsstart des „Wirtschaftsrund-
spruchs" im September 1922. Nach der ersten Übertragung aus der Metropolitan
Opera in New York (1910) und einer ersten Stimmübertragung über den Nordat-
lantik (1915) experimentierte der Telefunken-Direktor Hans Bredow 1917 mit
kurzen Musikbeiträgen, die mithilfe eines Röhrensenders an die Soldaten übermittelt wurden.

Auf Grundlage dieser Erfahrungen wurden in Königs Wusterhausen bei
Berlin 1920 von der Reichspost Musikbeiträge über Langwelle ausgestrahlt, es
handelte sich dabei zunächst um Schallplattenmusik von einem Grammofon,
später auch um ganze Konzerte. Im Mai 1922 wurde die erste deutsche Rund-
funkgesellschaft gegründet: die *Deutsche Stunde – Gesellschaft für drahtlose
Belehrung und Unterhaltung mbH*, in Königs Wusterhausen startete dann die
Übertragung regelmäßiger Schallplattenkonzerte.

In dieser Phase vor dem offiziellen Start des Rundfunks in Deutschland gab
es ein Ereignis der politischen Nutzung des Radios, das den Politikern und Vertretern der Post vor Augen führte, welches Potenzial in diesem Medium steckt,
wenn sich einzelne Personen oder Parteien mithilfe der neuen Technologie unkontrolliert an die Massen und – nach dem Ausbau des Mediums – an Millionen
von Hörern richten würden. Während der Novemberrevolution 1918 besetzten
Vertreter der Arbeiter- und Soldatenräte die Nachrichtenagentur *Wolffs Telegra-
phisches Bureau* und verbreiteten nach russischem Vorbild ihre Nachricht über
„einen glänzenden, fast ganz unblutigen Sieg" der Revolution „An Alle!". Und
auch über den Sender in Königs Wusterhausen wandte sich die „Zentralfunklei-

tung" der von den Funkertruppen gebildeten Soldatenräte an alle Stationen des Funknetzes in Deutschland (Dussel 2004: 22 f.).

Solch eine unkontrollierte Nutzung eines potenziellen Massenmediums sollte zukünftig verhindert werden und führte in der folgende Phase der Rundfunkgeschichte zum Konzept einer auf der Distributions- und Empfangsseite streng kontrollierten Radiokommunikation. „Informationsvermittlung durch den Rundfunk war nach diesem Verständnis nichts demokratisch Befreiendes, sondern zuerst einmal etwas Bedrohliches, das sorgsam gezähmt werden musste" (Dussel 2004: 25).

## 4.5 Etablierung des Radios in der Weimarer Republik

Die Einführung des Radios als Rundfunk- und Programmmedium begann mit der Einrichtung von föderal strukturierten privaten Rundfunkgesellschaften, denn die Post konnte u. a. aufgrund der fehlenden technischen Reichweite nicht ihren Plan eines zentralen Berliner Senders (mit einem leicht zu kontrollierenden Programm für ganz Deutschland) umsetzen. Aber es war auf diese Weise möglich, die regional vorhandenen institutionellen, technischen und auf das Presse- und Nachrichtenwesen bezogenen Strukturen zu nutzen.

Die regionalen Sendegesellschaften wurden als Aktiengesellschaften gegründet – mit deutlicher Beteiligung der Reichspost, die so auch innerhalb der föderalen und privatwirtschaftlichen Struktur der Sender ihren Einfluss sichern konnte. Nach der Gründung der Berliner *Deutschen Stunde* im Mai 1922 und der *Deutschen Stunde in Bayern mbH* in München im September des Jahres folgten in den beiden nächsten Jahren weitere Rundfunkgesellschaften in Frankfurt am Main, Berlin, Königsberg, Hamburg, Leipzig, Stuttgart, Breslau und Münster.

Den Beginn des Programmbetriebs als „Unterhaltungsrundfunk" (erst ab August 1926 wurde er offiziell als „Rundfunk" bezeichnet) markiert die Übertragung aus dem Berliner Vox-Haus am 29. Oktober 1923 von 20:00 bis 21:00 Uhr, deren ‚Programm' aus einer Ansage, einigen Musikstücken und der abschließenden Nationalhymne bestand. Auch die andern Sendegesellschaften nahmen bis Oktober 1924 ihren Sendebetrieb auf. In Königs Wusterhausen kamen noch einmal zwei weitere Sender hinzu: die *Deutsche Welle* (1926) mit einem reichsweiten Bildungsprogramm über Langwelle und der *Weltrundfunksender* (1929) über Kurzwelle.

1925 wurde in Berlin die zentrale *Reichs-Rundfunk-Gesellschaft mbH* (*RRG*) gegründet, in die die regionalen Sendegesellschaften durch den Verweis auf die nur vorläufig erteilten Konzessionen gezwungen wurden. Die *RRG* war einerseits zwar die gemeinsame Interessenvertretung der verschiedenen Sendegesellschaften, andererseits aber konnte die Post durch ihre Beteiligung von 51

Prozent die Abläufe im Rundfunksystem mit Hilfe dieser Organisation noch stärker überwachen. Mit Blick auf die Erfahrungen mit den Revolutionsräten im November 1918 wurde dem Rundfunk – anders als der Presse – keine publizistische Freiheit zugestanden, vielmehr wollte das Reichspostministerium eine strikte Überparteilichkeit der Programme und Sendungen erzielen und die Inhalte des Mediums kontrollieren – dazu dienten vor allem die „Überwachungsausschüsse" mit Vertretern des Reichsministeriums des Innern und der Länderregierungen. Um zusätzlich die Inhalte der Nachrichten zu überwachen und von der Regierung zur Sendung vorgesehene „Auflagennachrichten" weiterzuleiten, wurde der zentrale *Drahtlose Dienst AG* (*Dradag*) eingerichtet, von dem politische Nachrichten bezogen werden mussten. Die endgültige Sendegenehmigung erhielten die einzelnen Rundfunkgesellschaften erst nachträglich im März 1926, nachdem diese Kontrollstrukturen geschaffen und von den Gesellschaften akzeptiert worden waren (Diller 1997: 314 f.).

Die 1926 geschaffene Rundfunkordnung blieb nur wenige Jahre in Kraft. Bereits Ende 1932 – also noch vor der Machtübernahme durch die Nationalsozialisten – wurde das Medium unter Reichkanzler Franz von Papen in einen Staatsrundfunk überführt: Die Regierung richtete im Programm eine „Stunde der Reichsregierung" ein, die es ihr möglich machte, sich mit ihren Verlautbarungen direkt an die Hörer zu wenden. Sie setzte staatliche Kommissare auf die Leitungspositionen der *RRG* und der regionalen Rundfunkgesellschaften, die von Aktiengesellschaften in durch das Reich und die Länder kontrollierte GmbHs überführt wurden.

Das Radioprogramm der Weimarer Republik weitete sich – von der ersten Programmstunde aus dem Berliner Vox-Haus ausgehend – bis Ende der 20er Jahre auf weit über zehn Stunden aus. Die Programme waren geprägt von der Kombination des aus Kulturveranstaltungen (Theater, Musikwesen) und Presse bekannten Themenangebots und seiner Präsentationsformen, von regionalen Einflüssen und vom dominierenden Bildungs- und Kulturauftrag. Die Programmstruktur wies feste Sendezeiten und -tage mit unterschiedlichsten Inhalten und Sendeformen für die verschiedenen Zielgruppen auf: Nachrichten, Wetterberichte, Zeitsignale/-ansagen, Konzerte und Schallplattenmusik unterschiedlichster Art, Vorträge/Bildung, Kinderfunk/Schulfunk, Frauenfunk, Landfunk, Kirchenfunk, Rezitationen, Theater/Sendespiel, Hörspiel, Reportagen, Sportübertragungen und -berichte, Gymnastik, Werbung.

## 4.6 Radio als Massen- und Propagandamedium im Nationalsozialismus

Nachdem Adolf Hitler am 30. Januar 1933 zum Reichskanzler ernannt wurde, übernahm am 13. März 1933 Joseph Goebbels als Minister die Leitung des neu eingerichteten „Reichsministeriums für Volksaufklärung und Propaganda". Im Rahmen der „Gleichschaltung" ging noch im selben Monat die Kontrolle über den Rundfunk vom Innen- und Postministerium an das Propagandaministerium über. Die regionalen Sendegesellschaften wurden auf Weisung Hitlers aufgelöst und zu unselbstständigen Abteilungen der *Reichs-Rundfunk-Gesellschaft* gemacht, die mit „Reichssendeleiter" Eugen Hadamovsky einen neuen, durch Goebbels eingesetzten Direktor bekam. Schon im März 1933 kündigte Goebbels auch die personelle „Säuberung" des Rundfunks an, sodass innerhalb weniger Monate sämtliche Mitarbeiter auf allen Ebenen der Rundfunkeinrichtungen durchleuchtet, zahlreiche Angestellte entlassen und die meisten Leitungspositionen ausgetauscht wurden; die Rundfunkmitarbeiter wurden zwangsweise Mitglieder der „Reichs-Rundfunk-Kammer".

Goebbels setzt von Beginn an auf das Radio als Instrument der Massenbeeinflussung (die Zielsetzung ist den Goebbels-Reden sowie Publikationen der Zeit deutlich zu entnehmen: „Der Rundfunk im Dienste der Volksführung" von Hadamovsky im Jahr 1934 oder „Der Rundfunk als Führungsmittel" – wie der Radioforscher Gerhard Eckert 1941 seine Habilitationsschrift betitelte). Die gezielte Lenkung des Programmangebots und der Gestaltung der Sendungen wurde ab August 1933 durch den Massenverkauf des „Volksempfängers" (mit der Parole „Ganz Deutschland hört den Führer mit dem Volksempfänger") und ab 1938 des „Deutschen Kleinempfängers" ergänzt. Die Hörerzahlen stiegen dabei von ca. 4 Millionen im Jahr 1933 über mehr als 10 Millionen Ende der 30er Jahre auf über 16 Millionen im Jahr 1943. Mit Beginn des Zweiten Weltkrieges stand dann im Rahmen der sog. „Außerordentlichen Rundfunkmaßnahmen" das Abhören ausländischer Sender unter Strafe. Vor dem Ende des NS-Regimes erfolgte schließlich auf Befehl Hitlers die Sprengung vieler Sendeeinrichtungen, die nicht bereits im Krieg zerstört wurden.

Auf der Ebene der Programmgestaltung setzte ab 1934/35, nach ca. anderthalb Jahren mit recht plumper Propaganda, die trotz einer nach 1933 insgesamt kaum veränderten Programmstruktur wenig Rücksicht auf inzwischen etablierte Hörgewohnheiten des Publikums nahm, ein Ausbau der Unterhaltungsangebote im Radio ein. So hatte sich Mitte der 30er Jahre die von Goebbels schon 1933 geäußerte Einsicht durchgesetzt, dass die Propaganda im Radio nicht zu vordergründig umgesetzt werden durfte und gleichzeitig eine Orientierung an den Publikumswünschen und -gewohnheiten notwendig war, um den Rundfunk politisch zu instrumentalisieren. Mit Beginn des Russland-Feldzuges 1941 und im Winter 1942/43 gab es – parallel zu den politisch-militärischen Entwicklungen – noch einmal eine neue „Unterhaltungsoffensive" (Lersch 2001: 465 ff.) in den seit 1940 zum „Reichsprogramm" zusammengeschalteten Sendern (vgl. hierzu ausführlich Dussel 2002: 176 ff.).

## 4.7  Radio in der Nachkriegszeit und der Umbau des Rundfunksystems

Unmittelbar nach Kriegsende wurde den Deutschen zunächst jede selbstständige Tätigkeit im Rundfunkbereich verboten, die Militärregierungen begannen jedoch schnell, den Sendebetrieb in ihren Besatzungszonen fortzusetzen bzw. eigene Radiosender einzurichten. In Hamburg wurde bereits am 4. Mai 1945, wenige Stunden nach der Besetzung des Funkhauses durch die Briten, der Sendebetrieb von *Radio Hamburg* – als Programm der alliierten Militärregierung – fortgesetzt. In den folgenden Monaten bis Ende 1946 nahmen auch die Rundfunkanstalten und Landessender in den anderen Besatzungszonen ihren Sendebetrieb auf – so in München, Berlin, Stuttgart, Frankfurt am Main, Leipzig, Köln (als Ableger des Hamburger Senders), Koblenz, Bremen und Saarbrücken. Da ihnen im Programm des von den Sowjets kontrollierten *Berliner Rundfunks* Sendezeit verweigert wurde, gründeten die Amerikaner im November 1945 den *Drahtfunk im amerikanischen Sektor* (*DIAS*), später umbenannt in RIAS. Um zu verhindern, dass das Radio wie unter dem NS-Regime noch einmal als Propagandainstrument eingesetzt werden konnte, und um gleichzeitig publizistische Unabhängigkeit und Meinungsbildung im Rundfunk zu etablieren, wurde unter der Kontrolle der Alliierten in den Westzonen ein staatsunabhängiges öffentlich-rechtliches Rundfunksystem (dazu das Kap.8.3) nach dem Vorbild der 1922 gegründeten *BBC* aufgebaut – gegen den Widerstand der deutschen Landespolitiker, die den Einfluss der Politik und auch der Post auf das Medium sichern wollten. Die erste Rundfunkanstalt des öffentlichen Rechts war der *Nordwestdeutsche Rundfunk* in Hamburg, dessen Statut Anfang 1948 in Kraft trat, es folgten weitere große (Landes-)Rundfunkanstalten:

| | |
|---|---|
| 1. Januar 1948: | *Nordwestdeutscher Rundfunk* (*NWDR*), Hamburg/Köln |
| 29. Juni 1948: | *Bayerischer Rundfunk* (*BR*), München |
| 2. Oktober 1948: | *Hessischer Rundfunk* (*HR*), Frankfurt am Main |
| 30. Oktober 1948: | *Südwestfunk* (*SWF*), Baden-Baden |
| 22. November 1948: | *Radio Bremen* (*RB*) |
| 31. März 1949: | *Süddeutscher Rundfunk* (*SDR*), Stuttgart |

In der sowjetischen Besatzungszone wurde der Sendebetrieb des *Berliner Rundfunks* im Mai 1945 wieder aufgenommen und schon im Dezember 1945 übergaben die Sowjets den Rundfunk wieder an die Deutschen – dies war so schnell möglich, da zuvor die Verknüpfung der Radioeinrichtungen mit der KPD (bzw. der späteren SED) und ihren Funktionären sichergestellt worden war und die Aktivitäten im Rundfunkbereich von der neuen „Deutschen Zentralverwaltung für Volksbildung" (DZVfV) kontrolliert wurden. In Leipzig erfolgte Ende 1945 die Einrichtung des *Mitteldeutschen Rundfunks* und in Dresden, Schwerin, Potsdam, Weimar und Halle bis Ende 1946 die von weiteren Landessendern. Das Radio der Nachkriegszeit war das zentrale Medium für die deutsche Bevölkerung und die Alliierten. Das Radioprogramm fungierte aufgrund des Papiermangels zunächst als Ersatz für die Presse, es war das Verbreitungsmittel für alle wichtigen Informationen (Aufrufe, Suchmeldungen, Anordnungen u. ä.) und ein wichtiges Element der Aufklärung und „Re-Education" bzw. Demokratisierung der Bevölkerung.

Diese Phase des Wiederaufbaus und der Umstrukturierung des Rundfunks endete 1948/49 mit der schrittweisen Übergabe der einzelnen Sendeanstalten in deutsche Hände, dem Start eines zusätzlichen Radioprogramms beim *NWDR* (das nicht mehr wie bisher über Mittelwelle, sondern über UKW ausgestrahlt wurde) sowie der Gründung der Bundesrepublik Deutschland und der Deutschen Demokratischen Republik.

## 4.8 Das „Radiojahrzehnt" in den 50er Jahren

Die 50er Jahre werden allgemein als das „Radiojahrzehnt" oder die „Golden Days" des Radios bezeichnet, denn der Hörfunk war in Deutschland zum Leitmedium geworden und in Bezug auf die Ausstattung der Bevölkerung mit Empfangsgeräten konnte zu diesem Zeitpunkt von Vollversorgung gesprochen werden. In den Rundfunkanstalten arbeiteten herausragende Journalisten der Zeit, das gesellschaftliche und kulturelle Leben war eng mit dem Medium verknüpft, bekannte Schriftsteller arbeiteten für die Hörspielabteilungen, der Rundfunk förderte die Kulturszene, gesellschaftliche Debatten wurden im Radio geführt oder gingen sogar von Beiträgen im Radioprogramm aus und wurden in Gesellschaft und Politik aufgenommen und debattiert.

Auf institutioneller Ebene gab es in dieser Zeit noch einmal einige Veränderungen. Die sechs bis dahin eingerichteten westdeutschen Landesrundfunkanstalten (*BR*, *HR*, *NWDR*, *RB*, *SDR* und *SWR*) schlossen sich 1950 zur *Arbeitsgemeinschaft der öffentlich-rechtlichen Rundfunkanstalten der Bundesrepublik Deutschland* (*ARD*) zusammen, um gemeinsam ihre Interessen zu vertreten, Gemeinschaftseinrichtungen aufzubauen und zusammen das erste Fernsehprogramm auf den Weg zu bringen. Durch die Organisationsform behielten – anders als in der *Reichs-Rundfunk-Gesellschaft* der Weimarer Republik – dabei alle Mitglieder ihre Unabhängigkeit.

Bis 1953 war der *NWDR* die Rundfunkanstalt für das gesamte Gebiet der ehemaligen britischen Besatzungszone (Hamburg, Niedersachsen, Nordrhein-Westfalen, Schleswig-Holstein und der britische Sektor in Berlin). 1953/54 schied zunächst der *Sender Freies Berlin* (*SFB*, ab 1954 Mitglieder der *ARD*) aus dem *NWDR* aus, in Köln erfolgte dann im Mai 1954 die Verabschiedung des Gesetzes über den *Westdeutschen Rundfunk* (*WDR*), der bis dahin ebenfalls Teil des *NWDR* gewesen war – die endgültige Teilung des Senders in *NDR* und *WDR* mit jeweils eigenen Radioprogrammen erfolgte aber erst mit Beginn des Jahres 1956 (*NDR* und *WDR* wurden im Mai 1956 als eigenständige Rundfunkanstalten Mitglieder der *ARD*). Der *NDR* blieb danach weiterhin zuständig für die Rundfunkversorgung in den drei Bundesländern Hamburg, Niedersachsen, Schleswig-Holstein. Für Bremen blieb, weil es sich hier nicht um britisches, sondern amerikanisches Besatzungsgebiet handelte, *Radio Bremen* zuständig.

Nachdem das Saarland Anfang 1957 ein Bundesland der BRD geworden war, kam der *Saarländische Rundfunk* (*SR*) zu den öffentlich-rechtlichen Rundfunkanstalten hinzu. 1959 wurde auch der *SR* in die *ARD* aufgenommen, sodass ihr Ende der 50er Jahre insgesamt neun Landesrundfunkanstalten angehörten. Zusätzlich zu den an die Hörer in den Bundesländern gerichteten Radioprogrammen der *ARD* entstand 1953 ein gemeinsamer Auslandsrundfunk, das *Kurzwellenprogramm* (*DW*), und nach einigen Jahren mit Versuchssendungen ab 1956 ein reguläres Programm auf Langwelle, das 1958 den Namen *Deutscher Langwellensender* bekam und den Vorläufer des *Deutschlandfunks* bildete.

In der DDR übernahm nach der Staatsgründung 1949 die Regierung bzw. das „Regierungsamt für Information" die Kontrolle über den Rundfunk, im August 1952 begann eine Reorganisation mit dem Ziel der Zentralisierung des Rundfunks, bei der das neu gegründete „Staatliche Rundfunkkomitee" die Kontrolle über den Rundfunk übernahm, der Berliner Rundfunk sowie der Mitteldeutsche Rundfunk aufgelöst wurden und die bis dahin ausgestrahlten Regionalprogramme zugunsten dreier zentraler Programme (aus Berlin) eingestellt wurden. Das DDR-Radio war zum Staatsrundfunk geworden, der durch die Regierung kontrolliert und gesteuert werden konnte.

Die Programme knüpften in der BRD und der DDR an Strukturen und Angebote an, wie sie zum Ende der Weimarer Republik im Radio vorhanden waren. Da mit nur einem Angebot auf Mittelwelle die unterschiedlichen Themenangebote und Hörerbedürfnisse zunächst nicht auf mehrere Programme einer Rundfunkanstalt verteilt werden konnten, gab es „Kästchenprogramme", bei denen verschiedenartigste Inhalte und Sendungen in zeitlich klar festgelegten und abgegrenzten „Kästchen" ausgestrahlt wurden. Welche Sendungen zu welcher Tageszeit präsentiert wurden, ergab sich aus den Hauptnutzungszeiten der jeweiligen Zielgruppen. Erst nach der Einführung zusätzlicher UKW-Programme kam langsam Bewegung in die Programmstrukturen.

Der UKW-Hörfunk bildete nach den für die deutschen Sender einschränkenden Ergebnissen der Kopenhagener Wellenkonferenz von 1948 eine notwendige, aber technisch gute Alternative; er bot eine verhältnismäßig hohe Klangqualität und aufgrund seiner technisch begrenzten Reichweite auch die Möglichkeit, mehrere regionale Programme eines Senders zu übertragen. (zu UKW vgl. Kap. 5.5) Nach der Einführung der neuen Welle im Jahr 1949 beim *NWDR* wurde zunächst auch auf UKW das Programm der Mittelwelle gesendet, im Frühjahr 1950 ein eigenständiges UKW-Programm, ab 1951 dann zusätzlich das erste (Mittelwellen-)Programm und ab 1954 schließlich auch ein drittes UKW-Hörfunkprogramm. Die anderen Rundfunkanstalten der *ARD* folgten dem *NWDR* – mit Ausnahme des *SFB* – bis 1964 mit eigenen UKW-Programmangeboten. Inhaltlich führte der Weg dabei von der „Programmverdoppelung zur Programmkontrastierung" (Dussel 2004: 214 ff.). Also von der Übernahme des Mittelwellen-Programmangebots und der Kästchenstruktur in das zusätzliche UKW-Programm über die zeitversetzte Ausstrahlung gleichartiger Sendungen („Weg der punktuellen Kontrastierung", Dussel 2002: 395) bis hin zur Einrichtung kontrastierender Programme mit unterschiedlichen Inhalten und Zielgruppen.

### 4.9 Konkurrenz zum Fernsehen: der Wandel des Radioprogramms in den 60er und 70er Jahren

Die 60er und 70er Jahre waren beim Radio weniger von großen Veränderungen der Institutionen geprägt, sondern viel mehr von der Konkurrenz zum neuen Massen- und Leitmedium Fernsehen, aber auch von Veränderungen auf dem Tonträger- und Gerätemarkt (Durchsetzung von Stereo-Langspielplatten und Compact Cassettes/Musikkassetten, Autoradios und tragbaren Radiogeräten) und vom Erfolg des privaten Senders *Radio Luxemburg* (später *RTL*), insbesondere beim jugendlichen Publikum. Auf diese veränderten Rahmenbedingungen musste das Radio mit einem Wandel der Programmangebote und -gestaltung reagieren.

Mit Beginn dieser neuen Phase in der Geschichte des deutsche Radios wurde die *Deutsche Welle* (*DW*) im Herbst 1960 vom gemeinsamen Auslandsprogramm der *ARD*-Mitglieder in eine eigenständige Auslandsrundfunkanstalt der Bundesrepublik überführt und auch der vom *NDR* im Auftrag der *ARD* betriebene *Deutsche Langwellensender* wurde unter dem Namen *Deutschlandfunk* (*DLF*) zu einer Bundesrundfunkanstalt mit dem Auftrag, ein Programm für das gesamte Deutschland („Wiedervereinigungssender") mit fremdsprachigen Sendungen für das europäische Ausland anzubieten. 1962 traten beide Sender, *DW* und *DLF*, der *ARD* bei.

Der in den 50er Jahren begonnene Weg vom „Integrationsprogramm" (auf Mittelwelle) zu den „Spartenprogrammen" (auf UKW) setzte sich in den 60er Jahren unter dem Konkurrenzdruck durch das Fernsehen in deutlicherer Form fort (Dussel 2002: 393 ff.) Das Radio wurde in der Medienkonkurrenz zum Tagesbegleit- bzw. „Nebenbei-Medium", musste sich bei Programmen, Sendeformen und Inhalten stärker an der Nachfrage des Publikums orientieren und mit Blick auf die Hauptnutzungszeit des Fernsehens in den Abendstunden neue Programmkonzepte entwickeln. (vgl. auch Kap.9 zur Programmentwicklung) Dazu gehörte ab Mitte der 60er Jahre die Abkehr vom Kästchenprogramm, die Umstrukturierung des Angebots in deutlich kontrastierende Einzelprogramme (ein massentaugliches Programm mit U(= Unterhaltungs)-Musik und Serviceinformation sowie ein Minderheitenprogramm mit E(= ernster)-Musik, Jazz bzw. ,gehobener' U-Musik, Kulturberichterstattung und Hörspiel) und die ,Magazinierung' als die Einführung von mehrstündigen moderierten ,Programmflächen' mit einem Wechsel aus kurzen unterhaltenden und informierenden Musik- und Wortbeiträgen. Ihren Anfang nahm die Magazinierung bei den Sendungen am Mittag und am Morgen und breitete sich dann später mit den folgenden Programmreformen immer weiter auf andere Tageszeiten und ,Sendeflächen' aus – bis hin zum ,durchmagazinierten' Begleitprogramm (Dussel 2004: 207 ff.).

Ab 1963 wurde in der *ARD* und bei *Radio DDR* in langsamen Schritten auch im Hörfunk die Stereofonie eingeführt. Sie ermöglichte es, die seit 1958 bei Langspielplatten vorhandene räumliche Klangqualität der stereofonen Wiedergabe auch im Radioprogramm anzubieten und damit insbesondere die jugendlichen, technikinteressierten und audiophilen Hörerinnen und Hörer für das Medium (und Mitschnitte aus dem Radioprogramm) zu interessieren. „Gewitter über Elmwood" (*SFB*) von P. T. Wolgar war im Oktober 1964 das erste Stereo-Hörspiel der *ARD*, das erste mit Blick auf eine stereofone Hörspieldramaturgie geschriebene Stück war Hans Joachim Hohbergs „Der Baum in der Kurve von Monterey" (*SFB*) im Jahr 1965. Die Einführung der Stereofonie in der Hörspielproduktion führte zwischen Regisseuren und Hörspielredakteuren zu einer dramaturgischen Debatte über den „akustischen Realismus" in künstlerischen Radiosendungen.

Mit der Einführung des Transistors und der dadurch verstärkten Miniaturisierung und Mobilisierung der Empfangsgeräte setzte nicht nur ein Trend zum Außer-Haus-Hören mit tragbaren Empfängern ein, sondern verbunden mit der gestiegenen Motorisierung der Bevölkerung auch zur massenhaften Nutzung von Autoradios. Die Rundfunkanstalten reagierten darauf mit der Einrichtung eines dritten Programmtyps, den „Autofahrerwellen" bzw. späteren „Servicewellen", die viel Musik mit regelmäßigen Nachrichten und Serviceinformationen (für Autofahrer) boten. Die beiden ersten Programme dieser Art waren *Bayern 3* ab 1971 und *hr 3* ab 1972. Zusätzlich wurden – mit Blick auf die Popularität von *Radio Luxemburg* insbesondere beim jugendlichen Publikum – neue Musiksendungen und Programmstrecken/-flächen ins Programm aufgenommen, die sich

explizit an jugendliche Hörer richteten (Dussel 2004: 219 ff.). Eine weitere Stärke, auf die sich die Programmmacher auf dem Weg in die 80er Jahre zunehmend
besannen, war die „Regionalisierung" und „Sub-Regionalisierung" der Angebote
(Halefeldt 1999: 220 f., Dussel 2004: 226 f.) in den Sendegebieten der Landesrundfunkanstalten. Durch die Programmreformen und neuen (dritten und in den
80er Jahren vierten) Radioprogramme konnten die Rundfunkanstalten seit Beginn der 70er Jahre die Nutzungsdauer des Mediums deutlich erhöhen und das
Radio – mit veränderter Funktion und verlagerten Nutzungsweisen und -zeiten –
als elektronisches Massenmedium neben dem Fernsehen positionieren.

Eine ähnliche Entwicklung (Wandel zum Tagesbegleit-Medium, Einführung von Magazinsendungen, *Jugendstudio DT 64*) vollzog sich in den 60er
Jahren auch im Programm des DDR-Radios, allerdings waren im Staatsrundfunk
die Veränderungen in den Radioprogrammen, die Möglichkeiten und auch Rück-
schritte in der Programmentwicklung eng mit politischen Ereignissen, Zielen und
Vorgaben verknüpft (Dussel 2004: 162 ff.).

## 4.10 Radio im dualen Rundfunksystem

Nachdem ab 1984/85 in den bereits 1976 von den Ministerpräsidenten der Länder beschlossenen sogenannten „Kabelpilotprojekten" (Berlin, München, Ludwigshafen und Dortmund) die ersten privatwirtschaftlichen Radioprogramme
innerhalb Deutschlands über Kabel und später terrestrisch sendeten, folgte auf
der Grundlage neuer Landesmediengesetze (beginnend mit Niedersachsen) ab
Mitte 1986 der Sendestart regionaler und landesweiter Privatradios. Die ersten
privaten Sender waren *Radio Weinstraße*, das ab dem 1. Januar 1984 im Rahmen
des Kabelpilotprojekts Ludwigshafen sendete, und die Senderkette *Radio 4* (später *Radio RPR*), die ab dem 30. April 1986 in Rheinland-Pfalz zu hören war. Bei
den Landesprogrammen machte *Radio Schleswig-Holstein* (*R.SH*) am 1. Juli
1986 den Anfang, am 31. Dezember 1986 kamen *Radio Hamburg* und in Niedersachsen *Radio ffn* hinzu.

In den folgenden Jahren gingen auch in den anderen Bundesländern – je
nach den dort geltenden Rundfunkgesetzen – lokale, regionale und/oder landesweite Privatradioprogramme auf Sendung. Im Februar 1989 erhielt schließlich
auch Bremen als letztes Bundesland ein Landesmediengesetz für den dualen
Rundfunk mit öffentlich-rechtlichen und privaten Anbietern. Für das Ende des
gleichen Jahres (Stand: Dezember 1989) listete das „Internationale Handbuch für
Rundfunk und Fernsehen" bereits insgesamt 117 privatwirtschaftliche Rundfunkanbieter auf (Hans-Bredow-Institut, 1990/91: 166 f.), dem standen zum
gleichen Zeitpunkt neun öffentlich-rechtliche Landesrundfunkanstalten mit jeweils drei bzw. vier Radioprogrammen gegenüber. (vgl. Kap. 8.3 und 8.4)

Mit der Einführung des dualen Rundfunksystems begann der bis heute bestehende Wettstreit zwischen den öffentlich-rechtlichen und den privaten Radioprogrammen um die Gunst des Publikums. Die Programme beider Seiten näherten sich dabei insbesondere im Bereich der Popwellen erkennbar aneinander an, wobei auf der einen Seite die privaten Veranstalter anfangs die Konzepte der erfolgreichen *ARD*-Programme kopierten, auf der anderen Seite die öffentlich-rechtlichen Programmangebote immer wieder reformiert wurden, um angesichts der privatwirtschaftlichen Konkurrenz das bestehende Publikum zu halten und neue Zielgruppen zu gewinnen: Sparten- und Zielgruppenprogramme wie Infaradios und Jugendwellen, begleitende Angebote im Internet, veränderte Musikauswahl usw. Im dualen Rundfunk verstärkten sich die bereits zuvor bestehenden Tendenzen wie die zunehmende Zielgruppenorientierung, die Ausdifferenzierung der einzelnen Radioprogramme eines Senders und die Magazinierung. Hinzu kam, ausgehend von den privaten und später auch bei den öffentlich-rechtlichen Programmen, die in den 90er Jahren zusätzlich durch die Digitalisierung der Studiotechnik optimierte „Formatierung" der Programme (vgl. Kap. 9.6) auf allen Ebenen des Angebots: Musikauswahl/„Musikfarbe", Präsentation/Moderation, Wort-/Musikanteil, „Verpackungselemente" wie Jingles, Station-ID, Image-ID usw. und Elementen der Off Air-Promotion (Logo, Werbung, Events). Die „Formatierung" und angestrebte „Durchhörbarkeit" bezog sich zunächst auf die massenattraktiven Pop- und Servicewellen, später auch auf andere Programmangebote, z. B. Sender mit E-Musik (*Klassik Radio*).

Als „Dritte Säule" des bundesdeutschen Rundfunksystems kamen in den 80er und 90er Jahren die ebenfalls von den Landesmedienanstalten beaufsichtigten nichtkommerziellen Radios hinzu, zu ihnen gehören die Offenen Kanäle, Bürgerradios, Freien Radios, Hochschul- und Ausbildungsradios (Einzelheiten dazu im Kap. 12).

## 4.11 Radio im wiedervereinigten Deutschland

Obwohl es nach 1989 eine intensive Diskussion über eine mögliche Neuordnung der Rundfunkstrukturen und Sendegebiete in Ost- und Westdeutschland gab (und man auch innerhalb des öffentlich-rechtlichen Rundfunks über alternative Modelle wie den „Nordostdeutschen Rundfunk" debattierte), wurde im Zuge der Wiedervereinigung ab 1991 schließlich doch das duale Rundfunksystem Westdeutschlands (inkl. der „dritten Säule") auf die neuen Bundesländer übertragen.

In Potsdam erfolgte 1991 die Gründung des öffentlich-rechtlichen *Ostdeutschen Rundfunks Brandenburg* (*ORB*), im gleichen Jahr wurde als gemeinsame Rundfunkanstalt für die Freistaaten Sachsen und Thüringen sowie das Bundesland Sachsen-Anhalt der *Mitteldeutsche Rundfunk* (*MDR*) gegründet und Anfang

1992 kam zusätzlich zu Hamburg, Niedersachen und Schleswig-Holstein auch Mecklenburg-Vorpommern als viertes Bundesland zum *Norddeutschen Rundfunk* hinzu. *RIAS 1* in Westberlin und der *Deutschlandsender Kultur* des ehemaligen DDR-Radios (*DS Kultur*, 1990-1993) bildeten ab 1994 das Kulturprogramm *Deutschlandradio Berlin* (seit 2005 unter dem Namen *Deutschlandradio Kultur*), das sich gleichzeitig mit dem *Deutschlandfunk* zum neuen *Deutschlandradio* zusammenschloss (*DLR/DRadio* mit zwei getrennten Programmen und Sitz in Berlin und Köln). Am *DRadio* ist neben den Rundfunkanstalten der *ARD* auch das *ZDF* beteiligt. Aus dem DDR-Jugendsender *DT 64* entstand das Programm *Sputnik* des neu gegründeten Mitteldeutschen Rundfunks.

Auch privatwirtschaftliche Sender und Rundfunkeinrichtungen der „dritten Säule" wurden in den neuen Bundesländern – je nach Mediengesetzgebung des Landes – von den Landesmedienanstalten zugelassen und nahmen in den 90er Jahren ihren Sendebetrieb auf. So wurden auch *RIAS 2* und der *Berliner Rundfunk* des DDR-Radios privatisiert und in die Sender *rs2* und *Berliner Rundfunk 91,4* umgewandelt. Bei den privaten Radioveranstaltern und -programmen gab es aus Gründen der Wirtschaftlichkeit zahlreiche neue Kooperationen, wechselnde Beteiligungen, eingestellte und neu eingerichtete Programme – eine Tendenz, die aufgrund der allgemeinen wirtschaftlichen Entwicklung, der Situation auf dem Werbemarkt, der Konkurrenz zu Musikanbietern im Internet und der im Zuge der Digitalisierung der Rundfunkmedien ungewissen Zukunft (des UKW-Radios) bis heute anhält.

Nach der Einrichtung der neuen *ARD*-Rundfunkanstalten und Programme blieb die öffentlich-rechtliche Säule des dualen Systems weiterhin in Bewegung, denn vor allem aus wirtschaftlichen Gründen waren Zusammenschlüsse von Rundfunkanstalten und Programmen notwendig geworden (zudem bildeten und bilden die Grenzen der ehemaligen Besatzungszonen sowie rundfunkexterne politische Vorgaben die Grundlage für die Einteilung von Sendegebieten – und folgten dabei kaum einer rundfunk- und programmpolitisch sinnvollen Struktur). So fusionierten 1998 in Baden-Württemberg und Rheinland-Pfalz der *Süddeutsche Rundfunk* und der *Südwestfunk* zum *Südwestrundfunk* (*SWR*) als gemeinsame Rundfunkanstalt der beiden Bundesländer mit den drei Hauptstandorten Stuttgart, Baden-Baden und Mainz, Sitz der Intendanz wurde Stuttgart. Der *ORB* schloss sich 2003 – zwölf Jahre nach Einrichtung der neuen brandenburgischen Landesrundfunkanstalt – mit dem *SFB* zum heutigen *Rundfunk Berlin-Brandenburg* (*RBB*) zusammen.

Auf der Ebene der öffentlich-rechtlichen Radioprogramme wurden vor allem die Angebote für das jugendliche Publikum ausgebaut, neue Zielgruppenprogramme entwickelt und Kooperationen zwischen den Rundfunkanstalten eingerichtet:

1993: *Fritz* (*RBB*)
1993: *Sputnik* (*MDR*)
1994: *N-Joy* (*NDR*)
1994-2008: *Radio Multikulti* (*SFB*, danach *RBB*)
1995: *Inforadio* (*ORB/SFB*, heute *RBB*)
1995: *Eins Live* (*WDR*), heute *1Live*
1997: *Das Ding* (*SWR*)
1998: *hr-skyline* (*HR*), heute *hr-info*
1998: *Funkhaus Europa* (*WDR, RB, RBB*)
1999: *103.7 Unser Ding* (*SR*)
2000: *Jump* (*MDR*)
2001: *Nordwestradio* (*RB* und *NDR*)
2004: *You FM* (*HR*)
2004: *1 Live diggi* (*WDR*)
2006-2009: *1 Live Kunst* (*WDR*)

Nachdem über Jahre eine Annäherung der Programmkonzepte und Formate bei den hörerstarken Wellen zu beobachten war, finden nun aber auch häufiger wieder ,Qualitätsprogramme' mit neuen, eigenständigen Konzepten bei den Hörern und der Medienkritik Beachtung (u. a. Programme und Sendekonzepte des *BR* und des *Deutschlandradios*, *Radio Eins* beim *RBB*, innovative *ARD*-Jugendprogramme, nicht auf Formate und „Durchhörbarkeit" getrimmte Kulturwellen oder medienübergreifende Sendeformen/Projekte wie *Dokublog* beim *SWR* oder *Wurfsendung* und *blogspiel/breitband* bei *DRadio Kultur*).

Auf der Ebene der Technik und der Radioprogramme werden in Zukunft vor allem die weitere Entwicklung des Digitalradios sowie der Radioangebote für das Internet und das Handy interessant sein – und aus institutions- und programmgeschichtlicher Perspektive die Frage, in welcher Form sich die fortschreitende Digitalisierung des Mediums sowie die verstärkte Nutzung von programm- und zeitunabhängigen Angeboten im Web auf die traditionellen Institutionen der Rundfunkbranche und ihre Programme auswirkt. Auch wird sich in den kommenden Jahren zeigen müssen, was angesichts der Fortschritte der Onlinemedien aus den aktuellen Projekten zur Digitalisierung der terrestrischen Sendetechnik des Radios wird. (zu aktuellen Entwicklungen vgl. Kap. 5.6)

## 4.12 Perspektiven der Radiogeschichtsschreibung

Für zukünftige Arbeiten im Bereich der Radiogeschichte liegt ein weites Betätigungsfeld vor. Senderübergreifend ist die historische Entwicklung des Mediums nach 1960 bislang noch zu wenig untersucht worden, die Geschichte einzelner kleiner und mittelgroßer Sender harrt noch der wissenschaftlichen Erforschung und auch auf methodischer Ebene bieten die einleitend skizzierten Ansätze der mediengeschichtlichen Forschung (und vor allem ihre Kombination) noch viel Potenzial für neue Erkenntnisse und das Aufdecken von bislang unbeachteten Zusammenhängen bzw. Wechselwirkungen. Ein weiterer interessanter Untersuchungsgegenstand dürften die Schnittstellen zwischen Institution, Technik, Programm, Sendungen/Sendungsgestaltung und Rezeption sein – also beispielsweise die Frage, wie sich Entwicklungen im Bereich der Technik auf die Gestaltung der Programme und Sendungen auswirken oder welchen Einfluss Veränderungen in der Programm- und Sendungsgestaltung auf die Rezeption (und umgekehrt) haben.

Weiterführende Literatur zur Radiogeschichte: Frank Schätzlein (2009): Radio-Bibliographie. URL: http://www.frank-schaetzlein.de/biblio/radio-bibliographie.htm (Stand: Okt. 2008).

## 4.13 Fragen zur Vertiefung

1. Auf welche Aspekte des Mediums richtete die klassische Radiogeschichtsschreibung zunächst ihr Augenmerk? Die traditionelle Radiogeschichte beschäftigte sich vorrangig mit der Institutionsgeschichte des Mediums, medienpolitischen Fragen und technikgeschichtlichen Aspekten.

2. Welche Bereiche des Radios werden dagegen erst seit den 80er Jahren erforscht? Die Programmgeschichte des Radios sowie die Rezeptionsgeschichte bzw. Geschichte des Radiopublikums spielt erst seit den 80er Jahren eine größere Rolle in der Radiogeschichtsschreibung; dies gilt auch für die Sozial-, Diskurs- und Theoriegeschichte des Mediums.

3. Aus welchem Grund können die vier zentralen Felder der Radiogeschichtsschreibung nicht vollkommen unabhängig voneinander betrachtet werden? Weil es zwischen den Bereichen Technik, Institution/Organisation, Programm und Rezeption/Publikum des Radios in der historischen Entwicklung und der Radiopraxis Wechselwirkungen gibt. So beeinflusste beispielsweise die Einführung des UKW-Rundfunks auch das Programm und die Einführung des dualen Rundfunksystems auch die Mediennutzung bzw. die Struktur des Publikums.

4. Warum gibt es – anders als bei der Institutionsgeschichte – keine klar voneinander abgrenzbaren Phasen in der historischen Entwicklung des Radioprogramms? Weil es zwar in der Regel ein festes Datum für eine Pro-

grammreform bzw. die Einführung einer neuen Programmstruktur gibt, aber bei den Rundfunkanstalten und ihren Programmen auch das Nebeneinander unterschiedlicher Programmangebote; weil auch ältere Programmkonzepte neben den neu eingeführten Konzepten weiter fortbestehen.

## 4.14 Definitionen und Erklärungen

*Reichs-Rundfunk-Gesellschaft (RRG):* Die RRG wurde 1925 als Dachorganisation der regionalen Rundfunkgesellschaften in Deutschland (wie z. B. Funk-Stunde AG, Berlin oder Mitteldeutsche Rundfunk AG, Leipzig) gegründet und bestand bis zum Ausklang des II. Weltkriegs. Die Mehrheit der Geschäftsanteile lag bei der Reichspost. Reichs-Rundfunk-Kommissar wurde Hans Bredow, der 1933 vom Nazi-Reichssendeleiter Eugen Hadamovsky abgelöst wurde.

*Deutsches Rundfunkarchiv:* Die *Stiftung Deutsches Rundfunkarchiv* (*DRA*) ist eine Gemeinschaftseinrichtung der öffentlich-rechtlichen Rundfunkanstalten in der *ARD*, die 1952 in Frankfurt am Main unter dem Namen „Lautarchiv des Deutschen Rundfunks" gegründet wurde. Seit 1994 ist das *DRA* auch für die Archive des Hörfunks und Fernsehens der ehemaligen DDR zuständig, seit 2000 hat es neben Frankfurt auch einen Standort in Potsdam-Babelsberg. Das *DRA* ist der zentrale Anlaufpunkt für die rundfunkgeschichtliche Forschung in Deutschland, weil diese Einrichtung nicht nur Ton- und Bildträger bzw. Sendungen sammelt, sondern auch historische Medienaufzeichnungen restauriert (und digitalisiert) und Manuskripte, Protokolle, Fachpublikationen und Bilder aus der Geschichte des deutschen Rundfunks archiviert. Im Internet unter www.dra.de.

*Institutionsgeschichte/Organisationsgeschichte:* Die Institutions- und Organisationsgeschichte arbeitet als eine klassische (und zunächst dominante) Form der Rundfunkforschung die institutionellen, politischen, ökonomischen und medienrechtlichen Rahmenbedingungen des Mediums heraus und beschreibt die Veränderungen in den Rundfunkanstalten als gesellschaftliche Institutionen und in der Medienpolitik.

*Programmgeschichte:* Die Programmgeschichte ist eine in der zweiten Hälfte der 70er Jahre und den 80er Jahren methodisch entwickelte Form der Rundfunkgeschichtsschreibung, die Konzepte, Strukturen, Inhalte und Ziele von Radio- und Fernsehprogrammen untersucht. Sie ist oft verknüpft mit der Produktgeschichte, die sich mit den Themen, Motiven, Genres und Gestaltungsformen der Sendeformen und einzelnen Sendungen innerhalb eines Programms auseinandersetzt (z. B. mit der Geschichte des Hörspiels).

*Technikgeschichte:* Die Technikgeschichte des Radios beschäftigt sich mit den Erfindungen, die dem Radio zugrunde liegen, und den weiteren technologischen Entwicklungsschritten des Mediums. Der Schwerpunkt dieser Form der Radiogeschichtsschreibung liegt bisher vor allem auf der Sende- und Empfangstechnik, die Produktions- bzw. Studiotechnik des Radios findet dagegen bislang deutlich weniger Beachtung.

# Kapitel 5
# Technik

Wie jedes Medium ist auch das Radio ohne Technik nicht denkbar. In ihm fließen Elektronen, das macht es zum elektronischen Medium, Sender und Empfänger benötigen elektrische Energie, elektromagnetische Wellen stellen die Verbindung her. Heute tauchen Radiofunktionen in anderen elektronischen Geräten
auf, etwa im Personal Computer oder im Mobiltelefon, vereinzelt auch im Fernsehgerät. Das Radio entstand einst mit der drahtlosen Übertragung via elektromagnetischer Wellen, inzwischen können wir Programme auch via Kabel und
Satellit, über das „Netz der Netze", das Internet und das Mobilfunknetz empfangen. In jedem Fall gilt: Die technische Natur des Radios bestimmt seine Nutzungsmöglichkeiten.

## 5.1 Elektromagnetische Frequenzen

Wie viele, zu ihrer Zeit neuen, Techniken faszinierte einst das Radio als ältestes
elektronisches Medium die Menschen. Nie zuvor war es möglich, per Antenne
dem Äther Musik und Sprache zu entlocken. Der Blick in das Empfangsgerät
unterstrich seine geheimnisvolle Seite, wegen der scheinbar sinnlosen Verbindung von Spulen, Kondensatoren und Widerständen, von Röhren (und später
Transistoren und Chips) gab es auch zu vielen Fantasien Anlass. Nicht zufällig
entstanden in der Frühzeit des Radios etliche Theorien, die etwas über seine
Natur auszudrücken suchten, mehr als z. B. zu Beginn der Fernseh-Ära. (vgl.
Kap. 4) In dieser Frühphase wurden häufig Behauptungen über seine innere
(technische) Natur verbreitet, die letztlich außertechnische Eigenheiten beschrieben.
    Grundlage aller terrestrischen Übertragung ist das elektromagnetische Sen-
despektrum. Physikalisch gesehen bestand es schon immer, technisch betrachtet
wurde es schrittweise erschlossen; Ingenieuren und Radiofreunden gelang es,
immer weitere Frequenzen nutzbar zu machen. Das zur Programmübertragung
genutzte Band wurde erweitert, von der Langwelle zur Kurzwelle und schließlich
zur Ultrakurzwelle. Die technisch beherrschten Frequenzen wurden dabei immer
höher, was für Reichweite, Tonqualität und vor allem für die Zahl der Übertragungskanäle entscheidende Bedeutung hatte. Mit wachsender Beherrschung der

Technik kamen ergänzende Leistungen dazu wie etwa Stereo oder Datenübertragung. Die Nutzung des elektromagnetischen Sendespektrums war dabei zu keinem Zeitpunkt auf die Übertragung von Radioprogrammen begrenzt, heute arbeiten dort TV-Anbieter, militärische und zivile Sender, mobile Telefonnetze etc. nebeneinander. Es gab und gibt ganz natürliche Konkurrenzen zwischen diesen Interessenten, die sich als Frequenzknappheit niederschlagen und auch international fortwirken. Da Sendefrequenzen sich untereinander stören und nicht an politischen Grenzen haltmachen, musste deren Nutzung international koordiniert werden. Dazu fanden und finden regelmäßig *World Radio Administration Conferences* zur Frequenzvergabe statt, auf denen sich nationale Anbieter international abstimmen.

Es ist wichtig, sich der technischen Natur des Radios zu vergegenwärtigen. Denn immer einmal wieder werden Behauptungen über angebliche technische Zwänge aufgestellt, die tatsächlich gesellschaftlich erzeugt wurden, etwa medienpolitische Anliegen transportieren. In der frühen Bundesrepublik ging man davon aus, dass mit den bestehenden Anbietern das verfügbare Sendeband besetzt sei. Auch das Bundesverfassungsgericht nahm in seinem berühmten Fernsehurteil von 1961 einen natürlich bedingten Frequenzmangel an. Der bestand offensichtlich so nicht, wenn man bedenkt, dass sich nach der kommerziellen Öffnung in den 80er Jahren die Zahl der Sender stark erhöht, mitunter mehr als verdoppelt hat. Da sich die physikalischen Voraussetzungen seitdem nicht verändert haben, kann es sich nur um nichttechnische, vor allem politische Rahmenbedingungen handeln. Auch heute wäre es zu einfach, von einem ausgeschöpften Frequenzangebot beim terrestrischen Radio auszugehen. Schauen wir auf Riesenstädte wie New York, so finden wir hundert und mehr aktive Sender in herkömmlichen Sendebändern, neue technische Lösungen können diese Zahl noch vervielfachen. Physikalisch gesehen lässt sich für die Radioversorgung kaum ein Frequenzmangel begründen.

Auch das massenmediale Modell für das Radio – ein Sender viele Empfänger – hat mit Technik wenig zu tun. Bevor das Radio das heute vertraute Massenmedium wurde, war die drahtlose Sendetechnik – gleichfalls unter dem Oberbegriff Radio – bereits jahrzehntelang erfolgreich für die Punkt-zu-Punkt-Verbindung eingesetzt worden (Friedewald 1999). Zu den ersten Nutzern der Radiotechnik zählten die Radioamateure, die sich ihre Sender selbst bauten und untereinander weltweiten Kontakt hielten. In den USA begannen sie bereits in den 1890ern, ab 1912 wurden ihre Sendeanlagen staatlich lizenziert. Die in den USA immer noch bestehende Vereinigung *American Radio Relay League* (*ARRL*) wurde 1914 gegründet (www.arrl.org). Eine derartig zivile Entwicklung konnten die deutschen Amateure nicht genießen, ihre Sendetätigkeit blieb bis 1949 verboten, Zuwiderhandelnde wurden oft sogar von der politischen Polizei verfolgt. Ihre Legalisierung noch vor der Gründung der Bundesrepublik 1949 verdankten die Radioamateure den US-Besatzern. Die Amateure nutzten (und einige nutzen sie noch heute) im Prinzip Versionen von Sendern und Empfängern, die sich in ihrer technischen Logik nur wenig von professionell genutzten Geräten unterschieden. Sie praktizierten ein interaktives Modell der drahtlosen Kommunikation, wie es (hier allerdings netzgebunden) bereits vom Telefon her bekannt war und heute im Internet zum Tragen kommt. Radiotechnik weist viele Facetten auf.

## 5.2 Sichtweisen von Technik

Dieser Beitrag beschäftigt sich vor allem mit Technik, worunter verstanden wird, dass der Mensch Gesetze der Physik nutzt, um sie zur Befriedigung bestimmter (materieller und kultureller) Bedürfnisse einzusetzen. Mit unterschiedlichen Theorieansätzen haben Wissenschaftler versucht, die Wechselwirkung zwischen Technik und Gesellschaft zu umschreiben, ohne deren Kenntnis konkrete Technikanwendungen nicht verstanden werden können. Eine Parabel der Technik, die vor allem in Deutschland verbreitet war, besagte, dass sie neutral sei und erst durch menschliche Entscheidung ihre Richtung erhalte. Diese „jungfräuliche" Sichtweise schiebt der Politik eine wichtige Rolle zu, in ihrer Verantwortung liegt es, die Nutzung „sozialverträglich" zu gestalten. Letztendlich wird in dieser Sichtweise die Richtung der Technikanwendung von Menschen bestimmt (Kleinsteuber 2007).

Ganz anders argumentieren technikdeterministische Sichtweisen, bei denen schon in der Technik die Form ihrer Nutzung quasi encodiert ist. Der kanadische (Medien) „Guru" Marshall McLuhan prägte dafür die Formel, dass das (technische) Medium die (inhaltliche) Botschaft bestimmt (vgl Kap. 3.9.3). Eine weitere Sicht vermutet, dass vortechnische „Leitbilder" in konkrete Techniken einfließen; insbesondere sind es die verantwortlichen Ingenieure, die hier unterbewusst ihre gesellschaftlichen Vorstellungen in technischer Konstruktion abbilden. In dieser Sichtweise stehen am Beginn neuer Radioentwicklungen jeweils technische und soziale Erfinder, die erst gemeinsam die Innovation ermöglichen (Ketterer 2003: 20). Schließlich wird häufig die Pfadabhängigkeit der technischen Innovation betont, Techniken entfalten sich entlang einer bestimmten, von Akteuren wie Fachleuten, Unternehmen oder Konsumenten bestimmten Richtung; ein Ansatz, der sich vor allem auf die historische Dimension bezieht. Wie sich diese techniktheoretischen Ansätze in der Radioentwicklung wiederfinden, wird unten erläutert.

## 5.3 Grundlagen der Radiotechnik

Technik findet rund um das Radio statt, über die Studiotechnik, über die Aufnahmetechnik bis zur Wiedergabetechnik. Sie wird aber auch in vielen anderen Zusammenhängen (z. B. Tonstudio) eingesetzt. Zentral für das Radio ist die Übertragungstechnik, bei der Signale vom Sender zum Empfänger übermittelt werden. Die für das menschliche Ohr aufnehmbaren Tonfrequenzen sind niederfrequenter Natur und werden von Mikrofonen aufgenommen. Da sie so nicht übertragbar sind, werden sie auf eine hochfrequente Trägerfrequenz aufmoduliert, welche die drahtlose Übertragung ermöglicht. Im Empfangsgerät wird sie demoduliert und wieder in niederfrequente, also hörbare Schwingungen umgewandelt, die meist einen Lautsprecher oder Kopfhörer steuern (Klawitter 2004). Für diese Modulation (lat. Takt, Rhythmus) gibt es mehrere Grundtechniken, die zugleich die zentralen Etappen der Radioentwicklung markieren. So lässt sich die Technikgeschichte des Radios als Massenmedium in drei Phasen darstellen, die jeweils mit bestimmten technischen Verfahren korrespondieren:

- 1. Phase: Aussendung einzelner Programme über Amplitudenmodulation (AM) auf Lang-, Mittel- und Kurzwelle, die nach dem 1. Weltkrieg beginnt.
- 2. Phase: Übergang zur Frequenzmodulation (FM) und Nutzung der Ultrakurzwelle (UKW), später Einbeziehung von Kabel und Satellit. Beginn nach dem 2. Weltkrieg, heute noch dominant.
- 3. Phase: Digitalisierung des Signals und Übertragung terrestrisch (DAB, DRM), via Internet oder über Mobilnetze, Anfänge in den 80er Jahren, erste Anwendungen im Regeldienst ab ca. 2000, viele neue Angebote in den letzten Jahren, erhebliche Unsicherheit über die Zukunft.

## 5.4 Phase 1: Anfänge in den 1920er Jahren – Lang-, Mittel-, Kurzwelle

Technikgeschichten werden gern so geschrieben, dass es zu klaren Entwicklungslinien kommt, mit einem Erfinder und einem Land, das sich mit der Innovation schmücken kann. Es gibt aber keinen Erfinder des Radios und Entwicklungen fanden oft zeitgleich auf verschiedenen Kontinenten statt. Um das Jahr 1895 waren die Prinzipien einer „wireless telegraphy" erdacht und von Wissenschaftlern in Großbritannien, den USA, Russland, Indien und anderswo demonstriert worden. Für die erste Übertragung einer Art Programm wird mitunter Graz 1904 genannt. Zu Weihnachten 1906 hatte der gebürtige Kanadier Reginald Fessenden aus einer Station an der US-Ostküste gesendet, inklusive Violinspiel und Bibellesung. Die Vorführung wurde auf Schiffen in der Karibik empfangen. Viele andere Experimente ließen sich nennen, aber Radio war dies nicht, da die Ansprache eines breiten Publikums fehlte.

Kriege gelten in der Technikentwicklung oft als D-Züge der Geschichte. Tatsächlich spielte der drahtlose Funk während des 1. Weltkriegs bei allen Waffengattungen und allen militärischen Operationen eine schnell wachsende Rolle. Die neue Technik begann ihre Einsatztauglichkeit im Dreck der Schützengräben zu beweisen. Gut ausgebildete Funkertruppen waren für deren Betrieb notwendig, in die Truppen der USA waren vor allem Amateurfunker rekrutiert worden. Auch in Deutschland galten sie als militärische Elite und waren nicht unwesentlich bei den Umstürzen des Jahres 1918 als „Revolutionäre Funker" beteiligt. Nach Ende des Krieges hatte sich offensichtlich eine kritische Masse angesammelt – an funktechnischen Aggregaten, an funkerfahrenen Technikern – und es war eine stabile Ruhe eingekehrt, um neue zivile Nutzungsformen zu erproben. Dies erfolgte vor allem in Nordamerika, wo sich schon seit Jahrzehnten Privatleute mit den neuen Radiomöglichkeiten beschäftigten, während in Europa – und ganz besonders in Deutschland – der Staat die neue Technik oft als subversiv empfand und die Entwicklungen in Richtung Massenmedium unter strenger eigener Kontrolle hielt. Das schloss allerdings nicht aus, dass auch Privatunternehmen einen Programmauftrag erhalten konnten, so in Deutschland die Regionalgesellschaften oder in Großbritannien die *BBC* (damals C für Company). Oft waren nationale Postorganisationen beteiligt wie in Deutschland oder die Produzenten von Sende- und Empfangsgerät, so z. B. in Spanien (Lersch/Schanze 2004).

Nach dem 1. Weltkrieg ging dann alles recht schnell. Als Startländer werden genannt: Niederlande 1919, Argentinien, Kanada, USA 1920, Malaya, Mexiko, Neuseeland, Russland, Uruguay 1921. Als Deutschland 1923 mit dem ersten ständigen Radioprogramm begann, waren bereits Dutzende Staaten auf Sendung. In dieser frühen Phase wurde mit der Erschließung der besonders langen Frequenzen (Lang- und Mittelwelle) begonnen, in denen man schon jahrzehntelang Erfahrung mit drahtloser Telegrafie gewonnen hatte. Dabei bediente man sich der Amplitudenmodulation (AM), was besagt, dass die Sendefrequenz konstant gehalten wird, während sich die Amplitude (die Schwingungsweite der Welle) je nach Signal verändert (Riegler 2007). Das Sendespektrum wurde von der Langwelle her erschlossen, die Kurzwelle galt lange Zeit als uninteressant und wurde den Funkamateuren überlassen, die dann deren besondere Möglichkeiten als globales Medium entdeckten.

Für die Übertragung via Lang- und Mittelwelle waren ihm Vergleich zu heute riesige Sendanlagen notwendig, Sendeverstärker erreichten das Volumen großer Maschinen, die Sendeanlagen umfassten gigantische Türme und dazwischen gespannte Antennendrähte. In Europa war es üblich, einen nationalen (in Deutschland teilweise regionalisierten) Sender für ein Programm zu betreiben. Wer auf Skalen früher Radioempfänger schaut, findet, dass alsbald ein europäisches Angebot entstanden war, mit Senderstandorten wie *Hilversum, Monte Carlo, Moskau* etc. Die technischen Rahmenbedingungen wie auch die Sorge, das neue Medium könnte in falsche Hände gelangen, führten zu überwiegend zentralistischen Organisationsformen, die Radioversorgung kontrollierte in der Regel der Nationalstaat. Begehrlichkeiten aus der Politik waren groß, die anschwellende faschistische Bewegung in Europa und besonders die Nazis in Deutschland nutzten das Radio konsequent als Propagandainstrument. Der großtechnische Charakter des Mediums erleichterte die staatliche Kontrolle, was den Nazis sofort nach ihrer Machtübernahme 1933 die Übernahme aller Sendeanlagen ermöglichte.

Auf der Empfängerseite kam es parallel zur Radioeinführung zu ständigen Neuerungen (Ketterer 2003: 63-102). So arbeiteten allererste, batteriebetriebene Geräte noch mit einem Kristalldetektor, der als Gleichrichter für die Demodulation sorgte, aber nur krächzenden Sound ermöglichte. Für stabilen Empfang waren Schwingkreise aus Spule und Kondensator notwendig, die verstellbar angelegt waren, um unterschiedliche Stationen einstellen zu können. Ab Mitte der 20er Jahre wurden Radioröhren – sie waren 1906 in den USA erfunden worden – in Geräten installiert, mit deren Hilfe das Signal wesentlich besser verstärkt werden konnte. Während der Detektor-Empfänger noch ohne externe Stromversorgung auskam, verlangte der „Röhrensuper" einen Stromanschluss – was nicht immer einfach war, weil sich seinerzeit keineswegs alle Haushalte auf eine gesicherte Elektrizitätsversorgung verlassen konnten.

Die ersten Empfänger verfügten meist über Kopfhörer, die das elektrische Signal in Ton zurückverwandelten und sich bereits ähnlich dem Telefon bewährt hatten. Diesem Prinzip folgend, suchten Ingenieure Lösungen, um Tonsignale deutlicher im Raum hörbar zu machen. Entwickler bei *Western Electric* in den USA erhielten 1924 das Patent auf einen elektromagnetischen Lautsprecher, der wesentliche Elemente von dem enthält, was auch heute noch eingesetzt wird. In Deutschland war der Lautsprecher ab 1926 verfügbar.

Die frühen Radioempfänger waren oft auf eine offene Plattform montiert worden, weil man so besser bei Störungen in das Innenleben eingreifen konnte. Viele frühe Geräte waren auch als Bausatz verkauft worden und mussten vom Radiobastler zusammengefügt werden, was einige Kenntnisse erforderte. Bekannte Ingenieure wie Manfred von Ardenne sorgten für Basiswissen. (z. B. Ardenne 1926), was auch als deren Beitrag zu einer „Demokratisierung" des Radios verstanden werden kann. In den 30er Jahren wurden dann die genannten Komponenten zum allgemeinen Standard, nun verpackt in einem Gehäuse, bei einfachen Geräten aus Bakelit, bei edleren aus Holz. Aus dem technischen Aggregat der frühen Jahre wurde so ein Möbelstück (Abele 2004). Die Schnittstelle zum Nutzer stellten vor allem Schalter und Drehknöpfe dar, deren wichtigster die

Wahl von Stationen auf einer Skala ermöglichte, ein weiterer regelte die Lautstärke. Höherwertige Geräte erhielten eine beleuchtete Skala, auf der die Stationen vermerkt waren. Die kastenförmigen Geräte zeigten über der Bedienungseinheit eine oft stoffbezogene Fläche, hinter welcher der Lautsprecher montiert war. So ließen technische wie soziale Erfinder den Prototyp des Radios entstehen, wie er auch heute noch verbreitet ist. Mit großem werblichen Aufwand der rasch wachsenden Herstellerindustrie und schickem Design (oft im damals trendigen Art déco) wurde in Deutschland und anderen Ländern der erste Massenmarkt für das neue Medium geschaffen (Ketterer 2003: 135-235).

In den Anfangsjahren des Radios waren Empfangsgeräte sehr teuer und kompliziert zu bedienen. Die Faszination des Radios und seine hohen Kosten führten zu einer Art Selbsthilfebewegung. In vielen Vereinigungen machte man sich mit der Technik vertraut und baute selbst Empfangsgeräte. Im gesellschaftlich polarisierten Deutschland der 20er Jahre gab es eine „bürgerliche" und eine „proletarische" Radiobewegung, die sich in je unterschiedlicher Form dem Phänomen Radio widmeten (Dahl 1978). In Deutschland wurde diese Entwicklung mit der NS-Ära abgeschnitten. In anderen Ländern, insbesondere in den Niederlanden, wurden diese Vereinigungen zum Nukleus für ein öffentliches, zivilgesellschaftlich verankertes Radiomodell, dort schlossen sie sich zusammen und konstituierten gemeinsam den öffentlichen Rundfunk.

In den 30er Jahren war die Industrie so weit fortgeschritten, dass sie einfache Empfänger für alle Bevölkerungsschichten zur Verfügung stellen konnte, in NS-Deutschland verbündeten sich die Gerätehersteller mit der diktatorischen Führung. Es entstand der „Volksempfänger" mit einer Typenbezeichnung VE 301 W, die an die NS-Machtübernahme vom 30. 1. 1933 erinnerte: Der Volksempfänger war empfangsstark genug, um die Propagandareden der Führung zu übertragen („Goebbel-Schnauze"), aber zu schwach, um ausländische „Feindsender" zu empfangen. Das technische Leitbild hinter diesem Volksempfänger war ein der staatlichen Propaganda ausgelieferter „Volksgenosse"; dies zu einer Zeit, wo anderswo in Europa Geräte gebaut wurden, die den Empfang vieler, auch auswärtiger Stationen ermöglichten. Dieses Ausrichten der Empfangstechnik auf die Belange des NS-Staates in Deutschland war alles andere als ein Sachzwang, es war gezielte Politik, bei der die Gerätehersteller sich als willige Helfer erwiesen.

In den 30er Jahren, den „Goldenen Jahren" des Radios (so der Titel eines Films von Woody Allen), wurde das Radio zum ersten elektronischen Massenmedium mit wenigen starken Sendern, die große Räume – oft auch grenzüberschreitend – bedienten und Empfängern, die in nahezu jedem Haushalt standen. Parallel zum Siegeszug des Radios wurde die Fernsehtechnik entwickelt, die in ihrer Frühphase Züge eines um schemenhafte Bilder ergänzten Radios zeigte.

Mit der Verfeinerung der Technik nach dem 2. Weltkrieg wurde es freilich zu einer übermächtigen Konkurrenz, die letztlich das Radio vom Sockel stieß.

### 5.5  Phase 2: Neuanfang nach 1945 – Ultrakurzwelle

Die zweite Phase der Radioentwicklung begann nach dem 2. Weltkrieg, als ein neuer Frequenzbereich unterhalb der Kurzwelle mit einer neuen Technik erschlossen wurde. Man kann hier von einem technischen Sprung sprechen, da sowohl Sender wie Empfänger neu konzipiert werden mussten. Das damals entstandene Radioangebot wird in Deutschland (und nur da) Ultrakurzwelle (UKW) genannt, eingebettet in den seinerzeit zusätzlich erschlossenen Bereich Very High Frequency (VHF), auf dem auch ein Teil des Fernsehens übertragen wird. In diesem Band wurde für das Radio die seinerzeit neue Technik der Frequenzmodulation (FM) eingesetzt, bei FM bleibt die Amplitude gleich, stattdessen wird die Trägerfrequenz durch das zu übertragende Signal verändert.

FM war bereits in den 20er Jahren erdacht worden, 1933 wurde es in den USA patentiert, 1937 war die erste experimentelle Station eröffnet worden. FM ermöglicht eine deutlich erhöhte Dynamik und damit erhebliche bessere Tonqualität, dazu erwies es sich als weniger störanfällig. Wegen der Kurzwelligkeit breiten sich die Wellen ähnlich dem Licht aus, daher ist der Senderadius im Vergleich zu AM deutlich kleiner. FM-Sender sind leichter zu errichten und kommen mit weniger Energie aus, allerdings sind mehr Investitionen notwendig, um das Sendernetz engmaschig anzulegen. UKW bietet Raum für sehr viel mehr Programme und eignet sich besonders für kleinflächige und lokale Versorgung.

Der UKW-Einstieg erfolgte in Deutschland ab 1948 und damit – im weltweiten Vergleich – sehr früh. Das war notwendig geworden, weil als Folge des 2. Weltkriegs viele AM-Frequenzen im besetzten Deutschland verloren gingen (Herbst 2007). In den ersten Jahren der Einführung verfügten nur neue, hochpreisige Radioempfänger über UKW, die „Welle der Freude", wie sie genannt wurde. Mit UKW entstand in Deutschland in den 50er Jahren ein Mehrkanalangebot, wobei sich die damals ausschließlich öffentlichen Sender auf unterschiedliche Programmschwerpunkte konzentrierten. FM erwies sich über die folgenden Jahrzehnte als leistungsstarke und wachstumsfähige Übertragungsform, so wurde Stereoempfang möglich (Anfänge ab 1960), und ein später hinzugekommenes digitales Datensystem DRS (siehe unten) vermag spezielle Informationen quasi huckepack zu nehmen. Im Jahre 2011 stehen zwar digitale Alternativen zu UKW zur Verfügung, gleichwohl beherrscht es weiterhin die Märkte in Deutschland und weltweit. Viele Empfangsgeräte bieten neben FM auch noch AM an, was aber in Deutschland kaum mehr genutzt wird. In anderen Teilen der Welt, etwa in Nord- und Südamerika spielt AM immer noch eine erhebliche Rolle, in den

USA sind z. B. Talk-Stationen traditionell auf AM tätig, weil keine hohe Tonqualität erforderlich ist.

In den 50er Jahren begann das Radio beweglich zu werden, das Kofferradio – anfangs noch auf Röhrenbasis – versprach mobile Freiheit beim Empfang. Dabei korrespondierte eine erste Generation von Kofferradios mit der ersten Reisewelle der Deutschen; wer es sich leisten konnte, nahm einen damals noch schweren und teuren Mobilempfänger auf den Ausflug oder zum Camping mit (Weber 2008). Später erkannten die Produzenten, dass die neue Beweglichkeit auch für viele andere Lebenssituationen interessant war, aber um dies umzusetzen, bedurfte es einer weiteren Erfindung.

Ein konstitutives Element dieser zweiten Radiophase stellte der Transistor dar, der die Radioröhre vollständig verdrängte. Der Transistor (Kurzform von Transfer Varistor), ist ein elektronisches Halbleiterelement, das zum Verstärken und Schalten von elektrischen Signalen eingesetzt werden kann. Wurzeln seiner Entwicklung liegen in Europa, aber der erste funktionsfähige Transistor wurde 1947 in den *AT&T Bell Laboratories* vorgestellt. Der Transistor ist als Verstärkerelement kostengünstiger, leistungsfähiger, robuster und fordert weniger Energie als die zuvor eingesetzte Röhre. Mobiler Radioempfang wurde jetzt sehr vereinfacht und in vielfältiger Form möglich, das handliche Kleinradio wird bis heute „Transistorempfänger" genannt. Mit dem Transistor entstanden immer neue Variationen spezialisierter, preiswert herstellbarer Radios, so das Autoradio, das Uhrenradio, das Radio im Walkman etc. Das eine Empfangsgerät, das im „Goldenen Zeitalter" des Radios oft inmitten des Wohnraums gestanden hatte, wurde in dieser Epoche vom Fernsehgerät verdrängt. Stattdessen war der Radioempfang in allen erdenklichen Lebenssituationen möglich, stationär und mobil: Statistiken besagen, dass über die Hälfte der deutschen Haushalte heute vier oder mehr FM-Radioempfänger betreiben. Manche Empfänger sind auf Kreditkartengröße geschrumpft, andere als FM-Module in Mobiltelefonen installiert.

Jenseits des jeweiligen technischen Stands prägten auch Modetrends die Gestalt der Empfangsgeräte. In den 60er Jahren etwa waren „Tastensuper" modern, Geräte mit einem eleganten braunen Holzgehäuse und elfenbeinfarbenen Tasten zur Wahl des Bandes, oft auch für die Klangfarbe. Seitliche Lautsprecher sollten 3D-Raumklang erzeugen, ein magisches Auge diente zur optimalen Abstimmung des Senders. Beliebt waren auch Musiktruhen mit eingebautem Plattenspieler, später kam die Fernsehröhre hinzu. In den 70ern begann der Trend zu den Hi-Fi-Türmen (High Fidelity für hohe Tonqualität), bei denen verschiedene Funktionen – Tuner, Verstärker, Kassettenrekorder etc. – in getrennten Geräten untergebracht waren; für den optimalen Stereoempfang verteilte man die Lautsprecher im Raum. Auch optisch verlor das Radio dabei seine führende Rolle an das Fernsehgerät, es rückte an den Rand des Wohnraums, zunehmend gesteuert von einer Fernbedienung. Natürlich waren viele der nun installierten Ausstattungen Spielereien, die kamen und gingen, so verschwand das einstige Prestigesymbol „magisches Auge" vollständig, die herkömmliche Skala mit beweglichem Zeiger wurde durch digitale Anzeigen ersetzt, die Senderwahl konnte jetzt vorprogrammiert werden. Das Radio machte viele Metamorphosen durch, ohne dass die Grundfunktionen sich wirklich wandelten.

Schon in der Anfangsphase der Radioentwicklung wurde auch mit drahtgebundenen Netzen experimentiert (z. B. Drahtfunk für abgelegene Täler in der Schweiz), aber es war einfach naheliegend, das Signal drahtlos auszusenden und nicht das viel kostenträchtigere Telefonnetz zu nutzen. Erst ab den 70er Jahren bekam die terrestrische Ausstrahlung ernsthafte Konkurrenz, weil neue Übertragungsnetze aufgebaut wurden. In den 80er Jahren setzte die Koaxialverkabelung in großem Stil ein und die Netze transportierten neben TV-Bildern auch immer örtliche, mitunter auch aus der Ferne importierte Radioprogramme. Ende der 80er Jahre kamen medienspezialisierte Satelliten – bis heute ist *ASTRA* in Mitteleuropa der führende Anbieter – dazu, von denen jeder Hunderte von Radioprogrammen mit kontinentaler Reichweite ausstrahlen kann. Ein vorgeschalteter Decoder reicht dann das Signal an das UKW-Radio weiter.

Zwar siegte das 1954 begonnene Fernsehen, das dem Ton das Bild hinzufügte und viele prophezeiten den Tod des Radios. Tatsächlich lebte Radio aber neben dem Fernsehen weiter und nutzte dessen Übertragungsnetze mit. Radioprogramme wurden und werden via Kabel und Satellit weitergeleitet, das Radio wandert ins Internet und ist auch in mobilen Netzen präsent. Die von Kommunikationswissenschaftlern aufgestellte These, sie findet sich z. B. bei Marshall McLuhan, dass in neuen Medien die alten jeweils weiterleben, wird so in der Praxis bestätigt. Diese Evolution entlang von Pfaden, die einst das Radio begonnen hatte, sorgt für Kontinuität, alte und neue Medien bleiben miteinander verbunden und innerhalb dieses analogen Universums sind Technikbrüche kaum zu beobachten.

## 5.6   Phase 3: die schwierige Digitalisierung – DAB, Internetradio & Co.

Es ist heute ein Gemeinplatz, dass alle Medienfunktionen digitalisiert sind. Seit vielen Jahren werden Zeitungen digital an Monitoren erstellt und auch das Fernsehen steht mitten in einer Umstellungsphase, digitale terrestrische Ausstrahlung wurde 2008 abgeschlossen, via Satellit wird dies 2012 der Fall sein. Was Speichermedien anbetrifft, so ist dieser Prozess längst abgeschlossen, CD und MP3-Speicher haben die Vinylschallplatte fast komplett verdrängt. Radiostudios sind heute allenthalben digitalisiert. Umso erstaunlicher ist der enorme Rückstand im Radiobereich, wo FM weiterhin die Szene beherrscht.

Digitalisierung des Hörfunks bedeutet, dass das meist aus Mikrofonen kommende und früher analoge (stufenlose) Signal, nun in digitale (schrittweise, zahlenmäßige) Signale umgewandelt wird. Die Qualität des Tons ergibt sich aus der Genauigkeit, in der das Signal digital abgebildet wird. Die Digitalisierung zeigt viele Vorteile, die Übertragung ist stabiler und störungsfreier, dazu wird weniger Energie benötigt, weiterhin sind digitale Signale viel flexibler, es können neben dem Radioprogramm weitere Informationen übertragen werden, z. B. Multimediadienste oder begleitende visuelle Informationen. Ein weiteres Moment stellt die Komprimierung dar, bei der nur die für das menschliche Hören notwendigen Signalteile übertragen werden. Bis auf den Tonträger CD und die frühe Radiotechnik DSR sind alle hier besprochenen digitalen Radioangebote komprimiert. Kompression ermöglicht eine weitaus ökonomischere Nutzung des Sendespektrums, sie wird aber auch kritisiert, weil technisch Zwischentöne eliminiert werden, was ein feines Gehör angeblich registrieren kann.

Es erscheint naheliegend, dass es seit den 80er Jahren Versuche gibt, auch die Radioübertragung zu digitalisieren (Riegler 2005). In Deutschland gab es den ersten Vorstoß bereits 1989, als der damalige Kabelbetreiber *Telekom* ein Digital Satellite Radio (DSR) anbot, das die digitale Übertragung von meist anspruchsvollen Programmen via Satellit und Kabel ermöglichte. Für den Empfang der 16 Programme in CD-Qualität war ein spezieller Tuner notwendig, von dem schließlich 150 000 in Betrieb waren, als die *Telekom* 1997 beschloss, diesen Service unter Protest seiner Nutzer zu beenden. Am Beginn der Radiodigitalisierung stand also ein Flop, eine ganz neue Erfahrung für Ingenieure und Radiohörer gleichermaßen (für letztere hatte der Tuner nur noch Schrottwert).

### 5.6.1 Terrestrische Verbreitung

Seit den 80er Jahren gab es große Bemühungen, die terrestrische Radioübertragung zu digitalisieren, also eine Nachfolgetechnik für den zentralen Verteilweg von Radioprogrammen via FM/UKW einzuführen. Parallel dazu schreitet die Digitalisierung von Kabel- und Satellitenübertragung voran, die gleichfalls ihre Spuren in der Radioentwicklung hinterlässt. Dabei wird deutlich, dass – ganz anders als in den Pioniertagen des Radios – nicht die eine Lösung angestrebt wird, vielmehr sind nebeneinander mehrere neue Übertragungsnormen entstanden, die jeweils spezifische Vorstellungen von der Zukunft des Radios abbilden.

5.6.1.1   Radio Data System (RDS)

Einen frühen Einstieg in eine begrenzte Nutzung digitaler Daten entstand mit
dem von der *European Broadcasting Union* angestoßenen Radio Data System
(RDS), bei dem der UKW-Sender begleitend Digitaldaten ausstrahlt.
(www.rds.org.uk). Das System wurde ab 1988 in Europa eingeführt, anfangs vor
allem von Autoradios genutzt, heute wird es universell eingesetzt. Über RDS
sind unterschiedliche Serviceleistungen möglich, manche sind bezogen auf Autofahrer, insbesondere Verkehrsdurchsagen, dazu kommen die Suche nach alternativen Frequenzen und die Versorgung des Bordnavigators mit speziellen Ver-
kehrsinformationen (Traffic Message Channel). Darüber hinaus können z. B. die
Kennung einer Station, der Programmtyp und weitere Serviceinformationen auf
einem kleinen Display dargestellt werden.

Im Prinzip entscheiden Sender und Empfänger, was von diesen Möglichkeiten tatsächlich genutzt wird: Kleine Stationen haben andere Prioritäten als RDS-
Daten zu generieren, einfache Transistorempfänger bieten kein Display an. Der
Datendienst kann auch für Handys aktiviert werden. RDS unterstreicht bereits,
wie im digitalen Zeitalter Dienstleistungen „designed", also auf bestimmte Leistungen und Zielgruppen hin optimiert werden, in diesem Fall diente das ursprüngliche Angebot vor allem der Unterstützung von Autofahrern. Neben DRS
sind weitere, spezialisiertere Datendienste via Radio entstanden.

5.6.1.2   Digital Audio Broadcasting (DAB, DAB plus)

Digital Audio Broadcasting (DAB) bezeichnet eine Norm, die mit einem europäisch initiierten Projekt (Eureka 147, Laufzeit 1987-2000) entstanden war und
eine digitale Nachfolgetechnik für FM etablieren sollte (Riegler 2005). Seit 2001
läuft es in Deutschland unter der Bezeichnung Digital Radio, was missverständlich ist, denn es gibt – wie wir sehen werden – weitere Techniken für digitalen
Radioempfang (www.digitalradio.de). Hinter DAB standen und stehen europäische Hersteller von Radiogeräten, vor allem Autoradios, die eigene Patente
gegen die starke fernöstliche Konkurrenz bei Unterhaltungselektronik sichern
wollten. Um die Politik zu überzeugen, wurden Berechnungen vorgelegt, wie
viele Arbeitsplätze beim technisch induzierten Austausch aller Empfangsgeräte
entstehen würden, außerdem ging man davon aus, einen Exportschlager anbieten
zu können. Ein Schwerpunkt der Entwicklungen war in Deutschland, wo Forschungseinrichtungen, öffentliche Sender, Landesmedienanstalten, Hersteller
von Unterhaltungselektronik etc. zusammenarbeiteten. Es ist schwer abzuschätzen, aber es flossen wohl allein in Deutschland weit über eine halbe Milliarde
Euro in das Entwicklungsvorhaben, es wurden Pilotprojekte durchgeführt

(Kleinsteuber 2004). Allein aus öffentlichen Gebührengeldern flossen ca. 180 Mio. Euro zweckgebunden in den Aufbau von DAB-Sendenetzen. 1999 galt DAB als fertig entwickelt und es wurde in Deutschland in den Regelbetrieb übernommen. Gegen UKW kommt DAB mit deutlich geringerer Sendeleistung aus. Die Bitrate wird gegenüber einer Audio-CD um den Faktor 7 reduziert, doch soll trotz dieser Komprimierung die Tonqualität einer CD erreicht werden. Mehrere Audiodatenströme werden zu einem Multiplex zusammengeführt, was das ausgestrahlte Signal gegen Störungen robuster machen soll; klarer Empfang bei hohen Geschwindigkeiten wird dadurch gesichert. Die Versorgung großer Gebiete mit nur einer Sendefrequenz (Gleichwellennetz) ist möglich und macht bei Autoradios die Suche neuer Frequenzen überflüssig. Trotz dieser überzeugend klingenden Werte blieb die Resonanz enttäuschend. Im Jahre 2010 wurden etwa 80 Programme in Deutschland übertragen, die aber weitgehend aus der analogen Welt stammen (Simulcasting) und nur etwa 500.000 Empfänger konnten verkauft werden. Das bis heute wenig ausgelastete DAB-Netz ermöglicht auch andere Datendienste und es wurde probeweise bereits für Handy-TV (DMB) eingesetzt.

DAB war Ausdruck einer traditionellen Technologiepolitik: Gegen großzügige Finanzierung aus öffentlicher Hand entwickelten Industrien und Entwicklungslabore eine neue Technik, zu deren Einführung die Politik dann die notwendigen Rahmenbedingungen schaffen sollte, insbesondere Frequenzen bereitstellen und Pilotprojekte einrichten. Die Verantwortlichen für DAB mussten technische Grundentscheidungen fällen, so wurden eigens für DAB neue Frequenzbänder erschlossen, die gewählte Multiplex-Struktur bedeutete, dass jeweils ca. sechs Programme zusammengefasst werden. Einige der angestrebten Features wurden zeitweise nicht erreicht, so erwies sich DAB anfangs als wenig leistungsfähig, wenn es um Inhouse-Empfang ging, das Signal durchdrang keine dicken Wände. Hier wurde inzwischen nachgebessert.

Bei anderen Punkten fragte man sich, ob die Ziele stimmig sind. Es zeigte sich, dass DAB vor allem für Autofahrer entwickelt worden war, die ersten Pilotprojekte fanden folgerichtig entlang von Autobahnen statt. Das Signal wurde so optimiert, dass es auch jenseits von Geschwindigkeiten von 200 km/h stabil ankommt – aber wann werden die im Alltag erreicht (ganz zu schweigen davon, dass Nebengeräusche die höhere Empfangsqualität zunichtemachen)? Tatsächlich zeigt die Hörerforschung, dass nur etwa 15 % allen Radiohörens im Auto stattfindet. Die Ingenieure hatten ursprünglich zusätzlich noch ein kleines Display eingeplant, auf dem begleitende Bilder – etwa zu Nachrichten, Wettermeldungen oder Musiklabels – dargestellt werden konnten. Aus der Radioforschung wissen wir aber, dass der typische Radiohörer sein Nebenher-Medium ja gerade schätzt, weil er anderweitig aktiv sein kann: Das Display, das einen aufmerksamen Zuschauer voraussetzt, verschwand folgerrichtig wieder aus den Planungen. DAB kam aber auch im vortechnischen Raum in raue Gewässer. Unterstützung fand es vor allem im deutschen Süden, wo auch die Produktionskapazitäten der Unterhaltungselektronik konzentriert sind, der Norden zeigte eher Unentschlossenheit. Während viele öffentliche Sender mitmachten, manche mit echter Begeisterung, andere eher, um nicht technisch abgehängt zu werden, hielt sich die kommerzielle Programmindustrie überwiegend zurück. Sie scheute die hohen Investitionen in eine neue Sendetechnik bei erwarteter geringer Nachfrage der Hörer, zudem gab es Schwierigkeiten bei der Lizenzierung, denn das hochfrequente DAB-Signal erreichte technisch bedingt weniger Hörer.

Seit einigen Jahren wird die Sinnhaftigkeit von DAB offen diskutiert (Vowe/Will 2004). Befürworter verweisen darauf, dass Bundesregierung und EU beschlossen haben, die analoge Aussendung 2015 zu beenden. 2009 wird DAB in vielen Ländern Europas eingesetzt, allerdings meist mit ähnlich geringem Erfolg, vereinzelt ist es wieder abgeschaltet worden, z. B. in Österreich. (www.worlddab.org). Erfolgreich wurde es vor allem in Großbritannien, wo die Kosten für ein Empfangsgerät 2011 auf ca. 35 Pfund sanken. Was ist das Besondere auf den britischen Inseln? Die *BBC* strahlt landesweit fünf attraktive Programme ausschließlich über DAB aus (black music, Musik außerhalb des Mainstream, Live-Sport, Comedy und Drama, Asian Network). Dies hätte den DAB-Absatz wohl auch in Deutschland beflügelt, allerdings werden deutsche öffentliche Anbieter medienpolitisch daran gehindert, weitere attraktive Programme anzubieten. (vgl. Kap. 6.2, 6.7.3) Im Ergebnis entwickelte sich DAB bisher nicht nur mangelhaft, sondern innerhalb Europas auch sehr unterschiedlich (O´Neill et. al. 2010).

Im Jahre 2009 wurde ein neuer Vorstoß für eine verbesserte Version DAB+ (auch DAB plus) unternommen, ein Standard, der als Weiterentwicklung von DAB eine bessere Tonqualität, eine niedrigere Bitrate und etwa eine Verdopplung der Programmzahl pro Ensemble (Multiplexer) reklamiert (www.worlddab.org). DAB+ ist mit älteren DAB-Geräten nicht empfangbar, zukünftig wird es gemeinsame DAB-/DAB+-Chips geben. Die Technik soll für bundesweit empfangbare Programme eingesetzt werden, besonderer Interessent ist das *Deutschlandradio*, das mit seinen drei Programmen unter erheblichen Versorgungslücken leidet.

Als die öffentlichen Radioanbieter bei der *Kommission zur Ermittlung des Finanzbedarfs der Rundfunkanstalten* (*KEF*) die Freigabe von Gebührenmitteln beantragten, lehnte diese wegen Erfolglosigkeit ab. Auch die kommerziellen Anbieter mit dem *VPRT* bleiben bei ihrer DAB-Ablehnung. Auf erheblichen Druck der bestehenden DAB-Allianz modifizierte die *KEF* allerdings ihre Auflagen und gab schließlich ein Projektbudget von 42 Mio Euro (für die Jahre bis 2012) frei, was dem Senderbetreiber *Media Broadcast* den Einstieg in ein neues Sendenetz ermöglichen soll. Im August 2011 gingen insgesamt 14 nationale Sender auf DAB+-Betrieb, darunter die drei des Deutschlandradios, bereits aktive Sender wie Klassik Radio und Radio NRJ sowie der Sportanbieter 90elf und mehrere religiöse Stationen. Allen Beteiligten ist das Risiko klar, sie bezeichnen diesen Vorstoß als allerletzte Chance, einen eigenständigen digitalen Vertriebsweg für Radioprogramme aufzubauen. Gelingt dies nicht, so werden internetbasierte Modelle die Richtung weisen, die außerhalb medien- oder technologiepolitischer Regie entstanden sind (siehe unten).

Bezogen auf die oben kurz charakterisierten Theorieansätze stellt sich DAB wie folgt dar: Europäische und deutsche Technologiepolitik gingen davon aus, dass sich bei reichlicher Finanzierung und politischer Flankierung eine als zukunftsweisend erkannte Technologie auch beim Hörer durchsetzen wird. Offensichtlich haben die Verantwortlichen, vor allem Ingenieure und Medienpolitiker, selten den Blick auf den Radiohörer und seine Präferenzen gerichtet, Kommunikationswissenschaftler waren in die Entwicklungen kaum einbezogen.[1] Ins Auge fällt, dass die zuständigen Ingenieure sich von Leitbildern – wie dem Porsche fahrenden Radiohörer – motivieren ließen, die mit den vorliegenden Befunden der Nutzungsforschung nur schwer zu belegen sind. DAB mag eine gut erdachte Technik sein, aber am Markt ist sie aus klar benennbaren Gründen weitgehend gescheitert: zu teuer, zu wenig Zugewinn an Programmen, zu kompliziert, zu wenig also von dem, was einen Durchschnittshörer interessiert. Der mit DAB bewusst kalkulierte Techniksprung (Erschließung neuer Sendebänder), widerspricht dem evolutionären Charakter des sich kontinuierlich weiterentwickelnden Mediums Radio; tatsächlich verfolgen andere digitale Ansätze (DRM. IBOC, siehe unten) eine andere, eher gleitende Einführungsstrategie.

### 5.6.1.3  Digital Radio Mondiale (DRM)

Mit dieser Norm wird die Digitalisierung des AM-Bereichs, also von Kurz-, Mittel- und Langwelle vorangetrieben (Riegler 2006; Kainka/Schneider 2004). Dies geschah in gewisser Distanz zu DAB, dessen Erfolglosigkeit sich zunehmend abzeichnete, als DRM-Entwicklungen vorangebracht wurden. Treibende Kraft waren die großen Auslandssender, die sich über DRM eine deutlich bessere Verbreitung ihrer Kurzwellenangebote erhofften. Viele Jahre war der techni-

---

[1] Vgl. die skeptische Einschätzung von DAB in: Hans J. Kleinsteuber/Arnold C. Kulbatzki (1995): Technikfolgenabschätzung von Digital Audio Broadcasting (DAB). Gutachten im Auftrag des Büros für Technikfolgenabschätzung beim Deutschen Bundestag (TAB). Hamburg. Eine Zusammenfassung der Ergebnisse findet sich in: Riehm/Wingert 1995.

sche Direktor der *Deutschen Welle* auch Vorsitzender des internationalen DRM-
Konsortiums aus Sendehäusern, Herstellern von Sende- und Empfangstechnik,
wissenschaftlichen Instituten etc., die gemeinsam diesen offenen Weltstandard
voranbrachten (www.drm.org). Es gibt in Europa einige wenige Sender, darunter
die *Deutsche Welle*, die parallel auch in DRM senden, allerdings finden sich
kaum Empfangsgeräte, die zudem recht teuer sind. Seit Ende 2008 senden *DW*
und *BBC* ein gemeinsames DRM-Programm von einem Sendemast aus Portugal.

Die DRM-Norm setzt sich in ihrer technischen Logik an einem entscheidenden Punkt von DAB ab, das digitale Signal wird in das vorhandene analoge
Signal eingebaut, damit können bisherige Sendeanlagen nach Anpassung weiter
betrieben werden, das Programm wird auf den vertrauten Frequenzen empfangen. Das Empfangsgerät muss allerdings neu gekauft werden. Es ist also ein
teilweise gleitender Übergang auf Sender- und Empfängerseite möglich, was
eher der evolutionären Technikentwicklung entlang eines Pfades entspricht. Die
Tonqualität des Signals bleibt allerdings bescheiden, es soll die von UKW kaum
erreichen. Der offensichtliche Vorteil ist, dass über weite Strecken in akzeptabler
Leistung Programme empfangbar sind, die irgendwo in Europa ausgestrahlt
werden. Inzwischen arbeiten Entwickler daran, DRM+ für das FM-Band zu kon-
zipieren, was eine Konkurrenz zu DAB werden könnte (www.deutsches-drm-
forum.de). Da hinter DAB und DRM verschiedene Industrie-Konsortien stehen,
sind die Normen unabhängig voneinander entstanden.

### 5.6.1.4  Radio über digitales Fernsehen (DVB-T)

Digitales Fernsehen wird in Europa über die Norm Digital Video Broadcasting
(DVB) über Kabel (DVB-C), über Satellit (DVB-S) und terrestrisch (DVB-T)
ausgestrahlt. DVB-T (T = terrestrisch) ist bereits die Standardtechnik für TV-
Antennenempfang in Deutschland, analoge Übertragung wurde abgeschaltet. Ein
Decoder ist für den Empfang notwenig. Angesichts der universellen Verwen-
dungsmöglichkeit des digitalen Signals ist es problemlos, dieses zusätzlich für
den Transport von Radioprogrammen einzusetzen. Dieser Weg für Radioprogramme wird in Großbritannien verwandt und in Berlin wurde 2005 ein Testan-
gebot begonnen. Technisch gesehen mag es naheliegend sein, die vorhandenen
TV-Decoder gleichzeitig für Radio mit zu nutzen, praktisch hat dieser Ansatz
geringe Bedeutung.

### 5.6.1.5  In-band-on-channel (IBOC)

Die USA gehen technisch einen eigenen Weg zum terrestrischen digitalen Radio.
Dort ist die Technik In-band-on-channel (IBOC) von der Aufsichtsbehörde *FCC*
für verbindlich erklärt worden. Wie die Bezeichnung unterstreicht, wird dabei

das digitale Programm „im Band" aufgesattelt auf das Signal einer bestehenden AM oder FM Station. Genau genommen werden die Randbereiche des Übertragungskanals genutzt, um digital entweder deutlich bessere Tonqualität zu sichern oder ein zweites (HD2 channel) oder sogar drittes Programm oder auch Datendienste bereit zu stellen. Im Ergebnis handelt es sich um ein hybrides analog-digitales Angebot mit Multicast-Eigenschaften.

Die konkrete Umsetzung erfolgt mit dem Produkt HD-Radio der Firma *ibiquity.* (www.ibiquity.com). Sie hat bereits Tausende Stationen umgestellt, Hunderte weitere befinden sich im Umbau. Das digitale Aufrüsten einer vorhandenen Station kostet 50.000 bis 100.000 $. Vorteile liegen in der hohen Flexibilität, Sender und Hörer können entscheiden, wann sie digital einsteigen wollen. Aber HD-Radio ist auch in den USA kein großer Erfolg, obwohl es staatliche Hilfen gibt, so wurden Hunderte öffentlicher NPR-Stationen bei der Umstellung auf HD-Radio massiv unterstützt. Technisch ähnelt IBOC der evolutionären Einführungsstrategie von DRM, es können vorhandene Sendebänder weiterverwandt und bestehende Sender umgerüstet werden. Der Übergang ist damit schonender und das Risiko fällt geringer aus, falls sich die Technik nicht durchsetzt.

### 5.6.2 Kabel- und Satellitenradio

Neben der terrestrischen Verbreitung wurden in den 80er Jahren Kabel und Satellit als neue Übertragungsnetze für das Fernsehen aufgebaut. Sie werden jeweils auch für das Radio genutzt.

#### 5.6.2.1 Kabelradio

Schon in analogen Kabelnetzen wurden Radioprogramme, meist die örtlich verfügbaren, neben den TV-Angeboten verbreitet. Derzeit werden unsere Kabelnetze digitalisiert, womit die Kapazitäten vervielfacht werden; auf dieser Grundlage bieten die Netzbetreiber oft weitere Programme an, z. B. örtlich nicht empfangbare Radiostationen oder formatierte Musikkanäle. Hier handelt es sich um einen zusätzlichen Verteilweg, der auf stationären Empfang reduziert ist, das Programm muss am digitalen Decoder abgeholt werden. Tatsächlich ist die Nutzung begrenzt, weil die Kabelverbindung mobilen Empfang ausschließt.

#### 5.6.2.2 Satellitenradio: *ASTRA* und *Worldspace*

Auch Radio via Satellit ist aus der Nische nicht herausgekommen. Wer (in Deutschland meist über *ASTRA*) TV-Programme empfängt, kann an seinem Decoder auch Radioprogramme abnehmen. *ASTRA* meldet (2010), dass 180 aus Deutschland kommende Radioprogramme verfügbar sind, nahezu alle öffentlichen und viele kommerzielle Angebote werden hier parallel übertragen. Die meisten sind digital und frei empfangbar, aber es finden sich z. B. auch Pay-Audio-Dienste von *Sky* (www.ses-astra.com). Der Empfang ist an stationäre Empfangsantennen gebunden, was mobile Nutzung ausschließt. Im Jahre 2005 ging die *ARD* mit einem eigenen Hörfunktransponder an den Start und strahlt ihre Programme in der Norm Digital Video-Satellite (DVB-S) ab. Sie verspricht die Übertragung ihrer Programme in CD-Qualität (inkl. Dolby Digital), mit programmbegleitenden Zusatzinformationen und dies mit freiem Empfang in ganz Europa (www.radio.ARD.de).

Ein proprietäres Radiosatellitensystem für die Dritte Welt wurde mit *Worldspace* aufgebaut, dessen Ausläufer auch in Deutschland empfangbar sind. *Worldspace* betreibt zwei Satelliten AfriStar und AsiaStar, die jeweils 50 digitale Programme anbieten, meist kommerzielle Angebote aus der englischsprachigen Welt und eigenproduzierte Musikangebote aus Studios in den USA, Indien und Kenia (www. worldspace.com). *Worldspace* ist stolz auf die Vision seines Initiators, des Äthiopiers Noah A. Samara, der „information affluence" in die Entwicklungsländer bringen will. Er argumentiert, dass es in den reichen Ländern für jeweils 30.000 Hörer eine Station gebe, in den Entwicklungsländern aber nur für ein bis zwei Millionen (Gerhäuser 2001). Der Empfang erfolgt über spezielle Geräte, deren kleine Antenne auf den Satelliten eingestellt wird, eine mobile Nutzung wird dadurch begrenzt möglich. Die Nutzung in Mitteleuropa ist unbedeutend, aber auch in Entwicklungsländern blieb *Worldspace* ein Nischenanbieter.

### 5.6.2.3    Satellite Radio in den USA: *XM* und *Sirius*

Unter Satellite Radio wird in den USA ein Angebot verstanden, bei dem ein Paket von Programmen speziell für den mobilen Empfang im Fahrzeug abonniert wird. Dafür lizenzierte die Aufsichtsbehörde *FCC* 2002 zwei Firmen *XM* und *Sirius*, die 2008 fusionierten. Beide Anbieter nutzen im Detail unterschiedliche Techniken, gemeinsam ist ihnen, dass das digitale Signal verschlüsselt von Satelliten abgestrahlt und über eine kleine Antenne auf dem Autodach aufgenommen wird. Da sich das Angebot auch außerhalb des Autos als attraktiv erwiesen hat, wird es inzwischen zusätzlich stationär angeboten, auch in PCs und iPhones ist der Empfang möglich. Angesichts des großen Senderadius ist das Angebot in den gesamten USA und in Kanada empfangbar, was einen Teil seines Reizes ausmacht.

*XM-Radio* bot 2010 über 170 Kanäle an, *Sirius* über 130; *Sirius* arbeitet werbefrei, *XM* liefert auch einige Kanäle mit Werbung (www.xmradio.com; www.sirius.com). In dem Programmpaket, das ab 12,95 $ monatlich zu haben war, finden sich viele formatierte Audio-Kanäle mit allen erdenklichen Musikfarben, dazu werden bekannte Radiostationen aufgenommen (*CNN*, *Fox*, *BBC* etc.), spezielle Angebote umfassen Themen wie Sport, Kinder, dazu werden eigene Produktionen eingespeist, so arbeitet der umstrittene Kulttalker Howard Stern seit einigen Jahren exklusiv im Digital Radio. (vgl. Kap. 14.8) Im Jahr 2009 wurden 19 Mio. Abonnenten gemeldet, wobei entsprechende Empfänger meist schon beim Kauf eines Neuwagens erworben werden. Allerdings befindet sich Digital Radio noch in der Einführungsphase, bisher gilt es nicht als profitabel.

   Der Erfolg von Satellite Radio unterstreicht, dass digitale Radiopakete ihre Bedeutung haben. In Nordamerika findet es besonders viel Resonanz, weil es große, kaum bewohnte Landstriche gibt, in denen wegen der kommerziellen Grundstruktur kein Radiosignal zu empfangen ist, da eine Versorgung sich wirtschaftlich nicht rechnet. Man kann sich vorstellen, dass eine bestimmte Zielgruppe sehr früh dieses Angebot begeistert annahm: die Trucker, die auf endloser, einsamer Fahrt mit ihrem Lastwagen gern dieses Angebot nutzen. In Europa ist der Aufbau eines vergleichbaren Angebots erwogen worden, es wurde aber bisher als kommerziell unattraktiv abgelehnt. Weder gibt es große unbewohnte Räume, noch radiofreie Zonen, da öffentliche Anbieter einen Grundversorgungsauftrag zu erfüllen haben. Es zeigt sich, wie sehr die konkreten, nichttechnischen Gegebenheiten über den Erfolg einer neuen Technik mitbestimmen.

### 5.6.3   Computer und Radio

Weitgehend im Windschatten einer offiziellen Digitalisierungspolitik wanderte das Radio in das Internet ab. Dabei ist nicht einmal die Terminologie klar, so ist neben Internet- auch von Cyber- oder Webradio die Rede. Alle Anwendungen nutzen die Eigenheiten des Internets, es werden Pakete von Audiodateien „gestreamt", kontinuierlich in einem Netzwerk übertragen. Bereits in den 90er Jahren wurde es so möglich, vorhandene (offline) Programme zusätzlich für PC-Empfang zur Verfügung zu stellen oder eigene Audiostreams nur im Netz anzubieten (online). Im Unterschied zur alten Logik der Ausstrahlung sind nun interaktive Elemente möglich.

   Sucht man eine Definition von Webradio, so bietet die Verwertungsgesellschaft *GEMA* einen Einstieg (zumal sie auch Gebühren dafür erhebt). Danach handelt es sich um eine lineare Musikübertragung im Internet, die vom Sender für den Empfänger zusammengestellt wird, wobei alle dasselbe Angebot nutzen. Für das Jahr 2009 ging sie von ca. 1700 reinen Webradios in Deutschland aus (Martens/Windgasse 2010: 119). Davon zu unterscheiden ist der Download bei Musikanbietern wie iTunes oder Music Store, bei denen der Nutzer individuell Titel kaufen kann. Dabei handelt es sich um ein Audio-Angebot, das wegen fehlender Linearität mit Radio wenig zu tun hat, es ist eher als Nachfolgetechnik

von Schallplatte oder CD zu sehen. Schließlich finden wir personalisierte Strea-
mingangebote (Personal Radio), die interaktiv arbeiten und ihre Musikangebote
je nach Rückmeldung dem Geschmack des Nutzers anpassen. Die verschiedenen
Angebote gelten laut Rundfunkstaatsvertrags als Telemedien. Den verschiedenen
Varianten  ist gemein, dass sie oft mit Websites arbeiten, über die Nutzer mit
Gleichgesinnten kommunizieren können, was in den Bereich sozialer Netzwerke
weist.

Das Eindringen der Computer-Logik in den Radio-Sektor lässt sich in einer
Reihe von Phasen beschreiben (Menduni 2007):

- Ab 1991 wurden Computer (zuerst Apple Mac) so eingerichtet, dass sie
  auch Audiofiles verarbeiten konnten. Dazu gehörten Browser (ca. ab 1993)
  und Player für mit MPEG-3 (genannt MP3) komprimierte Dateien, die dann
  auch über das Netz verschickt oder auf CD gebrannt werden konnten.

- In den 90er Jahren war Streaming-Software entwickelt worden, die den
  Online-Empfang laufender Radioprogramme ermöglichte.

- Mit der Entdeckung von Peer-to-Peer-Beziehungen im Internet wurde Filesharing zu einer Option. Damit begann 1999 Napster, eine für die Musikindustrie gefährliche Anwendung, weil Musiktitel kostenlos unter Freunden
  weitergegeben werden konnten. Diese Konkurrenz traf auf entschiedenen
  Widerstand der Musikindustrie, die diese und andere Plattformen zum Auf-
  geben zwang. Filesharing ist illegal, wird aber weiter praktiziert.

- 2001 brachte Apple den iPod auf den Markt, ein Gerät mit Kultcharakter,
  das einerseits die Nachfolge des Walkmans antrat, andererseits aber viele
  digitale Neuerungen in sich vereinte. Es war miniaturisiert, bot einen großen
  Speicher und war leicht zu bedienen. Die Idee von Napster wurde mit dem
  iTunes Music Store kommerzialisiert, in dem digitalisierte Musikstücke gekauft werden können.

- Um 2004 wurde die Technik des Podcasts eingeführt, wobei Audiofiles
  über das Netz abrufbar sind und auf verschiedenen Speichermedien (z. B.
  iPod oder Handy) geladen und zeitversetzt gehört werden können. Viele
  Wortbeiträge von Radiostationen, vor allem aus den Bereichen Politik und
  Kultur, werden heute als Podcast zur Verfügung gestellt.

In der Summe verändern diese neuen technischen Möglichkeiten nachhaltig das
Medium Radio. Es verbinden sich Vernetzung und Miniaturisierung, es stehen
nahezu grenzenlose Speicherkapazitäten zur Verfügung, mobiles Hören ist in
jeder Lebenssituation möglich, neben die lineare Versorgung mit Programmen
treten zeitversetzte und individualisierte Angebote. Der italienische Kommunikationswissenschaftler Enrico Menduni argumentiert, dass mit Streaming und Filesharing Musik ihre traditionelle Verbindung mit materiellen Trägersystemen

verliert, sie wird immer mehr von ihrer öffentlichen Aufführung – ein relativ aufwendiges Ritual – getrennt und zu einem universell verfügbaren, dazu preiswerten Produkt. Mit den früheren, analogen Techniken war einst der Unterschied zwischen der „Instant-Musik" des Radios und der „Permanent-Musik" des Tonträgers entstanden. Da Musik nun den materiellen Träger verlässt, kehrt sie zu der immateriellen Natur zurück, aus der sie einst kam, sie kann nun immateriell reproduziert, ausgetauscht und transportiert werden – Musik wandelt sich zu einem universellen Medium (Menduni 2007: 13f).

### 5.6.3.1  Internetradio

Die neuen Möglichkeiten werden in neuen technischen und wirtschaftlichen Lösungen wirksam, wobei oft noch abgetastet und experimentiert wird. Im Jahre. 2009 meldete der Bundesverband *Informationswirtschaft, Telekommunikation und neue Medien* (*Bitcom*) „Internetradio hat den Durchbruch geschafft". Er bezog sich dabei auf eine in Auftrag gegebene Studie, der zufolge jeder vierte Internetnutzer regelmäßig Onlineradio hört, in der Zielgruppe junger Männer (bis 24 Jahre) sogar jeder zweite (www.bitkom.org). Nach einer anderen Untersuchung, welche die bayerische Landesmedienanstalt BLM bei der Firma *Goldmedia* in Auftrag gegeben hatte, gab es Anfang 2009 in Deutschland über 1.900 Webstationen. Davon sendeten 77 % online only, 16 % simulcast (online und offline), der Rest waren Online-Submarken von UKW-Sendern. Eine Online-Submarke stellen z. B. streng formatierte Musikangebote dar, so bietet *Antenne Bayern* Programmformate wie Top40, Oldies, Lovesongs oder Classic Rock live an, jeweils mit der Möglichkeit, die gerade gehörten Titel kaufen zu können (www.antenne.de). Nach dieser Studie schalten sich 7,5 Mio. Webhörer täglich ein, mit einer durchschnittlichen Nutzungszeit von 73 Minuten. (www.goldmedia.com; www.blm.de). Die Studien gehen von rasch wachsenden Zahlen aus.

Unterstützt wird dieser Boom vom hohen Wachstum schneller Internetzugänge und Flatrates, der steigenden Verbreitung internetfähiger Handys und dem Einsatz von WLAN-Radios. 2009 wurde von Blaupunkt das erste Internet-Autoradio vorgestellt. Webstationen können einiges mehr, als herkömmliche Radios, viele liefern z. B. Informationen zu Interpreten und Titeln, mitunter ist der Erwerb des Titels mit wenigen Mausklicks möglich. Spezielle Websites strukturieren den Zugang zu den Stationen nach Ländern und Genres, wobei neben den bekannten Formaten auch spezielle Angebote wie „russische Chansons" oder „US-amerikanische Polizei- und Feuerwehrsender" zugänglich sind. Einer der Anbieter (www.surfmusik.de) bietet über 70 verschiedene Genres zur Auswahl an.

Der Markt der Webradios befindet sich in Bewegung, Perspektiven sind unklar. Die Stationen sind oft unter kommerziellen Aspekten nicht rentabel, Streaming erzeugt Kosten, für Musikrechte müssen Gebühren an die *GEMA* gezahlt werden. Das Werbepotenzial wurde für 2008 mit 14 Mio. € als sehr niedrig angegeben. Interessenten setzen auf rasches Wachstum, allerdings haben nicht alle kommerziellen Interessen. Manche Möglichkeiten sind in ihrer Bedeutung nicht abzuschätzen. Auf dem PC lassen sich Programme hochladen, mit denen alle Radioangebote aufgezeichnet und verwaltet werden können (Wehr 2005). Das ähnelt dann den Kassettenmitschnitten der 80er Jahre. Das hier bekannteste Programm ist Clipinc von Tobit.Software (www.tobit.com/clipinc). Mit seinem Einsatz entsteht eine beliebig große Audio-Bibliothek, wobei Musik und andere Programmteile (Comedy etc,) anhand von Stream-Tags (Sendungsmarken des laufenden Programms) identifiziert werden. Ganz legal kann so auch eine Datenbank von Musiktiteln aufgebaut werden, die z. B. auf CD gebrannt werden können (Gürtler 2009). Dieser Service ist längst etabliert, bleibt aber gebunden an Computer, die mit einem Breitbandanschluss online sind.

Dem konventionellen Radioempfang am nächsten kommt das Internetradio (oder WLAN-Empfänger), da er unabhängig vom PC Radiodienste anbietet. Er verwendet das in vielen Haushalten vorhandene WLAN-Netz und verbindet sich mit den weltweit zugänglichen Radioprogrammen. Ein Display ermöglicht die Navigation, üblicherweise nach Ländern und Genres geordnet. Dieses Radio kann zur Verbesserung der Tonqualität an eine Stereoanlage angeschlossen werden; dabei bleibt die Signalqualität abhängig von der genutzten Bandbreite.

Es gibt bereits eine Palette von recht preiswerten Empfängern (ab etwa 70 €), die im Einzelnen unterschiedlich konfiguriert sind. Sie verfügen über Bedienoberflächen, die den Nutzer durch das Angebot führen. Viele Tausend Stationen sind nach Herkunftsland, Genre, Sprache oder redaktionellen Besonderheiten aufgeführt, eine Aktualisierung der Radiosoftware und Erweiterung des Programmangebots ist via Internet möglich. Optisch knüpft es an unser Verständnis eines konventionellen Radios an, es wird über Fernbedienung gesteuert, ein Display präsentiert das Angebot, Favoriten werden einprogrammiert.

2008 wurde bei den Verkäufen von Internetradios in Deutschland die Millionengrenze überschritten, seitdem sind deutlich mehr Internetradios als DAB-Empfänger in Deutschland aktiv. Diese Geräte sollen „die neuen Weltempfänger" (Malfeld 2009: 64) sein, wie es ein Radioexperte des *WDR* ausführt. Er betont, dass sie der Gattung Radio eine ganz neue Qualität der Ausdifferenzierung ermöglichen, allerdings sieht er die klassische Rundfunktechnik immer noch in Infrastruktur und Ökonomie als überlegen an, wenn es darum geht, zeitgleich vielen Menschen dasselbe Basisangebot zur Verfügung zu stellen (Mahlfeld 2009: 68). Das Internetradio als lineare Fortsetzung des bisherigen UKW-

Radios zu sehen, ist wohl zu einfach gedacht, dafür folgt es zu sehr den Regeln der Computerwelt, in jedem Fall hat es die Schwelle zum Massenmedium überschritten.

### 5.6.3.2   Radio und Web 2.0

Es liegt nahe, herkömmliche Radioprogramme mit Auftritten im Internet zu verknüpfen. Dies war schon zu Zeiten des Web 1.0 bei vielen Angeboten der Fall, es wurden z. B. Programmvorschauen, ergänzende Informationen oder Podcasts angeboten. Auch der Aufbau von Communities und Foren, in denen Programme diskutiert werden können, ist nicht neu. Für die neuen Möglichkeiten der sozialen Netzwerke im Web 2.0 stehen soziale Netze wie Facebook, SchülerVZ & Co zur Verfügung, die insbesondere junge und netzaffine Nutzergruppen (bis 29 Jahre) ansprechen. Im Dienst dieser Fans und Follower „verschmelzen innovative Radiomacher die regionale Bindungskraft des klassischen Hörfunks und die interaktiven Möglichkeiten des Internets zu neuen Konzepten jenseits von Playlists, Podcasts und Programmen." (Langer 2008: 20). Es entsteht ein „Radio 2.0" (Schneider 2010).

Der Austausch der Sender mit den Nutzern spielt sich dabei vor allem auf Radio-Community-Seiten ab, wo Zehntausende Interessenten registriert sein können. Zu dieser Community zählen auch regionale Bands und Musiker, die sich mit Profilen und Hörproben vorstellen. Social Media Redakteure schaffen die Verbindung zwischen den Netzbürgern und den Radiohörern. Deren Material und die Kommentierungen der Community können dann zur Grundlage von Programmanpassungen gemacht werden, Nutzer gestalten den Livestream mit. Offensichtlich gelingt dies insbesondere bei den Jugendwellen öffentlicher Sender wie *Fritz* beim *rbb*, *Sputnik* beim *MDR*, *N JOY* beim *NDR* oder der *HR-Welle YOU FM*. Wenn diese Stationen als Webradio antreten ist es naheliegend, die Netzgemeinschaft in die Programmgestaltung einzubeziehen. Der kommerzielle Jugendsender *NRJ* sammelt über eine Partnerschaft mit MySpace Profile von Bands und lässt die Nutzer ihre favorisierte Musikbesetzung auswählen, die dann in der vom Sender organisierten Open-Air-Konzertreihe auftreten können. Bei alledem steht die den Jugendlichen besonders wichtige Musik im Mittelpunkt: Rund um Radioprogramme zielen Macher darauf, die Welt der Massenmedien mit den Community des Netzes und der realen Musikszene vor Ort miteinander zu vernetzen. Motto dabei ist: „Community is the Radiostar" (Langer 2008). Die Strategie erweist sich als optimal, wenn die Online- und die Offline-Community miteinander verknüpft werden.

### 5.6.3.3    iPhone & Co

In den letzten Jahren wurde das Multifunktions-Handy, wie es mit dem iPhone begann und inzwischen breit angeboten wird, zum Nukleus vielfältiger Weiterentwicklungen. Denn hier ist es möglich (neben dem bereits installierten FM-Empfang) spezifische Applikationen (sog. Apps) hochzuladen, die den Anwendungsbereich erweitern. Manche der Anwendungen sind rein auditiv angelegt und stehen damit in direkter Konkurrenz zum klassischen Radio.

Ende 2009 warb iPhone z. B. mit der kostenlosen App *Last fm*: „Bastle den perfekten Soundtrack für deine Weihnachtsfeier. Gib einfach deinen Lieblingssong oder -künstler ein und schon spielt das iPhone endlos Musik nach deinem Geschmack. Egal ob du Weihnachtslieder oder lieber was ganz anderes hören willst." (aus iPhone-Werbung). Der amerikanische Onlineradio-Anbieter *Pandora* bietet Apps kostenlos an und meldete 2009 bereits 8 Mio. Downloads seiner Software, die personalisiertes Musikradio ermöglicht, finanziert über Werbung. Ein *Public Radio Player* eröffnet den Zugang zu Hunderten nichtkommerziellen Radiosendern in den USA (Röttgers 2009). Durch die Verbindung des Handys mit Kopfhörern tritt es in die Tradition des Walkmans ein, der oft schon Radioempfang ermöglichte. Ob das iPhone damit tatsächlich zu einem „Hosentaschenmedium" (Röttgers) wird, bleibt abzuwarten. Die genannten Leistungen sind auch über das iPad empfangbar. Das Radio ist längst in mobilen Umwelten angekommen und wie beim Walkman liegen die Defizite in der begrenzten Tonqualität.

### 5.6.3.4    Personalized Radio

Das interaktive Potenzial des Internets ist noch keineswegs ausgeschöpft. In der Logik etwa von *YouTube*, das jedem Nutzer ein individualisiertes Angebot macht, ist das Modell eines personalisierten Radios entstanden, wie es auch *Last fm* (s. o.) repräsentiert. „Jedes Lied, das du spielst, wird deinem *Last.fm*-Profil etwas von deinen musikalischen Vorlieben mitteilen. Es kann dich mit anderen Leuten zusammenbringen, die mögen, was du magst – und dir andere Lieder aus ihren Musiksammlungen empfehlen…" (www.lastfm.de) Derzeit geben Anbieter in den USA den Takt vor.[2] Ein faszinierendes Angebot bringt *Pandora* mit seinem „Free Internet Radio" (www.pandora.com). Der Einsteiger wird gebeten, einen Titel oder Interpreten zu nennen, den er favorisiert. Aus einer Musikdatenbank (mit 2010: 500.000 Titeln) wird dann ein Programm zusammengestellt, das auf die individuelle Präferenz des Hörers baut. Der wiederum kann Zustimmung

---

[2] Eine aktuelle Quelle ist: RAIN – Radio and Internet Newsletter. Daily news and commentary on the future of radio – AM/FM, satellite, HD and Internet. Unter: www.kurthanson.com.

oder Ablehnung via Netz kommunizieren, der Kauf ausgewählter Stücke ist möglich. Die Musikdatenbank beruht auf einem „Music Genome Project", das Musiker und Techniker im Jahre 2000 begonnen hatten. Sie analysierten alle einkommenden Titel und ordneten sie einander zu, sodass individuelle Wünsche nach ähnlichen Titeln erfüllt werden können (Dieses Angebot war aus urheberrechtlichen Gründen 2010 offiziell nicht außerhalb der USA empfangbar – was umgehbar ist –, außerdem kennt die Datenbank keine deutschen Titel.). Als führender Anbieter meldete *Pandora* 2010, dass regelmäßig eine Viertel Million Hörer das personalisierte Angebot einschalten.

### 5.6.4  Neue Geschäftsmodelle?

Entrepreneure setzen auf rasch steigende Reichweiten, laut *Arbitron* hörten 17 % der Amerikaner 2010 mindestens einmal wöchentlich Webradio (2000: 2 %). Die Philosophie hinter der aktuellen Expansion ist die Theorie vom „long tail" des Herausgebers der Internet-Zeitschrift *Wired* Chris Anderson. Er argumentiert, dass die Bedienung von Massenmärkten unter dem Einfluss digitaler Netze schwindet, und es in Zukunft heißt: „The future of business is selling less for more". (Anderson 2006). Auf den Radiosektor übertragen bedeutet dies: Bei den alten FM-Stationen war auf einem gegebenen Markt ein fest stehender Block von z. B. 50 Stationen (in den USA) aktiv, die bei scharfer Konkurrenz alle nach ähnlichen Strategien ähnlich große Zuhörerschaften aufbauten. Mit Online-Angeboten kann im Gegensatz ein „langer Schwanz" sehr spezieller Hörerwünsche bedient werden, damit lässt sich die Versorgung selbst kleiner Hörerschaften profitabel gestalten. Die neuen Webradios finanzieren sich gleichfalls kommerziell, aber statt des bisherigen Schwalls von Werbespots fährt man eine „low spot load" mit wenigen, z. B. drei Werbeansagen pro Stunde. Schon bisher galt das Radio in den USA als „targeted" Medium mit dem kleine Zielgruppen bedient werden; dieses Prinzip kann in der Online-Welt noch verfeinert werden. In der Summe lässt sich offensichtlich rund um das Webradio ein neues, kommerzielles Geschäftsmodell entwickeln, das inzwischen als profitabel gilt, weil das Investment zum Betrieb einer Radioplattform vergleichsweise gering ist.

Dieser Ermutigung folgend, ist auch in Deutschland eine Szene von Radioentrepreneuren entstanden, die offensichtlich zunehmend erfolgreich agiert. Auf dem hiesigen Markt ist der US-Anbieter *Accuradio* unter dem Slogan „The next Generation of Radio" aktiv, der eine Fülle sehr spezieller Soundtracks zur Verfügung stellt, einschließlich Bewertungsverfahren und der Möglichkeit, die Musiktitel unkompliziert erwerben zu können (www.accuradio.com). Das Geschäftsmodell beruht primär darauf, in Kooperation mit den Musikproduzenten die angebotenen Titel zu verkaufen. Der deutsche Anbieter *laut.fm* nennt sich „user-generated radio" und behauptet er biete „keine kalte Computerrotation, sondern von *laut.fm*-DJs liebevoll handverlesene Musikprogramme". Bei diesem „Mitmachradio 2.0" können sich DJs bewerben und einen eigenen Kanal erhalten (von „Best_of_80s" bis „Papa Mike"), dabei übernimmt *laut.fm* die Streamingkosten und die Zahlungen von Urhebergebühren (*GEMA, GVL*), behält sich aber vor, für „passende Werbekunden mit erträglichen und nicht zu langen Spots" Werbung zu schalten. Werbung kann mit der Einschaltung platziert werden („pre roll presentation") oder als Einzelspot mittendrin („in stream single shot") (www.laut.fm). Die Radioplattform rechnet vor, dass sie (2010) täglich einige hunderttausend, überwiegend jüngere Hörer erreichte.

Die Vertreter dieser Strategie setzen auf einen raschen weiteren Ausbau der digitalen Netze. Die Inhouse-Versorgung – mit PC und Internetradio – ist heute angesichts umfassender Vernetzung relativ gesichert. So verweist *Accuradio* darauf, dass die Webradio-Primetime während der Geschäftsstunden liege, wenn Millionen von Angestellten vor Computern ihre Arbeit verrichten. Schwieriger wird es beim mobilen Empfang: er ist zwar via vernetztem Laptop, Internet-Handys (wie dem iPhone), WLAN-fähigen MP3-Playern (wie dem iPod Touch) und internetfähigen Autoradios möglich, er erzeugt aber auf der Empfängerseite Kosten, die erheblich sein können. Hier setzen die Promotoren dieser neuen Radiomodelle auf rasch sinkende Tarife der Netzanbieter. Auch am Bedienungskomfort wird gearbeitet, so ermöglicht das 2010 vorgestellte iPad von Apple den Zugang zur Welt der Webradios über einfaches Antippen von Stationslogos. Der VPRT-Vize und Geschäftsführer einer Radiostation, Hans-Dieter Hillmoth, bringt es auf den Satz „Internet wird zweitwichtigster Übertragungsweg" und er rechnet vor, dass in zehn Jahren weniger DAB-Empfänger verkauft wurden, als Apps für das iPhone seines niedersächsischen Senders *FHH* innerhalb kurzer Zeit, nämlich über 600.000 (Hillmoth 2009).

Prinzipiell spielt in dieser vernetzten Radiowelt herkömmliches Broadcasting im Stil von DAB keine Rolle mehr. Wegen der Vielzahl der Angebote und der Personalisierung geht der traditionelle Charakter des Radios, der große Zuhörerschaften einheitlich bedient, allerdings gänzlich verloren, Radio wird zu einem anderen Begriff für mehr oder weniger individualisierte Audio-Leistungen, wobei via Web 2.0 durchaus wieder neue Communities entstehen können. Was hier vorgestellt wurde, sind nur einige Beispiele, die den Stand der Radioentwicklung 2011 markieren: Weder wird Vollständigkeit beansprucht, noch Beständigkeit garantiert, einige der Modelle können auch wieder vom Markt verschwinden. Es ist Aufgabe von Pionieren, mit immer neuen Ideen die Möglichkeiten und Grenzen auszutesten.

## 5.7 Fazit

Die Digitalisierung des Radios erfolgte bisher auf zwei komplett unterschiedlichen Ebenen. Einerseits wurde auf dem Pfad von AM und FM mit DRM und DAB eine digitalisierte Übertragung klassischer Radioprogramme angestrebt – mit sehr begrenztem Erfolg. Der zweite Weg ist der des Internets, bei dem das „Netz der Netze" für Audioübertragungen und begleitende Interaktionen eingesetzt wird. Dieser Weg, obwohl der deutlich jüngere, verspricht schneller Erfolge in der Zukunft. Für alle digitalen Radioangebote gilt, dass sie an einem entscheidenden Punkt die Logik des bisherigen Radios verlassen. Während der FM-Empfang heute gegen geringste Gerätekosten machbar ist, sind beim digitalen Empfang einige Vorinvestitionen notwendig. Früher war Radio ein universell nutzbares Medium, das z. B. den Weltempfänger hervorbrachte, ein Vielband-Empfangsgerät, das überall auf der Welt den Zugang zu AM und FM Angeboten ermöglichte. Hinter den hier genannten digitalen Spezifikationen stehen dagegen Konsortien von Industrien, Sendern und Forschungseinrichtungen, die darauf Wert legen, ihre Vorinvestitionen zu amortisieren und deshalb ihre Technik mit Patenten absichern. Viele unterschiedliche Interessenten haben mitgewirkt und eine Fülle unvereinbarer Normen entstehen lassen. So erscheint im Moment unwahrscheinlich, dass es in absehbarer Zeit den einen Radioempfänger geben wird, der Zugang zu allen verfügbaren Programmen ermöglicht. Jenseits der oft beschworenen Konvergenz, also der Verschmelzung bisher getrennter Techniklinien in eine Supertechnik, droht das Gegenteil zu entstehen, eine Vielzahl gegeneinander abgeschotteter Angebote.

Diese Analyse macht deutlich, dass der oben angesprochene Rückstand bei der Radio-Digitalisierung weniger der Technik geschuldet ist, als einer dissonanten Mischung unterschiedlichster Akteure, die dazu tendieren, sich gegenseitig zu blockieren. Angesichts der Möglichkeiten der Internetnutzung wirken die Ansätze einer isolierten Digitalisierung entlang den Pfaden von FM und AM gestrig, weil sie neuere digitale Möglichkeiten nicht nutzen. Es sieht so aus, dass eigentlich erst unter der Drohung der gesetzlichen Vorgabe, dass 2015 das analoge FM-Radio abzuschalten ist, eine differenzierte Debatte über die Sinnhaftigkeit der DAB-Strategie begonnen wurde (Ory/Bauer 2009). Das simple Bild, gute Techniken würden sich automatisch durchsetzen, gilt in digitalen Welten offensichtlich nicht mehr. Ignoranz gegenüber den außertechnischen Faktoren des Radios und seiner Einbettung in den Alltag des Hörers führte wesentlich zur gegenwärtigen Situation. Dabei ist es keine Frage, es wird eine digitale Zukunft dessen geben, was unter dem Etikett Radio läuft; wie es technisch und inhaltlich arbeiten wird, zeigt sich derzeit freilich nur in ersten Konturen.

## 5.8 Fragen zur Vertiefung

1.  Ist der Begriff Radiotechnik klar definiert? Keineswegs. Zu Beginn der
    Radioentwicklung in Deutschland und in vielen anderen Ländern wurde
    (bzw. wird) der Begriff weiter verstanden, umfasste oft auch individuelle
    und interaktive Kommunikation (es gibt z. B. das mobile radio phone). Heu-
    te, unter Einfluss der Digitalisierung, verschwimmen die Ränder etwa bei
    Internetradio oder Podcasts. In jedem Fall geht es um technische Aspekte
    auditiver Medien.

2.  In welchen Phasen bewegte sich die radiotechnische Entwicklung? Bisher
    in drei Phasen. Analoge AM-Übertragungstechnik (Mittelwelle etc.) seit
    den frühen 20er Jahren, analoge FM-Übertragung seit Ende der 40er Jahre
    (UKW) und digitale Übertragung seit den 90er Jahren, eine dritte Phase, die
    derzeit nicht abgeschlossen ist.

3.  Wie verhält sich Radiotechnik zu Modetrends? Technik folgt unterschiedli-
    chen Imperativen: Repräsentation, Faszination und Lifestyle sind selbstver-
    ständliche Bestandteile. Erste Radioempfänger wurden oft auf offene Platt-
    formen installiert, später verschwanden sie in gefälligen Holzgehäusen als
    Möbelstück, dann wandelten sie sich zu cool wirkenden Metallkästen, zum
    miniaturisierten scheckkartenkleinen Geräten mit Ohrhörern oder ver-
    schwinden vollständig, wie im Handy.

4.  Was meint Digitalisierung des Radios und warum kommt sie in Europa nur
    mühsam voran? Digitalisierung meint die Übertragung des auditiven Si-
    gnals in digitalem Code. Während dieser Prozess bei der Studiotechnik und
    der Speicherung weit fortgeschritten ist, wird das Radiosignal terrestrisch
    noch immer überwiegend analog transportiert. Gründe dafür liegen in der
    hohen Leistungsfähigkeit des UKW-Signals und in technischen Lösungen,
    die offensichtlich nur wenige Hörer ansprechen.

5.  Ist im digitalen Zeitalter mit einer Universalisierung des Radios zu rechnen?
    Radio konnte bis zum Beginn der Digitalisierung als Universaltechnik be-
    zeichnet werden. Mit einem Empfänger konnten überall in der Welt örtliche
    und bei Bedarf auch Weltprogramme empfangen werden. Bei der terrestri-
    schen Übertragung konkurrieren etliche, untereinander nicht kompatible
    Standards (DAB, DRM, EBOC), Weltempfänger gibt es nicht. Universeller
    Empfang wird über das Internet und den PC ermöglicht, nicht aber in Han-
    dy-Netzen. Viele neue Angebote setzen auf Bequemlichkeit, sind aber pro-
    prietär angelegt, d. h. letzte Entscheidungen fällt der Anbieter.

## 5.9 Definitionen und Erklärungen

*AM:* Amplitudenmodulation, wie sie bei analoger Nutzung von Kurz-, Mittel- und Langwelle eingesetzt wird.

*FM:* Frequenzmodulation, der analoge Standard, der UKW zugrunde liegt.

*Kabel- und Satellitenradio:* Radioprogramme, die via Kabelnetze oder Satellitenempfänger verbreitet werden.

*DAB:* Digital Audio Broadcasting, der digitale Nachfolgestandard von FM zur terrestrischen Ausstrahlung von Radioprogrammen, seit 1999 in Deutschland im Regeldienst, wenig erfolgreich.

*DRM:* Digital Radio Mondiale, ein Standard zur Digitalisierung von Kurz-, Mittel- und Langwelle, auch für UKW nutzbar, seit einigen Jahren in Deutschland mit geringer Resonanz verfügbar.

*Internetradio:* ähnlich Web- oder Cyberradio, dabei werden Programme im Netz gestreamt und können per PC oder speziellem Internetradioempfänger gehört werden.

# Kapitel 6
# Politik

In diesem Kapitel geht es um das Verhältnis des Radios zur Politik. Bei erster Annäherung gilt sicherlich die Beobachtung, dass das Radio seit Langem die Bedeutung als Leitmedium abgegeben hat. Heute gelten das Fernsehen und bestimmte Druckmedien als meinungsprägend und damit als Medien, auf die Politiker achten; Ex-Kanzler Gerhard Schröder brachte dies auf den Nenner: „Bild, BamS und Glotze". Damit ist zugleich auch Druck von dem Medium Radio genommen worden, das heute seine Möglichkeiten unabhängiger von der aktuellen Politik ausspielen kann, als etwa das Fernsehen. Gleichwohl gilt auch, dass in bestimmten Feldern die Politik sehr präsent bleibt und umgekehrt auch das Radio seinen Beitrag zur politischen Informierung leistet.

## 6.1 Rechtliche Grundlagen

Nach den schlechten Erfahrungen der Weimarer Republik wurde die Freiheit des Rundfunks bei der Gründung der Bundesrepublik in der Verfassung verankert. Das Grundgesetz von 1949 sichert im vorangestellten Grundrechtekatalog die Kommunikationsfreiheiten. In Art. 5 wird zwischen Presse und Rundfunk abgestuft, beim Rundfunk – damals ausschließlich Hörfunk – steht die Freiheit der Berichterstattung im Vordergrund, die allerdings auch gesetzliche Grenzen kennt:

---

Artikel 5

(1) Jeder hat das Recht, seine Meinung in Wort, Schrift und Bild frei zu äußern und zu verbreiten und sich aus allgemein zugänglichen Quellen ungehindert zu unterrichten. Die Pressefreiheit und die Freiheit der Berichterstattung durch Rundfunk und Film werden gewährleistet. Eine Zensur findet nicht statt.
(2) Diese Rechte finden ihre Schranken in den Vorschriften der allgemeinen Gesetze, den gesetzlichen Bestimmungen zum Schutze der Jugend und in dem Recht der persönlichen Ehre.

---

Charakteristisch ist, dass streitige Fragen der Rundfunkordnung oft vom Bundesverfassungsgericht entschieden wurden, zuerst im sog. Fernsehurteil von
1961. Die darin festgelegten Prinzipien hat es in weiteren Urteilen bekräftigt und
viele fanden Eingang in dem erstmals 1991 von allen Ländern geschlossenen
Rundfunkstaatsvertrag, der seitdem regelmäßig aktualisiert wird. Eine weitere
Aufgabe des Staatsvertrages ist es, EU-Recht in nationales Recht zu übertragen.
    Hier werden Passagen aus der 13.Version des Rundfunkstaatsvertrags von
2010 zitiert.

Die Präambel macht deutlich, dass der Gesetzgeber vorrangig an das duale System des Fernsehens dachte, der Community-Sektor wird nicht explizit erwähnt.

---

Aus der Präambel

„Öffentlich-rechtlicher Rundfunk und privater Rundfunk sind der freien individuellen und öffentlichen Meinungsbildung sowie der Meinungsvielfalt verpflichtet. Beide Rundfunksysteme müssen in der Lage sein, den Anforderungen des
nationalen und des internationalen Wettbewerbs zu entsprechen."

---

Im § 2 wird die technische Seite des Radios definiert, um es von anderen Kommunikationsdiensten z. B. dem Telefon trennen zu können. Danach sind Teile
des Internet-Angebots kein Radio.

---

Aus § 2 Begriffsbestimmungen

„(1) Rundfunk ist ein linearer Informations- und Kommunikationsdienst; er ist
die für die Allgemeinheit und zum zeitgleichen Empfang bestimmte Veranstaltung und Verbreitung von Angeboten in Bewegtbild oder Ton entlang eines
Sendeplans unter Benutzung elektromagnetischer Schwingungen."

---

Die „Allgemeinen Grundsätze" binden den öffentlichen Hörfunk an Grundwerte.

---

Aus § 3 Allgemeine Grundsätze

„(1) Die in der Arbeitsgemeinschaft der öffentlich-rechtlichen Rundfunkanstalten der Bundesrepublik Deutschland (ARD) zusammengeschlossenen Landesrundfunkanstalten, das Zweite Deutsche Fernsehen (ZDF), das Deutschlandradio
und alle Veranstalter bundesweit verbreiteter Rundfunkprogramme haben in
ihren Angeboten die Würde des Menschen zu achten und zu schützen; die sittli-

chen und religiösen Überzeugungen der Bevölkerung sind zu achten. Die Angebote sollen dazu beitragen, die Achtung vor Leben, Freiheit und körperlicher Unversehrtheit, vor Glauben und Meinungen anderer zu stärken."

Der Auftrag für den öffentlichen Hörfunk ist detaillierter und präziser als der für den kommerziellen Bereich.

**Aus § 11 Auftrag**

„(1) Auftrag der öffentlich-rechtlichen Rundfunkanstalten ist, durch die Herstellung und Verbreitung ihrer Angebote als Medium und Faktor des Prozesses freier individueller und öffentlicher Meinungsbildung zu wirken und dadurch die demokratischen, sozialen und kulturellen Bedürfnisse der Gesellschaft zu erfüllen. Die öffentlich-rechtlichen Rundfunkanstalten haben in ihren Angeboten einen umfassenden Überblick über das internationale, europäische, nationale und regionale Geschehen in allen wesentlichen Lebensbereichen zu geben. Sie sollen hierdurch die internationale Verständigung, die europäische Integration und den gesellschaftlichen Zusammenhalt in Bund und Ländern fördern. Ihre Angebote haben der Bildung, Information, Beratung und Unterhaltung zu dienen. Sie haben Beiträge insbesondere zur Kultur anzubieten. Auch Unterhaltung soll einem öffentlich-rechtlichen Angebotsprofil entsprechen.
(2) Die öffentlich-rechtlichen Rundfunkanstalten haben bei der Erfüllung ihres Auftrags die Grundsätze der Objektivität und Unparteilichkeit der Berichterstattung, die Meinungsvielfalt sowie die Ausgewogenheit ihrer Angebote zu berücksichtigen."

Die Zahl der terrestrischen Programme öffentlicher Sender ist seit 2004 faktisch gedeckelt.

**Aus § 11c Hörfunkprogramme**

„(2) Die Gesamtzahl der terrestrisch verbreiteten Hörfunkprogramme der in der ARD zusammengeschlossenen Rundfunkanstalten darf die Zahl der zum 1. April 2004 terrestrisch verbreiteten Hörfunkprogramme nicht übersteigen."

Hörfunk im Internet unterliegt einer geringeren Regulierungsdichte.

> § 20b Hörfunk im Internet
>
> „Wer Hörfunkprogramme ausschließlich im Internet verbreitet, bedarf keiner Zulassung. Er hat das Angebot der zuständigen Landesmedienanstalt anzuzeigen." (Rundfunkstaatsvertrag 2010).

In den Ländergesetzen stehen Einzelheiten zur Ausgestaltung der Hörfunklandschaft. Dabei wird oft eine besondere regionale Verantwortung der Radiosender betont (siehe unten). Ebenso finden sich dort mitunter Regelungen für den dritten Typ Community Radio (siehe Kap. 12).

Die Rechtsfragen, die das Bundesverfassungsgericht zu klären hatte, rankten sich regelhaft um das Fernsehen, dem gemeinhin Leitcharakter zugewiesen wird und das deswegen immer im Mittelpunkt stand. Die Bestimmungen gelten aber genauso für den Hörfunk.

Im Dezember 2010 entschied das oberste Gericht über eine Verfassungsbeschwerde des Hamburger nichtkommerziellen Senders *FSK* und damit über die Rechtsverhältnisse im Radio. Bei dem Sender war es 2003 zu einer den Sendebetrieb ernsthaft störenden Polizeidurchsuchung gekommen (zu Radio *FSK* s. Kap. 12.5.1.2.2).

> Hier einige Sätze aus dem Urteil (ohne interne Verweise):
>
> „Das Grundrecht der Rundfunkfreiheit, das auch juristischen Personen zusteht, die – wie der Beschwerdeführer – Rundfunkprogramme veranstalten, gewährleistet nicht nur als subjektives Recht den im Rundfunkwesen tätigen Personen und Unternehmen Freiheit von staatlichem Zwang, sondern schützt in seiner objektiven Bedeutung darüber hinaus die institutionelle Eigenständigkeit des Rundfunks von der Beschaffung der Information bis zur Verbreitung der Nachrichten und Meinungen.
>
> „Die Rundfunkfreiheit ist nicht vorbehaltlos gewährt, sondern findet nach Art. 5 Abs. 2 GG ihre Schranken unter anderem in den Vorschriften der allgemeinen Gesetze. … Die in den allgemeinen Gesetzen bestimmten Schranken der Presse- und der Rundfunkfreiheit müssen allerdings ihrerseits im Lichte dieser Grundrechtsverbürgungen gesehen werden. Es bedarf einer Zuordnung der durch Art. 5 Abs. 1 Satz 2 GG gewährleisteten Freiheiten und des durch die einschränkenden Vorschriften geschützten Rechtsgutes, die in erster Linie dem Gesetzgeber obliegt." (BVerfG, 1 BvR 1739/04 vom 10.12.2010, vgl. www.bundesverfassungsgericht.de).

In seinem Urteil stellte das Gericht fest, dass die Beschwerde berechtigt war und Freiheitsrechte verletzt wurden. Dies ist aus zweierlei Gründen von Bedeutung:

- Das Gericht stellte den rechtlich oft ignorierten Sektor der Community Radios unter den vollen Schutz des Grundgesetzes und
- es präzisierte, was Rundfunkfreiheit in der aktuellen Berichterstattung eines Radiosenders bedeutet.

Der Vorgang macht deutlich, dass auch in Deutschland die Rundfunkfreiheit Gefährdungen ausgesetzt ist; in diesem Fall bedurfte es des Bundesverfassungsgerichts, um zwei frühere Entscheidungen Hamburger Gerichte zu korrigieren. Es zeigt zudem, dass das am Fernsehen geschulte Rundfunkrecht der Ergänzung durch spezifische Radioregelungen bedarf, denn kleine Stationen wie *FSK* gibt es im Fernsehumfeld nicht und die monierte Berichterstattung beruhte auf dem für die aktuelle Radioberichterstattung typischen Telefongespräch.

## 6.2  Grundbegriffe der Medienpolitik

In der Medienpolitik unterscheiden wir bei erster Annäherung
- Institutionen oder Arenen der Willens- und Entscheidungsbildung wie Parlamente, Verwaltungen und Aufsichtsbehörden,
- Akteure, die innerhalb und außerhalb dieser Institutionen agieren, dazu zählen Parteien, Verbände, Kirchen, NGOs etc.

Eine etwas andere Unterscheidung kennt
- Polity, (die grundlegende Medienordnung),
- Politics (den medienpolitischen Input, vor allem durch Akteure) und
- Policy (den medienpolitischen Output durch die staatliche Seite).

Von besonderer Bedeutung für Deutschland ist der Medienföderalismus, der – einzigartig in der Welt – den Bundesländern die zentrale Verantwortung für Fragen des Rundfunks zuweist. Die Hauptentscheidungsträger in der Radiopolitik sind folglich die Landesparlamente, welche die gesetzlichen Grundlagen sowohl für öffentliche wie für kommerzielle Radiosender schaffen. Das Bundesparlament ist lediglich für die *Deutsche Welle* zuständig, die aus dem Bundeshaushalt finanziert wird und sich nur an ein außerdeutsches Publikum wendet. Entschieden wird in den Landesparlamenten zu Rundfunkgesetzen, Mediengesetzen sowie auch zu den Staatsverträgen, bei denen mehrere Bundesländer gemeinsam agieren, hier insbesondere der Rundfunkstaatsvertrag, aber auch Übereinkommen mehrerer Länder, etwa der vier norddeutschen Bundesländer, die

gemeinsam den *NDR* betreiben. (vgl. auch Kap. 8) Was dabei insgesamt heraus-
kommt, ist die Radioverfassung Deutschlands, die Radio Polity.

In den Parlamenten agieren die Parteien, die ihrerseits medienpolitische
Programme (oder Programmteile) erstellt haben, die medienpolitische Sprecher
benennen und Mehrheiten für die notwendigen Entscheidungen herstellen. Parteien sind aber vor allem auch Mittler in die Gesellschaft hinein, sie transportieren Anliegen der zahlreichen gesellschaftlichen Gruppierungen in die Politik, sie
leisten mit ihrem Input Radio Politics. Parteien verfügen dabei über sehr unterschiedliche gesellschaftliche Färbungen, die CDU steht eher aufseiten der Wirtschaft, der Landwirte, der katholischen Kirche, die SPD eher aufseiten der Gewerkschaften, der städtischen Bevölkerung, der evangelischen Kirche etc. Es ist
eine Besonderheit der deutschen Rundfunkordnung, dass in den Rundfunkräten
der öffentlichen Anstalten diese „gesellschaftlich relevanten Gruppen" neben den
Parteien repräsentiert sind. (vgl. Kap. 8.3) Ein wesentlicher Teil der Akteursseite
sind aber auch Lobbyorganisationen, die ganz direkt ihre Interessen in die Politik
transportieren, darunter die Vereinigung der kommerziellen Rundfunkindustrie
*Verband Privater Rundfunk und Telemedien (VPRT,* s. u.), aber auch – in viel
kleinerem Umfang – die nichtkommerziellen Sender. Faktisch ist auch der öffentliche Rundfunk gut repräsentiert, in dem einerseits Medienpolitiker der Parteien agieren, andererseits verfügt er auch über lobbyähnliche Formationen, in
Deutschland die *ARD*, in Europa die *EBU*.

All diese Akteure wirken daraufhin, dass die über politische Entscheidungen hergestellte Radiopolitik ihren Vorstellungen entspricht, oft geschieht dies in
Aushandlungsprozessen und Kompromissen, insbesondere wenn es sich – wie
bei Rundfunkstaatsverträgen – um gemeinsame Entscheidungen verschiedener
Bundesländer mit ganz unterschiedlichen politischen Mehrheiten und regionalen
Interessen handelt. In den einzelnen Bundesländern kann die Politik vergleichsweise unabhängig handeln, sodass es in manchen Bereichen große Unterschiede
gibt, etwa bei Größe und Zusammensetzung von Rundfunkräten oder dem Umgang mit nichtkommerziellen Radios. In jedem Fall handelt es sich hier um den
politischen Output (der Bereich der Radio Policy), an dem Regierungen, Anstalten mit ihren Rundfunkräten, Landesmedienanstalten etc. beteiligt sind. Dieser
Output wird in seiner Gesamtheit mitunter auch als Radioregulierung bezeichnet.

In den letzten Jahrzehnten wurden Selbstorganisationen der Gesellschaft
immer wichtiger, dabei handelt es sich um Vereinigungen, die eigenständig Aufgaben übernehmen, die traditionell beim Staat (government) lagen, was sie zum
Teil der Non Governmental Organizations (NGOs) macht. Ein typisches Beispiel
sind nichtkommerzielle Radios in der Verantwortung von bürgerschaftlichen
Vereinen. Die Einbeziehung der Zivilgesellschaft und der Wirtschaft in (ehemals) staatliche Funktionen wird als Governance bezeichnet.

## 6.3 Ebenen der Medienpolitik

Man kann die Medienpolitik aber auch ganz anders kategorisieren, dabei wird die jeweilige Ebene benannt, auf der entschieden wird. In europäischen Staaten steht der Nationalstaat im Mittelpunkt jeder medienpolitischen Aktion, in Deutschland sind es allerdings die Bundesländer. Mit zunehmenden Prozessen der Globalisierung und vor allem der Europäisierung sind aber neue Ebenen hinzugekommen, auf denen gleichfalls agiert und entschieden wird. Häufig findet Politik in Koalitionen zwischen den verschiedenen Ebenen statt.

*Tabelle 1:* Arenen, Akteure und Medien auf verschiedenen Politikebenen; jeweils mit Beispielen

| Ebenen | Arenen | Akteure | Medien/Radio |
|--------|--------|---------|--------------|
| Globale Ebene | UNESCO | *AMARC* | *Deutsche Welle Radio* |
| Europäische Ebene | Europ. Parlament Europarat | *EBU, AER* | *Euranet* |
| Nationale Ebene | Bundestag | *ARD, VPRT* | *Deutschlandfunk, Klassik Radio* |
| Länder Ebene | Landtag | Parteien | *NDR, WDR Radio Hamburg* |

### 6.3.1 *Globale Ebene:*

Die Unterorganisation der *Vereinten Nationen*, die für Medien und damit für Radio zuständig zeichnet, ist die *United Nations Educational, Scientific and Cultural Organization* (UNESCO); in ihr sind Regierungen vertreten, der Arbeitsstil ist vom Umgang unter Diplomaten geprägt (www.portal.unesco.org). Im Jahre 2005 verabschiedete sie eine Konvention zum Schutz und zur Förderung der Vielfalt kultureller Ausdrucksformen, in der besonders die Pflege der kulturellen Differenz in den Medien betont wird, wie sie prototypisch vom Radio verkörpert wird. Das Abkommen wurde von den Regierungen der Welt ausgehandelt und von nationalen Parlamenten ratifiziert. Zu den großen Unterstützern zählen öffentliche Rundfunkanstalten und die Szene der nichtkommerziellen Radios, die dazu gemeinsam mit vielen anderen Organisationen zivilgesellschaftliche Unterstützung aufbauten. (UNESCO 2005, 2009) Diese breite, zivilgesellschaftliche Unterstützung der Konvention ist ein typisches Beispiel von Governance, gemeinsam stemmt sich diese Koalition gegen internationale Kommerzialisierungskräfte, deren Belange vor allem von der *World Trade Organization*

(WTO), einer anderen Unterorganisation der UN wahrgenommen wird. *AMARC* ist die Weltorganisation der nichtkommerziellen Radios (vgl. Kap. 12), *DW Radio* ist via Kurzwelle und anderen Ausspielkanälen weltweit präsent (vgl. 13.2.3).

### 6.3.2  Europäische Ebene:

Die Europäische Kommission hat sich traditionell vor allem für Fernsehen interessiert, die erste medienpolitische Regelsetzung der EU war die Richtlinie „Fernsehen ohne Grenzen", die seit 1989 gilt. Radio spielt darin keine Rolle, es schien der Kommission zu unwichtig. Das Europäische Parlament und der Europarat haben sich allerdings in den letzten Jahren speziell für nichtkommerzielle Radios stark gemacht. *Die European Broadcasting Union (EBU)* sorgt auf europäischer Ebene für die Vernetzung der öffentlichen Anbieter untereinander, vertritt aber auch deren Interessen. (vgl. Kap. 12.4.3 und 13.3.2)

### 6.3.3  Nationale Ebene:

Der Bundestag verabschiedete das *Deutsche-Welle*-Gesetz in der Fassung, die seit 2005 gilt. Er finanziert die *DW* und ist mit einer beachtlichen Bank hoher Politiker im Rundfunkrat vertreten. Die *ARD* vertritt die nationalen Interessen der öffentlichen Anbieter, der *VPRT* die der kommerziellen Radioindustrie. *Deutschlandfunk* und *Deutschlandradio Kultur* sind nationale Anbieter, einige weitere Anbieter wie *Klassik Radio* sind in etlichen großen Ballungszentren länderübergreifend vertreten.

### 6.3.4  Länder Ebene:

Die Ebene der Länder ist in Deutschland ausschlaggebend. Landtage verabschieden Landesrundfunk- und Landesmediengesetze. Alle Bundesländer haben allein oder gemeinsam mit anderen Ländern öffentliche Rundfunkanstalten und Landesmedienanstalten aufgebaut. Der größte Teil der öffentlichen Radiosender und auch viele kommerzielle Anbieter arbeiten landesweit. Auch wenn es um die Einrichtung lokaler Radioangebote geht, wird dies in den Bundesländern entschieden.

### 6.3.5  Lokale Ebene:

Die lokale Politikebene ist nicht in die Radiopolitik einbezogen, außer in den Stadtstaaten (Berlin, Hamburg, Bremen). Dort finden sich jeweils auch öffentliche Stadtsender und weitere kommerzielle Anbieter. In einigen Bundesländern (Bayern, Nordrhein-Westfalen, Baden-Württemberg) sind viele lokale kommerzielle Stationen tätig. Ebenso versorgen nichtkommerzielle Anbieter in zivilge-sellschaftlicher Trägerschaft und einige Offene Kanäle lokale Publika. Lokale Politikarenen, etwa Stadtparlamente sind in diese Politik aber nicht einbezogen, liefern aber Input in die Medienpolitik der Länder.

## 6.4 Kurze Geschichte der Medienpolitik

Der Begriff der Medienpolitik stammt aus den 70er Jahren, als Parteien und gesellschaftliche Großorganisationen begannen, spezifische Vorstellungen von der politischen Gestaltung des Mediensystems zu entwickeln. Die große Zeit medienpolitischer Auseinandersetzungen in Deutschland waren die 80er Jahre, als sich die beiden politischen Lager der CDU/CSU und der SPD diametral gegenüberstanden. Erstere wollte kommerzielle Anbieter einführen, letztere dies verhindern. Hinter den Kontrahenten standen gesellschaftliche Gruppierungen, hinter der CDU die Arbeitgeberseite, die Verleger, die katholische Kirche, hinter der SPD die Gewerkschaften, Journalistenverbände und die Protestanten. Der Konflikt erstreckte sich über weitere Felder, so forderte die CDU eine schnelle Verkabelung der Republik, um für ihre Klientel weitere Übertragungskanäle zu eröffnen, die SPD setzte eher auf Satelliten mit wenigen Kanälen, die politisch kontrollierbar schienen. Die Minimallösung, auf die sich beide Seiten 1976 ei-nigten, galt der Einrichtung sog. Pilotprojekte für das Fernsehen, die immer auch Kabelradio umfassten. Darin sollten die neuen Möglichkeiten erprobt und wis-senschaftlich begleitet werden, endgültige Entscheidungen sollten später fallen.

Angesichts der scharfen Konfrontation kam dem Regierungswechsel auf Bundesebene 1982 große Bedeutung zu, als eine CDU-FDP Regierung unter Helmut Kohl den sozialdemokratischen Kanzler Helmut Schmidt ablöste. Die Bundesebene war politisch wichtig, obwohl Rundfunk zum Verantwortungsbe-reich der Länder zählt; man brauchte für die schnelle Verkabelung des Landes einen starken Partner. Damit beauftragt wurde die Bundespost, die damals für ca. 9 Mrd. Mark große Teile der Republik verkabelte. An der Jahreswende 1984/85 wurde das öffentliche Sendemonopol gebrochen − zuerst in Rheinland-Pfalz, dem Bundesland, in dem Kanzler Kohl politisch groß geworden war. Schnell folgten andere CDU-regierte Bundesländer, die gesetzliche Grundlagen für die Zulassung neuer Anbieter und entsprechender Aufsichtsbehörden (Landesme-dienanstalten) schufen. Als dies auch in den Nachbarstaaten des SPD-regierten Hamburgs geschah, preschte dessen SPD-Bürgermeister Klaus von Dohnanyi vor und folgte − gegen den Widerstand seiner Partei − diesem Vorbild und schuf damit auch in seiner eigenen Partei den Durchbruch. Der erfolgte im Radiobe-reich mit der Gründung einer ersten kommerziellen Radiostation in Hamburg. (vgl. Kap. 7.3.2) Die Grundlagen für das duale Rundfunksystem waren entstan-

den. Die medienpolitische Situation beruhigte sich Anfang der 90er Jahre mit
dem ersten, unter Einbeziehung aller Bundesländer geschlossenen Rundfunkstaatsvertrag (1991), der westdeutsche Regelungen auch auf die nach dem Zusammenbruch der DDR entstandenen neuen Bundesländer übertrug.

Einer der Hauptverantwortlichen jener Jahre, Alfred-Joachim Hermanni, u.
a. Leiter der Abteilung Medienpolitik der CDU-Geschäftsstelle, beschrieb später
das politische Tauziehen und brachte es auf die Formel „Follow the party in
power", die Partei, die bundespolitisch an der Macht war, gab letztlich den Ausschlag (Hermanni 2008: 251). Die Nähe der neuen Rundfunkherren zur CDU
wurde an vielen Punkten deutlich, etwa Kohls enge Freundschaft mit dem später
gescheiterten Medienmogul Leo Kirch oder in der Tatsache, dass der langjährige
Vorsitzende des Lobbyverbandes der kommerziellen Rundfunkindustrie *VPRT*
Jürgen Doetz zuvor enger Mitarbeiter Kohls gewesen war. Eine Erinnerung an
jene Jahre aus sozialdemokratischer Perspektive bietet Bernd-Peter Lange, der
als Experte für die SPD in unterschiedlichen Gremien saß und retrospektiv beklagt, wie wenig Weitsicht Politiker zeigten, vor allem zeigten sie wenig Einsatz
bei der Umsetzung von Medienpluralität und Konzentrationskontrollen (Lange
2008).

Gegenstand der großen medienpolitischen Debatten war eher das Fernsehen, aber zeitgleich wurden auch die Voraussetzungen für kommerzielles Radio
in einer Gesetzgebung geschaffen, die wenig Unterschied zwischen Fernsehen
und Radio machte. Umso größer allerdings waren die realen Differenzen in den
Bundesländern. Nach der prinzipiellen Öffnung begann ein regelrechtes Stand-
ortrennen um Radioinvestoren, denn im Unterschied zum Fernsehen, wo es galt,
den nationalen Markt zu erobern, entstanden Radioanbieter innerhalb der Bundesländer. Hier sahen die Ministerpräsidenten und Landtage viel größere Gestal-
tungschancen, was die Verhältnisse bis heute prägt.

Ähnlich Deutschland geschah es mehr oder minder zeitgleich in vielen Teilen Westeuropas, auch wenn die konkreten Strategien sich deutlich unterschieden. Insgesamt ging der Prozess in den Großstaaten schneller vonstatten als in
den kleinen Staaten, die in einem weiterbestehenden Public Service einen Schutz
ihrer Identität sahen, etwa in der Schweiz mir ihrer komplizierten Vielsprachen-
situation (Künzler 2009, vgl. auch Kap. 8.5). Nach dem Zusammenbruch der
kommunistischen Regime Osteuropas um 1990 entstanden überall Kommerzradios, der einst staatliche Hörfunk wurde in öffentliche Sender überführt, allerdings verblieb oft noch hohe Regierungsabhängigkeit.

## 6.5  Medienpolitik heute

Medienpolitische Positionen werden in Programmen und Erklärungen der politischen Parteien deutlich, im Zusammenhang mit Wahlen vergewissert man sich gern der jeweiligen Forderungen. So fragte das Organ des *Deutschen Journalisten Verbandes (DJV)* 2009 *Der Journalist* die deutschen Parteien nach ihren Vorstellungen. Dabei wird deutlich, dass Radio kaum ein separates Thema darstellt, meist wird es im Windschatten des Fernsehens mitgedacht. Für die Verfassung des Radios ist von Bedeutung, dass Fragen der Werbung und des Sponsorings bei der *ARD* kontrovers diskutiert wurden, CDU/CSU fordern langfristig deren Abschaffung, die SPD will dies nur zurückfahren, die FDP plädiert auf vollständige Werbefreiheit, die Grünen sind gegen Werbeverbote, wollen eher Sponsoring reduzieren, die Links-Partei will Werbung und Sponsoring abbauen. Was die Online-Aktivitäten der *ARD* anbetrifft, so sehen CDU/CSU und SPD keinen Handlungsbedarf, die FDP tritt gegen ein öffentlich-rechtliches Internet an, während die Grünen das Internet als dritte Säule neben Radio und TV stärken wollen, ähnlich sieht es auch die Links-Partei (Lungmus 2009).

Wer diese Zuordnungen verstehen will, muss sich mit medienpolitischen Hintergründen vertraut machen. CDU/CSU und SPD sehen z. B. bei öffentlich-rechtlichen Internetaktivitäten keinen Handlungsbedarf, weil sie in Form des Rundfunkstaatsvertrags einen mühsam ausgehandelten gemeinsamen Kompromiss gefunden haben. Der Streit um Werbung im öffentlichen Rundfunk wogt seit vielen Jahren. CDU/CSU neigen zu einem Verbot, was mit den Positionen der kommerziellen Rundfunkindustrie (*VPRT*) und den Zeitungsverlegern parallel geht, die diese Einnahmen auf sich umlenken wollen. Die SPD sieht sich eher in Allianz mit den Rundfunkanstalten, die argumentieren, auf diese Mittel angewiesen zu sein und von der Werbewirtschaft darin unterstützt werden. Die verschiedenen Akteure bringen also ganz unterschiedlichen radiopolitischen Input ein und nutzen die politischen Institutionen, um ihre Interessen umzusetzen. In einem pluralen System ist dies meist nur in Kompromissen möglich, in einer ausgehandelten Medienpolitik (wie etwa dem Rundfunkstaatsvertrag), die dann als Output in die Gesellschaft zurückfließt.

## 6.6  Medien und politische Kommunikation

Politische Kommunikation bezeichnet die Kommunikationsströme, die aus dem politischen Bereich über die Medien zu den Bürgern laufen und – falls vorhanden – auch umgekehrt vom Bürger zurück in die Politik. Der wichtigste Bereich hier ist sicherlich die kontinuierliche aktuelle Politik-Berichterstattung, die gerade auch in Radioprogrammen stattfindet. Im Bereich der politischen Kommunikation zeigt das Radio einzigartige Qualitäten, die so auch im TV- und Online-

Zeitalter nicht zu ersetzen sind. In der Kombination von Aktualität, Schnelligkeit und Nebenher-Funktion, die blitzschnell zum aufmerksamen Hören führen kann, bleibt es unschlagbar. Typische Vollprogramme bieten stündliche Nachrichten, dazu Hintergrundanalysen oder Magazine zu politischen Themen. Weiterhin gibt es bei vielen öffentlichen Rundfunkanstalten eigene Nachrichtenkanäle, z. B. *NDR Info* oder *B5 aktuell* aus Bayern, die in ständigem Fluss über neueste Ereignisse berichten. Eine besondere Bedeutung hat hier der *Deutschlandfunk*, der aus Köln kommt und den Tagesablauf mit aktuellen Themen begleitet. Wegen seiner einzigartigen Stellung in der politischen Kommunikation wird er unten vertieft dargestellt. Gerade als Nebenher-Medium dient das Radio vielen Hörern zur schnellen Orientierung, sollte etwas Unerwartetes oder Unerhörtes passieren, wird er umgehend in Kenntnis gesetzt und hat so die Möglichkeit, sich en détail in anderen Medien vertieft zu informieren, z. B. im Bildmedium TV oder im Recherchemedium Internet.

Politische Nachrichten sind eine Domäne der öffentlichen Sender, was sowohl für stündliche Berichterstattung gilt, wie auch für Hintergrundanalysen und Kommentare. Aus der Hauptstadt Berlin werden diese Angaben berichtet. Im *ARD* Hauptstadtstudio sind 40 aus allen Anstalten entsandte Hörfunkjournalisten tätig, die mehr als 55 Hörfunkwellen bedienen. Jedes Büro eines Redakteurs ist gleichzeitig als Studio eingerichtet, mit der installierten Technik wird das Tonmaterial digital aufgenommen und sofort danach geschnitten. Es kann in Sekundenschnelle als Aufzeichnung oder live überspielt werden, was unterstreicht, dass Radio als das schnellste Medium gilt (nach Informationen des *ARD* Hauptstadtstudios).

Eine besondere Rolle in der politischen Kommunikation spielt der bundesweit präsente Sender *Deutschlandfunk* (*DLF*). Ursprünglich als deutscher Europasender konzipiert, wurde er nach der Vereinigung als nationaler Nachrichtensender neu aufgestellt. Heute gilt er als das Angebot, das am zuverlässigsten und differenziertesten über bundesdeutsche Politik informiert. Wer wissen will, was im aufgeheizten politischen Klima Berlins passiert, der verfolgt das Geschehen am besten über diesen Sender. Er verweist auf eine eigene Studie (2009), wonach täglich 1,4 Mio. Hörer den Sender einschalten, was eine Reichweite von 2 % bedeutet. Der *DLF* wird deutlich überdurchschnittlich in der Hauptstadt Berlin (3,6 %) gehört und ist sehr stark bei Multiplikatoren wie Politikern und Journalisten vertreten. Sie schätzen bei ihm Seriosität, Glaubwürdigkeit und Hintergrundberichterstattung. Der Sender verweist auf eine frühere Studie (tns emnid 2003) und erklärt: „Am frühen Morgen schalten 47 Prozent der Journalisten, 24 Prozent aller Politiker und 13 Prozent der deutschen Wirtschaftsmanager regelmäßig *Deutschlandfunk* oder *Deutschlandradio Kultur* ein." (www.dradio.de). Eine Studie zum Berliner Hauptstadtjournalismus nennt ihn gemeinsam mit anderen als zuverlässig eingeschätzten Leitmedien (*FAZ, SZ, Spiegel, Tagesschau*), die gemeinsam politische Kommunikation sicherstellen (Kramp/Weichert 2008). In der Programmstatistik steht der Sender entsprechend einzig dar, er füllte 2007 53,3 % der Sendezeit mit „Information und Service" (*ARD* gesamt: 29,5 %) und sendet fast keine Unterhaltung (0,5 %) (ALM 2009: 400).

Der *DLF* ist bekannt für seine vergleichsweise langen und dichten Interviews, die er mit Politikern führt. Wissend, dass viele Politikerkollegen mithören, ist er auch oft die Plattform, auf der sich Politiker austauschen. Er gibt dem Hörer nicht nur einen Eindruck von der aktuellen Hauptstadtpolitik, er lässt ihn oft Zaungast sein, wenn Politiker untereinander kommunizieren. Es ist viel einfacher für einen viel belasteten Politiker, schnell ein Telefoninterview mit dem Sender einzuschieben, als in einem TV-Studio anzutreten. Umgekehrt ist es für ihn naheliegend, im Büro oder im Dienstwagen zu verfolgen, was Kollegen und Konkurrenten zu sagen haben. Ein Sender wie der *DLF* punktet nicht mit hoher Quote, aber in einer bestimmten Szene von Entscheidungsträgern (der Sender nennt sie Elite) sorgt er für ein hohes Niveau der Informiertheit und des Austauschs – und der interessierte Bürger kann dabei sein.

Um das Radio nicht ganz zu einem Unterhaltungsmedium werden zu lassen, finden sich sowohl im Rundfunkstaatsvertrag, wie auch in den Ländergesetzen Bestimmungen, die viele Sender verpflichten, politische Berichterstattung in das Programm aufzunehmen. So können bestimmte Anteile für Wortbeiträge festgeschrieben sein, aber auch inhaltliche Vorgaben sind zu finden, etwa was Unparteilichkeit anbetrifft. Ein wesentliches Feld politischer Nutzung von Medien stellt die Wahlkampfkommunikation dar. Die kompetitive Besetzung von Mandaten gibt nur dann Sinn, wenn die Wähler zuvor über die Kandidaten und ihre Programme informiert werden. Dies können nur Massenmedien leisten. Im kommerziellen System der USA hatten die Wahlkampfmanager schon immer freien Zugang zu allen Medien. Folglich wurde nach wenigen Jahren Radioerfahrung schon in den 20er Jahren damit begonnen, Sendezeiten zu kaufen und Wahlwerbespots im Radio auszustrahlen. Inzwischen hat das Fernsehen diese Funktion übernommen. In Deutschland war der Zugang dagegen immer reglementiert, der Rundfunkstaatsvertrag schreibt dazu vor: „Parteien ist während ihrer Beteiligung an den Wahlen zum Deutschen Bundestag gegen Erstattung der Selbstkosten angemessene Sendezeit einzuräumen" (§ 42 (2) in der Fassung von 2010), ähnliche Regeln gelten für die Landesparlamente. Entsprechend typisch sind im öffentlichen Radioangebot Werbedurchsagen der Parteien geworden. Die Zahl der zur Verfügung gestellten Werbezeiten ergibt sich aus dem letzten Wahlergebnis, kleine Parteien erhalten mindestens einen Sendeplatz. Für den Ausgang des Wahlkampfs sind diese Durchsagen allerdings von geringer Bedeutung.

## 6.7 Medienpolitische Fallbeispiele

Nachfolgend werden einige exemplarische Fälle beschrieben, wie politische Positionen und Akteure dazu beitragen, ihre Anliegen in politischen Arenen zu Entscheidungen zu verdichten. Dies gilt vor allem der Illustrierung, natürlich zeigt Radiopolitik viele andere Facetten.

### 6.7.1 Fallstudie: Radio im regionalen Raum

Als Ergebnis des deutschen Föderalismus hat das Radio eine ganz spezielle Beziehung zur Region. Mit Region ist hier ganz allgemein der Bereich zwischen den Ebenen des Nationalstaats und des Lokalen gemeint. In Staaten, die mit Deutschland vergleichbar sind, bieten die öffentlichen Anbieter einige nationale Hörfunkprogramme an, die in der Regel in der Hauptstadt produziert werden. Die Region wird meist stiefmütterlich behandelt. Kommerzielle Sender begannen meist mit einem lokalen Angebot, mitunter haben sie inzwischen nationale Sendenetze aufgebaut.

In Deutschland liegt, wie beschrieben, das Zentrum der Radio-Aktivitäten in den 16 Bundesländern und damit in der Region. Der Grund ist nachvollziehbar: In den Landesparlamenten werden rundfunkbezogene Gesetze und Staatsverträge beschlossen, die Ministerpräsidenten, sonst nicht gerade mit öffentlichkeitswirksamen Politikthemen verwöhnt, sehen sich gern als Chef-Medienpolitiker. Für den kommerziellen Bereich haben die Länder die Landesmedienanstalten errichtet, die Radiolizenzen vergeben, Aufsicht ausüben und Förderprogramme anbieten. Auf Bundesebene findet nichts Vergleichbares statt, hier waltet nur ein Staatsminister für Kultur und Medien mit bescheidenen Kompetenzen, der sich selten zu Radiofragen äußert. Die national verbreiteten Radioprogramme des *Deutschlandradios* beruhen auf Staatsverträgen, die wiederum von allen Ländern unterzeichnet wurden.

Radio findet in Deutschland traditionell innerhalb der Ländergrenzen statt. Dies gilt ganz klar für den öffentlichen Bereich, hier werden die Programme im Land angeboten, regionale Zusatzangebote sind möglich. Das Programm der Vierländeranstalt *NDR* wird teilweise zentral, teilweise getrennt für die Trägerländer in den jeweiligen Hauptstädten produziert. Mit starken Nachrichtenredaktionen sowie Studios und Korrespondenten im ganzen Land sind sie eine gute Quelle für Informationen. Betreiben sie Nachrichtenkanäle, bieten sie spezielle Programmzeiten, die für Nachrichten aus dem Sendegebiet reserviert sind.

Das Radiosystem Deutschlands ist insgesamt ein recht getreues Abbild des föderalen Systems und zeigt insoweit auch seine politischen Wurzeln. In vielen gesetzlichen Programmaufträgen taucht in der einen oder anderen Form eine Verpflichtung auf, das Trägerland in der Programmarbeit besonders zu berücksichtigen. Landesregierungen haben besondere Verlautbarungsrechte. Im Programmauftrag des *Bayerischen Rundfunks* heißt es: „Die Sendungen sollen ... der Eigenart Bayerns gerecht werden." (Art. 4(2)). Zu den für Bayern so typischen Volksbegehren finden sich spezielle Ausführungsbestimmungen, wonach sie publizistisch unterstützt werden sollen. Im Staatsvertrag des *NDR* lesen wir die Bestimmung: „Norddeutschland und die Vielfalt seiner Regionen, ihre Kultur und Sprache sind im Programm angemessen zu berücksichtigen." (Art. 5 (2)). Naturgemäß ist der Zugang zu regionalen Besonderheiten – Mundarten, Folklore, touristische Informationen etc. – im kleinräumigen Radio leichter herzustellen, als im Großflächen-Medium Fernsehen. Die Domäne der Zeitung ist dagegen das Lokale.

Die Landesmedienanstalten sehen sich als Förderer der Radiowirtschaft in der Region, investieren dafür Geld und geben regelmäßig Studien in Auftrag, in denen die Leistungen der Stationen in ihrem Verantwortungsgebiet gewürdigt werden. Die Landesmedienanstalt von Thüringen feierte sich in einer (durchaus interessanten) Festschrift zu ihrem zehnjährigen Bestehen unter dem Titel „Das Geräusch der Provinz – Radio in der Region" (Rössler/Vowe/Henle 2001), darin werden zentrale Merkmale dargestellt: Die Region ist ein Kommunikationsraum, der des besonderen Schutzes bedarf (Bausinger 2001), jede Kommunikation beruht auf Territorialität, die ist im deutschen Fall vom Föderalismus bestimmt (Beck 2001) und das Radio ist das dominierende Massenmedium in dieser so bestimmten Region (Dieste 2001).

Als Ergebnis wird deutlich, in welch hohem Maße die deutsche Radiolandschaft von der Politik bestimmt wird, die Kleinräumigkeit wird von der Politik gesichert, auch gegen wirtschaftliche Interessenten, die auf große Versorgungsräume drängen. Der frühere Ministerpräsident von Thüringen (und zuvor von Rheinland-Pfalz, wo er den kommerziellen „Urknall" von 1984 mitverantwortete) brachte es selbstbewusst auf diesen Nenner: „Rundfunk und Politik lassen sich nicht trennen. Politik liegt im Mitgestaltungsauftrag des Rundfunks – Rundfunk liegt im Mitgestaltungsauftrag der Politik. Dem müssen wir so nahe wie möglich kommen, wenn wir die Rundfunkfreiheit für unsere freiheitliche Demokratie bewahren wollen." (Vogel 2001: 522). Selbst die großen Medienkongresse Deutschlands finden unter gemeinsamer Regie der Ministerpräsidenten, der Landesrundfunkanstalten und der Landesmedienanstalten in den Medienmetropolen statt (etwa jährlich die Münchener Medientage). Sie bieten dann die Kulisse für glanzvolle Auftritte der Landesväter. (vgl. Kap. 15.3)

Die Frage ergibt sich, ob diese Vormachtstellung der Länder der Radiostruktur gut bekommen ist? Auf jeden Fall sind damit zentralistische Tendenzen unterbunden worden: In Deutschland organisiert sich die Region ihre Radioversorgung selbst, das ermöglicht größere Bürgernähe und diese Bürger finden ihre unterschiedlichen Erwartungen, ihre kulturellen und regionalen Besonderheiten im Radioprogramm wieder. Auf der Negativseite muss der tendenzielle Zentralismus innerhalb der Bundesländer genannt werden, die ja oft die Größe europäischer Mittelstaaten haben. Dazu kommen Entwicklungen in manchen der großen Bundesländer, wo landesweite kommerzielle Rahmenprogramme zur Verfügung stehen (*Antenne Bayern*, *Radio NRW*), die mit lokalen Sendern in Konkurrenz treten. Sicherlich stellt auch die teilweise ungenierte Inanspruchnahme der regionalen Medien durch die Landespolitik ein Problem dar. Negativ wirkt sich die Zersplitterung auf die Szene nichtkommerzieller Stationen aus, weil hier jedes Bundesland eine eigene Politik verfolgt. (siehe Kap. 12)

### 6.7.2   Fallstudie: Das Sendemonopol des Staates

Basierend auf Misstrauen gegenüber der deutschen Postorganisation stellten die Westalliierten nach 1945 sicher, dass die Sender der *ARD*-Anstalten von ihnen selbst betrieben werden konnten. Das erste Rundfunkurteil des Bundesverfassungsgerichts von 1961 sah es anders, danach besteht eine alleinige Zuständigkeit des Bundesstaats für Rundfunkaussendungen. Dies bedeutete, dass alle nach 1961 errichteten Sender in Regie der ehemals staatlichen Post fielen. Das betraf die Expansion der *ARD* auf UKW, die ab 1985 begründeten Kommerzsender und die Sendeanlagen in der Ex-DDR. Nach Privatisierung und Etablierung der *Deutschen Telekom* wurden die Sendeaktivitäten in die *T-Systems Media & Broadcast GmbH* zusammengefasst, die 2008 an die *Télédiffusion de France* (*TDF*) verkauft wurde, den französischen Sendenetzbetreiber. Als *Media Broadcast* ist diese Firma mit Sitz in Bonn immer noch der größte deutsche Dienstleiter für Bild- und Tonübertragung. Für Deutschland ist bis heute die Trennung von Programmproduktion (im Sendehaus) und Ausstrahlung (über den isoliert stehenden Fernsehturm) typisch.

Obwohl das alte staatliche Sendemonopol gefallen ist, hat dieses Unternehmen immer noch eine marktbeherrschende Stellung. Klage wird über die hohen Aussendekosten geführt und die *Deutsche Welle* wanderte deshalb vor einigen Jahren zu einem deutlich günstigeren britischen Anbieter ab. Letztlich prägt dieses Unternehmen mit seinem posttypischen Zentralismus die Radioentwicklung bis heute. So sind selbst kleine Sender oft darauf angewiesen über die für große deutsche Städte typischen Sendetürme auszustrahlen, obwohl es für einen Stadtteil oder ein Campusradio sehr viel sinnvoller wäre, wenn ein eigener kleiner Sender vor Ort eingesetzt würde. Ebenso ist das verfügbare und begrenzte Sendespektrum besser nutzbar, wenn näher am Hörer gesendet wird, ein Teil der deutschen Frequenzengpässe ist diesem Effekt geschuldet.

Angesichts dieser sehr deutschen Situation kennen wir auch nicht das, was in anderen Ländern oft typisch ist, dass Radiostationen als solche offen zu erkennen sind: Auf dem Dach des Sendergebäudes – oft mitten in der Stadt – steht stolz der Sendemast als weithin sichtbares Symbol. Das Rockefeller Center in New York (dessen Baubeginn 1931 mit der Goldenen Ära des Radios zusammenfällt) hat als höchsten Bau mitsamt Antennen das *RCA* Victor Building (heute GE Building). *RCA*, die *Radio Corporation of America*, war damals das bedeutendste Unternehmen der Radiobranche und baute u. a. das Network *NBC* auf (dessen Hauptquartier sich immer noch dort befindet). Im Rockefeller Komplex ist auch die Radio City Hall zu besichtigen, damals das größte Theater der Welt, das mit den Auftritten berühmter Musiker Radiogeschichte schrieb. Man sieht, wie andere politische Vorgaben auch zu ganz anderen Einbettungen des Phänomens Radio in Gesellschaft und Architektur führen.

### 6.7.3   Fallbeispiel: Lobbyismus für kommerzielles Radio

Mit dem umbestimmten Begriff des Akteurs beschreiben wir ganz unterschiedliche medienpolitische Interessenten, darunter   klassische Verbände, aber auch einzelne Unternehmen, staatliche oder öffentliche Stellen, Journalistenorganisationen, Bürgerinitiativen etc. Ganz sicher sind die öffentlichen Rundfunkanstalten nicht nur Objekte der Medienpolitik, sondern mischen je nach Situation kräftig in eigener Sache mit. So ist die *ARD* trotz anderer Aufgaben auch ein Lobbyist. Das muss sie aber auch sein, denn ihr steht mit dem *VPRT* ein gewichtiger Akteur gegenüber, der hier mit seinen radiopolitischen Zielen vertieft dargestellt werden soll.

Die zentrale Interessenvertretung der kommerziellen Radiowirtschaft in Deutschland erfolgt durch den *Verband Privater Rundfunk und Telemedien e. V.* (*VPRT*), eine seit 1990 bestehende Organisation, der nahezu alle Stationen angehören, die ihr Geld mit Werbung verdienen. Organisatorisch teilt sich der Verband in zwei Zweige, einen für Fernsehen und einen für „Radio & Audiodienste" (www.vprt.de). Diese Organisation verfolgt sehr genau, was in den verschiedenen medienpolitischen Arenen geschieht und ist mit eigenen Stellungnahmen präsent.

Deutliche Vorstellungen davon, wie er sich die Radiolandschaft vorstellt, finden sich in einer in Auftrag gegebenen Studie, aus der sich medienpolitische Leitvorstellungen ableiten lassen (*VPRT* 2006):

- Zur öffentlichen Konkurrenz: Der *VPRT* begrüßt, dass 2004 staatsvertraglich die Zahl der öffentlichen *ARD*-Programme „gedeckelt" wurde auf eine Höchstzahl die „in den nächsten Jahren deutlich reduziert werden" muss (*VPRT* 2006: 19).

- Zum Abbau staatlicher Regulierung: Refinanzierungsmöglichkeiten dürfen nicht durch Gesetze beschnitten werden. „Sie müssen vielmehr durch Deregulierung der Marktbedingungen angepasst werden, damit die Potenziale des Hörfunks genutzt werden können." (*VPRT* 2006: 29).

- Zum Inhalt der Regulierung: Es wird davon ausgegangen, dass der öffentlich-rechtliche Rundfunk sich selbst reguliert, während „der werbefinanzierte, somit auf die Nachfrage der Hörer ... angewiesene private Rundfunk bis ins Kleinste darüber instruiert (wird), was er senden soll und darf." In Zukunft werden sich die Rundfunkanstalten im Hörfunk „auf die Erfüllung näher zu bestimmender, wesentlicher Aufgaben konzentrieren müssen. Was der Markt ohnehin hervorbringt, können öffentlich-rechtliche Veranstalter mittels Zwangsgebühren nicht noch einmal bereitstellen." (*VPRT* 2006: 47).
- Zur Werbung im öffentlichen Hörfunk: „Der Verzicht der *ARD*-Anstalten auf Werbung und Sponsoring ist eine der wichtigsten Voraussetzungen zur Verwirklichung des dualen Rundfunksystems." (*VPRT* 2006: 254).

Bezogen auf die Frequenzsituation wird vorgerechnet, dass öffentliche Anbieter über sehr viel mehr und bessere Frequenzen verfügen, als der kommerzielle Sektor. Insbesondere in den Flächenländern und beim Betrieb von Senderketten gebe es Nachteile: „In den 13 Flächenländern verfügen die privaten Hörfunkunternehmen durchschnittlich über 2,8 Senderketten, die öffentlich-rechtlichen Programme dagegen über durchschnittlich 6,7 Senderketten." (*VPRT* 2006: 88). Würde sich der VPRT durchsetzen, sähe die deutsche Radiolandschaft offensichtlich anders aus.

Der *VPRT* selbst ist eine Lobby-Organisation mit sehr heterogener Zusammensetzung, darunter bundesweit tätige Networks, Betreiber gut gehender landesweiter Sender und kleiner Lokalsender, es sind große Medienkonzerne dabei und kleine Familienunternehmen. Eine weitere *Arbeitsgemeinschaft Privater Rundfunk (APR)* wurde 1990 gegründet, um die „Interessen lokaler und regionaler Privatradios zu vertreten"; er tritt mitunter als Konkurrent auf (www.privatfunk.de). In vielen Detailfragen sind Mitglieder des *VPRT* unterschiedlicher Meinung, so etwa in Fragen des digitalen Hörfunks. (vgl. Kap. 5.6) Insgesamt sichert ein Feindbild *ARD* den Zusammenhalt in den eigenen Reihen.

Auf europäischer Ebene setzt sich diese Interessenvertretung fort. Dort ist die *Association Européenne des Radios (AER)* aktiv, die 4500 kommerzielle/private Stationen aus allen Ländern der EU und der Schweiz repräsentiert und deren Belange in die europäische Politik trägt (www.aereurope.org). Als 2002 z. B. ein Verbot der Tabakwerbung im Radio erörtert (und europäisch durchgesetzt) wurde, sprach sich die *AER* im Interesse ihrer Mitglieder strikt dagegen aus. Es ist wichtig, sich mit der Tätigkeit dieser Lobbys zu beschäftigen, weil ihr weitgehend verdeckter Einfluss in der Medienpolitik eminent ist.

Auch die *ARD* verfügt über ein eigenes Brüsseler Büro. Die zentrale Interessenvertretung läuft aber über die *European Broadcasting Union* (*EBU*), die Dachorganisation aller Public Service-Anbieter in Europa und dessen Umgebung, insgesamt aus 56 Ländern. Innerhalb der großen *EBU* (mit etwa 300 Mitarbeitern und einer Zentrale in Genf) gibt es ein *Radio Department*, wo z. B. europäisches Musikgut (EuradioClassics) und Populärmusik (Eurosonic Radio) gepflegt werden, Programmaustausch findet vor allem in den Bereichen News & Sport statt (www.ebu.ch/radio). Auch ihr Stil ist eher von Kooperation mit der Politik geprägt, mitunter nimmt sie fast diplomatischen Status für sich in Anspruch.

### 6.7.4 Fallbeispiel: Quote fürs Radio?

Während in fast allen Politikfeldern der Hörfunk im Windschatten des Fernsehens quasi mitsegelt, hat sich in einem Bereich eine ganz auf den Hörfunk bezogene Debatte entfaltet, die unter dem Schlagwort Radioquote läuft. Eine Quote ist eine numerische Festlegung auf einen Anteil, in diesem Fall auf eine Quote für deutsche Musikinterpreten. Die Debatte war dadurch angeregt worden, dass in Frankreich 1994 eine gesetzliche Bestimmung erlassen wurde, wonach mindestens 40 % des Gesamtprogramms mit französischen bzw. frankofonen Musikern zu füllen sind, darunter 20 % mit Neuheiten und Titeln Unbekannter (das Nachtprogramm und besondere Stationen, z. B. mit ethnischem Programm, waren ausgeschlossen).

Diese Quote hatte in Frankreich zu einer Belebung des nationalen Musikmarktes geführt, was 2002 den Politiker Erwin Huber (CSU) veranlasste, für Deutschland eine Übernahme vorzuschlagen. Die Folge waren jahrelange Kontroversen. Dabei verbanden sich kultur- mit wirtschaftspolitischen Argumenten, die politischen Fronten gingen quer durch die Parteien. Die Bundes-FDP legte 2005 ein Papier vor: „Radioquote – nein danke" und argumentierte, das Vorhaben verkörpere „deutsche Regelungswut", sei „populistisch" und baue auf „Deutschtümelei", es sei zudem verfassungswidrig (www.fdp-bundespartei.de). Viele Größen der deutschen Popmusik (Heinz Rudolf Kunze, Udo Lindenberg u. v. a.) stritten dagegen für die Quote, weil sie sich eine Stärkung der Musikszene davon versprachen.

Der Streit setzte sich in verschiedenen Industriebranchen fort. Der *Deutsche Rock- und Popmusikverband* war schon Jahre zuvor mit der Forderung nach Quoten an die Öffentlichkeit getreten, der *Bundesverband der Phonographischen Industrie* (Interessenvertretung der Musikindustrie) sprang ihm bei; Vertreter der Radioindustrie wehrten dagegen entschieden ab. Das galt für Sprecher der *ARD*, vor allem aber die kommerzielle Radioindustrie mit ihrem Verband *VPRT*, die hier ausnahmsweise an einem Strang zogen. Der Bundestag (besonders der Ausschuss für Kultur und Medien) beschäftigte sich mit dem Thema und sprach 2004 eine 35 %-Empfehlung aus, verwies aber auf die Zuständigkeit der Länder. Hier hatten die Ministerpräsidenten 2003 zu Protokoll gegeben, dass sie von Hörfunkveranstaltern, insbesondere der *ARD* „eine stärkere Berücksichtigung von deutschsprachiger Musik und deshalb eine Förderung auch neuerer deutschsprachiger Musikangebote" erwarten. Die *ARD* erklärte ihrerseits bei einer Anhörung im Bundestag 2006, dass sie genug für deutsche Musikschaffende tue und Quoten entschieden ablehne (www.webarchiv.bundestag.de/archive/2006). Die Debatte wurde einige Jahre erregt geführt, ebbte ab und verschwand, zu greifbaren Ergebnissen kam es nicht.

Wie oft in Deutschland haben internationale Erfahrungen bei der Debatte – mit Ausnahme des französischen Beispiels – kaum eine Rolle gespielt. Das klassische Land der Eigenproduktionsquoten ist Kanada, das in der Abwehr US-amerikanischer Einflüsse seit 1968 seinen Rundfunkanbietern bestimmte Anteile bindend vorschreibt. Pop-Sender auf MW und UKW unterliegen der Verpflichtung, mindestens 35 % ihres Programms mit kanadischer Musik zu bestreiten. Diese Vorschriften sind 1998 sogar noch verschärft worden, davor galt der Wert 30 %; im frankofonen Teil des Landes müssen sogar bis zu 65 % des Gesamtprogramms mit französischsprachigen Titeln gefüllt werden. Die Einhaltung wird von der Aufsichtsbehörde *CRTC* kontrolliert, bei Verstößen hagelt es Strafen (Raboy/Skinner 2009: 981). In Neuseeland entfesselte man ab 1989 mit kompletten Deregulierungen die kommerzielle Radioindustrie und öffnete damit internationalen Investoren den Markt. Im Ergebnis drohten die heimischen Musikschaffenden unterzugehen, weil Pop-Titel komplett importiert wurden. Zur Rettung von „Kiwi"-Musik musste erst einmal erarbeitet werden, was „authentische" Klänge aus Neuseeland eigentlich bedeuten. Durch massiven Druck auf die Sender konnte ein höherer Anteil heimischer Titel erreicht werden. Die Musikkreativen hatten wieder eine Perspektive und die Maßnahmen stabilisierten auch die Identität des kleinen, verletzlichen Landes (Dubber 2007). In der alten DDR galt die Regel, dass nicht mehr als 50 % der Pop-Musik aus dem kapitalistischen Ausland kommen dürfe, dem gern kulturelle Dekadenz unterstellt wurde.

In jedem Fall dienen derartige Vorschriften dem Schutz der eigenen Musikschaffenden, denen tatsächlich mehr Geldmittel zufließen, Quoten erweisen sich als ein Instrument aktiver Kulturpolitik. In Kanada haben sich die Sender anfangs gegen diese Vorschriften gewehrt, weil sie nicht frei disponieren konnten, arrangierten sich dann mit der Situation, auch weil sie die Vorteile sahen, wenn Musiker im eigenen Lande leben und damit viel besser ansprechbar sind. Je näher Akteure den Regulierungsbetroffenen (den Radiosendern) standen, umso weniger Verständnis zeigten sie für die Quote: Kulturpolitiker sahen in ihr eine Chance, Wirtschaftspolitiker überflüssige Reglementierung. Auffällig war dabei eine hohe Emotionalität der Debatte. In dem Vorbildland für Multikulturalität Kanada jedenfalls beruhen Radioquoten heute auf parteiübergreifendem Konsens und sichern eine lebendige, ethnisch breite Musikindustrie. In Frankreich ist die Quote eher umstritten, weil das französischsprachige Musikangebot als begrenzt gilt und das Programm so eintöniger werde. Die Beispiele verdeutlichen letztlich, wie unterschiedlich Radiopolitik in der Welt betrieben wird und wie begrenzt das Wissen über weltweite Erfahrungen mit dem Radio ist.

### 6.7.5  Fallstudie: Radio und Verkehrsfunk

Das Radio bewegte sich schon immer mitten in der Gesellschaft. Natürlich richteten sich Interessen darauf, wie sein Auftrag ausgestaltet werden soll. Als historisches Beispiel gilt hier die Einführung des Verkehrsfunks. Dieses Angebot kam anfangs der 70er Jahre in das Programm (zuerst: *Bayerischer Rundfunk* 1971) und hatte zur Folge, dass regelmäßig – meist halbstündig – Bericht über die Stau- und Unfalllage auf wichtigen Straßen gegeben wird. Dazu kommen Durchsagen im laufenden Programm, wenn es um aktuelle Bedrohungen geht, z. B. Unfälle oder Geisterfahrer. 1974 wurde mit bestimmten Kennungen (ARI) begonnen, die auch bei anderen Nutzungen des Autoradios oder abgeschaltetem Ton die Durchsagen übermitteln. Heute gibt es mehrere Techniken, um Durchsagen dem Autofahrer bzw. seinem Navigationssystem zu vermitteln. (vgl. auch Kap.5.6).  Die aktuellen Verkehrsmeldungen kommen von verschiedenen Leitstellen, vor allem bei der Polizei, aber auch von Feuerwehr, Rettungsdiensten und Automobilklubs.

Was ist politisch interessant am Verkehrsfunk? Zuerst einmal ist er auf den reichweitenstarken Sendern oft die häufigste, regelmäßig wiederkehrende Programmform. Als er begonnen wurde, wurde er vor allem als Beitrag zur Verkehrssicherheit auf Deutschlands Straßen verstanden, wo der Verkehr immer dichter und bedrohlicher zu werden drohte. Befürworter waren damals Organisationen wie die Deutsche Verkehrswacht oder der Automobilklub ADAC. Bei den Stationen der *ARD* werden eigene Verkehrsfunkredaktionen unterhalten, welche die eingehenden Meldungen auf Plausibilität prüfen und nach journalistischen Kriterien bearbeiten. „Die *ARD* kooperiert mit den Landesmeldestellen der Polizei, dem ADAC und der *EBU*, um allen Verkehrsteilnehmern einen in Qualität und Quantität optimierten Dienst zu liefern." (*NDR* 2009). Auch kommerzielle Sender werden heute mit polizeilichen Meldungen versorgt und bauen sie in das Programm ein – häufig recht dramatisch präsentiert. Zusätzlich informieren sie (am Rande der Legalität) über „Flitzerblitzer", aktuelle polizeiliche Geschwindigkeitskontrollen per Radar, deren Standorte von Hörern hereintelefoniert werden. Auch öffentliche Anbieter können angerufen werden, um aktuelle Verkehrsprobleme mitzuteilen, allerdings beteiligen sie sich nicht an Warndurchsagen für Schnellfahrer.

Was hier wie vertrauter Radioalltag klingt, hat auch seine besonderen Seiten. Faktisch wird in diesen Durchsagen Verkehr mit Automobilnutzung gleichgesetzt, Durchsagen für Nutzer anderer Verkehrsteilnehmer finden nur in Ausnahmefällen statt (z. B. schwere Störungen im Flugverkehr). Obwohl heute auch Navigationsgeräte per Radio mit Verkehrsangaben gefüttert werden, begleiten Verkehrsdurchsagen alle reichweitenstarken Programme, wo niemand ihnen zu entgehen vermag. Die Polizei und private Automobilklubs wie der ADAC, zugleich der größte Autolobbyist, werden regelmäßig mit positivem Unterton zitiert. Was daran der Verkehrssicherheit dient, bleibt fraglich, denn viele Durchsagen erreichen die Adressaten zu spät oder sind unzutreffend. Auf jeden Fall wird hier für das autofahrende Segment der Gesellschaft aus öffentlichen Mitteln ein Sonderdienst zur Verfügung gestellt, den alle mitbezahlen.

Die unterschwellige Wirkung dieser ständigen Verkehrsdurchsagen wurde in der Einführungsphase Anfang der 70er Jahre deutlich, als plötzlich „Geisterfahrer" zu einem öffentlichen Thema wurden (und es bis zu einer Titelgeschichte des *Spiegels* schafften). Fahrer, die auf der falschen Seite der Autobahn unterwegs sind, gab es schon immer, aber erst mit den Warndurchsagen per Radio erhielten sie Aufmerksamkeit und wurden zum öffentlichen Thema. Außerdem regte die Berichterstattung Nachahmer an, Spaßvögel veranlassten Falschmeldungen, die echte Geisterfahrt wurde zur Mutprobe. Das Spiel endete mit dem Warten auf die fällige Warndurchsage. (Kleinsteuber 1983) Wie bei allen Themen folgte auch das Thema Geisterfahrer einem Medienzyklus, es verbrauchte sich und ist längst auf Normalmaß zurückgegangen.

## 6.8 Fazit

Dieses Kapitel zur Medienpolitik sollte unterstreichen, dass es eine breite Palette radiopolitisch engagierter Akteure gibt, die teilweise öffentlich, oft auch im Verborgenen aktiv sind. Dass die Interessen verschiedener Akteure auseinanderstreben, ist völlig normal und Bestandteil jeder Medienpolitik. Es wäre Aufgabe der Politik, diese Einflussfaktoren deutlich zu machen und sich für die Erarbeitung von Lösungswegen einzusetzen. Tatsächlich ist der Staat aber als Technologie-, Wirtschafts- oder Kulturpolitiker selbst aktiv, ohne dass dies immer transparent wird. So entstehen mitunter Patt-Situationen, in denen es zu keinen klaren Entscheidungen kommt. Ein zentrales Handicap ist, dass die eigentlich Betroffenen und letztendlich auch Financiers des Systems, die Hörer, weder direkt – etwa durch eine Hörervereinigung – noch indirekt – etwa in Form von Interessenvertretungen (z. B. Rundfunkräten etc.) – ernsthaft in die Prozesse einbezogen sind.

Auch die Wissenschaft wird nicht ermutigt, über den Tellerrand begrenzter Interessen hinaus - von neutraler Warte aus - die größeren Zusammenhänge deutlich zu machen und aktuelle Radioentwicklungen in ihren historischen oder international vergleichenden Kontext zu stellen. Dabei darf nicht mehr nur national gedacht werden, alle Prozesse um das Radio haben – auch auf lokaler Ebene – längst eine europäische wie globale Seite.

## 6.9 Fragen zur Vertiefung

1. Ist Medienpolitik wirklich wichtig für die deutsche Radioentwicklung? Auf jeden Fall, auch wenn in der Phase, als Medienpolitik entdeckt wurde (in den 70er Jahren), das Fernsehen bereits als Leitmedium galt. Oft wurden Fragen der Radioordnung im Windschatten der Fernsehpolitik mitentschieden. Aber es gab auch radiospezifische Entwicklungen, von denen einige hier dargestellt werden.

2. Auf welcher Ebene der Politik wurde und wird vor allem Radiopolitik betrieben? Die absolut dominante Ebene ist die der Länder. Die allermeisten Radioprogramme Deutschlands haben hier ihren Ursprung, die meisten werden landesweit verbreitet, einige auch nur lokal. Ministerpräsidenten, Regierungen und Parlamente der Länder sehen es regelrecht als ihr Privileg an, vielfältig in die inneren Belange „ihrer" Radiolandschaft eingreifen zu dürfen.

3. Erweist sich die Radiolandschaft in den verschiedenen Bundesländern als eher homogen oder eher unterschiedlich? Besonders homogen erscheint sicherlich der kommerzielle Sektor, weil er nach einheitlichen, international gültigen Prinzipien arbeitet. Differenzierter ist schon der öffentliche Bereich, aber auch hier haben *ARD*-Anstalten ähnliche Angebote entwickelt. Besonders vielfältig stellt sich die nichtkommerzielle Landschaft dar.

4. Warum wissen wir nur wenig von radiopolitischen Konflikten? Die meisten Kontroversen, etwa um die Radioquote oder den Verkehrsfunk werden in kleinen Zirkeln ausgetragen. Da es keine Hörerverbände gibt, sind auch Belange des Publikums kaum präsent. Gleichzeitig bemühen sich die beteiligten Akteure auch nicht um Öffentlichkeit, denn nach ihrer Erfahrung haben sie mehr Einfluss, wenn hinter verschlossenen Türen Entscheidungen ausgehandelt werden.

5.  Ist die deutsche Situation typisch für Medienpolitik? Soweit die zentrale medienpolitische Ebene in den Bundesländern liegt, ist dies ziemlich einmalig in der Welt. Anderswo stehen meist nationale neben lokalen Programmen. Public Service steht dabei für nationale Versorgung, kommerzielle Anbieter eher für lokale Angebote, mitunter zusammengeschlossen in Netzen, die großflächig Ballungszentren versorgen.

## 6.10 Definitionen und Erklärungen

*Rundfunkfreiheit:* Heute ist sie Teil der Meinungs- und Medienfreiheit, die auf die in der amerikanischen und französischen Revolution erkämpften Menschenrechte zurückgeht. In Deutschland ist sie als Grundrecht im Grundgesetz Art. 5 verankert. Gegenüber der Pressefreiheit ist die Rundfunkfreiheit deutlich restriktiver angelegt und an gesetzliche Vorgaben gebunden (z. B. Anstalten, Aufsichtsorgane, Lizenzen).

*Medienpolitik:* Politisch motiviertes und intendiertes Handeln, das sich auf die Organisation, die Funktionsweise, die Ausgestaltung und die materielle sowie personelle Seite der Massenmedien bezieht. Radiopolitik ist Teil dieser Medienpolitik, die von Akteuren angestoßen (Input) und vom Staat (Output) ausgeführt wird.

*Föderalismus:* Von lat. foedus = Bund, eine politisch-staatliche Ordnung bei der Macht zwischen Zentralstaat und Mitgliedsstaaten entsprechend den Vorgaben der Verfassung aufgeteilt ist. In Europa gibt es nur wenige Bundesstaaten (Deutschland, Österreich), nur in Deutschland liegt die Rundfunkkompetenz laut Rechtsprechung des Bundesverfassungsgerichts bei den Gliedstaaten (Bundesländern).

*Mehrebenensystem:* Beschreibt hierarchisch geordnete und ineinander verschachtelte Räume und ihre Arenen, in denen heute Radiopolitik gemacht wird. Typisch sind Verflechtungen und Koalitionen zwischen den verschiedenen Ebenen.

*Lobbyismus:* Von Lobby, der Vorhalle des britischen Parlaments abgeleitet, bezeichnet die beständigen Versuche wirtschaftlicher oder gesellschaftlicher Akteure, ihre Interessen im politischen Entscheidungsprozess einzubringen und durchzusetzen. Deutsche Medienpolitik wird von einer breiten Palette von Akteuren begleitet, die (zeitweise) als Lobbyisten auftreten (z. B. Verbände, Vereine, Anstalten, Kirchen, Unternehmen etc.).

# Kapitel 7
# Ökonomie

## 7.1 Einige Grundlagen

In diesem Kapitel werden einige allgemeine Kategorien der (Medien-)Ökonomie auf das Thema Radio übertragen. Es geht darum, wie die Güter Information, Bildung, Unterhaltung und Werbung im Radio produziert, verteilt und konsumiert werden (Heinrich 1999). Dabei werden knappe gesellschaftliche Ressourcen (wie Arbeit, Kapital, Natur) verbraucht. Aufseiten der Produzenten konkurriert das Investment in Radiounternehmen mit anderen Anlagemöglichkeiten innerhalb und außerhalb des Mediensektors. Aufseiten der Verbraucher konkurriert der Radioempfang mit anderen Verwendungsoptionen von Zeit wie sonstige Medienangebote oder Konsummöglichkeiten. Es geht also auch immer um Konkurrenz in Bezug auf die Aufmerksamkeit des Mediennutzers. Die Ökonomie versteht sich in diesem Zusammenhang als handlungsorientiert, sie fragt, wie möglichst preisgünstig produziert werden kann und was das Publikum rezipieren will. Dabei gilt, dass das Radio heute im Vergleich zu anderen Medien besonders kostengünstig arbeitet, aber auch nur begrenzte Attraktivität entwickelt.

Medienökonomen verweisen darauf, dass nach der reinen Lehre der Markt mit seinem Preismechanismus von Angebot und Nachfrage ein optimales Informationssystem darstellt. Diese allgemein richtige Feststellung kann aber bei Medien aus verschiedenen Gründen nicht gelten, weil es eine ganze Reihe von Marktversagensgründen gibt (Heinrich 1999: 21ff.).

So beruht die Tätigkeit von Medien

- auf Informationen, die als öffentliches Gut gesehen werden, da Eigentumstitel oft nicht vermittelbar sind,
- ebenso werden externe Effekte erzielt,
- es besteht eine hochgradige Fixkostendegression und
- die Rezipienten agieren unter Informationsmangel.

Liegt Marktversagen vor, so besteht die Notwendigkeit für Regulierung, also für eine staatliche Verhaltensbeeinflussung gegenüber den Unternehmen. Diese Umsetzung eines staatlichen Ordnungsrahmens geschieht im Rundfunkbereich durch

- Schaffung öffentlicher Unternehmen mit interner Kontrolle (Anstalten und Rundfunkräte) bei den *ARD*-Programmen (vgl. Kap. 8.3) oder
- durch gewerbliche Unternehmen bei externer Kontrolle (durch Landesmedienanstalten) der Kommerzradios (vgl. Kap. 8.4).

Bei dieser Sichtweise werden vor allem allgemeine Kriterien der Volkswirtschaft zugrunde gelegt und gefragt, welche Besonderheiten den Mediensektor kennzeichnen. Da dieser Ansatz nicht immer gegenstandsgerecht erscheint, ist ein ganz anderer Ansatz entwickelt worden, der den Begriff der Kulturindustrien in den Vordergrund stellt. Dabei geht die Analyse von der Einzigartigkeit der Medien aus: „More than other types of production, the cultural industries are involved in the making and circulating of products – that is, texts – that have an influence on our understanding of the world." (Hesmondhalgh 2007: 3). „Text" ist dabei der Sammelbegriff für alle Kulturprodukte, wie sie z. B. auch Radioprogramme darstellen. Die Unternehmen der Kulturindustrie werden in wachsendem Umfang großindustriell organisiert: Ihre Besonderheit besteht darin, dass sie Kreativität produzieren und zirkulieren und als solche Agenten des gesellschaftlichen (ökonomischen, politischen und kulturellen) Wandels darstellen. Auch aus dieser Sicht lässt sich begründen, dass der Staat aktiv mitgestalten muss.

In jedem Fall erinnert uns die ökonomische Sichtweise daran, dass Medien nur dann agieren können, wenn sie wirtschaftlich handeln, denn Medienproduktion erzeugt Kosten und Medienorganisationen können – wenn sie überleben wollen – nicht mehr Geld verbrauchen als sie einnehmen. Unternehmen stehen am Markt immer in Konkurrenz und entwickeln bestimmte Strategien, wie sie unter diesen Bedingungen erfolgreich operieren können. Als Produzenten müssen sie über ein Mindestmaß an innerer Organisation verfügen und Medienmanagement sorgt dafür, dass die Organisation effektiv arbeitet. Medien müssen sich ein genaues Bild von ihrem Publikum machen, um mit dem Programmangebot ein Optimum an Reichweite zu erreichen.

## 7.2  Grenzen ökonomischer Sichtweisen

Es gilt auch: Manche Konzepte, die sich aus allgemeinen Ansätzen der Medienökonomie ergeben, brechen sich an den Realitäten der vielfältigen Radiolandschaft. Natürlich gibt es das kommerziell agierende Radiounternehmen, das mit seinen Angeboten am Markt operiert und damit Geld verdienen will. Dazu treten die öffentlichen Anbieter, die über eine Grundfinanzierung per Gebühren verfügen und als Gegenleistung gesetzlich formulierte Aufträge – etwa in den Bereichen Information, Kultur, Bildung – zu erfüllen haben, die so über den Markt nicht zu finanzieren wären.

Seit der Einführung des dualen Rundfunksystems wird Radiomachen zunehmend mit der Akquise und der Vermarktung von Werbung gleichgesetzt, Werbung wird als zentrale Finanzierungsquelle zugrunde gelegt, die es zu maximieren gilt. Dieser Ansatz bildet aber nur eine Teilerfahrung ab, die Mehrzahl der öffentlichen Programme und die aller Community Radios sind werbefrei. Ein Phänomen wie das des Radio-Liebhabers, der ohne Entgelt und aus Begeisterung eine Radiostation betreibt, ist ökonomisch kaum zu fassen. Aus wirtschaftlicher Sicht, die das rationale Verhalten eines Homo Oeconomicus in den Vordergrund stellt, erscheint das Selbermachen wie eine Form der Selbstausbeutung. Die Freude an eigener Aktivität, an der handwerklichen Beherrschung des Mediums Radio ist ökonomisch kaum abzubilden. Da erweist sich der Ansatz der Kulturindustrien als sinnvoller, der die kreative Seite der Medien betont: Die sehen wir besonders deutlich bei dem Typus von Radiostationen realisiert, die nicht den Mainstream bedienen, sondern sich der Nischenversorgung, den kulturellen oder ethnischen Minderheiten oder dem aktiven Einüben des Radiomachens verschreiben. Mit dieser Seite des Radios beschäftigen sich daher andere Teile des Buches (siehe Kap. 12 und 14.2).

## 7.3 Ebenen der Analyse

Nachfolgend werden Ebenen beschrieben, auf denen Medienökonomen radiowirtschaftliche Aktivitäten ansiedeln. Es handelt sich um
- die Makroebene der Gesamtwirtschaft,
- die Mesoebene der Märkte und
- die Mikroebene der einzelnen Unternehmen.

Darauf wird auf einige Schlüsselbegriffe eingegangen, darunter:
- kommerzielles Radio
- Radiowerbung
- Radiomanagement
- Radiostrategie

### 7.3.1 Die Ebene der Gesamtwirtschaft

In Deutschland besteht heute in ökonomischer Sicht ein dominant duales Radiosystem, dessen zwei Säulen auf ganz unterschiedlichen Unternehmensverfassungen, Zielsetzungen und Finanzierungen beruhen. Der Markteintritt ist in jedem Fall (im Unterschied zu Printmedien) stark reglementiert, wer ohne Erlaubnis sendet, bewegt sich in der Illegalität, wird zum Piratensender. Gesetzliche

Grundlage aller Sendetätigkeit ist der Rundfunkstaatsvertrag (vgl. Kap. 6.1). Für öffentliche Anbieter regelt der Gesetzgeber über Landesrundfunkgesetze den Zugang, faktisch besteht ein technisch bzw. politisch vorgegebenes Limit, was die Zahl aller Radioprogramme betrifft. Auch auf der kommerziellen Seite ist nach einer Aufbruchphase seit ihrer Einführung Mitte der 80er Jahre nur noch wenig Bewegung zu beobachten, die Zahl neuer Stationen steigt nur langsam. Der Markteintritt für kommerzielle Anbieter erfolgt auf der Basis der Landesmediengesetze, wobei per Lizenz eine Frequenz zur Nutzung zugewiesen wird.

Gesetzliche Auflagen können den Sendern bestimmte Mindeststandards zur Qualitätssicherung abfordern, etwa ein bestimmter Wortanteil, damit nicht nur (die besonders kostengünstige) Musik gespielt wird. Angesichts der erheblichen Zahl von Sendern geht die ökonomische Theorie bei öffentlichen Sendern von einem System des Binnenpluralismus aus, im kommerziellen Sektor besteht dagegen Außenpluralismus. Neben diesen normativ vorgegebenen Rahmen gibt es zudem faktische Markteintrittsbarrieren, dazu zählen Größenvorteile (die Versorgung großer Publika kostet vergleichsweise weniger als die kleiner Publika), die Zugehörigkeit zu Werbekombis (Vermarktungskoalitionen), der Kostenvorteil öffentlicher Anbieter, weil sie aus einer Organisation mehrere Programme bedienen etc. In der Summe gilt: Ökonomisch gesehen bestehen erhebliche Eintrittsschranken am Hörfunkmarkt.

### 7.3.2 Die Ebene der Märkte

Das einzelne Radiounternehmen ist immer auf einem Markt tätig, an dem auch Konkurrenten antreten und ihm Marktanteile streitig machen. Dieser Markt ergibt sich aus dem Sendegebiet und besteht meist aus einem Bundesland, aus einem lokalen Markt oder auch einer Kombination von beidem. Ebenso sind Einflüsse von außen (benachbarte Bundesländer, Ausland) zu beachten. Die Medienökonomin Insa Sjurts beschreibt die Märkte in der Mehrzahl der Bundesländer – mit ihren ca. fünf öffentlichen und meist ein bis drei landesweiten kommerziellen Senderketten als mäßig weite Angebotsoligopole (Oligopol = wenige Anbieter). Auf der Regional- und Lokalebene können weitere Anbieter hinzukommen, sodass sie hier von einem weiteren Angebotsoligopol ausgeht (Sjurts 2002: 187). Das größte Angebot findet sich naturgemäß in den städtischen Metropolen Berlin und Hamburg, wo Sender für den Stadtstaat lizenziert wurden, zudem Sender aus den Nachbarländern einstrahlen. In Berlin wurden 2010 – einmalig in Deutschland – laut Landemedienanstalt 30 kommerzielle und öffentliche Programme auf UKW ausgestrahlt, was einen entsprechend harten Wettbewerb zur Folge hat. Diese Feststellung gilt für terrestrisch verbreitete Programme, dazu werden via Kabel, Satellit und Internet Programme entfernter Anbieter herangetragen, die für zusätzlichen Wettbewerb sorgen.

Was wie eine beachtliche Konkurrenzsituation aussieht, relativiert sich dadurch, dass hinter den Sendern eine Eigentümerstruktur besteht, die sich als weniger vielfältig erweist; eine Anstalt oder ein Investor können in mehreren Sendern auf einem Markt engagiert sein. Die Konkurrenz erfolgt zudem nicht nur im Bereich der Hörerschaft, sondern auch um Werbegelder, die insgesamt für diesen Markt zur Verfügung stehen. Die Marktanteile der einzelnen Sender werden in der sog. Media-Analyse (ma) erhoben, die zwei Mal pro Jahr stattfindet (siehe Kap. 10.2). Die Ermittlung der Marktanteile steht – zumindest aus kommerzieller Sicht – in einem unmittelbaren Verhältnis zum Erfolg einer Station, weil Werbung über Tausenderkontakte abgerechnet wird.

Hier wird das Beispiel Hamburg ausgewählt, weil in diesem Stadtstaat Charakteristika von Regional- und Lokalsender ineinander übergehen. Aus der Sicht des Hörers stehen ihm alle in der ma gemessenen terrestrisch ausstrahlenden Sender offen, Werbetreibende können auf den kommerziellen Stationen plus *NDR 2* aktiv werden. Der nichtkommerzielle Sektor erzielt kaum messbare Marktanteile und hat für die Werbung keine Bedeutung.

*Tabelle 2:*   Ergebnisse der Media-Analyse 2010 Radio II für Hamburg

| Aus Hamburg: | | |
|---|---|---|
| *Radio Hamburg* (*RHH*) | 23,9 | (21,7) |
| *Oldie 95* | 8,0 | (7,8) |
| *Das NEUE alster radio* | – | |
| *106!8 rock'n pop* | 6,1 | (7,2) |
| *Energy NRJ* | 3,7 | (4,2) |
| *Klassik Radio* | 3,1 | (3,1) |
| *NDR 90,3* (Hamburg) | 22,7 | (22,3) |
| *NDR 2* | 13,5 | (13,9) |
| *NDR Info* | 3,7 | (3,6) |
| *N-Joy* | 4,3 | (3,0) |
| *NDR Kultur* | 2,5 | (2,4) |
| | | |
| Aus Schleswig-Holstein: | | |
| *R.SH Radio* | 4,9 | (3,6) |
| *delta radio* | 1,8 | (3,6) |
| *Radio Nora* | 0,6 | (1,2) |
| | | |
| Nationale Programme | 3,7 | 3,0 |

(Marktanteile in Prozent, jeweils Montag bis Sonntag, deutschsprachige Bevölkerung, Alter 10+, nicht alle erhobenen Sender; in Klammern MA 2010 I)

Die Daten werden für den Raum Hamburg erhoben, im Ballungsraum (die Hansestadt mit den umliegenden Landkreisen der anschließenden Bundesländer Schleswig-Holstein und Niedersachsen) sind die Anteile Nicht-Hamburger Sender naturgemäß höher. Die Hördauer ist im Stadtgebiet Hamburg niedriger (täglich 170 min.) als im Ballungsraum (180 min.) und in Schleswig Holstein (203 min.). Quelle: Daten erstellt von Media-Micro-Zensus für ma HSH  Juli 2010 (www.ma-hsh.de).

Seit vielen Jahren fahren die Sender auf dem Hamburger Markt eine Strategie der Differenzierung, dies gilt einerseits für die vom *NDR* angebotenen fünf Programme untereinander, die sich ergänzen und speziell die Rolle von *NDR 2* nicht gefährden sollen, der als einziger Werbung betreibt und damit zusätzliche Einnahmen erzielt. Gleichzeitig stehen öffentliche und kommerzielle Sender in Konkurrenz, etwa mit einem ähnlichen Format, was für *NDR 2* und *RHH* gilt. Auch die kommerziellen Sender grenzen sich untereinander durch unterschiedliche Musikformate ab. Mehrfach haben Sender eine Neujustierung vorgenommen, aus einer Jazzwelle wurde z. B. der jugendorientierte Sender *NRJ*.

Sjurts analysierte das Verhalten der Sender und stufte es zwischen innovativen und reaktiven Strategien ein, womit das Agieren auf sich ständig verändernden Märkten beschrieben wird. Als die kommerziellen Sender ab 1985 an den Start gingen, offerierten sie innovative Angebote, insbesondere ein klares Sendeformat, um Zuhörerschaften vom *NDR* abzuziehen. Sie brachten damit die Angebote des *NDR* in Bedrängnis, die wiederum reaktive Strategien einschlugen, vom traditionellen Vollprogramm abwichen und sich gleichfalls teilweise formatierten. Dieser Prozess konnte auch umgekehrt laufen. Als der *NDR* mit seiner Jugendwelle *N-Joy* begann, verlor der Sender *OK Radio* große Teile seiner jugendlichen Zielgruppe und musste sich schließlich als Sender *Oldie 95.0*, also im Segment der älteren Hörer, neu platzieren (Sjurts 2002: 234-239). Radiomärkte gerieten so immer wieder in Bewegung, allerdings haben die meisten Sender ihre Nische gefunden, Neuzugang ist gering, sodass eher Stabilität herrscht.

Der Wind auf den Märkten weht zunehmend schärfer. Berlin ist der am meisten umkämpfte Markt. Eine Untersuchung zur Situation 2009 verfolgte die Arbeit von 20 Sendern (Kors 2010). Dabei wurde deutlich, dass der öffentliche *mbb* mit seinen sieben Programmen ein Drittel der Reichweiten bediente, allerdings mit steigender Tendenz. Der kommerzielle Markt wurde von sechs Schwergewichten bedient (*RTL 104,6* etc.), die dreiviertel der Einnahmen auf sich zogen und gute Gewinne abwarfen, etliche Kleinsender bewegten sich in der Verlustzone. In den letzten Jahren hatten die kommerziellen Sender Einnahmeverluste von etwa 25 % hinzunehmen. Die Sender begegneten den Rückgängen mit einem rigorosen Kostenmanagement und setzten etwa jeden dritten Mitarbeiter frei. Das wiederum drückte auf die Programmqualität, was zu Hörerverlusten führte. Dies erklärt auch die Reichweitengewinne der öffentlichen Sender, die in der Finanzierung stabil blieben. Allerdings musste auch der der *mbb* sparen und beendete sein Angebot *Radio Multikulti*.

### 7.3.3 Die Ebene der Unternehmen

Ökonomen stellen das am Markt agierende Unternehmen in den Mittelpunkt ihres Interesses. Damit muss nicht eine gewinnorientierte Firma gemeint sein, es sind alle Arten von Radioorganisationen einbezogen. Sjurts definiert Medienunternehmen als „Einheiten mit der Aufgabe der Fremdbedarfsdeckung, mit selbstständigen Entscheidungen und eigenen Risiken, deren Handeln gerichtet ist auf publizistische und ökonomische Ziele. Dabei werden die Vorprodukte Information, Unterhaltung und Werbung zu einem marktreifen Endprodukt, dem Medienprodukt kombiniert." (Sjurts 2002: 7).

Eine zentrale Frage auf der Ebene der Unternehmungen ist die nach deren Eignern. Im öffentlich-rechtlichen Bereich ist dies relativ klar: Es handelt sich um in öffentlicher Hand liegende Organisationen in der Rechtsform der Anstalt. Im Bereich der privat-kommerziellen Radiowirtschaft finden wir Eigner, die allein oder in Anbietergemeinschaften die Stationen kontrollieren. Die verlässlichsten Daten dazu bieten die Landesmedienanstalten für ihre jeweilige Region sowie die von den Bundesländern begründete *Kommission zur Ermittlung der Medienkonzentration (KEK)* (*KEK* 2009; *ALM* 2010). Allerdings gilt ihr Hauptinteresse dem Fernsehen.

Beim Fernsehen beherrschen zwei öffentliche Anbieter (*ARD*, *ZDF*) und zwei private Unternehmen (*RTL* und *Pro7Sat.1*) den Markt, die beiden kommerziellen TV-Senderfamilien ziehen allein ca. 90 % der Werbeeinnahmen im kommerziellen Sektor auf sich. Im Vergleich dazu stellt sich die deutsche Radiolandschaft weitaus dezentraler dar. Die *KEK* geht davon aus, dass sich etwa 2500 Gesellschafter in diesem Feld tummeln. Dies ist dem föderalen System geschuldet, bei dem auch kleinere, regionale Investoren zum Zuge kamen, zudem sind viele Sendelizenzen an Konsortien aus verschiedenen Eignern vergeben worden. Gleichwohl ergibt sich bei genauem Hinschauen, dass es vor allem die großen Printverlage des Landes sind, die bei etlichen Stationen und auf den größeren, besonders lukrativen Märkten das Sagen haben. Die Verzweigungen sind oft so differenziert, dass sich mitunter einzelne Stationen kaum mehr einem Eigner zuordnen lassen. Andererseits sind aber auch Prozesse des Zusammenschließens und Aufkaufens zu beobachten, sodass sich die Zahl der Eigner verringert.

Laut Angaben der *ALM* und der *KEK* ergibt sich das folgende Bild (Die Angaben beider Organisationen sind nicht immer identisch – *ALM* wird zitiert, soweit verfügbar, sonst *KEK*):

- Die *RTL Group S. A.* mit Sitz in Luxemburg: Diese vom Medienkonzern *Bertelsmann* kontrollierte Gruppe ist ein Top-Akteur im deutschen und europäischen Fernsehen, in Deutschland ist sie zudem an 22 Radiosendern beteiligt (und ist auch in anderen Staaten Europas aktiv),
- *Hubert Burda Media Holding* GmbH & Co KG: 19 Hörfunkbeteiligungen,
- Verlagsgruppe Georg von Holtzbrinck: zwei Radiobeteiligungen,
- *Madsack* GmbH & Co KG: zehn Radiobeteiligungen,
- *Axel Springer AG*: 19 Minderheitenbeteiligungen, Anteile an einigen der erfolgreichsten Sender, zudem an der *Regiocast* beteiligt,
- *Regiocast* GmbH & Co KG: Eine Radioholding mit insgesamt 18 Beteiligungen an Sendern vor allem in Nord- und Ostdeutschland, sowie Berlin,
- *Nordwest Medien* GmbH: Indirekte Anteile an acht Sendern,
- *NRJ Gruppe*: *Radio Energy* ist eine französische Gruppe, die ein jugendliches Publikum bedient, zielgerichtet in ganz Europa expandiert und in einigen deutschen Großstädten aktiv ist; der einzige internationale Investor von Bedeutung auf dem deutschen Markt.

(alle Daten: *ALM* 2009: 206-208; www.kek-online.de).

Im Einzelnen können die Besitzverhältnisse so verworren sein, dass sie kaum mehr nachvollziehbar sind, so besitz z. B. eine einzelne *Springer*-Zeitung Radioanteile, die eigentlich dem Konzern zugerechnet werden sollten. Sicherlich ist die Holding *Regiocast* das interessanteste Gemeinschaftsunternehmen, es war 2004 mit der Zusammenlegung von Sendern in Schleswig-Holstein und Sachsen entstanden, später erwarb es ganz oder teilweise auch Sender in anderen Teilen des Landes. Insgesamt verfügt *Regiocast* über nahezu fünfzig Eigner, darunter Zeitungsverlage mit relevanten Beteiligungen (etwa Schleswig-Holsteinischer Zeitungsverlag GmbH mit 10,78 %, Springer mit 7,5 %) aber z. B. auch der FC Sachsen Leipzig (0,19 %) (www.kek-online.de).

Die *KEK* bezieht in ihre Analyse auch die Hörfunknutzung ein, beklagt, dass hier die Daten (zwei Mal jährlich ma) recht ungenau sind, kommt aber zu dem Ergebnis, dass keine bedrohlichen Konzentrationstendenzen bestehen. Was die deutschlandweite Situation anbetrifft, entwirft sie folgendes Bild (2009): „Ein Vergleich der Branchenstrukturen im Hörfunkbereich mit dem Fernsehen zeigt, dass in der Summe die Beteiligungsstrukturen und Hördaueranteile einen Stand der Konzentration abbilden, der immer noch viel geringer als etwa in der Fernsehbranche ist. Dieser Befund für den Hörfunksektor gilt derzeit trotz zahlreicher den Grad der Konzentration erhöhenden Veränderungen." (www.kek-online.de). Die *KEK* soll Alarm schlagen, wenn ein Unternehmen mit seinen Aktivitäten im Fernsehen in die Nähe des vom Rundfunkstaatsvertrags festgelegten Grenzwertes von 30 % des Zuschaueranteils heranreicht. Überträgt sie diesen Maßstab auf Radiomärkte, so sieht sie (anders als im Fernsehen) keine Gruppe, die auch „nur annähernd" in diesen Bereich kommt.

Die *KEK* ist allerdings nicht zur Beobachtung lokaler Medienmarkte da, wo es durchaus hohe Grade der Konzentration bis hin zu kommerziellen Monopolen geben kann. Gleichzeitig gilt, dass die wichtigsten Eigner lukrativer Stationen meist große, fast ausnahmslos deutsche Medienkonzerne sind, die mit Printprodukten groß geworden waren. Naturgemäß sind diese Häuser vor allem an reichweitenstarken und wirtschaftlich gesunden Stationen interessiert. Außerhalb findet sich eine beachtliche Zahl kleiner Anbieter von lokaler Bedeutung. Offensichtlich werden die Eigentumsverhältnisse im dritten Radiosektor der Community Radios nicht verfolgt, weil sie nur lokal tätig sind und keinerlei Konzentrationstendenzen zu erkennen sind.

## 7.4 Radio als Produkt

Das Produkt einer Radiostation ist das Radioprogramm, „eine planvolle und zeitlich geordnete Folge von Darbietungen eines Veranstalters", „ökonomisch vergleichbar etwa dem Produktsortiment eines Supermarktes oder eines Pressekiosks, es ist kein abgegrenztes Gut im ökonomischen Sinn" (Heinrich 1999: 115). Das gesendete Programm setzt sich wieder aus Vorprodukten zusammen, die sich vereinfacht den beiden Richtungen Wort und Musik zuordnen lassen. Im Bereich Wort geht es um die Leistungen einer Redaktion, besetzt mit Journalisten (Moderatoren etc.), die einen vergleichsweise großen Kostenfaktor darstellt (vgl. Kap. 11): Der Redakteur will bezahlt sein, ebenso die abonnierten Nachrichtenagenturen, die technische Ausstattung etc. Dasselbe gilt für den Musikbereich, die gespielten Titel unterliegen dem Urheberrecht, d. h. die Interpreten und die Musikfirmen müssen entgolten werden (die *GEMA* wacht darüber). Die besondere Leistung der Radioverantwortlichen liegt darin, dass sie diese Vorprodukte so weiterentwickeln und kombinieren, dass ein attraktives Programm entsteht, welches Fremdbedarf (den von Hörern) befriedigt.

Eine weitere Sichtweise betont die Wertschöpfung des Radiounternehmens, also die Summe der in einem Unternehmen in einer Periode geschaffenen Werte. Man kann dies in Form einer Kette darstellen, welche den Weg der Produktionsleistung vom Vorlieferanten bis zum Endkunden beschreibt. Bei einem Radiounternehmen kann die Wertschöpfungskette in fünf Stufen unterteilt werden:

- Beschaffung von Inputfaktoren: Inhalte, Technik, Personal,
- Programmproduktion: Planung und Ausführung,
- Programmhandel: Handel mit Programmformaten (geringe Bedeutung),

- Programmgestaltung/Packaging: Planung des Sendeablaufs, Platzierung der Werbung,
- Technische Produktion und Programmdistribution: Sendetechnik, Kabel, Satellit, Internet

(Wirtz 2009: 457ff).

## 7.5  Radiostrategien

Inzwischen sind Vorstellungen einer ganzheitlichen Steuerung von Radioprogrammen entstanden, deren Herangehensweisen von der Betriebswirtschaft und Managementschulen inspiriert sind. Es geht darum, nachvollziehbare Strategien für einzelne Radioprogramme zu entwickeln und anzuwenden. Betont wird, dass eine klare Senderstrategie auf die Einzigartigkeit des Angebots setzen muss, wobei in der Regel eine „Strategie der Differenz" einzuschlagen ist. Dies bedeutet, „im Markt ein einzigartiges Angebot zu unterbreiten, das sich von den Konkurrenzprogrammen so weit wie möglich unterscheidet" (Meyer 2007: 105). Nach dieser Argumentation steht in der Regel das Musikformat im Mittelpunkt, Elemente der Strategieentwicklung sind u. a. die Auswertung von externen Studien (wie ma), interne Marktforschung zur Definition von „Zielgruppenclustern" einschließlich Musik-Tests und der Einsatz von Focus Groups. (vgl. dazu Kap. 10.1) Die Umsetzung obliegt dann vor allem dem Programmdirektor, der quasi im Cockpit sitzt, wenn dem Sender mit Moderatorenansagen (die ganz auf die Musik abgestimmt werden sollten), Promotions, Wortanteilen, Slogans, Claims etc. ein Markengesicht gegeben wird (Meyer 2007).

Wesentlicher Bestandteil dieser Strategie sind externe Berater, die auf dieser Grundlage im Sender tätig werden. „Berater sorgen dafür, dass Programmentscheider der Betriebsblindheit vorbeugen und das Know-how aus verschiedenen Märkten genutzt werden kann, um einen Sender voranzubringen." (Meyer 2007: 20) So beschreibt es Autor Jens-Uwe Meyer, der selbst als Trainer unterwegs ist.

## 7.6  Radiomanagement

Wie wir oben gesehen haben, steht im Mittelpunkt der Radioproduktion das Unternehmen in seinen unterschiedlichen Organisationsformen. Dabei kann es sich um ein großes Funkhaus mit Hunderten von Mitarbeitern handeln oder um eine kleine Lokalstation mit wenigen, oft freien Programmmachern. In der Regel wird im Mittelpunkt des Stationsmanagements eine Redaktion stehen, in der arbeitsteilig das Programm zusammengestellt wird (Haas/Frigge/Zimmer 1991). Sie wird von einem Chefredakteur geleitet, Journalisten leisten die Routinearbeit,

Techniker kümmern sich um Studio- und Sendetechnik, ein Geschäftsführer oder Verlagskaufmann führt die wirtschaftlichen Geschäfte, verwaltet Einnahmen und Ausgaben.

Kurt Weichler sieht fünf zentrale Handlungsfelder, was die Aufgaben der Redaktion betrifft:

- Qualitätsmanagement (Wie wird Qualität hergestellt?, vgl. auch Kap.8.6.2),
- Redaktionsmarketing (Wie profiliert man das Produkt am Markt?),
- Personalmanagement (Wie pflegt und fördert man die Redakteure?),
- Kostenmanagement (Wie hält man Kosten niedrig?)
- und das Technikmanagement (Wie hält man Technik verlässlich in Betrieb?) (Weichler 2003: 20-39).

Das gilt so oder ähnlich für alle Medienunternehmen, auch wenn Radioredaktionen im Vergleich zu anderen Massenmedien im Umfang oft eher klein sind. Der Chef des Nachrichtenprogramms des *Bayrischen Rundfunks B5aktuell* Wolfgang Aigner beschrieb es so, als er nach seiner Rolle als Redaktionsmanager gefragt wurde: „Redaktionsmanagement ist eine Tätigkeit, die alles umfasst: vom Einkauf des Geschirrs für die Redaktion über die Überprüfung der Standfestigkeit der Stühle und Tische, die Neuanschaffung von technischen Geräten die man zum Produzieren braucht, bis hin zur Psychologie bei der Einstellung von neuen Mitarbeitern. ‚Last but not least' gehört zum Redaktionsmanagement die inhaltliche Oberhoheit über alles, was gesendet wird, einschließlich der täglichen Konferenzen und der rein journalistischen Arbeit. Redaktionsmanagement ist ein Hausmeister-Job mit journalistischen Schwerpunkten." (Aigner zit. Weichler 2003: 216). Und der langjährige *WDR*-Mitarbeiter und *Radio NRW*-Programmdirektor Klaus Klenke assoziiert mit Redaktionsmanagement: „In der Sache: sorgfältige Vorbereitung, schnelles Handeln, funktionsfähige Struktur. Bei den Personen: von allen Mitarbeitern akzeptierte und ständig angewendete Verfahrensweisen, klare Führungsstruktur, kontinuierliche Rückmeldung von Ergebnissen." (Klenke zit. Weichner 2003: 211).

Was das Management innerhalb der Redaktionen anbetrifft, so hat in den letzten zwanzig Jahren angesichts der kommerziellen Herausforderung eine massive Umstellung stattgefunden. Früher waren Funkhäuser der öffentlichen Anbieter – den Ressorts großer Zeitungen vergleichbar – in Programmbereiche unterteilt (Hauptabteilung Politik, Musik etc.), die jeweils für Teile des Angebots verantwortlich zeichneten. Nach der Herausforderung durch die Kommerzialisierung traten Formatierung und Durchhörbarkeit der Sender in den Vordergrund und es entstand der „Wellenchef". Der Wellenchef von *WDR EINS LIVE* in Köln Gerald Baars brachte es auf diesen Punkt: „Der Wellenchef ist als Programmchef verantwortlich für ein gesamtes Hörfunkprogramm – in diesem Fall die Welle

*EINS LIVE* mit allen Programmelementen. Gleichzeitig hat er die Personal- und
Mittelhoheit im Rahmen vorgegebener und mit der Geschäftsleitung vereinbarter
Vorgaben. ...Ich bin sozusagen von der Geschäftsleitung, in diesem Fall also
vom Hörfunkdirektor, beauftragt, eine Welle nach den Vorgaben der Geschäftsleitung sowohl inhaltlich wie in den Rahmenbedingungen, personell, mittelbezo-
gen, aber auch im Marketingbereich und in der Kundenbetreuung zu verantwor-
ten." (Baars, zit. Meckel 1999: 201).

Derartige Organisationsreformen trafen oft bei den im Sender Tätigen auf
wenig Verständnis. Wie Mitarbeiter und Vorgesetzte dem Druck, der über Struk-
tur- und Programmreformen ausgeübt wird, für sich verarbeiteten und dabei
Unterstützung oder Widerstand zeigten, hat eine Studie demonstriert, welche die
Einführung moderner Arbeits- und Organisationsgestaltung bei einem öffentlichen Lokalsender (*NDR 90,3 Hamburg-Welle*) auf der Mikroebene nachzeichne-
te (Berger-Klein 2002). So eine Redaktion erweist sich als ein kleiner Mikro-
kosmos mit allen Elementen, die auch sonst Organisationen auszeichnet: Kooperation und Konkurrenz etwa, sowie Divergenzen über die Strategie des Hauses.

## 7.7 Kommerzielles Radio

Weil kommerzielles Radio den Regeln gewerblich tätiger Unternehmen folgt,
wird dieser Typ hier im Wirtschafts-Kapitel behandelt, die anders aufgestellten
öffentlichen Anbieter dagegen im (nachfolgenden) Kapitel Organisation. Leser
dieses Buches mögen sich verwundern, warum von kommerziellem Radio die
Rede ist, wo deutsche Gesetzestexte und auch die Radioindustrie durchgängig
von privater Trägerschaft sprechen. Dies ist eine deutsche Eigenheit. International überwiegt der Terminus kommerziell, so nennt sich der deutsche Lobbyver-
band der Rundfunkindustrie *VPRT* (P = privat), der europäische Dachverband im
Fernsehbereich aber *ACT* (C = commercial). Kommerziell bedeutet, dass etwas
gewerbsmäßig betrieben wird, privat beschreibt dagegen eine überschaubare, oft
häusliche Sphäre. Radiostationen, auch wenn sie sich privat nennen, haben in der
Regel größere Medienkonglomerate als Eigner. Wenn überhaupt, steckt Privat-
heit eher in den kleinen Stationen, von denen viele aber erklärtermaßen nichtkommerziell arbeiten. Es gibt nur eine Begründung für den Sprachgebrauch, die
sich aus der Rechtsform ergibt: öffentliches Radio beruht auf öffentlichem
Recht, sind Radiostationen als gewerbliche Unternehmen verfasst, beruhen sie
auf Privatrecht.

Bereits oben wurde deutlich, dass kommerzielles Radiomachen ganz eigenen Regeln folgt. Dazu zählen:

- Die Radiostation wird von einem Unternehmen betrieben, in das Kapital
  investiert wurde und von dem erwartet wird, dass es Gewinn bringt.

- Das Unternehmen erhält eine Sendelizenz auf Zeit, bei der Beantragung hat es seine wirtschaftliche Potenz nachgewiesen und seine Planungen offengelegt.

- Die Station wird unternehmerisch geleitet, Geschäftsführer und leitendes Personal werden von den Anteilseignern eingesetzt und sind ihnen rechenschaftspflichtig.

- Fast ausnahmslos erzielen diese Stationen ihre Einnahmen durch Werbeeinblendungen oder in das Programm gezogene Werbeformen, z. B. Gewinnspiele.

- Faktisch folgen kommerzielle Angebote fast ausnahmslos einem Format, bieten also ein feststehendes Programmschema mit hohem Wiedererkennungswert an, insbesondere, was die Musikfarbe anbetrifft. (vgl. Kap. 9.)

Die Idee, das Radio als Werbeträger einzusetzen, entstand in den USA, die erste Werbebotschaft wurde 1922 gesendet. Innerhalb kurzer Zeit setzte sich diese Finanzierungsform in den USA und darauf in vielen außereuropäischen Ländern (z. B. Lateinamerika) durch. In Europa stand der Ausbreitung die staatliche, später öffentliche Tradition entgegen, sodass erst in der 80er Jahren der Durchbruch erfolgte. (vgl. Kap. 13.3.1.1 und 13.2.2.2) Im Weltmaßstab ist das Kommerzradio die gebräuchlichste Radioform.

Mit diesen neuen Erfahrungen entstand die Rundfunkökonomie in den USA, als erster Klassiker gilt die Arbeit „Big Business and Radio" von 1939 (Archer 1939). Sie entwickelte den Gedanken, dass im kommerziellen Rundfunk Zuhörerschaften an die werbetreibende Industrie verkauft werden. Mithilfe des Radioprogramms wird ein Kontakt zwischen Hörern und Werbebotschaften hergestellt, der mit einem bestimmten Preis entgolten wird: dem Tausendkontaktpreis. Aus diesen Einnahmen werden die Ausgaben gedeckt, wird die Studiotechnik finanziert, werden Gehälter bezahlt und der Gewinn der Station abgeführt. Es handelt sich, wie häufig in der Ökonomie, um ein Maximierungsmodell: Möglichst viele Hörer ermöglichen maximale Hörerkontakte, die maximalen Gewinn erbringen sollen. Damit dieser Mechanismus funktioniert, müssen die Reichweiten aller Stationen von Bedeutung erhoben werden, gleichgültig ob sie Werbung betreiben oder nicht. (vgl. Kap. 10.2) Marktliberale Ansätze sehen in diesem Zusammenhang die Grundlage einer optimalen Versorgung der Märkte, weil Radiostationen um den Zuspruch einer möglichst großen Zahl Hörer werben und für ihren Erfolg genau auf die Bedarfe des Publikums eingehen müssen. In der Radioökonomie wurde angesichts dieser Zusammenhänge immer einmal wieder das kommerzielle Business-Modell als natürliche Bestimmung des Radios verstanden (Landry 1946).

Kommerzielles Radio ist heute ein Geschäftsmodell, das ganz spezifischen Regeln folgt, die sich weltweit bewährt haben und nur wenig voneinander unterscheiden. Bestandteil dieses Modells ist, dass Stationen als Investment verstanden werden und folglich relativ frei handelbar sind, lediglich die Aufsichtsbehörden können hier durch regulative Auflagen eingreifen.

Als in den 80er Jahren die deutschen und europäischen Radiomärkte geöffnet wurden, halfen oft Consultants aus den USA bei der Übertragung eigener Erfahrungen auf Deutschland. Das erste Standardwerk zum kommerziellen Radiomanagement wurde von einem erfahrenen amerikanischen Radiomann, Michael H. Haas, inspiriert, der zuvor schon mit dem Militärsender *AFN* in Deutschland gewesen war und später als Unternehmensberater und Programmdirektor zurückkehrte (Haas/Frigge/Zimmer 1991). Heute ist das Fachvokabular des kommerziellen Radios voller amerikanischer Begriffe (Format, On Air-Promotion, Show-Opener etc.). Auch die Tatsache, dass Radio nun systematisch als Werbeinstrument eingesetzt werden konnte, war mit Lern- und Innovationsprozessen verbunden (Saxer/Rathgeb 1992).

Die Entstehung der kommerziellen Radiosäule in Deutschland Mitte der 80er Jahre fand in einem spezifischen politisch-ökonomischen Umfeld statt. Die Zeitungsverlegerschaft forderte seinerzeit kommerzielle Sendemöglichkeiten und verlangte, da die Konkurrenz die Einnahmen in der Printwerbung reduzieren werde, einen bevorzugten Zugriff auf Sendelizenzen. Diese Begehr bezog sich vorrangig auf die lukrativeren TV-Lizenzen, an deren Erwerb sie sich gemeinschaftlich beteiligten. Das Fernsehen hatte aber jahrelange Startschwierigkeiten, die Verleger verloren viel Geld und letztlich landeten die Senderechte in der Hand ganz anderer Investoren. Dies verlief anders im Radiobereich: Dort gingen viele Lizenzanteile an Printverlage, die heute die führenden Investoren sind. Wegen des so hergestellten Konnexes zwischen Verlust von Printwerbung bei Einführung kommerzieller Radios in demselben Markt entstand eine marktwirtschaftlich eigentlich widersinnige Situation: Verleger kontrollieren nicht selten neben der Lokalzeitung (meist die einzige Zeitung am Platz) auch noch die/eine örtliche Radiostation. Wegen des damit verbundenen Monopolisierungseffekts schloss z. B. das US-Regulierungsrecht lange Zeit aus, dass Print- und Rundfunkunternehmen am selben Ort agieren dürfen (crossownership-regulation).

Das Ballungszentrum Hamburg, ein besonders lukrativer Radiomarkt wegen der dort vorhandenen hohen Kaufkraft, verweist auf die Konsequenzen. Damals, Mitte der 80er Jahre, wurde die Stadt von einem sozialdemokratischen Bürgermeister regiert und Sozialdemokraten lehnten mehrheitlich eine Kommerzialisierung ab. Als erster SPD-Landesfürst schwenkte Bürgermeister Klaus von Dohnanyi um und setzte auf eine neue aktive Medienpolitik. Im Verfolg wurde ein Mediengesetz erlassen und eine Regulierungsbehörde eingerichtet. Die erste und mit Abstand attraktivste, weil besonders sendestarke, Frequenz ging mit *Radio Hamburg* (*RHH*) an ein Gemeinschaftsunternehmen der am Ort tätigen Zeitungsverleger. In Hamburg verfügt der *Axel Springer Verlag* über eine marktbeherrschende Stellung (ca. 80 % Marktanteil) und erhielt infolgedessen signifikante Anteile an *RHH*, auch wenn das Gesetz hier Limits vorsah. *RHH* ist heute mit großem Abstand der profitabelste Sender der Region. Der Sender hat sich später am weniger erfolgreichen Radio *OLDIE 95* beteiligt, für den er auch die Nachrichten produziert. Wenn man weiß, dass das Haus Springer neben seinen Zeitungen auch am einzigen Ballungsraum-TV-Sender *HH1* beteiligt ist und die Stadtdomain *www.hamburg.de* kontrolliert, wird deutlich, über welche publizistische Marktmacht es verfügt. Ähnlich verlief es in vielen Teilen der Republik. In Nordrhein-Westfalen etwa wurden in einem Zwei-Säulen-Modell lokale Sender mit Monopoleigenschaften lizenziert, an denen oft örtliche Verleger beteiligt waren. In der Konsequenz erschlossen die neuen Kommerzstationen zwar neue Märkte im Radiobereich, aber der Übergang wurde oft nicht zur Stärkung des Wettbewerbs genutzt, eher wurden alte Besitzstände belohnt.

## 7.8 Radiowerbung

Für den kommerziellen Teil der Radiolandschaft sind Werbeausgaben der Wirtschaft die zentrale Einnahmequelle, dazu bieten sie für einige *ARD*-Stationen eine Teilfinanzierung. Daher ist bedeutsam zu betrachten, welche Mittel überhaupt zur Verfügung stehen. Die „Netto-Werbeeinnahmen erfassbarer Werbeträger in Deutschland" werden vom *Zentralverband der deutschen Werbewirtschaft* (*ZAW*) erhoben. Er nannte für das Jahr 2009 insgesamt 678,49 Mio. Euro, die für Hörfunkwerbung zur Verfügung standen. Da schlug die Krise voll durch und gegenüber dem Vorjahr war ein Rückgang von - 5,7 % zu verzeichnen. Auch 2008 war der Betrag gegenüber dem Vorjahr leicht gesunken (- 4,3 %), allerdings war er in den Vorjahren teilweise erheblich gestiegen (2007: + 9,2 %). Die Millionen mögen wie ein beachtlicher Betrag klingen, machen aber gerade einmal zwischen 3 und 4 Prozent der gesamten Werbeausgaben aus (und weniger als z. B. in die Außen- und die Onlinewerbung flossen). In den letzten Jahren waren Handelsorganisationen (Edeka, Plus etc.) mit Abstand die werbestärkste Branche im Radio, ihnen folgten PKW, sowie Möbel und Einrichtung, der KFZ-Markt und die Eigenwerbung der Radiosender (ZAW 2010: 15, 321).

Befürworter des kommerziellen Prinzips betonen gern die Kostenlosigkeit ihres Produkts, etwa im Gegensatz zu den „Zwangsgebühren" der Öffentlichen. Dies gilt nur insoweit, als keine unmittelbaren Zahlungen erfolgen. Letztlich, das betont die Lebenserfahrung, zahlt der Kunde für alle Leistungen, niemand hat etwas zu verschenken. Man könnte das in die Werbung fließende Geld als Auf-

schlag auf beworbene Produkte interpretieren und daraus eine Art „Werbesteuer"
konstruieren. Diese Fiktion zugrunde gelegt, bezahlt jeder deutsche Haushalt
jährlich ca. 21 € an werbetreibende Sender (Werbeaufkommen geteilt durch
Zahl der Haushalte).

Ähnlich wie beim Fernsehen konzentrieren sich kommerzielle Anbieter auf
die werberelevanten Zielgruppen, also die Hörer zwischen 14 und 49 Jahren. Bei
älteren Konsumenten gehen die Werbeplaner davon aus, dass sie in ihren Kon-
sumgewohnheiten zu sehr festgelegt sind und Werbebemühungen wenig Erfolg
versprechen. Während der öffentliche Hörfunk insgesamt eine größere Reichweite vorweisen kann (die bei älteren Hörern erreicht wird), meldet der *ZAW*: „In
der Zielgruppe der 14- bis 49-Jährigen verschiebt sich das Verhältnis Zugunsten
der privaten Angebote: 6,35 Mio. Hörer sind den privaten Sendern zuzuschrei-
ben, während der *ARD*-Werbefunk 4,15 Mio. Hörer erreicht." (*ZAW* 2009: 337).
Spezialisierte Vermarkterfirmen platzieren bundesweit die Werbespots, das führende Unternehmen ist die *AS&S* der *ARD* (www.ard-werbung.de), es folgt die
*RMS Radio Marketing Service*, die mit ihrer *SUPER Kombi* in der relevanten
Zielgruppe der 14- bis 49-Jährigen führend ist und bundesweit 5,47 Mio. in der
Durchschnittsstunde erreicht (www.rms.de).

*Tabelle 3:* Netto-Umsatzentwicklung der Werbung im Radio 2008 In Mio.
Euro, ohne Produktionskosten

|  | **2008** | **Veränderungen zum Vorjahr in %** |
|---|---|---|
| *AS&Radio* | 240,86 | -1,8 |
| *RMS* | 412,44 | -5,7 |
| Weitere erfassbare Private Sender | 57,93 | -4,9 |
| Hörfunk insgesamt | 711,23 | -4,3 |

Quelle: *ARD*-Werbung S & S, *ZAW*, vgl. Möbus/Heffler 2009: 285.

Für kommerzielle Radiostationen stellen Werbeeinnahmen die zentrale Einnahmequelle dar. Der Anteil am gesamten Werbeaufkommen für Radiowerbung ist
in Deutschland relativ niedrig. Dies gilt auch im internationalen Vergleich.

*Tabelle 4:* Werbegeschäft der Medien in ausgewählten Ländern (2008 in Mio. US-Dollar)

|  | Werbeausgaben Total | Werbeausgaben Radio in Prozent |
|---|---|---|
| *USA* | 158 547 | 11,2 |
| *China* | 57 077 | 1,4 |
| *Japan* | 41 902 | 3,3 |
| *Deutschland* | 28 569 | 4,1 |

Quelle: World Advertising Trends 2009; ZAW 2010: S. 30.

Daran wird sich nach vorliegenden Prognosen auch in den nächsten Jahren wenig ändern. Für Deutschland wird von den folgenden Erwartungen ausgegangen.

*Tabelle 5:* Werbeumsatzprognose nach Mediengattungen in Deutschland 2009-2012.

|  | 2009 in Mio. € | 2012 in Mio. € | Wachstum in Prozent |
|---|---|---|---|
| Radio | 680 | 690 | 1,5 |
| Fernsehen | 3730 | 3800 | 2,7 |
| Internet | 2630 | 3385 | 11,0 |
| Zeitungen | 6300 | 6260 | 0,2 |
| Zeitschriften | 3350 | 3200 | 1,7 |
| Außenwerbung | 720 | 716 | 2,9 |

Quelle: ZenithOptimedia Advertising Expenditure Forecast, April 2010, Zit. ALM Jahrbuch 2010: 169.

## 7.9 Radiomarketing

Angesichts der scharfen Konkurrenz der Medien um Werbeeinnahmen gelten heute Marketingbemühungen als unerlässlich. Eine Vereinigung von rund 100 Mitgliedern, die zahlreiche Radiostationen und Vermarkter vertritt, nennt sich *Radiozentrale*. Sie widmet sich der Gattungsarbeit für das Medium Radio, will also die Stellung des Hörfunks als Werbemedium gegenüber anderen Werbeträgern stärken. Thema ihrer Imagekampagne 2008 war „Radio. Geht ins Ohr, bleibt im Kopf.", im Jahr 2009 „Radio verkauft: Wetten Sie nie dagegen" (www.radiozentrale.de). Es geht also um die spezifischen Werbevorteile des Radios, die durch Forschungsergebnisse untermauert werden. Studien sollen belegen, dass Radio entweder allein oder in Kombination mit anderen Werbeträgern besonders verkaufsfördernd wirkt.

Die Vermarkter der Radiowerbung haben längst das Stadium simpler Werbespots verlassen, die Spezialisten denken sich stetig neue Werbeformen aus, mit denen sie beim Nebenher-Medium Radio die für seine erfolgreiche Werbebotschaft notwendige Aufmerksamkeit finden wollen. Einige Beispiele aus dem Angebot des Vermarkters *RMS*:

- „Nachrichten-Spot: Wenn die Nachrichten kommen, sind die Ohren der Hörer besonders dicht am Radio: Nutzen Sie genau diese Sendezeit exklusiv für Ihre Single-Spot-Platzierung! Unser neues Format gewährleistet Ihrem Spot eine direkte Anbindung an den Serviceblock mit Nachrichten, Wetter und Verkehr."

- „Infomercial: Infomercials sind redaktionell gestaltete Spots, die einem Thema Ihrer Wahl einen programmlichen und informativen Charakter geben. Verschiedene Platzierungsmöglichkeiten sorgen dafür, dass Ihr Infomercial prominent in Szene gesetzt wird." (www.rms.de).

Eine aktuelle Studie setzt sich ausführlich und kritisch mit diesen neuen Wegen der Public Relations in dem Programmangebot des Radios auseinander. Hier geht es nicht mehr um journalistisch erstellte Produkte, sondern um unterschiedliche Formen „persuasiver Kommunikationsangebote". Die Untersuchung kommt anhand vieler Beispiele zu dem Ergebnis, dass in erheblichem Umfang „werbliche Erscheinungsformen integriert werden". Es gehe bei der Stilisierung von Audio-PR-Beiträgen zu redaktionellen Angeboten nicht mehr allein um die Einflussnahme der Public Relations auf den Journalismus. Vielmehr erscheint sie „als ein ‚Infiltrationsprozess' der Public Relations in den Kernbestand journalistischer Kommunikationsinhalte" (Volpers 2007: 143). Das Medium Radio verliert tendenziell seine journalistische Seite und wird zum Werbeinstrument.

Eine naheliegende Fortsetzung dieser Werbeberieselung stellt der Ladenfunk dar, wie ihn der Marktführer *Radio P. O. S. GmbH* als Instore-Format anbietet (POS steht für Point of Sale, also den Ort des eigentlichen Kaufs). In der Eigenwerbung heißt es: „*P. O. S. Radio* ist Ihr kompetenter Ansprechpartner für die Kommunikation am Point of Sale und darüber hinaus – auf allen Ebenen. Als lizenzierter Rundfunksender verfügt *P. O. S. Radio* über eine vollwertige Redaktion. Die von Ihnen gewünschten Programminhalte werden mit journalistischer Sorgfalt recherchiert – ein hörbarer Qualitätsvorteil. Sonderwerbeformen, Sponsorings, Sendungskonzepte, Ihr eigenes Radio oder TV-Programm per Satellit oder Internet – *P. O. S. Radio* bringt Sie näher an Ihre Zielgruppe!" (www.radiopos.de). Die Fachzeitschrift *infosat* stellt dessen Dienstleistung, die in einigen Tausend angeschlossenen Handelshäusern genutzt wird, wie folgt dar: „Der Full-

Service-Dienstleister bietet somit ein zielgruppenspezifisches Radioformat mit Unterhaltung, Information und Motivation für Marktpersonal und Kunden, mit dem die Kaufentscheidung des Kunden gelenkt werden kann." (*infosat* 2009).

Ein weiteres Feld ist der Einsatz akustischer Markensignale. Es geht hier darum, für Markenprodukte mit bestimmten, wiederkehrenden akustischen Elementen zu werben. Audio Branding, der internationale Begriff für dieses neue Feld, kennt Audiologos, Brand Songs oder eine wiedererkennbare Stimme und beschränkt sich nicht auf Radiowerbung, die Strategie kann auch bei allen anderen Audiomedien eingesetzt werden, etwa dem Handy, Hörbüchern oder Podcasts (Bronner/Hirt 2009). Bekannt wurde das Audio Branding mit Geräuschen wie dem Öffnen von Bierflaschen oder dem Knuspern von Keksen. Der dänische Marken-Guru Martin Lindstrom betont die subtile Wirkung von auditiven Werbebotschaften, die sich ans Unterbewusste wenden. „Ob sie es glauben oder nicht, Markenbildung mithilfe von Geräuschen gibt es schon seit den 50er Jahren. General Electric entwickelte seine vertrauten drei Töne – das akustische Äquivalent eines Logos – bereits vor Jahrzehnten. ... Nichts prägt sich so ein wie ein gesungener Werbespruch, egal wie doof oder nervtötend er ist. Wer kennt nicht: ;Nichts ist unmöglich – Toyota?'" (Lindstrom 2009: 59). Am bekanntesten in Deutschland ist die Tonfolge C-C-C-E-C, mit der die *Deutsche Telekom* in akustischen Medien wirbt.

Eine Studie, die im Umfeld der Werbevermarkter der öffentlichen Sender (Sales & Services, *AS&S Radio*) entstand, interessiert sich dafür, „wie Radio gemacht wird und wie Radiowerbung anmacht" – so der Titel (Müller/Raff 2007). Wie zu erwarten, wird die hohe Werbewirksamkeit des Hörfunks beschworen. "Der Hörfunk mit seinen Werbebotschaften ist dabei nach wie vor das Basismedium im Media-Mix. Er wird speziell von konsumstarken Zielgruppen viel genutzt. Er ist der ‚Tagesbegleiter Nummer 1'. Er erreicht seine Hörer direkt vor dem Einkauf. Radio erzeugt ‚Bilder im Kopf' und kann so eine Fernsehwerbung ergänzen, teilweise sogar ersetzen." (Müller/Raff 2007: 6). Die Studie stellt in den Worten von Machern dar, wie Radio im Werbemarkt positioniert wird, wie gute Funkspots produziert und im Programm platziert werden, wie dabei Daten der Media-Analye eingesetzt und der richtige Sender für die intendierte Zielgruppe gefunden wird. Eine Radiowerbewirkungsforschung soll dann die Ergebnisse evaluieren.

Eine Ende 2009 herausgekommene Studie von *AS&S* und der *Radiozentrale* unter dem Titel „Per Autopilot in den Einkaufskorb" fragt: „Wirkt im Radio auch eine unbewusst/nebenbei wahrgenommene Werbebotschaft auf den Kaufanreiz?" Sie kommt zu dem Ergebnis, dass Spots auch bei ungerichteter Aufmerksamkeit wirken. Allerdings ergeben sich aus dieser Einsicht auch Konsequenzen, so kommen Werbepsychologen zu dem Ergebnis, dass Rhythmus,

Sprache, Stimmung und Musik wichtiger sind als inhaltliche Informationen. Auf jeden Fall sollte mit Regeln des Storytelling gearbeitet werden (*AS&S, Radiozentrale* 2009).

Besonders interessant ist der Einsatz des Radios im Mix mit anderen Medien. Was beispielsweise das Zusammenspiel von Fernseh- und Radiowerbung anbetrifft, so kommt eine Studie zu den folgenden generalisierenden Aussagen. „Der hohe Return on Investment, den Radio im Mix mit TV erzielen kann, hat mehrere Gründe:

- Der Radiokontakt ist oft der wirksamste, weil er der letzte vor dem tatsächlichen Kaufakt ist.
- Radio sorgt für einen Reichweiten- und Kontaktschub bei den von TV schwerer erreichbaren Selektivsehern.
- Die Intensivnutzer von Radio bilden ein konsum- und umsatzstarkes Marktsegment.
- Radio versorgt – je nach Budgetanteil – einen mehr oder weniger großen Teil der Konsumenten mit Radio-TV-Mehrfachkontakten. Das führt dazu, dass die Werbebotschaft dauerhafter abgespeichert und leichter erinnert wird." (Wild 2007: 165).

Empfohlen werden hier Cross-Media Strategien unter Einbezug von Radio, Fernsehen und Online-Medien, es werde – im Fachjargon – eine „crossmediale Wirkungsoptimierung" erzielt, wenn eine „ausreichend  hohe Kontaktdosis" aufgenommen wird (Franz 2009: 537).

Es sollte klar geworden sein, dass dabei vielfältige, oft auch verdeckte Strategien eingesetzt werden, die mitunter hart am Rande der Medienethik operieren, Teile des Radioangebots wurden so regelrecht von Werbeinteressen kolonialisiert. Legt man wissenschaftliche Definitionen zugrunde, so ist manches nicht einmal Radio (etwa der Ladenfunk, weil es sich nicht an ein allgemeines Publikum wendet) und von journalistischen Leistungen wird man schwerlich sprechen können. (vgl zur Qualitätsdiskussion Kap. 8.6.2) Mitunter wird das wohlklingende Etikett Radio für schlichte Werbedurchsagen, eingebettet in ein unaufdringliches Musikangebot, funktionalisiert. Bei alledem haben die Beteiligten wenig Interesse herauszufinden, ob das Radio wirklich ein derart leistungsfähiges Verkaufsmedium darstellt – aber schließlich geht es um die Verteilung etlicher Hundert Werbemillionen. Nicht zufällig schwanken die Erträge in der Radiowerbung vergleichsweise stark, je nachdem, wie die Werbewirkung gerade eingeschätzt wird.

## 7.10 Fazit

Beobachter der aktuellen Medienentwicklungen gehen recht einhellig davon aus, dass zumindest die Mainstream-Medien homogener werden und in Richtung mehr Kommerzialität konvergieren. So besagt es z. B. eine Konvergenzthese die nach der vergleichenden Untersuchung vieler verschiedener Mediensysteme aufgestellt wurde. Mediensysteme unterscheiden sich deutlich, aber alle bewegen sich in Richtung einer gemeinsamen Homogenisierung, die durch zunehmende Kommerzialisierung erzeugt wird (Hallin/Manzini 2004: 252-295). Im Bereich des Radios ist diese Beobachtung sicherlich richtig, wenn man einbezieht, dass es vor 1985 in Deutschland ein öffentliches Monopol gab, darauf ein duales System mit einer starken kommerziellen Säule etabliert wurde. Inzwischen wird deutlich, dass dieses Eindringen kommerzieller Sichtweisen auch innerhalb des öffentlichen Hörfunks angekommen ist. Zwei der oben zitierten Studien zu Radio-Strategie (Meyer 2007) und Radiopraxis (Müller/Raff 2007) sind im öffentlich-rechtlichen Umfeld entstanden. Selbst wenn diese Ansätze eine Strategie der Differenz im Wettbewerb vorschlagen, verlassen sie doch nicht die kommerzielle Logik von Hörermaximierung und Werbeauflagung der Programme. Die Konsequenzen betreffen jeden Hörer: Wer heute auf UKW marktgängige Popmusik hören möchte, kommt an Programmen, durchsetzt mit Werbebotschaften, kaum vorbei.

Der Trend zu kommerzieller Hegemonie hat Widerstände entstehen lassen. Eine wesentliche Arena dafür war in den letzten Jahren die Weltkulturorganisation UNESCO (vgl. Kap. 6.3). In ihr wurde ein Übereinkommen zur Vielfalt kultureller Ausdrucksformen erarbeitet und 2005 angenommen. Darin wird die Doppelnatur von „Kulturgütern und -dienstleistungen" betont, die eben nicht nur Handelsware darstellen, sondern auch Träger von Identitäten, Wertvorstellungen und Bedeutungen sind (UNESCO 2005). Der Umsetzung dieses global artikulierten Anliegens widmet sich die Deutsche UNESCO-Kommission, die dazu ein Weißbuch mit Handlungsempfehlungen vorlegte. Sie band bei der Erarbeitung viele Vertreter aus der Zivilgesellschaft ein und kam zu dem Ergebnis, dass zum Schutz der Vielfalt in der Medienwelt Regeln des Marktes auch abgeschwächt oder außer Kraft gesetzt werden müssen. In dem Weißbuch, das sie 2010 vorlegte, heißt es dazu: „Die Vielfalt audiovisueller Medien liegt im öffentlichen Interesse. Die Medienwirtschaft allein kann die Vielfalt der kulturellen Ausdrucksformen nicht gewährleisten." (UNESCO 2010: 23). Aus dieser Perspektive erscheinen marktfern agierende Radioakteure im öffentlichen wie nichtkommerziellen Bereich schlicht unentbehrlich.

Tatsächlich geht einem anwachsenden Teil der Hörer die ständige Ausrichtung des Programms an der Werbepriorität, die Unterbrechung des Programms mit Werbebotschaften und die omnipräsente Schleichwerbung auf die Nerven,

Klagen vom Dudelfunk machen die Runde. Nicht zufällig stagnierten die Werbeeinnahmen im Radio in den letzten Jahren, Prognosen gehen von Rückgängen aus. In Konkurrenz zum kommerziell geprägten Programm stehen ja nicht nur die werbefreien Programme der Öffentlichen, sondern auch die rasch wachsenden Angebote über die neuen Übertragungskanäle, insbesondere via Internet und Mobilkommunikation. Es ist heute ein Leichtes, werbefreie Audio-Angebote im Radiouniversum des Cyberspace zu finden und dies wird zunehmend von flexiblen und innovationsfreudigen Hörern genutzt, oft genau denjenigen, die wegen ihrer hohen Kaufkraft mit Werbung einfangen werden sollen. (zu Techniktends vgl. Kap. 5.6) Vieles spricht dafür, dass das werbungsdurchtränkte Radio seinen Zenit überschritten hat und in digitalen Umwelten ganz neue auditive Versorgungsmodelle wirksam werden, welche die Flucht aus der Werbung erleichtern. Auch die Alternative der prinzipiell werbefreien Community-Radios wird zu beachten sein. (vgl. Kap. 12)

## 7.11 Fragen zur Vertiefung

1.  Warum sind ökonomische Fragen wichtig? Jede Radiotätigkeit erzeugt Kosten, die gedeckt werden müssen. Ökonomische Fragen richten sich auf die Organisation und Finanzierung des Senders, aber auch auf die Strategie am Markt und den Bezug zum Hörer. So sind drei Grundmodelle des Radiomachens entstanden: öffentliche, kommerzielle und Communityorientierte.

2.  Wie lässt sich Radio finanzieren? Die Auswahl der Finanzierungsquellen ist begrenzt: Gebühren, Werbeeinnahmen, Subskription, Spenden. Gebühren finanzieren das öffentliche Radioangebot, sie erlauben werbefreie, qualitativ hochwertige Angebote. Die Finanzierung über Werbespots hat zu Formatradio und Reichweitenmaximierung geführt. Subskription führt zu Pay-Audio, was kaum genutzt wird. Community Radios beruhen auf Spenden, Mitgliederbeiträgen oder Eigenleistungen von Bürgern, mitunter erhalten sie auch öffentliche Förderung.

3.  Was hat Radio mit Kommerz zu tun? Kommerz (lat. commercium = Handel) beschreibt eine Handlungslogik, die sich an ökonomischen Kriterien wie Kapital, Markt, Gewinn etc. bemisst. Rundfunk wird traditionell sowohl als Kultur- wie auch als Wirtschaftsgut gesehen. Kommerzialisierung beschreibt den Trend dahin, in allen Gütern, so auch im Radio und seinen Programmen, marktgängige Waren zu sehen.

4.  Wie sind die Eigentumsverhältnisse bei Radiostationen? Es gibt öffentliche Stationen im Besitz der Allgemeinheit, kommerzielle Stationen, die in Deutschland oft mehrere Eigner haben, sowie Community Stationen im Besitz von Bürgern und öffentlichen Institutionen, Machern und Hörern.

## 7.12 Definitionen und Erklärungen

*Medienökonomie:* Beschreibt den Teil des Wirtschaftssystems, der sich mit Medien – in diesem Fall Radio – beschäftigt. Ökonomie bezieht sich auf die Handlungen, die der Bedürfnisbefriedigung dienen und durch Produktion, Tausch und Konsum von Gütern erbracht werden. Beim Radio geht es vor allem um Dienstleistungen in Form von Programmangeboten, mit denen der Hörermarkt versorgt wird.

*Media-Analyse (ma):* Eigentlich *ag.ma – Arbeitsgemeinschaft Media-Analyse e. V.*, eine Non-Profit-Organisation, die seit 1954 erforscht, wie die Palette der Mediengattungen genutzt wird. Auf der Basis von jeweils 60.000 Interviews werden in zwei Erhebungswellen (Frühjahr, Sommer) pro Jahr Hörerschaften und Zielgruppenmerkmale nahezu aller Radiosender erhoben und veröffentlicht (www.agma-mcc.de).

*Kommission zur Ermittlung der Konzentration im Medienbereich:* Die *KEK* wurde auf der Basis des Rundfunkstaatsvertrags von 1997 konstituiert und sieht ihre Hauptaufgabe darin, die staatsvertraglich verankerten Bestimmungen zur Sicherung von Meinungsvielfalt vor allem im Fernsehen zu überprüfen. Diese staatsfern angelegte Organisation führt Buch über die Besitzverhältnisse in der kommerziellen Radioindustrie und kommentiert deren Konzentrationssituation (www.kek-online.de).

*Zentralverband der deutschen Werbewirtschaft (ZAW):* Dachorganisation, der 40 Verbände der werbenden Unternehmen, der Medien, Werbeagenturen, Werbeberufe und Forschung angehören. Er versteht sich als Vertreter aller Bereiche der Werbebranche und sucht internen Interessenausgleich. Als Ort der Werbeselbstdisziplin gehört ihm der Deutsche Werberat an. In seinem *ZAW*-Jahrbuch wird über alle Aspekte der Radiowerbung berichtet (www.zaw.de).

# Kapitel 8
# Organisation

## 8.1 Einleitung

In diesem Kapitel geht es anfangs um die gemeinsamen Elemente der dualen Radioordnung, darauf um die Basisstatistik zu Zahl und Verteilung der Radiosender. Weiterhin werden die beiden Säulen des dualen Systems getrennt dargestellt, jeweils mit Blick auf zentrale Organisationsmerkmale, dann leitet die Darstellung zu Fragen der Qualitätssicherung und der Ethik innerhalb der Organisation Radio über. Die ökonomischen Aspekte der kommerziellen Seite werden in Kapitel 7 dargestellt. Mit der Existenz von Community Radios verfügt das Land in weiten Teilen über eine dritte Säule, die wegen vieler Besonderheiten aber getrennt dargestellt werden (Kap. 12).

## 8.2 Das duale System

Wie im Kapitel 6 dargelegt, liegen die Fundamente der Radioordnung im Rundfunkstaatsvertrag, der gleichermaßen für öffentliche wie privat-kommerzielle Sender gilt. Da er nur einen Rahmen darstellt, werden Einzelheiten in den Rundfunk- (für den öffentlichen Bereich) und Mediengesetzen (für den kommerziellen und nichtkommerziellen Bereich) der einzelnen Bundesländer (oder Staatsverträgen mehrerer Länder) geregelt. Auf dieser Grundlage entstand ein duales Radiosystem, das in großen Teilen bereits vor Inkrafttreten des ersten Rundfunkstaatsvertrags 1991 in seinen Strukturen gefestigt war. Im Jahre 2008 stellte es sich wie folgt dar:

*Tabelle 6:*   Programmstatistik Hörfunk 2008

| Bundesland | öffentl. landesweit UKW | private, landesweit UKW | private Progr. lokal UKW |
|---|---|---|---|
| Baden-Württemberg | SWR 8 | 1 | 16 |
| Bayern | BR 5 | 1 | 63 |
| Berlin-Brandenburg | RBB 7 | 18 | 6 |
| Bremen | RB 4 | 2 | 0 |
| Hamburg-Schleswig-Holstein | NDR 6 | 7 | 0 |
| Hessen | hr 6 | 5 | 0 |
| Mecklenburg-Vorpommern | NDR 5 | 2 | 0 |
| Niedersachsen | NDR 5 | 3 | 0 |
| Nordrhein-Westfalen | WDR 6 | 1 | 45 |
| Rheinland-Pfalz | SWR 8 | 3 | 10 |
| Saarland | SR 4 | 1 | 3 |
| Sachsen | MDR 4 | 4 | 15 |
| Sachsen-Anhalt | MDR 5 | 4 | 0 |
| Thüringen | MDR 4 | 3 | 0 |

Quelle: Landesmedienanstalten (*DLM* 2010: 171). In mehreren Ländern verbreitete Programme zählen nur einfach, Stationen in Stadtstaaten gelten als landesweit. Community Radios sind nicht berücksichtigt.

Diese Tabelle wurde im Umfeld der Landesmedienanstalten erstellt, gegenüber anderen Zählungen gibt es leichte Unterschiede (etwa im Umgang mit dem *Funkhaus Europa* oder der Mittelwelle). Hier werden nur die Hauptsender auf UKW verzeichnet, Community Radios und Internet-Stationen fehlen, die in ihrer Zahl kaum mehr zu erfassen sind. In der Radiolandschaft war in den letzten Jahren nur wenig Bewegung, die Zahl der öffentlichen Programme blieb mit 53 unverändert, die Zahl der DAB-Stationen verminderte sich um zwei auf 12, im privat-kommerziellen Sektor kam ein landesweites Programm hinzu, es gab eine lokale UKW und zwei DAB-Stationen weniger (DLM 2010: 171).

Mehrländeranstalten wie *NDR* und *MDR* bieten gemeinsame Programme an, bedienen zudem jedes Land mit einem eigenen Angebot. An der unteren Grenze der Programmzahl liegen die kleinsten Anstalten (*SR* und *RB*), große und Mehrländeranstalten bringen mehr Angebote. Dazu kommen die nationalen Programme *Deutschlandfunk* und *Deutschlandradio*, die aber nicht überall empfangen werden können. Die genannten Programme sind terrestrisch nur in ihren

Sendegebieten empfangbar, für die sie gesetzlich bestimmt oder lizenziert wurden, allerdings sind sie fast durchgängig auch bundesweit präsent, via Internet-Stream und Satellit, mitunter auch via Kabel. Letztlich sind sie damit auch global empfangbar. Die öffentlichen Anbieter sind teilweise noch auf Mittelwelle (AM) aktiv, der *NDR* z. B. nutzt seine alte AM-Frequenz (als *NDR Info spezial*) für Parlamentsübertragungen, Sportreportagen und Ausländersendungen, der *WDR* für Verkehrsmeldungen.

Im Bereich privat-kommerzieller Programme wird aus der Statistik erkennbar, wie unterschiedlich die Lizenzvergabe in den verschiedenen Bundesländern angelegt ist. Das hängt u. a. von der Größe des Versorgungsgebiets ab, in Stadtstaaten sind lokale zugleich landesweite Sender, oft versorgen sie auch angrenzende Gebiete der Stadtagglomeration, die zu anderen Bundesländern zählen. Spitzenreiter ist die Region Berlin mit dem umliegenden Brandenburg, die hier mit 18 Stationen geführt wird. Besonders die großen Bundesländer wie Nordrhein-Westfalen und Bayern zeigen eine differenzierte Radiolandschaft – was angesichts der Größe dieser Bundesländer naheliegt, wenn man bedenkt, dass z. B. NRW etwa über die Bevölkerungszahl der Niederlande oder Bayern über die Belgiens verfügt.

Innerhalb der Flächenländer finden wir deutlich unterschiedliche Strategien bei der Lizenzvergabe für kommerzielle Stationen:

- In den meisten Ländern wurden nur landesweite Programme lizenziert (wie Hessen, Niedersachsen),
- in anderen vor allem Lokalstationen (Bayern, Baden-Württemberg, NRW),
- einige stehen zwischen beiden Modellen (Sachsen, Rheinland-Pfalz).

Zählt man bundesweit verbreitete und in DAB ausgestrahlte Programme dazu, so kommt man auf folgende Gesamtzahlen: 70 öffentliche und 244 privat-kommerzielle Stationen.

## 8.3  Das öffentliche Radio

### 8.3.1  Der Rahmen

In Deutschland sind neun Landesrundfunkanstalten für die Hörfunkversorgung in ihrem jeweiligen Sendegebiet verantwortlich, gemeinschaftlich decken sie das gesamte Land ab. Sie bieten jeweils mindestens vier Programme an, die nach Programmgenres differenziert sind. Falls eine Anstalt für mehr als ein Land zuständig ist, wird ein separates Angebot für jedes beteiligte Land gemacht. Dazu kommen Programme aus Nachbarländern, die grenzüberschreitend eingestrahlt werden, in Grenzregionen auch aus dem Ausland. Weiterhin sind die bundesweit empfangbaren Programme *Deutschlandfunk* und *Deutschlandradio Kultur* zu beachten (s. u.). In Deutschland ist theoretisch auch das deutschsprachige Programm der *Deutschen Welle* (*DW*) empfangbar, allerdings nicht auf UKW, sondern nur in schlechter Qualität auf Kurzwelle und im Internet.

Die öffentlichen Sender Deutschlands haben sich in der *Arbeitsgemeinschaft der Rundfunkanstalten Deutschlands* (*ARD*) zusammengeschlossen, zu der auch die *DW* zählt.

Während die *ARD* im Fernsehen eine zentrale Rolle spielt, verweist sie in ihren Radioinformationen vor allem auf Angebote der Mitgliedssender und ist wenig aktiv (www.ard.de/radio). Dies ist Ausdruck der Eigenständigkeit jeder Anstalt, was auch dazu führt, dass Programmkooperationen wenig verbreitet sind, sie finden sich insbesondere beim *Funkhaus Europa* (*WDR*, *rbb*, *RB*) oder beim *Nordwestradio* (einem informativen Kulturradio von *RB* und *NDR*).

Die Landesrundfunkanstalten werden durch den Landesgesetzgeber per Rundfunkgesetz geschaffen. Arbeiten mehrere Bundesländer zusammen, so schließen sie einen Staatsvertrag. Diese Rundfunkgesetze müssen in den jeweiligen Parlamenten verabschiedet werden. Eine Anstalt des öffentlichen Rechts ist eine etwas altertümliche Rechtsfigur mit spezifischen Eigenheiten: Gemeinnützige Anstalten werden aufgrund eines Gesetzes geschaffen, sie besitzen Rechtsfähigkeit und kennen keine Mitglieder (wie Körperschaften), sondern Nutzer. Anstalten im Rechtssinne finden sich in Deutschland häufiger, werden aber oft nicht so genannt.

Als Beispiel für die rechtlichen Grundlagen einer öffentlichen Rundfunkanstalt gilt hier der *NDR*-Staatsvertrag, den die vier norddeutschen Bundesländer (ohne Bremen) geschlossen haben. Er wurde 1991, nach dem Beitritt von Mecklenburg-Vorpommern neu verhandelt und wird in der Fassung von 2005 zitiert. In ihm werden (wie in anderen vergleichbaren Gesetzestexten) die allgemeinen Freiheiten und besonderen Aufgaben des *NDR* benannt. Speziell wird die Verantwortung für die Versorgung Norddeutschlands betont, die dann mit der Produktion von insgesamt fünf Radioprogrammen in diesem Sendegebiet umgesetzt wird (*NDR 1*, *NDR 2*, *NDR Info*, *Njoy*, *NDR Kultur*). Die Bestimmungen des § 5 (2), wonach die vier tragenden Bundesländer berücksichtigt werden sollen, führen dazu, dass das Programm *NDR 1* in den vier Bundesländern getrennt angeboten und mit einem hohen Anteil regionaler Informationen gefahren wird (*NDR 1 Niedersachsen*, *Radio MV*, *Welle Nord*, *90,3 in Hamburg*).

Der NDR arbeitet unter einem allgemeinen Auftrag, der öffentliche Verantwortung mit der Idee des öffentlichen Rundfunks verbindet.

§ 4 Freiheit und öffentliche Verantwortung des Rundfunks
Der *NDR* veranstaltet und verbreitet Rundfunk als Medium und Faktor des Prozesses freier, individueller und öffentlicher Meinungsbildung und als Sache der Allgemeinheit.

Die im Sendegebiet bedeutsamen politischen, weltanschaulichen und gesellschaftlichen Kräfte und Gruppen tragen dazu bei, dass der *NDR* seine Aufgaben eigenverantwortlich im Rahmen des geltenden Rechts und auf der Grundlage der verfassungsrechtlich garantierten Rundfunkfreiheit erfüllt.

In Programmgrundsätzen wird grundlegend der Auftrag formuliert (Details werden im hier nicht dokumentierten § 7 zu Programmgrundsätzen und § 8 zur Programmgestaltung geregelt.)

§ 5 Programmauftrag

(1) Der *NDR* hat den Rundfunkteilnehmern und Rundfunkteilnehmerinnen einen objektiven und umfassenden Überblick über das internationale, europäische, nationale und länderbezogene Geschehen in allen wesentlichen Lebensbereichen zu geben. Sein Programm hat der Information, Bildung, Beratung und Unterhaltung zu dienen. Er hat Beiträge insbesondere zur Kultur anzubieten und ist berechtigt, sich an Filmförderungen zu beteiligen. Er kann auch Spartenprogramme veranstalten.

(2) Norddeutschland und die Vielfalt seiner Regionen, ihre Kultur und Sprache sind im Programm angemessen zu berücksichtigen. Der *NDR* soll zu diesem Zweck und zur Erhaltung kultureller Identität sein Programm grundsätzlich in den vier Ländern seines Sendegebiets herstellen.

Wie im Rundfunkstaatsvertrag festgelegt, ist die Zahl der Programme begrenzt. Für alle Radioprogramme darf der *NDR* zusätzliche Online-Angebote ins Netz stellen, sie müssen aber programmbegleitend und programmbezogen sein. Wo die Grenzlinie zu ziehen ist, wird nicht genannt.

§ 6 Wahrnehmung des Programmauftrages, Sendekapazitäten

(1) Der *NDR* kann in Wahrnehmung seines Programmauftrags im bisherigen Umfang Hörfunk- und Fernsehprogramme veranstalten. Er kann programmbegleitend Medien- und Datendienste mit programmbezogenem Inhalt anbieten. [...]

Der Grundversorgungsauftrag ist in demselben Paragrafen festgeschrieben.

(3) Der *NDR* hat sicherzustellen, dass sein Sendegebiet gleichwertig versorgt wird. Die Sendekapazitäten, die der *NDR* für die Grundversorgung mit Rundfunk im Umfang der bestehenden Programme benötigt, sind im Rahmen der technischen Möglichkeiten bereitzustellen.

### 8.3.2   Innere Organisation

Zu den Organen jeder Rundfunkanstalt zählen die Aufsichtsgremien Rundfunkrat und (manchmal) Verwaltungsrat, sowie als Leiter des Hauses der Intendant. Der Rundfunkrat ist eine für Deutschland spezifische Organisationsform, er repräsentiert eine Art Binnenaufsicht, in der „sozial relevante Gruppen" als Vertreter der Allgemeinheit die Kontrolle über die Anstalt ausüben. Zu den Aufgaben des Rundfunkrates zählen die Wahl des Intendanten und seine Beratung, gegebenenfalls die Wahl des Verwaltungsrats, die Überwachung bei der Einhaltung von Programmgrundsätzen, die Genehmigung des Haushalts, die Arbeitsplanung und seit Neuestem der Public-Value-Test (wenn es um neue Aufgabenfelder geht). Der Rundfunkrat gründet aus seiner Mitte häufig einen Ausschuss speziell für das Radioangebot, so bei der *Deutschen Welle*.

Der Rundfunkrat wurde einst von Hans Bredow, dem Direktor des Hörfunks in den Weimarer Jahren, nach dem II. Weltkrieg erdacht. Er sollte eine Art Miniparlament darstellen, das in Unabhängigkeit von der Parteipolitik den öffentlichen Rundfunk im allgemeinen Interesse steuert. Mitglieder kommen aus den großen gesellschaftlichen Organisationen der Politik (Parteien, Parlamente, Regierungen), der Wirtschaft (Arbeitgeberverbände und Gewerkschaften) und der Zivilgesellschaft (z. B. Kirchen, Sport, Frauen). Die im Gesetz genannten Organisationen werden aufgefordert, Repräsentanten zu entsenden und schicken meist ranghohe Funktionsträger, selten Spezialisten. So ergibt sich faktisch eine Laienaufsicht, der Rat stellt oft nur begrenzt ein Gegengewicht zu den Profis in der Senderspitze dar, für die Rundfunkratsmitglieder ist es eine prestigeträchtige Nebentätigkeit, die viele Begegnungsmöglichkeiten bietet (Kleinsteuber 2007).

Der Rundfunkrat, der ja eigentlich eine Art parlamentarischer Unabhängigkeit genießen sollte, steht als Gremium zumeist in beträchtlicher Abhängigkeit vom Intendanten, dessen Apparat die Infrastruktur für den Rat stellt. Während die Spitze des Senders mit Fachleuten antritt, sitzen ihnen im Rat eher Laien gegenüber, deren Kompetenz zur Beurteilung von Detailfragen nicht immer ausreicht. Entsprechend begrenzt ist der Einfluss des Aufsichtsgremiums im Alltagsbetrieb eines Senders.

Der Verwaltungsrat, der nicht bei allen Anstalten existiert, kontrolliert die wirtschaftlichen Aktivitäten des Intendanten – er bewilligt z. B. größere Ausgaben – und er begleitet dessen Geschäftsführung. Der Rundfunkrat ist also für grundlegende Entscheidungen zuständig, der Verwaltungsrat für die laufenden Geschäfte.

In regional unterschiedlichem Umfang ist immer eine Bank von Politikern in diesen Gremien vertreten, die ihren parlamentarischen Stil erfolgreich auf die Anstalten übertragen. Mit ihnen erfolgt meist eine proportionale Besetzung der Führungspositionen, wurde z. B. der Intendant von der Mehrheitspartei nominiert, so fällt das Amt seines Vertreters an die Gegenseite, leitet z. B. ein CDU-Vertreter den Rundfunkrat, so sitzt oft ein SPD-Politiker dem Verwaltungsrat vor etc. Wechselt eine Landesregierung, so ändert sie mitunter das Rundfunkgesetz so, dass ihr im Gremium eine eigene Mehrheit sicher ist.

In den letzten Jahren sind Rundfunkräte zunehmend in die Kritik gekommen, zumal sie mit dem Public-Value-Test (zur Aufnahme neuer Aufgaben) auch eine neue, selbstständige Aufgabe übernommen haben ( Lilienthal 2009). Andererseits hat der politische Druck auf Gremien und Anstalten auch nachgelassen, vor allem weil das Rundfunksystem sich immer stärker diversifiziert hat. Anders als das Fernsehen, bei dem Politiker gern versuchen Einfluss zu nehmen (besonders ungeniert beim *ZDF*), scheint der Hörfunk vielen Politikern zu unbedeutend und unübersichtlich, zumal sich die Programmarbeit auf viele Kanäle verteilt. Dieser Sachverhalt führt dazu, dass das Medium Radio im Vergleich zum Fernsehen in vergleichsweise höherer Unabhängigkeit von politischem Druck zu arbeiten vermag.

### 8.3.3  Finanzierung

Der öffentliche Hörfunk wird ganz überwiegend aus Gebühren finanziert. Die Gesamtgebühr für TV und Radio beträgt 17,98 € (2011), davon gehen 5,76 € an den Hörfunk. Eingezogen werden die Gebühren von der *Gebühreneinzugszentrale* (*GEZ*), zu zahlen ist eigentlich für alle an einem Standort bereitgehaltenen Radiogeräte, inklusive Autoradio, PC Audio, Mobiltelefon etc. Da dies angesichts der hohen Zahl von Empfangsgeräten nicht mehr durchsetzbar ist, wird für 2013 eine ganz neue Form der Finanzierung vorbereitet, bei der jeder Haushalt denselben Betrag zu zahlen hat. In begrenztem Umfang betreiben öffentliche Sender auch Hörfunkwerbung und erzielen damit zusätzliche eigene Einnahmen.

### 8.3.4  Deutschlandradio

Über einen besonderen Status verfügen die beiden terrestrisch verbreiteten Sender des *Deutschlandradios – Deutschlandfunk* und *Deutschlandradio Kultur –*, die in einer Körperschaft des öffentlichen Rechts zusammengefasst sind, welche nach komplizierten Verhandlungen 1994 ihre Arbeit aufnahm (www.dradio.de). *Deutschlandradio* ist ein genuines Produkt der Vereinigungsphase Deutschlands, in ihm gingen gesamtdeutsch orientierte Sender des Westens (*RIAS*, *Deutschlandfunk*) und der versunkenen DDR (zuletzt *DS Kultur*) ein (Diller 1999). Beide Programmangebote sind national orientiert und werden über ein (löchriges) UKW-Sendenetz, teilweise auch DAB und DRM ausgestrahlt. Im Jahre 2010 kam *DRadio Wissen* dazu, das Wissensbeiträge aus den anderen Sendern mit eigenen Beiträgen kombiniert und via Internet zur Verfügung stellt (www.dradiowissen.de). Der Sender wendet sich vor allem an eine junge und bildungshungrige Hörerschaft, setzt auf Netzthemen und ist im Web 2.0 präsent.

*Deutschlandradio* beruht auf einem Staatsvertrag aller 16 Bundesländer, *ARD* und *ZDF* sind Mitglieder in der Körperschaft; ein Hörfunk- und ein Verwaltungsrat, sowie ein Intendant sind den anderen Anstalten angelehnt. Im Prinzip wurden im *Deutschlandradio* die nach der Neuorganisation des gesamtdeutschen Radioangebots verbleibenden Sender zusammengefasst, Hauptsitz ist Köln, das Kulturprogramm wird in Berlin produziert (Jenke 2003). Für diese Sender gehen von der monatlichen Rundfunkgebühr pro Zahler 39 Cent in den Etat, der (2009) 210 Mio. € ausmachte. Neben den genannten Programmen unterhält das *Deutschlandradio* als einer der Hauptgesellschafter auch mit etlichen Millionen eine GmbH, in der Rundfunkorchester und -chöre zusammengefasst sind. Über öffentliche Sender findet so faktisch auch erhebliche Kulturförderung statt.

Mit Inkrafttreten des siebten Rundfunkveränderungsstaatsvertrags 2004 sind die öffentlichen Sender verpflichtet, in regelmäßigen Abständen einen Rechenschaftsbericht vorzulegen. Deren Bedeutung wird hier am Beispiel des *Deutschlandradios* verdeutlicht. Der Bericht über programmliche Leistungen und Perspektiven des nationalen Hörfunks *Deutschlandradio Kultur* und *Deutschlandfunk* 2008-2010 versteht sich als Selbstverpflichtungserklärung gegenüber der Öffentlichkeit und wurde vom Hörfunkrat verabschiedet. Er stellt zugleich Bestandsaufnahme und Zielsetzung dar und verpflichtet damit alle Mitarbeiter. Eine gesetzliche Bindekraft wie in den Rundfunkgesetzen fehlt allerdings. Man könnte hier von regulierter Selbstregulierung sprechen, bei der nach Vorgaben „von oben" eine selbst verantwortete Umsetzung „von unten" erfolgt.

Die einzigartige Rolle, die der *Deutschlandfunk* in der politischen Kommunikation des Landes spielt, wird in Kapitel 6.6 beschrieben.

### 8.3.5 Deutsche Welle

Die *Deutsche Welle* ist der Auslandssender Deutschlands. Aus diesem Grund fällt sie organisatorisch und finanziell aus dem vertrauten Muster heraus. Als Bundesanstalt wurde sie vom Bundestag gegründet und erhält von dort ihr jährliches Budget. Sie begann 1953 ihre Arbeit, anfangs als deutschsprachiger Sender auf Kurzwelle, kurz darauf kamen erste Fremdsprachen dazu (www.dw-world.de).

Bei der Deutschen Welle haben die Mitarbeiter ein Leitbild entworfen und beschlossen, das die Sicht der Verantwortlichen ausdrückt, aber auch als Versprechen an die Hörer zu verstehen ist (Fassung von 2008). Hier geht es nicht um einen Programmauftrag in Juristensprache, sondern um das Selbstverständnis der Programmmacher.

> „Die *Deutsche Welle* ist der Auslandsrundfunk Deutschlands. In journalistischer Unabhängigkeit erfüllt sie ihren gesetzlichen Programmauftrag. Die *DW* ist die mediale Visitenkarte Deutschlands in der Welt.[...]
> - Wir produzieren Fernseh-, Hörfunk- und Internet-Angebote in Deutsch und vielen weiteren Sprachen für Menschen im Ausland.
> - Wir vermitteln deutsche und andere Sichtweisen.
> - Wir fördern den Dialog der Kulturen und setzen uns für Völkerverständigung und Toleranz ein.
> - Wir vermitteln die Werte freiheitlicher Demokratie und setzen uns für die Menschenrechte ein.
> - Wir berichten unabhängig, umfassend, wahrheitsgetreu und pluralistisch.
> - Wir liefern umfassende und unzensierte Informationen für Länder ohne Medienfreiheit, insbesondere Krisen- und Kriegsregionen.
> - Wir sind Kulturträger und vermitteln Kultur aus Deutschland und Europa.
> - Wir fördern die deutsche Sprache.
> - Wir geben unser Know-how an Partner weltweit weiter.
> - Wir fördern durch unsere Glaubwürdigkeit das Ansehen Deutschlands weltweit.
> - Wir wirken am gesellschaftlichen Diskurs in Deutschland mit." (*DW* 2008).

Auch die *DW* verfügt über die üblichen Organe Rundfunkrat, Verwaltungsrat und Intendant; als Ableger des Bundestags haben politische Bundesorgane (Bundesregierung, Bundestag, Bundesrat) erheblichen Einfluss, sie stellen sieben der 17 Ratsmitglieder, der Intendant war bisher fast immer ein früherer Politiker. (Zur Bedeutung der DW als Auslandssender vgl. Kap.13.2.3)

## 8.4 Das privat-kommerzielle Radio

### 8.4.1 Der Rahmen

Dieser Sendertyp begann seine Karriere mit dem kommerziellen „Urknall" von 1985. Die gesetzliche Grundlage findet er in Landesmediengesetzen, die gleichzeitig für den Fernsehbereich geschrieben wurden. Der föderalen Tradition Deutschlands folgend erließ jedes Bundesland ein eigenes Mediengesetz, in dem die Bedingungen für die Lizenzvergabe niedergelegt wurden, mitunter für kommerzielle und nichtkommerzielle Sender getrennt, in anderen Gesetzen nach einheitlichem Verfahren. Die Landesmediengesetze regeln auch die Etablierung einer unabhängigen Landesmedienanstalt in den Bundesländern (mit sehr unterschiedlicher Namensgebung), die auch ein Entscheidungsorgan nach Vorbild der Rundfunkräte umfassen – der Gattungsbegriff ist Medienrat – sowie einen gewählten Direktor der Medienanstalt.

Ursprünglich verfügte jedes der 16 Bundesländer über eine derartige Anstalt, inzwischen haben Berlin und Brandenburg sowie Hamburg und Schleswig-Holstein Staatsverträge geschlossen und ihre Aktivitäten zusammengelegt. Die 14 Landesmedienanstalten (2011) entscheiden für ihre Bundesländer und kooperieren in der *Arbeitsgemeinschaft der Landesmedienanstalten in der Bundesrepublik Deutschland (ALM)*. Sie finanzieren sich über einen Anteil vom Gebührenaufkommen, vergeben Sendelizenzen, beobachten Programme, betreiben Medienforschung, unterhalten oder fördern nichtkommerzielle Angebote, unterstützen Projekte zur Stärkung von Medienkompetenz etc. Nationale Aufsichtsbehörden finden sich heute in allen vergleichbaren Staaten, aber die deutsche föderale Zersplitterung ist weltweit einmalig.

Die Rahmenbedingungen für kommerziellen Hörfunk regelt im Norden Deutschlands ein Staatsvertrag zwischen den Bundesländern Hamburg und Schleswig-Holstein, erstmals geschlossen 2006, hier zitiert in der Fassung von 2008. Damit haben zwei Bundesländer eine gemeinsame Landesmedienanstalt *MA HSH* begründet, was eine Ausnahme darstellt, regelhaft verfügt ein Bundesland über eine derartige Anstalt. Jeder Radiosender bedarf einer Lizenz (§ 17), für die Lizenzvergabe gibt es Bestimmungen, die Meinungsvielfalt sichern sollen (§19). Wer genau liest, stellt fest, dass bis zu sechs Lizenzen in Mehr- bzw. Minderheitenbeteiligung an einen Antragsteller gehen können. Besondere Einschränkungen gelten für Tageszeitungen, die eine marktbeherrschende Stellung haben.

Der Staatsvertrag kennt keine besonderen Bestimmungen für nichtkommerzielle Community Radios, sie müssen sich dem normalen Lizenzvergabe-Verfahren fügen. Er kennt aber einen eigenen Teil für Offene Kanäle (in Schleswig-Holstein) bzw. einen (früheren) Offenen Kanal in Hamburg, der nach einem Regierungswechsel in einen Bürger- und Ausbildungskanal (*Radio Tide*) umgewidmet wurde. (vgl. dazu Kap. 12.5.1.2.3)

§ 1 Geltungsbereich
(1) Dieser Staatsvertrag gilt für die Veranstaltung von Rundfunk (Hörfunk und Fernsehen) durch private Rundfunkveranstalter, für den Bürger- und Ausbildungskanal in Hamburg und den Offenen Kanal in Schleswig-Holstein sowie für Telemedien. ...

§ 17 Zulassung

(1) Private Rundfunkveranstalter bedürfen einer Zulassung durch die Anstalt; ...Die Zulassung wird für die beantragte Programmart (Hörfunk oder Fernsehen), Programmkategorie (Vollprogramm oder Spartenprogramm) und das beantragte Versorgungsgebiet, das in Schleswig-Holstein im Rahmen der technischen Möglichkeiten mindestens landesweit sein soll, erteilt. Sie gilt für die beantragte Zeit, längstens jedoch für zehn Jahre. Eine Verlängerung ist zulässig.

...

§ 19 Sicherung der Meinungsvielfalt

(1) Ein Antragsteller darf im Hörfunk und im Fernsehen jeweils ein analoges und ein digitales Rundfunkprogramm mit einer unmittelbaren oder mittelbaren Beteiligung von mehr als 50 vom Hundert der Kapital- oder Stimmrechte veranstalten. Zusätzlich darf er sich jeweils an einem analogen und einem digitalen Programm mit bis zu 50 sowie jeweils an einem weiteren analogen und einem digitalen Programm mit bis zu 25 vom Hundert der Kapital- oder Stimmrechte unmittelbar oder mittelbar beteiligen.

Seit vielen Jahren liegen Vorschläge auf dem Tisch, ihre Regulierungstätigkeit in einem Bund-Länder-Kommunikationsrat zusammenzufassen. Diese Ansätze scheiterten immer wieder, weil diese Medienanstalten unter der besonderen Protektion der Ministerpräsidenten als selbst ernanntem „Landesherr" stehen. Sie ermöglichen ihnen, in dem aufmerksamkeitsstarken Feld der Rundfunkpolitik präsent zu sein, Lizenzen an Günstlinge zu vergeben und sicherzustellen, dass im Beritt keine allzu kritischen Sender antreten. Dazu kommt, dass die Anstalten zur Standortförderung eingesetzt werden, also Arbeitsplätze in das Land ziehen sollen. Diese Möglichkeiten beziehen sich ausschließlich auf den Radiobereich, denn Fernsehen ist mit wenigen Ausnahmen (Ballungsraum-TV) bundesweit tätig und daher föderal kaum beeinflussbar, selbst wenn Lizenzen in einzelnen Ländern vergeben werden. Die föderale Zersplitterung macht nationale Anbieter (wie sonst in Europa verbreitet) fast unmöglich (Ansätze bei *Classic Radio* und *NRJ*), sie erklärt auch die großen Unterschiede in der kommerziellen Radioindustrie (landesweite oder lokale Lizenzen) und die noch größeren Differenzen beim nichtkommerziellen Radio.

**8.5  Radioorganisation in der Schweiz und Österreich**

Was die Organisation des Radios in Europa betrifft, so kann der Kontinent regelrecht als Laboratorium angesehen werden. Neben der Gemeinsamkeit eines dualen und inzwischen auch trialen Systems, finden wir auch beachtliche Besonderheiten. Hier soll dies am Beispiel der Hörfunkarrangements in den deutschen Nachbarstaaten verdeutlicht werden.

*8.5.1  Schweiz*

Für die Entwicklung in der Schweiz ist die Viersprachigkeit des Landes von großer Bedeutung (deutsch, französisch, italienisch, rätoromanisch). Zwei Faktoren waren bei der Entstehung von besonderer Bedeutung: Zum einen sollen das Mediensystem allgemein und die Organisation des Hörfunks speziell die kulturelle und sprachliche Zerklüftung des Landes abbilden. Zum anderen war die Organisation des öffentlichen Hörfunks selbstständig und vom Fernsehen unabhängig – was in Europa untypisch ist (Meier 2009: 596ff.). Das wurde 2009 geändert. Die Radioentwicklung in dem Land begann dezentral, mehrere Städte in der französisch- und darauf in der deutschsprachigen Schweiz begannen mit Aussendungen ab 1923. Weil das dezentrale System nicht zu finanzieren war, wurden die Sender 1931 in der *SRG* (heute: *Schweizerische Radio- und Fernsehgesellschaft*) zusammengeschlossen, was auch Programme für weitere Sprachregionen möglich machte (Schade/Ganz-Blättler 2004).

Nach früheren lokalen Entwicklungen begann der Hörfunk seit Gründung der *SRG* mit Sendern für die großen Sprachgruppen; für die deutschsprachigen Schweizer der Mittelwellensender *Beromünster*. 1938 war rätoromanisch als vierte Landessprache anerkannt worden, zunehmend wurde auch in dieser Sprache gesendet. Mit der Mobilmachung in den Jahren des Zweiten Weltkriegs wurde die Sendetätigkeit direkt von Regierung und Militär übernommen. 1945 erhielt die *SRG* ihre Lizenz zurück und konnte sich weiterentwickeln, ab 1956 wurde ein zweites Programm auf UKW gesendet. Seitdem expandiert die Programmarbeit, heute werden drei UKW-Hauptprogramme angeboten, darunter der populäre *DRS 1* mit einem Marktanteil von (2009) 36,7 %, ein Kultur- und ein Pop-Sender. Weitere Angebote werden über DAB, Kabel, Satellit und Internetstream verbreitet, darunter ein *News-Kanal*, *DRS Virus* für die junge Generation und *DRS Musikwelle* mit traditioneller Musik (früher das Programm des eingestellten Senders *Beromünster*, der früher *Musikwälle 531* hieß). Weitere Angebote werden speziell für das Internet produziert, so Kanäle für Jazz, Pop und Klassik. Obwohl es in der Schweiz auch kommerzielle Stationen gibt, ist der Marktanteil öffentlicher Anbieter vergleichsweise hoch, 2008 kamen die Öffentlichen auf 63,9 %, die Kommerziellen auf 26,3 % und das Ausland auf 5,8 %.

Der Interkulturalität des Landes folgend ist der öffentliche Hörfunk kompliziert gebaut. Das Radio der deutschen und rätoromanischen Schweiz (*SR DRS*) ist Teil des Unternehmens *SRG SSR idée suisse*, der schweizerischen Radio- und Fernsehgesellschaft (www.srgssrideesuisse.ch). Diese Dachorganisation ist als Vereinsverbund mit vier Mitgliedern zu sehen, zusammengesetzt aus vier Regionalgesellschaften, zu denen in der Deutschschweiz die *SRG.D* zählt. Der private Empfang von Radioprogrammen kostete 2009 14,10 Franken monatlich. Zum Leistungsauftrag der *SRG SSR* zählt neben den üblichen Anforderungen explizit auch „die Berücksichtigung der Vielfalt des Landes und seiner Bevölkerung" (www.drs.ch).

Bei Betrachten des Vielsprachen-Landes Schweiz fällt auf, dass die Sprachgruppen getrennt versorgt werden – es gibt keine mehrsprachigen Angebote –, allerdings sind die Sender so dezentral organisiert, dass die Besonderheiten der Region sehr gut berücksichtigt werden können. Natürlich kostet eine differenzierte, bis in kleine Räume reichende Radioversorgung entsprechend viel Geld und die Schweizer zahlen mehr für ihre öffentlichen Angebote als andere Europäer. Im Gegenzug schätzen die Schweizer ihre Radiosender und belohnen sie mit hohen Reichweiten. Damit wird auch verhindert, dass in größerem Umfang ausländische Programme eingeschaltet werden, die in dem kleinen Land meist gut empfangbar sind. Der Rundfunk bildet also zugleich regionale Besonderheiten ab, bekennt sich aber auch zur Pflege gesamtschweizerischer Identität. Weil einige Programme exklusiv auf DAB ausgestrahlt werden, ist digitales Radio vergleichsweise erfolgreich in diesem Land; weltweit als erstes Land wurde 2009 DAB+ eingeführt (www.digiradio.ch).

Es wird an diesem Beispiel deutlich, dass man mit einem kostengünstigen und kleinräumigen Medium Radio besser eine multikulturell geprägte Gesellschaft versorgen kann als etwa mit dem Fernsehen, bei dem Einflüsse aus den großen Nachbarstaaten Deutschland und Frankreich viel stärker sind.

## 8.5.2 Österreich

Der Hörfunk begann 1924 in Wien mit der Gründung der *Radio Verkehrs AG* (*RAVAG AG*), eines staatsnahen Unternehmens, dessen Tätigkeit nach 1938 im Großdeutschen Rundfunk der Nazi-Diktatur aufging. In Österreich gab es in der Frühzeit ein starkes Engagement ausländischer Unternehmen (*Marconi, Telefunken*), was zu einer begrenzten Entstaatlichung des Funkwesens führte. Nach langen Verhandlungen teilten sich unterschiedliche politische und wirtschaftliche Akteure die Aktien der AG untereinander auf (Venus 2004: 199). Die *RAVAG* erteilte 1931 dem damals jungen Mathematiker Paul L. Lazarsfeld den Auftrag, das Hörerverhalten systematisch auszuwerten (Mark 1996). Er entwickelte erstmals ein methodisch-theoretisches Design, das später Grundlage der empirischen

Radioforschung und eines allgemeineren „audience research" wurde. Der später in die USA emigrierte Lazarsfeld gilt heute als Begründer der empirischen Kommunikationswissenschaft (vgl. Kap. 10).

Mit dem Neuanfang 1945 wurde nach einigen Wirren der *Österreichische Rundfunk* (*ORF*) zum einzigen öffentlichen Anbieter (www.orf.at). Früher als Anstalt organisiert, ist er heute eine Stiftung, in deren Stiftungsrat 35 Vertreter über die Besetzung der *ORF*-Spitze, über Gebühren u. ä. entscheiden. Auch wenn aktive Politiker ausgeschlossen sind, haben doch Regierungen und Parlamente in Wien und den Bundesländern hohen Einfluss; sechs Mitglieder kommen von einem Publikumsrat, eine Vertretung der Hörer und Seher. Der *ORF* gilt als massiv parteipolitisch vereinnahmt und in den letzten Jahren, in denen er mit hohen Schulden zu kämpfen hatte, wurde er zunehmend zum Spielball der Politik.

Heute bietet der *ORF* drei nationale und neun regionale Radioprogramme an:

- *Ö1 „gehört gehört"* ist ein werbefreier Kultursender,
- *Ö2 Regionalradio* ist in den neun Bundesländern (Burgenland, Kärnten, Wien etc.) tätig, mit eher volkstümlicher Musik,
- *Hitradio Ö3* mit begrenzter Werbung sendet im Contemporary Hit Format, der erfolgreichste Sender des Landes,
- *FM4 – „you're at home baby"*, ein bilingualer Jugendkultursender mit alternativer Popmusik, Berichten zu Trends und Szene, teilweise in englischer Sprache.

Dazu kommt das Angebot in Nachfolge des früheren österreichischen Auslandsfunks auf Kurzwelle:

- *Radio Österreich 1 International*, größtenteils mit Programmübernahmen von *Ö1*, dazu Nachrichten in Weltsprachen.

Österreich zählt zu den letzten Ländern, in denen das öffentliche Sendemonopol aufgegeben wurde, die ersten Kommerzstationen entstanden erst 1998. Während das *ORF*-Fernsehen unter der Konkurrenz großer deutscher Kommerzsender leidet, zeigt das *ORF*-Radio weiterhin Bestwerte, er kommt auf einen Gesamtmarktanteil von 78 % (in der Gruppe Alter 10+; 2008), der Sektor der Privatradios nur auf 19 %. Populärster Sender im Lande ist *Ö3* mit einem Marktanteil von 33 %, die regionalen Programme von *Ö2* kommen auf 37 % (Daten: Steinmaurer 2009: 514). Als kommerzieller Sender arbeitet *Krone Hit Radio* im ganzen Land (Marktanteil 4 %), erfolgreicher sind Lokalsender, die zehn und mehr Prozent erreichen.

Österreich ist (neben Deutschland) mit neun Bundesländern einer der wenigen Föderalstaaten in Europa, allerdings kommt das nationale Angebot überwiegend aus der Hauptstadt und Metropole Wien, die Region muss sich auf das *Ö2-Programm* beschränken. Wegen der Übermacht des *ORF* haben es lokale Kommerzsender schwer, zumal der öffentliche Sender auch erhebliche Werbegelder auf sich zieht. Österreich zeigt einige Besonderheiten, so wird die slowenische Minderheit mit einem eigenen Angebot *Slovenski spored* versorgt. Der *ORF* unterhält auch ein Studio im italienischen Südtirol und das Tiroler Landesprogramm wird für deutschsprachige Hörer in diesem Teil Italiens ausgestrahlt. Im Vergleich mit dem Fernsehen, in dem das Angebot aus dem großen Nachbarn Deutschland erhebliche Reichweiten erzielt, blieb das *ORF*-Radio genuin österreichisch und versteht sich auch als Förderer heimischer Kultur und Folklore. Im alten *RAVAG*-Funkhaus in Wien betreibt der *ORF* heute ein Veranstaltungszentrum unter dem Namen Radiokulturhaus.

Deutlich wird die große Bedeutung öffentlicher Radioanbieter für die Sicherung eigener Identität speziell in Kleinstaaten – was für die Schweiz und Österreich gleichermaßen gilt. In beiden Ländern findet sich zudem eine lebendige Landschaft von Community-Stationen. (vgl. Kap. 12.5.1.3 und .4)

## 8.6  Standards im Radio

### 8.6.1  Ethik

Unter dem Begriff Medienethik werden Standards, Normen und Werte diskutiert, die Radioverantwortliche bei ihrer täglichen Arbeit beachten sollen. Ethik als Teil der Philosophie ist eigentlich ein zu hochgestochenes Wort, eher geht es um moralisches und verantwortungsbewusstes Verhalten im Berufsalltag. Die Arbeit im Radio ist mit spezifischen Anforderungen verbunden, daher ergeben sich auch spezielle Regeln, mit denen die Qualität des Angebots gesichert werden soll. In anderen Medien, speziell dem Fernsehen, sind es oft Skandale, anhand derer ethische Grenzen diskutiert und Verantwortliche an den Pranger gestellt werden. Dafür ist das Radio aber zu wenig spektakulär und zu fragmentiert, gleichwohl kommt es auch hier immer wieder zu Grenzsituationen. Oft waren es Radiomacher selbst, die hier aus eigener Erfahrung Regeln aufgestellt haben.

Das Radio ist das schnellste aller Medien, in der Eile geschehen Fehler. Dazu ist es vergleichsweise schlecht finanziert, was zu Schummeleien in der Redaktion führen kann. Zwar wird in Deutschland noch reichlich Radio gehört, aber die Konkurrenz anderer Medien lauert überall. Wenn die Glaubwürdigkeit angesichts schlampiger Redaktionsarbeit dauerhaft leidet, ist mit Rückgängen zu rechnen, zumal sich immer mehr Alternativen in der Audio-Versorgung auftun –

das Radio hat sein Berichterstattungsmonopol längst verloren und kann vom enttäuschten Mediennutzer jederzeit ersetzt werden.

Aus einer Tagung von Verantwortlichen – Journalisten und Moderatoren aus öffentlichen und privaten Sendern – in Tutzing hat sich die *Initiative Fair-Radio* herausgeschält, die bekämpfen will, was sie als um sich greifenden Hörerbetrug sieht (www.fair-radio.net). Die Gründer verweisen darauf, dass es im Radiobereich kein Organ gibt, das dem für die Printmedien zuständigen Presserat entspricht und schlechte Praktiken anprangert. Es geht bei *Fair-Radio* um eine Selbstorganisation von Radiomachern, die Auswüchse bekämpfen und drohende gesetzliche Eingriffe vermeiden wollen. Das ist realistisch, da gesetzliche Auflagen zu weit von den alltäglichen Routinen der Radioarbeit entfernt und möglicherweise unwirksam wären: Oft können auch nur professionelle Journalisten die verborgenen Manipulationen erkennen. Die Initiative setzt auf Selbstregulierung, bei der Ethikstandards von Verantwortlichen selbst aufgestellt und Verstöße öffentlich angeprangert werden. Sie orientiert sich dabei offensichtlich am Presserat.

In einem Tutzinger Ethik Appell für glaubwürdiges Radio heißt es:
„In Radioprogrammen wird heute nicht selten getrickst und betrogen, werden Hörer bei Gewinnspielen an der Nase herumgeführt und in Informationssendungen für dumm verkauft.

Wir – kritische Hörfunkjournalistinnen und -journalisten – fordern daher, die Glaubwürdigkeit unseres Mediums wieder zu stärken. Nur ein Radio, das seine Hörer nicht belügt, wird als Medium im digitalen Zeitalter bestehen können! Hiermit rufen wir alle Kolleginnen und Kollegen in privaten und öffentlich-rechtlichen Sendern auf, folgende Leitlinien zu unterstützen und umzusetzen:

1. Recherche muss vor Schnelligkeit gehen.
2. Es wird nichts vorgegaukelt, was nicht tatsächlich so ist (der Reporter, der angeblich vom Ort des Geschehens berichtet, tatsächlich aber im Studio sitzt; der Verkehrsreporter, der vorgibt, aus einem Verkehrsflieger zu berichten).
3. Was nicht wirklich live ist, wird auch nicht als live verkauft.
4. PR-Beiträge gehören in den Werbeblock und nicht ins redaktionelle Programm.
5. Nachrichtensendungen werden nicht vorher aufgezeichnet.
6. Mogeleien bei Gewinnspielen sind tabu.

Ein glaubwürdiges Qualitäts-Radio muss wieder unser Ziel sein! Ein „FAIR RADIO" sind wir uns und vor allem unseren Hörerinnen und Hörern schuldig!" (www.fair-radio.net).

Im Jahre 2010 hat auch ein Projektteam Hörfunk der *Bundeszentrale für politische Bildung* ein Radio-Guidebook vorgelegt, in dem „ethische Standards für die Radioarbeit" festgeschrieben wurden (www.bpb.de). Einige der zentralen Forderungen lauten:

> „Radio ist Respekt vor dem Hörer.
> Radio ist Fairness.
> Radio ist Authenzität.
> Radio ist Verantwortung.
> Radio ist Transparenz."
> (Einzelheiten in: Radio-Guidebook 2010).

Eigentlich sind dies Selbstverständlichkeiten, aber offensichtlich müssen die Macher ständig daran erinnert werden. Wer gegen diese Vorgaben verstößt, muss damit rechnen, dass Entgleisungen öffentlich gemacht und Verantwortliche bloßgestellt werden. Die Initiative will regelmäßig über Fehltritte berichten, was nur zu deutlich unterstreicht, wie sehr die Qualität im Medium Radio der Verbesserung bedarf.

### 8.6.2 Qualität

Dem deutschen Hörfunk ist in den letzten Jahren vorgeworfen worden, dass angesichts der sich verschärfenden Konkurrenz und schwindender Einnahmen ein Wettlauf in Richtung Qualitätsminderung stattgefunden habe. Ausgedünnte Redaktionen bieten nur noch ein Minimum eigener Recherche und bedienen sich zunehmend aus vorproduziertem PR-Material. Daraus entstand eine Qualitätsdebatte, wobei es vor allem um Strukturen und Verfahren geht, welche einen qualitätsvollen Output sichern. Allerdings gibt es keine einheitliche Meinung dazu, was Qualität eigentlich meint, meist werden Kriterien genannt wie sorgfältige Arbeit, eigene Leistungen, Güte, das Gegenteil von Quantität. Ebenso kann man Hörer befragen und bitten, Feedback, also Rückmeldung zum Programmangebot zu geben. Weiterhin lassen sich aus wissenschaftlichen Arbeiten Forderungen in Richtung qualitätsvoller Angebote ableiten, die unter Begriffe wie Vielfalt, Relevanz, Professionalität oder Akzeptanz gestellt werden können (Details dazu: Spang 2006: 175ff). Man kann diese Anforderungen herunterbrechen, etwa auf den Präsentationsstil von Radiomoderatoren, aber auch dann ist es notwendig zu definieren, was anzustreben ist, soll er z. B. cool, aggressiv, lobpreisend oder locker sein? (Vowe/Wolling 2004)?

Die (oben zitierten) rundfunkrechtlichen Vorgaben sind ein erster Maßstab, wobei die Bestimmungen für das öffentliche Radio deutlich differenzierter und fordernder sind, als für den kommerziellen Bereich. Für das öffentliche Radio werden Angebote gefordert, die in ihrer Breite Information, Unterhaltung, Bildung und Beratung sowie Kultur umfassen. Kommerzielle Sender senden dagegen fast immer in Programmformaten und kürzen vor allem an den teuren, selbst produzierten Wortbeiträgen, wenn sie in finanzielle Engpässe geraten.

Angesichts der angelaufenen Debatte startete der *Deutsche Journalistenverband* (*DJV*) eine Initiative, die der Auseinandersetzung um Qualität Substanz geben soll. Der *DJV* stellte fest:

> „„Programmqualität und unverwechselbares Profil des öffentlich-rechtlichen Rundfunks in der zukünftigen Informationsgesellschaft entscheiden darüber, ob er in der sich verschärfenden Konkurrenz mit global operierenden kommerziellen Medienkonzernen seine Position behaupten kann. Das wird auf Dauer nur gelingen, wenn er sich nicht in der Verteidigung seiner klassischen Formen und Inhalte erschöpfen muss, sondern wenn er seinen Programmauftrag dynamisch auslegen kann in Richtung auf ein Angebot, das für neue Publikumsinteressen, für neue Inhalte, Formen und Techniken offen ist. Zugleich ist das klassische Publikumsinteresse zu bedienen, um den Menschen eine Auswahl und zugleich Sicherheit und Geborgenheit im Gewohnten zu bieten." (DJV 2004).

Sicherlich ist es richtig, dass die Qualitätsdebatte vor allem von Programmverantwortlichen geführt wird, denen die tägliche Umsetzung obliegt. Aber Qualitätskriterien müssen auch in die Ausbildung von Journalisten eingebracht werden. Wolfgang Spang, der seit vielen Jahren in der *ARD* als Sprecher, Moderator, Redakteur und Trainer gearbeitet hat, entwarf ein Qualitätssteuerungsmodell, das mit einigen der obengenannten Kriterien arbeitet. Für den Hörfunk ist wichtig, wie der Hörer das Angebot wahrnimmt. Dabei steht Feedback als Instrument der Qualitätsbeschreibung im Vordergrund, „als kriteriengestützte Rückmeldung darauf, wie Radiosendungen wirken, mit dem Ziel, zu erkennen, was wie auf wen wirkt, Soll-Ist-Vergleiche durchzuführen und Steuerungs- bzw. Qualifizierungsmaßnahmen abzuleiten" (Spang 2006: 148). Die Ergebnisse eines solchen Einsatzes sollen nicht nur die tägliche Programmarbeit verbessern, sie müssen auch in das Training und Coaching der Mitarbeiter eingehen. Trotz dieser Diskussionen werden Kriterien der Qualität oft streitig diskutiert, insgesamt bleibt die Qualitätsdiskussion eine „Baustelle" (Siegfried Weischenberg).

### 8.6.3 Radiopreise

Ein spezielles Moment der Qualitätssicherung findet sich in der Ausschreibung von Medienpreisen, von denen es inzwischen etliche gibt, manche konzentrieren sich medienübergreifend auf Inhalte, andere zielen auf gute Hörfunkbeiträge.

Im Jahre 2010 wurde erstmals ein Deutscher Radiopreis in insgesamt elf Kategorien ausgeschrieben. Es handelt sich um eine Initiative der *ARD*, des *Deutschlandradio* mit der *Radiozentrale* und kommerziellen Sendern. Er wird unter der Ägide des Adolf Grimme-Instituts in Marl vergeben, das bereits seit vielen Jahren TV-Preise vergibt. Der Direktor des Instituts berief die Jury auf der Grundlage, „ein großes und vielfältiges Beurteilungsspektrum beim Zugang zu diesem reichen wie leider oft unterschätzten Medium zu gewinnen" (www.deutscherradiopreis.de).

Bereits seit 1950 wird der Hörspielpreis der Kriegsblinden vergeben, der einem Original-Hörspiel verliehen wird, „das in hervorragender Weise die Möglichkeiten der Kunstform realisiert und erweitert" (www.kriegsblindenbund.de). Die Robert Bosch Stiftung schreibt jährlich einen Journalistenpreis „Bürgerschaftliches Engagement" aus, der auch in der Kategorie Hörfunk vergeben wird. Die Zeitschrift *medium – Magazin für Journalisten* dokumentiert jeweils die Gewinner-Beiträge, die Gewinner und die Urteile der Jury. (www.mediummagazin.de). Die *Vereinigung deutscher Reisejournalisten* (VDRJ) vergibt jedes Jahr den Columbus Radiopreis, der darauf im Mitgliedermagazin dokumentiert wird (www.vdrj.org). Das Studium preisgekrönter Beiträge, ausgesucht von Jurys, in denen vor allem Praktiker sitzen, gibt einen guten Gesamteindruck davon, was in der Branche als qualitätsvoller Journalismus anerkannt ist.

## 8.7 Konvergenz

Konvergenz beschreibt das Verschmelzen bisher getrennter Medientechniken und -praktiken sowie ein Verwischen der traditionellen Grenzen zwischen allen Medien. Sie wird vereinfacht mitunter auf die Digitalisierung der Medien bezogen, die es z. B. heute ermöglicht, mit minimalem Aufwand einen UKW-Empfänger in einem Handy zu installieren oder Computer für Radio- und Audioempfang zu nutzen. Konvergenz geht aber viel weiter, sie betrifft inzwischen alle Bereiche der Medienproduktion und -nutzung. Ein *ARD*-Journalist beschreibt es so: „Hörfunkreporter in der Region haben inzwischen gelernt, mit Videokameras umzugehen und auch Online-Redaktionen zu beliefern. Und der Vernetzung der Produkte über Online-Portale entspricht zunehmend eine Vernetzung schon in Planung, Redaktion und Produktion, die nicht nur neue Technik benötigt, sondern auch neue Arbeitsabläufe und letztlich neue Berufsbilder hervorbringen wird." (Binder 2009: 56). Medienhäuser arbeiten anwachsend mit Reporterpools und lassen Vertreter verschiedener Medien gemeinsam in einem großen Newsroom zusammenarbeiten. Die Journalisten müssen in der Lage sein, verschiedene Ausspielkanäle mit jeweils maßgeschneiderten Produktionen zu bedienen. Die

*Deutsche Welle* hat z. B. ihre Radio- und Online-Redaktionen zusammengelegt, in dem kleinen und finanziell klammen Sender *Radio Bremen* arbeiten Radio- und TV-Redakteure gemeinsam an ihren Themen.

Konvergenz wird besonders durch die Beweglichkeit neuester digitaler Techniken unterstützt, weil es leicht geworden ist, verschiedene Medien miteinander zu verknüpfen, diesmal im Sinne einer Kooperation über die bisherigen Mediengrenzen hinweg. (vgl. Kap. 5) So vermag ein Medium auf ein anderes zu verweisen. Ein Beispiel: Das *Fußballradio 90elf* (eine Tochter der norddeutschen Radioholding *Regiocast*) wird als Webradio angeboten, zudem wird es mit Widgets (grafische Fenstersysteme, die auf Klick verbinden) auf den Websites von *bild.de*, *spiegel.de* oder der Sportplattform *spoxx.com* eingebunden. Nur noch eine Minderheit der Hörer kommt über die Webseite von *90elf*, der Rest irgendwo aus der mobilen Welt; eine *90elf*-App kann z. B. kostenlos aufs Handy heruntergeladen werden (Lungmus 2010).

Konvergenz hat nicht nur mit der Digitalisierung von Medientechniken zu tun, sie wurde auch möglich durch die Miniaturisierung und die Bedienungsvereinfachung vieler Produktionstechniken. Wo früher ein fachlich ausgebildeter Toningenieur antrat, reicht heute jemand, dem man simple Handreichungen der Audioaufzeichnung beigebracht hat. Notfalls sind Kamera oder Handy ausreichend, die zusätzlich über Audiofunktionen verfügen, um Originaltöne aufzunehmen. Das ermöglicht ganz neue, auch atmosphärisch interessante Berichterstattung, oft geht es aber auch einfach um Kosteneinsparungen und Mehrfachverwertung. In jedem Fall bedarf es dafür neuer, mehrmedialer Leitbilder in der Journalistenausbildung. Eine Bedrohung für Radioreporter entsteht damit, dass sie durch Konvergenzprozesse leichter ersetzbar sind, andererseits müssen sie keineswegs Verlierer sein. Oft sind sie vergleichsweise tief gestaffelt in der Region tätig sind und können bei Bedarf auch für andere Medien aktiv werden.

## 8.8  Fazit

Während sich die Grundstrukturen der deutschen Radiolandschaft, soweit sie auf UKW beruhen, nur wenig geändert haben, finden an den Rändern massive Veränderungen statt. Die sind durch neue technische Möglichkeiten induziert, die eine Vielzahl von Ausspielkanälen ermöglichen. Damit ist auch verbunden, dass die Vorstellung einer Gerätegebühr nicht mehr greift und die Finanzierung der öffentlichen Radioversorgung neu gestaltet werden muss. In den letzten Jahren hat die Kritik am „Dudelfunk" zugenommen, an „durchhörbaren" Programmen im immer gleichen Schema mit der immer gleichen Musik. Wenn noch Finanzierungsprobleme und wachsende Konkurrenz dazukommen, droht das Angebot insgesamt zu verflachen. In den letzten Jahren ist daher ein neues Verständnis

von der Verantwortung im Radiomachen entstanden. Da ein zunehmend redu-
ziertes Angebot die Glaubwürdigkeit des Mediums bedroht, fanden sich in den
letzten Jahren eine ganz Reihe Initiativen, die auf Qualität und ethische Verantwortung setzen. Bleibt zu hoffen, dass sich das Radio in diese Richtung weiter-
bewegt.

## 8.9 Fragen zur Vertiefung

1.  Was ist ein duales System? Das duale System besteht aus einem geregelten
    Nebeneinander öffentlich-rechtlicher und privat-kommerzieller Anbieter. Es
    entstand in den 80er Jahren und bezieht seine Legitimation aus der Breite
    des Angebots mit sehr unterschiedlich organisierten und finanzierten Pro-
    grammen. Bezieht man Community Radios ein, sollte man von einem tria-
    len System sprechen.

2.  Was unterscheidet die *Deutsche Welle* von anderen öffentlichen Sendern?
    Die *Deutsche Welle* ist die einzige Bundesanstalt, die ihr Geld aus dem
    Bundeshaushalt bezieht. Ihr Programmauftrag bezieht sich auf die Welt,
    Deutschland bleibt ausgeschlossen.

3.  Warum wird die Rundfunkgebühr auf eine Haushaltsgebühr umgestellt?
    Lange Zeit basierte die Finanzierung des öffentlichen Rundfunks auf einer
    Gerätegebühr. Dies ist schon länger angesichts einer explodierenden Zahl
    unterschiedlicher Empfangsmöglichkeiten nicht mehr zeitgerecht. Die Bun-
    desländer planen deshalb 2013 aufkommensneutral auf eine Haushaltsge-
    bühr umzusteigen, die von der Zahl betriebener Empfangsgeräte unabhän-
    gig ist.

4.  Warum ist eine öffentliche Radioversorgung für Kleinstaaten wie Schweiz
    und Österreich besonders wichtig? In diesen Staaten wird ein erheblicher
    Teil des Fernsehkonsums von großen Nachbarstaaten übernommen, die
    vergleichsweise besser finanzierte Programme bieten. Kompensiert werden
    kann dies durch preisgünstiger finanzierte eigene Radioprogramme.

5.  Wie kann man Qualität im Radio verbessern? Dazu zählen eine ethische
    Grundhaltung der Radiomacher, aber auch konkrete Maßnahmen innerhalb
    der Redaktion und im Kontakt zu den Hörern. Auswüchse sollten weniger
    durch Gesetze als durch Selbstkontrolle der Journalisten bekämpft werden.
    Radiopreise honorieren die besten Leistungen.

## 8.10 Definitionen und Erklärungen

*Landesrundfunkgesetz*: Gesetz eines Bundeslandes, in dem die Grundlagen (Rechtsform, Auftrag, Organisation, regionale Gliederung etc.) von *ARD*-Anstalten geschaffen werden. Bei Einbeziehung mehrerer Länder wird es durch einen Staatsvertrag ersetzt.

*Landesmediengesetz*: Gesetz eines Bundeslandes, in dem die Zulassung von und die Aufsicht über privat-kommerzielle (und nichtkommerzielle) Sender geregelt wird. Bei Einbeziehung mehrerer Länder wird es durch einen Staatsvertrag ersetzt.

*Staatsvertrag*: Ein typisches Instrument im Bundesstaat. Bei den rundfunkrechtlich wichtigen Staatsverträgen schließen sich einige oder alle Bundesländer zusammen, um gemeinsam Grundregeln zu schaffen oder Anstalten zu gründen.

*Rundfunk- und Verwaltungsrat*: Dies sind die Aufsichtsgremien der öffentlich-rechtlichen Anstalten. Der Rundfunkrat ist zuständig für die Einhaltung des Programmauftrags, Wahl des Intendanten, Beschluss über den Haushalt und die Wahl des Verwaltungsrats. Der Verwaltungsrat überwacht die wirtschaftliche Tätigkeit und die Geschäftsführung des Intendanten.

*Landesmedienanstalt*: Dies ist die von Bundesländern geschaffene Aufsichtsbehörde für den privat-kommerziellen (und nichtkommerziellen) Rundfunk. Sie ist für Lizenzvergabe und laufende Aufsicht zuständig. Sie besteht aus einem beschließenden Gremium und einem plural besetzten Medienrat. Die insgesamt vierzehn Behörden (zwei durch Staatsvertrag geschaffen) tragen sehr unterschiedliche Bezeichnungen.

# Kapitel 9
# Programm

*Corinna Lüthje*

In diesem Kapitel wird am deutschen Beispiel dargestellt, wie Programmelemente entstehen, zu Programmstruktur zusammengefügt werden und was dies für Programmtypen und Programmierung bedeutet (Corinna Lüthje). Darauf wird ein kurzer internationaler Überblick gegeben (Hans J. Kleinsteuber).

## 9.1 Einleitung

Was macht ein Radioprogramm tatsächlich aus? Radiomacher müssen sich auf die Möglichkeiten des Mediums einstellen und gleichzeitig die Hörgewohnheiten des Publikums berücksichtigen. Ein Radioprogramm ist gekennzeichnet durch bestimmte Einzelteile (Programmelemente), auf denen es baut und eine bestimmte Einheit (Programmstruktur), in die sich diese Elemente einfügen müssen.

## 9.2 Programmelemente

Ein Radioprogramm setzt sich in seiner Gesamtstruktur und in seinen Elementen aus verschiedenen akustischen Bausteinen zusammen:

- Musik
- Wort
- Geräusche

Musik und Wort sind eigene Programmelemente bzw. Oberkategorien von Programmelementen. Geräusche hingegen sind häufig Bestandteile von Programmelementen.

### 9.2.1 Musik

Musik ist traditionell eines der wichtigsten Programmelemente. Die in einem Radioprogramm gespielte Musik ist einerseits Einschaltfaktor und andererseits wichtig für den Verbleib bei einem Sender. Musik muss gefallen – und Gefallen ist geschmacks- und stimmungsabhängig. In einem Vollprogramm werden verschiedene Musikgenres gesendet. Hier gibt es eine Vielfalt von Musikstilen, die aber selten direkt nacheinander, sondern auf Sendungen abgestimmt gesendet werden. Die Funktionen der Musik sind bei verschiedenen Sendungstypen unterschiedlich:

- Informationssendungen: Musik als verbindendes Element, dem Wort nachgeordnet (Beispiel: *Journal* auf *NDR Kultur*, ein Kulturmagazin, bei dem die einzelnen Beiträge mit kurzen Ausschnitten aus Stücken von jeweils einer Musikproduktion unterschiedlicher Genres verbunden werden).
- Magazine: Musik und Wort gleich gewichtet und thematisch angepasst.
- Musiksendungen/Musikfeatures: Musik als Hauptinhalt, Wort nur zur Erläuterung oder Moderation (Beispiel: *Play Jazz!* auf *NDR Info*).

Der Umgang mit Musik hat sich seit den 90er Jahren sehr verändert. Früher wurden die meisten Musikprogramme in „Handarbeit" von einzelnen Musikredakteuren erstellt. Sie suchten Titel für Titel mit Hilfe von Karteikarten aus und fügten sie zu einer Programmfolge zusammen, die auch einer gewissen Sendedramaturgie entsprach. Mit fortschreitender Digitalisierung wurde Software entwickelt, mit deren Hilfe Musikprogramme heute größtenteils computergestützt erstellt werden. Eines der wichtigsten Programme für die Musikplanung ist der Broadcast-Commander, der die Archivierung von Musiktitelangaben, Recherche nach archivierten Musiktiteln und die automatische Erstellung von Programmabläufen aus dem Pool der archivierten Titel nach den Maßgaben der Sendeuhr ermöglicht. Die Einführung dieser neuen Praxis der Musikprogrammerstellung verlief parallel mit der Verbreitung von Formatradio in Deutschland. Ein Musikformat ist einerseits eine bestimmte Musikfarbe oder eine Musiksparte, mit der ein Radioprogramm den Bedürfnissen einer klar definierten Zielgruppe entsprechen soll und beschreibt damit das wichtigste Programmelement in diesem Programm. Andererseits ist Formatradio eine Programmiertechnik und damit eine programmstrukturelle Kategorie.[3] (vgl. auch Kap. 11.2.10 und 11.5)

### 9.2.2 Musikformat

Das Musikformat eines Senders ist dafür verantwortlich, ob ein Radiosender gehört wird und ob er auf dem Hörer- und daraus folgend auf dem Werbemarkt bestehen kann (Schramm 2008: 114). Es wird auf eine bestimmte Zielgruppe abgestimmt, deren Bedürfnisse permanent durch Marktforschung untersucht werden. Die wichtigsten Radioformate können in Subformate unterteilt werden (Schramm 2008, auch: Prüfig 1993, Goldhammer 1995, Böckelmann 2006):

---

[3] Mehr zur Programmiertechnik „Formatierung" in dem entsprechenden Abschnitt.

- AC (Adult Contemporary): leichte Popmusik, leichte Hörbarkeit; Zielgruppe: 14-49-Jährige; Subformate: Oldie Based AC, Hot AC, Euro Based AC, German Based AC, Soft AC.
- CHR (Contemporary Hit Radio): schnelle, aktuelle Musik aus den Top 40; Zielgruppe: 14-24-Jährige; Subformate: Mainstream CHR, Rock CHR, Dance CHR.
- AC/CHR: aktuelle Popsongs aus den Charts; Zielgruppe: 14-24-Jährige.
- Urban Contemporary (UC): Hip-Hop, RnB, Soul; Zielgruppe: 18-34-Jährige.
- Rock: aktuelle und ältere Rocktitel; Zielgruppe: 18-45-Jährige, höher gebildet, eher männlich; Subformate: Album-Oriented Rock, Classic Rock, Soft Rock, Hard/Heavy Rock.
- Oldies (Gold): englische Titel der 50er-80er; Zielgruppe: 20-40-Jährige.
- Beautiful Music/Easy Listening: ruhige, unaufdringliche, entspannende Musik; Zielgruppe: 40+.
- Melodie Radio/Arabella: deutschsprachig; Evergreens, Schlager, Oldies; Zielgruppe: 35+.
- Schlager: aktuelle und ältere deutsche Schlager; Zielgruppe: 35+.
- Volksmusik: volkstümliche Musik; Zielgruppe: 35+.
- Klassik: klassische Musik im weitesten Sinne, Filmmusik; Zielgruppe: 35+, besser Verdienende.
- Jazz: Jazz, Zielgruppe: 35+, besser Verdienende.
- MOR (Middle of the Road; früher auch Full Service): unaufdringlich, für jeden Geschmack, relativ hoher Wortanteil; Zielgruppe: 35-55-Jährige.

Die Entwicklung von Formatradios in Deutschland, in deren Programm konsequent jeweils ein bestimmtes Musikformat umgesetzt wird, ist eng mit der Einführung des privaten Radios verbunden. Das Formatprinzip entspricht den Bedürfnissen der Werbeindustrie und private Sender sind auf Werbeeinnahmen angewiesen. Seit Anfang der 90er Jahre wuchs nicht nur die Zahl von privaten Programmen in Deutschland an, sondern diese wurden auch immer stärker formatiert. Dabei ist aber auch ein Wandel festzustellen. Manche Formate setzten sich durch, einige Formate verschwanden und einige Formate erschienen neu:

*Tabelle 7:* Anzahl und Verhältnis der Musikformate bei privaten Sendern: Veränderungen 1992 bis 2008

| Veränderung der Anzahl/des prozentualen Anteils von 92/93 zu 2008 | Programmformat | 1992 Anbieter | In % | 1995 Anbieter | In % | 2008 Anbieter | In % |
|---|---|---|---|---|---|---|---|
| + 95/+ 30 % | AC | 37 | 20,6 | 90 | 46,8 | 132 | 56,6 |
| - 12/- 7 % | Melodie/ Volksmusik | 15 | 8,3 | 8 | 4,1 | 3 | 1,3 |
| + 33/+ 12,6 % | CHR | 12 | 6,7 | 8 | 4,1 | 45 | 19,3 |
| - 7/- 4,4 % | MOR | 11 | 6,1 | 13 | 6,8 | 4 | 1,7 |
| - 3 | AOR | 3 | 1,7 | 1 | 0,5 | | |
|  | EHR | | | 10 | 5,2 | | |
| + 3/+ 0,9 % | Oldies | 3 | 1,7 | 13 | 6,7 | 6 | 2,6 |
| - 2/- 1,3 % | Klassik | 3 | 1,7 | 3 | 1,6 | 1 | 0,4 |
| - 2/- 1,3 % | Jazz | 3 | 1,7 | 4 | 2,1 | 1 | 0,4 |
| - 3 | Easy Listening | 3 | 1,7 | 4 | 2,1 | | |
|  | NewsTalk | | | 1 | 0,5 | | |
|  | Gold | | | 1 | 0,5 | | |
|  | Urban Dance | | | 2 | 1,1 | | |
| + 3/+ 0,9 % | Religiös | 3 | 1,7 | 5 | 2,6 | 6 | 2,6 |
| - 2 | Full Service | 2 | 1,1 | 1 | 0,5 | | |
| - 5/- 5 % | Nicht zuzuordnen | 22 | 12,3 | 18 | 9,4 | 17 | 7,3 |
| - 62 | Keine Angaben | 62 | 34,6 | 11 | 5,7 | | |
| + 9/+ 3,9 % | Rock Klassik/Jazz Comedy | | | | | 9 | 3,9 |
| + 9/+ 3,9 % | Fremd-sprachig Playradio-Bouquets | | | | | 9 | 3,9 |
|  | **Gesamt** | **179** | | **192** | | **233** | |

Quellen: 1992 und 1995: ALM 1996: S. 397, 2008: ALM 2009.

Die Tabelle beruht auf Selbstauskünften der Sender. Die Rubriken „Nicht zuzuordnen" und „Keine Angaben" belegen einen hohen Prozentsatz von nicht oder nur rudimentär formatierten Programmen noch im Jahr 1992 (46,9 %). 1995 hingegen waren nur noch 15,1 % aller privaten Sender keinem bestimmten Format zuzuordnen. Gleichzeitig war dies das Jahr, in dem mit 15 verschiedenen Formaten die größte Vielfalt in der deutschen Privatradiolandschaft auszumachen war. 1992 wurden 12 verschiedene Formate genannt. Im Jahr 2008 waren nur noch 10 verschiedene Formate vertreten. Der Trend ging zu dem Format, das die größte Akzeptanz in der Masse fand: AC (Adult Contemporary, ein Popmusik-Mainstreamformat mit einer Zielgruppe von 14-39-Jährigen in den 1990er Jahren, die heute auf die 14-49-Jährigen ausgeweitet wurde) verzeichnete einen Anstieg an den UKW-lizenzierten Privatradios in Deutschland von 20,6% (1992) auf 56,6 % (2008). Diesem Vorbild entsprechend werden auch die öffentlich-rechtlichen Programme zunehmend formatiert. Von 58 Programmen können 47 einem bestimmten Musikformat zugeordnet werden:

*Tabelle 8:*   Musikformate der öffentlich-rechtlichen Programme in Deutschland 2006

| Musikformat | Öffentlich-rechtliche Programme 2006 | |
|---|---|---|
| | **Programme** | **Anteil in %** |
| AC | 12 | 21 |
| CHR | 7 | 11 |
| Oldie/Schlager | 15 | 26 |
| MOR | 1 | 2 |
| Klassik | 10 | 17 |
| Volksmusik | 2 | 3 |
| Sonstige | 11 | 19 |
| Gesamt | 58 | |

Quelle: Böckelmann 2006: 114.

### 9.2.3  Wort

Radio wird in Deutschland als publizistisches Medium betrachtet. Entsprechend wichtig sind die Wortanteile in den Programmen. (vgl. Kap. 11.3) „Wort" wird häufig neben Musik als Hauptprogrammelement bezeichnet; tatsächlich handelt es sich aber um einen Oberbegriff für eine Vielzahl von Programmelementen, die von Sprache bestimmt sind. Diese Programmelemente können ihrerseits wieder in verschiedenen Gruppen zusammengefasst werden:

- Journalismus: Nachrichten, redaktionelle Beiträge: Meldungen, Hintergrundberichte, Interviews, Features, Specials etc.
- Service: Verkehr, Wetter etc.
- Fiktion: Hörspiele, Hörbücher
- Werbung: Fremdwerbung, Eigenwerbung
- Moderation

In diesen Wortelementen sind oft auch Musikanteile oder Geräusche enthalten. So werden Nachrichten inzwischen häufig mit von zum Format passender Hintergrundmusik unterlegt, um so das Abschalten von Nebenbei-Hörern zu vermeiden. In redaktionellen Beiträgen können Musikschnipsel oder Geräusche einkomponiert sein. In Hörspielen sind Geräusche wichtig, um eine bestimmte Stimmung und damit das berühmte „Kino im Kopf" zu erzeugen. In Formatradios haben bestimmte Programmelemente auch ein klares akustisches Anfangs- und Erkennungssignal (s. Abschnitt „Eigenwerbung"). Es gibt einige wortbasierte Nachrichtensender, diese haben jedoch eine wesentlich kleinere Hörerschaft als Musikprogramme. Dies liegt darin begründet, dass das Radio inzwischen hauptsächlich als Nebenbei-Medium genutzt wird, wofür Musik sich besser eignet als Wort. Trotzdem haben im Radioprogramm immer noch reine Wortelemente ihren Platz. Radio galt (bis zur Einführung des Internets) als das schnellste Informationsmedium. Neben Programmunterbrechungen für wichtige Eilmeldungen ist dafür vor allem der regelmäßig und verlässlich gesendete Nachrichtenblock zuständig (vgl. Kap. 11). Üblich sind stündliche Nachrichten zur vollen Stunde und manchmal auch noch zur halben Stunde. Diese Radionachrichten dauern zwischen 2 und 5 Minuten und bestehen meist aus kurzen Meldungen. Ein wortbasiertes Nachrichtenprogramm wie *NDRInfo* hingegen bringt viertelstündlich lange Nachrichtenblöcke, die sich wiederholen. In anderen Programmen kann Hintergrundinformation über redaktionelle Beiträge im laufenden Programm eingebaut werden. Neben Nachrichten ist auch der Service-Block für Information zuständig, der sich dann aber eher an das tägliche Leben der Hörer wendet. Die wichtigsten Service-Elemente sind Verkehr und Wetter.

### 9.2.4  Werbung

Spätestens seit der Einführung des Privatradios ist Werbung ein wichtiges Radioprogrammelement. Dabei muss zwischen Fremdwerbung und Eigenwerbung unterschieden werden.

Fremdwerbung dient dazu, Einkünfte für das Radiounternehmen zu erwirtschaften. (vgl. Kap. 7.7 und 7.9) Alle Privatradios in Deutschland sind auf Werbeeinnahmen angewiesen. Auch die öffentlich-rechtlichen Rundfunkanstalten erzielen Werbeeinkünfte, allerdings nicht mit allen Radioprogrammen. Zumeist sind es Kulturwellen und Informationswellen ohne Werbeanteile. Im Programmbouquet des *NDR* befindet sich nur ein Radioprogramm mit Werbung (*NDR 2*). Bei allen anderen Landesrundfunkanstalten senden mehrere Programme Fremdwerbung, der Anteil differiert zwischen den Anstalten. Werbung stellt nur einen Teil der Mischfinanzierung der öffentlich-rechtlichen Hörfunkprogramme dar, der andere Teil wird durch Rundfunkgebühren bestritten. Dieser unterschiedlichen Finanzierungsstrategie entsprechend ist der Anteil an Fremdwerbung in öffentlich-rechtlichen und privaten Radioprogrammen unterschiedlich. Der durchschnittliche Anteil an Werbung in den privaten Programmen (alle) betrug im Jahr 2006 8 %, in den öffentlich-rechtlichen Programmen (alle) 0,5 % (Böckelmann 2006: 99). Wenn man einzelne Programme exemplarisch vergleicht, wird der Stellenwert der Werbung deutlicher. Beispiele für Werbeanteile in öffentlich-rechtlichen Programmen 2006: *Bayern 3*: 2,8 %, *NDR 2*: 1,4 %, *Antenne Brandenburg*: 1,1 %. Beispiele für private Programme in den gleichen Sendegebieten: *Antenne Bayern*: 7 %, *radio ffn*: 12 %, *Radio Hamburg*: 10 %, *BB Radio*: 12 % (ebd.: 101).

Formen der Hörfunkwerbung sind (Sturm/Zirbik 1996: 222ff.):
- Spots
- Sonderwerbeformen/Sponsoring

Werbespots werden vorproduziert und zumeist in Werbeblöcken, die im Programm an festen Stellen in der Stundenuhr installiert sind, gesendet. Sonderwerbeformen sind Patronat und Presenting. Bei diesen Sonderwerbeformen, die eigentlich auch als Sponsoring betrachtet werden können, werden einzelne Programmbestandteile (z. B. Servicerubriken wie Sport-, Wetter- oder Verkehrsmeldungen) oder auch ganze Sendungen an einen Sponsor gekoppelt. Dieses Engagement von Werbetreibenden kann entweder in Form eines Patronats über einen längeren Zeitraum erfolgen oder als Presenting auf eine einzelne Sendung beschränkt sein. Bei Sponsoring unterstützt ein namentlich genannter Dritter eine Sendung finanziell (z. B. „Top 40 – Präsentiert von XYZ"). Wirtschaftliches, weltanschauliches oder politisches Interesse darf dabei nicht in Zusammenhang mit dem Inhalt der gesponserten Programmbestandteile stehen (Sturm/Zirbik 1996: 223).

Eigenwerbung oder auch „on air"-Eigenwerbung ist ein Programmbestandteil. Radiosender senden sie im eigenen Programm, um folgende Ziele zu erreichen (Sturm/Zirbik 1996: 239):
- Informationen der Verbraucher über das Produkt- und Dienstleistungsangebot,
- Bekanntmachung von neuen Dienstleistungen und Produkten,
- Gewinnung von (Werbe-)Kunden und Hörern,
- Ausgleich saisonaler Schwankungen und
- Unterstützung des Senderimages.

Auch nichtwerbefinanzierte Sender nutzen Elemente der Eigenwerbung. Dies liegt in der Praxis der Hörerforschung begründet. Hörer sollen den Namen der von ihnen gehörten Station sehr gut kennen, um diese bei der halbjährlichen

Befragung in der Media-Analyse (ma, vgl. Kap. 10, spez. 10.2.2) nennen zu können. Um jederzeit sicherzustellen, dass dem Hörer der Name des gehörten Programms bekannt ist, sind in dem akustischen Medium Radio akustische Signale notwendig. Zur Wiedererkennung und Identifikation der Programme tragen folgende Elemente der „on air"-Eigenwerbung bei (Christ 1994: 171f.):

- Sender-ID: Eine leicht einprägsame Melodie mit Signalcharakter, die als Identitätsfaktor und akustisches Logo fungiert. Die Dauer beträgt maximal 15 Sekunden. Die Sender-ID eröffnet jede Sendestunde und jeden Programmblock.

- Jingles: Akustische Signale, die mindestens zwei- bis dreimal pro Stunde in Variationen erklingen sollten, um dem Hörer klar zu machen, bei welchem Sender er sich momentan befindet. Jingles enthalten zumindest Elemente der Sender-ID und werden variiert.

- Testimonials: In einem „Testi" bezeugt eine möglichst prominente Person, dass und warum sie gerne den Sender hört. Sie wirkt als Opinion Leader und macht einerseits den Sender wichtiger und gibt andererseits dem Hörer das Gefühl, sich in guter Gesellschaft zu befinden. Die Prominenten in dem Testimonial sollen selbst ihren Namen und den Namen des Senders nennen.

- Trailer, Teaser: Hier handelt es sich um kurze, rund 40-sekündige Minihörspiele, die wie ein Werbespot Aufmerksamkeit für ein bestimmtes Produkt erregen sollen, mit dem sich der Sender identifiziert. Neben der Werbung für das Programm, z. B. in Verbindung mit einem externen Event (wie einem Konzert), haben Trailer auch die Aufgabe, auf bestimmte Programmbestandteile (Specials, Rubriken, Gewinnspiele) hinzuweisen. Mit Trailern und Teasern soll dem Hörer „Appetit" auf das gemacht werden, was angekündigt wurde, damit er beim Sender verweilt.

### 9.2.5 Moderation

Umfang und Art der Moderation werden, neben der Musik, in der vorliegenden Literatur als entscheidendes Auswahlkriterium für das Einschalten eines Hörfunkprogramms und zur Hörerbindung genannt (Norberg 1996: 48, Goldhammer 1995: 207, Sturm/Zirbik 1996: 250, Prüfig 1993: 55, Lynen 2010). Mit Moderation werden einzelne Wort- und Musikelemente verknüpft. Moderation ist eine eigene Profession im Radio und nicht mit Journalismus identisch. In der Praxis allerdings werden von Zeit zu Zeit auch journalistische Elemente in die Moderation eingebaut und viele Moderatoren sind gleichzeitig Redakteure. (vgl. Kap. 11.2.7) .Moderatoren sind die Aushängeschilder der Radiostationen und helfen dem Hörer, sich mit dem Sender zu identifizieren. Deshalb werden bei der Auswahl von Personen folgende Aspekte berücksichtigt (Christ 1994: 173):

- Welcher Typ Moderator darf ans Mikrofon?

- Wie alt soll er sein?
- Was soll er sagen?
- Wie soll er diese Inhalte vermitteln?

Radiomoderatoren sollen natürlich klingen, dürfen aber trotzdem nicht völlig frei sprechen. Sie sind gehalten, einen strengen Moderationsleitfaden, ein Stylebook zu beachten.

### 9.3 Zusammenfügung der Programmelemente zu einer Programmstruktur

Aus den oben beschriebenen Elementen wird das komplette Programm zusammengestellt. Die Programm- oder Sendestruktur eines Radioprogramms ist von zwei Kategorien bestimmt: Zeit und Inhalt (wobei zum Inhalt auch Präsentation bzw. Performanz gezählt werden muss). Wie ein Radioprogramm konkret strukturiert ist, hängt ab von:

- Medienrechtlichen Rahmenbedingen/Mediensystem
- Verbreitungsgebiet: Region
- Zielgruppe
- Art der Finanzierung/Finanzieller Status: Unternehmerische Verfassung
- Hörerschaft
- Art der Verbreitung: Technik

Radio als Massenmedium wird in einem gewissen gesellschaftlichen Kontext hergestellt, in dem die rechtlichen Rahmenbedingungen der Programmerstellung und -verbreitung festgelegt werden. Diese Rahmenbedingungen können zwischen Ländern stark variieren. Die weiteren Ausführungen beziehen sich auf das momentane deutsche Mediensystem und seine Zweiteilung in öffentlich-rechtliche und privatwirtschaftliche Rundfunkanbieter. (zu Radiorecht vgl. Kap. 6.1, zur Organisation Kap. 8.2-8.4) In den Bundesländern gibt es verschiedene Landesmediengesetze, die das Verbreitungsgebiet der zu lizenzierenden privaten Programme festlegen (regionale/lokale Programme, landesweite Programme und vereinzelt bundesweite Programme bei Kombination von verschiedenen Landeslizenzen). Von diesem Verbreitungsgebiet sind Wortinhalte abhängig. Ein lokaler Sender bringt z. B. lokale Informationen, die in ein bundesweites Programm nicht passen würden. So möchte z. B. ein Bürger in Hamburg etwas über lokale Politik erfahren oder Veranstaltungstipps bekommen, die einen Hörer in München nicht interessieren würden. Das Verbreitungsgebiet ist also zugleich auch eine Festlegung der Zielgruppe. Mit der Zielgruppe ist die Frage verbunden: Für wen mache ich mein Programm? Ein lokaler oder regionaler Sender möchte möglichst viele Hörer in seiner Region erreichen und macht deshalb ein Programm, das (vor allem mit dem Musikangebot) möglichst viele Menschen anspricht. Ein Spartensender hingegen ist auf die Bedürfnisse einer Zielgruppe eingestellt, die nicht über regionale Zusammengehörigkeit, sondern über Interesse definiert ist. Die Zielgruppe einer solchen Sparte kann recht klein und über eine weite Region verstreut sein (z. B. Menschen mit Vorliebe für klassische Musik, für Country-Musik oder verschiedene andere Genres). Hier handelt es sich um Minderheitenprogramme.

Auch die Art der Finanzierung hängt damit zusammen. Die öffentlich-rechtlichen Rundfunkanstalten werden zu einem großen Teil über Gebühren finanziert, Werbung findet nur in einigen Programmen statt. Öffentlich-rechtlicher Rundfunk hat einen gesetzlichen Informations-, Kultur- und Bildungsauftrag. Dieser Auftrag rechtfertigt auch die Produktion von Programmen, die nur von Minderheiten wahrgenommen werden, auch wenn häufig die Existenzberechtigung dieser Programme auf Kosten der Allgemeinheit (der Gebührenzahler) angezweifelt wird. In jeder Landesrundfunkanstalt werden mindestens ein Kultur- und ein wortbasiertes Nachrichtenprogramm produziert. Im Zuge der Diskussion um die Legitimation von Minderheitenprogrammen sind die Produzenten jedoch bestrebt, die Programme massentauglicher zu gestalten, um andererseits auch wieder neue Interessenten (z. B. für Kulturprogramme) zu akquirieren. Privater Rundfunk hingegen ist auf Werbeeinnahmen angewiesen. Die Höhe der Einnahmen ist abhängig von der Zahl der Kontakte, der Zahl der Hörer. Regionale und lokale Programme haben sich aus diesem Grund zu so genannten „Werbekombis" zusammengeschlossen, die als gemeinsame Werbeplattformen vermarktet werden. Um die Einheit dieser Kombis zu gewährleisten, passen sich die beteiligten Sender in der Musikauswahl und dem Gesamtklang des Programms aneinander an. Dies führt dazu, dass ein privates Hörfunkprogramm in Bayern für einen Hamburger durchaus vertraut klingt, obwohl regionale Informationen gesendet werden. Für private Spartensender hingegen ist ein großes Verbreitungsgebiet (im Idealfall bundesweit) überlebenswichtig, denn nur auf diese Weise können Minderheitenprogramme eine ausreichende Hörerschaft generieren, um sich auf dem Werbemarkt behaupten zu können.

Die in der halbjährlichen Media-Analyse abgebildete Hörerschaft stimmt mit der Zielgruppe überein, wenn die strategische Programmplanung erfolgreich war. (vgl. Kap. 10, insbes. 10.4) Wenn dies nicht der Fall ist, wird entweder eine neue, der Hörerschaft entsprechende Zielgruppe definiert oder das Programm wird in einzelnen Elementen, der Präsentation oder auch in der Struktur den Bedürfnissen der Zielgruppe, aber auch sich wandelnden Hörgewohnheiten angepasst. Dieser Neuprogrammierung geht zumeist Zielgruppenforschung voraus. Sie erfolgt dann in einem Relaunch.

## 9.4 Programmstruktur

Radioprogramme können in verschiedene Kategoriensysteme eingeteilt werden, die (a) den Hörgewohnheiten entsprechen, (b) inhaltlichen Merkmalen folgen oder (c) zeitlich-strukturelle Aspekte berücksichtigen. Die einfachste Differenzierung, die starken Einfluss auf die Programmstruktur hat, berücksichtigt Hörgewohnheiten. Ein Einschaltprogramm richtet sich an einen bewussten Hörer, der sich gezielt einen Sender oder eine Sendung auswählt und diese aufmerksam verfolgt. Ein Begleitprogramm hingegen berücksichtigt die heute übliche Form der Radiorezeption: Nebenbei-Hören während anderer Tätigkeiten (Goldhammer 1995: 148). Entsprechend den Hörgewohnheiten werden Radioprogramme konzipiert und eingeteilt. Programmstruktur kann über den zeitlichen Anteil von verschiedenen Programmelementen definiert werden. Das Standardmaß ist dabei zunächst das Verhältnis der Wort- und Musikanteile. Mithilfe dieses Maßes werden Programmstrukturvergleiche zwischen öffentlich-rechtlichen und privaten Anbietern angestellt. Radio gilt in Deutschland medienrechtlich als publizistisches Medium, als Träger von möglichst vielfältigen Wortinhalten zur Förderung der Meinungsbildung (Goldhammer 1995: 137). Je höher der Wortanteil, als desto höher wird die Qualität eines Radioprogramms eingeschätzt. Bis 1995 wurden „Wortsendungen" und „Musiksendungen" differenziert. Mit der fortschreitenden Formatierung wurde diese Differenzierung nach Sendungstypen jedoch überflüssig und so änderte sich die Terminologie zu „Wortanteil" und „Musikanteil" im laufenden Programm (Böckelmann 2006: 99). Der durchschnittliche Wortanteil bei Privatradios betrug im Jahr 2002 20 %, der Musikanteil 72 % und der Anteil an Werbung 8 %. Im öffentlich-rechtlichen Rundfunk hingegen betrug der durchschnittliche Wortanteil im Jahr 2002 57,4 % und der Musikanteil 42,1 %, der Anteil an Werbung betrug dementsprechend nur 0,5 %. In dieser Berechnung sind aber auch Nachrichtenprogramme mit einem Wortanteil von 100 % sowie *Deutschlandradio* (Wortanteil ca. 70 %) und die Kulturprogramme enthalten (Böckelmann 2006: 99) und ebenso Programme, die keine Werbung senden.

Medienrechtlich relevant ist neben Voll- und Spartenprogrammen das Standardmaß für Radioprogramme: das quantitative Wort-Musik-Verhältnis. Der Begriff des „Formatradios" wird im deutschen Medienrecht nicht angewendet, stellt jedoch den derzeit dominierenden Programmtyp dar. Ein Radioformat wird umgangssprachlich als Musiksparte aufgefasst, meint jedoch vor allem eine bestimmte, den gesamten Sender umfassende Form der Programmierung. Mit Programmierung (aus der amerikanischen Praxis: Programming) ist die gesamte formale Gestaltung und Organisation eines Radioprogramms gemeint. Es gibt drei verschiedene Programmiertypen: Block-, Full-Service-Programmierung und Formatierung. Zur Bestimmung von Radioprogrammstrukturen wird im Folgenden auf die drei medienrechtlich relevanten Programmtypen und auf die drei Programmiertypen zurückgegriffen:

## 9.5 Medienrechtlich relevante Programmtypen

Aus der Fassung des Rundfunkstaatsvertrags vom 1. Juni 2009 (12. RFÄStV):

§ 2 Begriffsbestimmungen

(2) Im Sinne dieses Staatsvertrages ist

1. Rundfunkprogramm eine nach einem Sendeplan zeitlich geordnete Folge von Inhalten,

2. Sendung ein inhaltlich zusammenhängender, geschlossener, zeitlich begrenzter Teil eines Rundfunkprogramms,

3. Vollprogramm ein Rundfunkprogramm mit vielfältigen Inhalten, in welchem Information, Bildung, Beratung und Unterhaltung einen wesentlichen Teil des Gesamtprogramms bilden,

4. Spartenprogramm ein Rundfunkprogramm mit im Wesentlichen gleichartigen Inhalten (...).

In der Praxis wird Radio von den Landesmedienanstalten als publizistisches Medium und daher nach Wortinhalten definiert. In den Landesmediengesetzen wurden die deskriptiven Aussagen konkretisiert. Die Kategorie der Berichterstattung wird als Bezugsrahmen inhaltlicher Anforderungen an publizistische Leistungen von Rundfunkvollprogrammen genannt.

Vollprogramme können als „integrierte Mischprogramme" oder „Familienprogramme" betrachtet werden. Ein Vollprogramm bietet also „etwas für jeden". Der Begriff beinhaltet sowohl eine inhaltliche als auch eine programmstrukturelle Komponente. Es ist ein strukturell und inhaltlich ausgewogenes Programm, in dem die unterschiedlichen Meinungen und Interessen angemessen berücksichtigt werden (Stuiber 1997: 1013). Es kann entweder eine Block- oder eine Full-Service-Programmierung aufweisen. Vollprogramme sind (trotz der medienrechtlichen Relevanz) in Deutschland kaum noch vorhanden.

Spartenprogramme können die für ein Vollprogramm als charakteristisch genannten Funktionen Information, Bildung und Unterhaltung ebenfalls ausüben, Vollprogramme hingegen waren noch nicht nach inhaltlichen Kriterien definiert.

In der Lizenzierungspraxis wurden und werden jedoch Spartenprogramme und Vollprogramme auf der inhaltlichen Ebene verglichen. Spartenprogramme sind über das Genre (Musikfarbe wie Klassik oder Wortbasierung wie News) definiert. Auf der inhaltlichen Ebene bilden Spartenprogramme und Vollprogramme einen Gegensatz. Angebotsorientierte Spartenprogramme werden von einem durch ein gemeinsames Interesse definiertes Publikum rezipiert (vgl. Stuiber 1997: 592), aber nicht primär als Dienstleistung für eine festgelegte Zielgruppe gestaltet. Der Begriff der Sparte sagt zunächst nichts über die Art der formalen Programmierung aus. Sowohl Block- als auch Full-Service- als auch Formatprogrammierung sind möglich. Typische Spartenradios sind die öffentlich-rechtlichen Kulturwellen und das private *Klassik Radio* oder die öffentlich-rechtlichen Informationsradios.

### 9.5.1 Programmierung

Der englische Begriff Programming ist als Oberbegriff für die formale Gestaltung von Hörfunkprogrammen anzusehen und beinhaltet die Auswahl, Produktion und Bereitstellung einer beliebigen Art von Programm, mit dem ein Sender seine Sendezeit ausfüllt (Goldhammer 1995: 137). Neben dem Musikformat und der Moderation spielt die Form der Programmierung die wichtigste Rolle für den Erfolg:

> „It is programming, that brings listeners or viewers to the station. If the number of listeners or viewers is large, and if they possess the characteristics sought by advertisers, the station will attract advertising dollars. Accordingly, the station's revenues and potential profits are influenced largely by its programming." (Pringle/Starr/McCavitt: Electronic Media Management. Stoneham/Mass 1991. Zitiert nach Goldhammer 1995: 137).

Dabei können drei grundsätzliche Formen der Programmierung nach Strukturebenen unterschieden werden: die Block-, die Full-Service- und die Formatprogrammierung. Da ein Format auf Programmebene, Sendungsebene oder Stundenebene eingelöst werden kann, wird der Begriff Programmierung in Deutschland häufig synonym mit Formatierung gebraucht. Dies ist nicht korrekt. Im Formatradio wird die strengste Form der Programmierung auf Stundenbasis vorgenommen und ist gültig für das Gesamtprogramm. Die Programmierungstypen weisen differierende Schematisierungsgrade auf und benutzen unterschiedliche Darstellungsmodi.

*Tabelle 9:*   Programmierungstypen

| Programmierung | Darstellung | Grad der Schematisierung | Aufwand |
|---|---|---|---|
| **Block** programmorientiert (Formatebene: Sendung) | Programm, keine schematische Darstellung | Niedrig bis nicht vorhanden, quantitativ schlecht zu kontrollieren (schlecht überschaubar, schlecht planbar, geringe Verlässlichkeit Stundenebene) | Technik: niedrig Personal: hoch Finanzen: hoch, schlecht kalkulierbar |
| **Fullservice** sendeplatzorientiert (Formatebene: Sendeplatz) | Sendeschema | Mittel, quantitativ mittel zu kontrollieren (je nach Ausführung überschaubar, planbar, berechenbar, hohe Verlässlichkeit Tages- oder Wochenebene) | Technik: mittel Personal: hoch bis mittel Finanzen: mittel, nach Ausführung, mittel kalkulierbar |
| **Formatierung** sendestundenorientiert (Formatebene: Programm) | Stundenuhr | Hoch, quantitativ leicht zu kontrollieren (unaufwendig, planbar, berechenbar, hohe Verlässlichkeit Programmebene) | Technik/ Digitalisierung/ Automatisierung: hoch Personal: niedrig Finanzen: niedrig, gut kalkulierbar |

## 9.5.2  Blockprogrammierung

Ein in Blöcken programmiertes Radioprogramm wird auf der Programmebene gestaltet und ist nicht schematisiert. Die Planung bezieht sich auf einzelne Sendungen im Gesamtprogramm. Unter Blockprogrammierung versteht man die Aneinanderreihung einzelner (teilweise höchst unterschiedlicher) Beitragsblöcke innerhalb eines Programms, um innerhalb eines Senders etwas für jeden möglichen Hörer anzubieten (Goldhammer 1995: 138). Diese Beitragsblöcke sind synonym mit Sendungen. Da die Gestaltung einzelner Sendetage stark differieren kann, benötigt man andere Medien, um das Programm zu kommunizieren (z. B. Programmzeitschrift oder Website). Dieses Programm entspricht nicht mehr den heutigen Hörgewohnheiten. In seinen Anfangsjahren war das Medium Radio an gezielte Einschalthörer gerichtet. Diese Hörer wählten einzelne Sendungen aus, die in einem jeweils spezifischen Format gestaltet waren. Frequenzknappheit nach dem Zweiten Weltkrieg begünstigte Vollprogramme in Blockprogrammierung. Mit der Verbreitung des Mediums Fernsehen wandelte sich das Radio zum Begleit-Medium. Blockprogrammierung ist heute nur noch in einigen Spartenkanälen der öffentlich-rechtlichen Rundfunkanstalten (wie z. B. Kulturwellen) auszumachen. Aber auch hier geht der Trend zur Full-Service-Programmierung.

### 9.5.3  Full-Service-Programmierung

Ein Programm mit Full-Service-Programmierung hat zwar ebenfalls den Anspruch, „etwas für jeden" zu senden, allerdings herrscht dabei schon das Bestre-
ben vor, die Übergänge zu harmonisieren und statt einzelner Blöcke längere
Sendestrecken mit homogenen Programmen anzubieten. Diese bestehen zum
größten Teil aus Magazinsendungen, die Wort und Musik miteinander verbinden, aber auch aus Special-Interest-Sendungen, die fest im Wochenprogramm
installiert sind (Sturm/Zirbik 1996: 212). Diese Sendestrecken sind gleichzuset-
zen mit Sendeplätzen. Die Sendungen finden an festgelegten Zeitpunkten statt
und haben eine festgelegte Dauer. Der Grad der Schematisierung ist mittel und
auf der Ebene des Sendeplatzes angesiedelt. Diese Sendeplätze rotieren entweder
im Tagesrhythmus (dann bilden die 24 Sendestunden eines Tages den zeitstruk-
turellen Rahmen) oder im Wochenrhythmus (der zeitstrukturelle Rahmen wird
dann von 168 Sendestunden in einer Woche gebildet). Full-Service-
Programmierung ist normalerweise angebotsorientiert und weist einen relativ
hohen Wortanteil von ca. 30 - 40 % auf. Die Planung und Formatierung bezieht
sich auf den festen Sendeplatz im Wochenprogramm, wobei häufig die Wochentage einen bestimmten, gleich bleibenden Rhythmus haben und das Wochenende
abweichen kann. Dieses Wochenprogramm kann in einem Sendeschema dargestellt werden. Auch formatierte Radiosender nutzen diese Darstellungsform,
obwohl sie eigentlich eine Zeitstruktur von nur einer Stunde haben. Am Beispiel
des bayerischen Regionalsenders *Charivari* lässt sich sehr gut nachvollziehen,
dass die Wochentage strukturidentisch geplant sind, Samstag und Sonntag aber
abweichen:

*Abbildung 1:*   Programmschema des Privatradios *Charivari* (Bayern,
                 Regensburg)

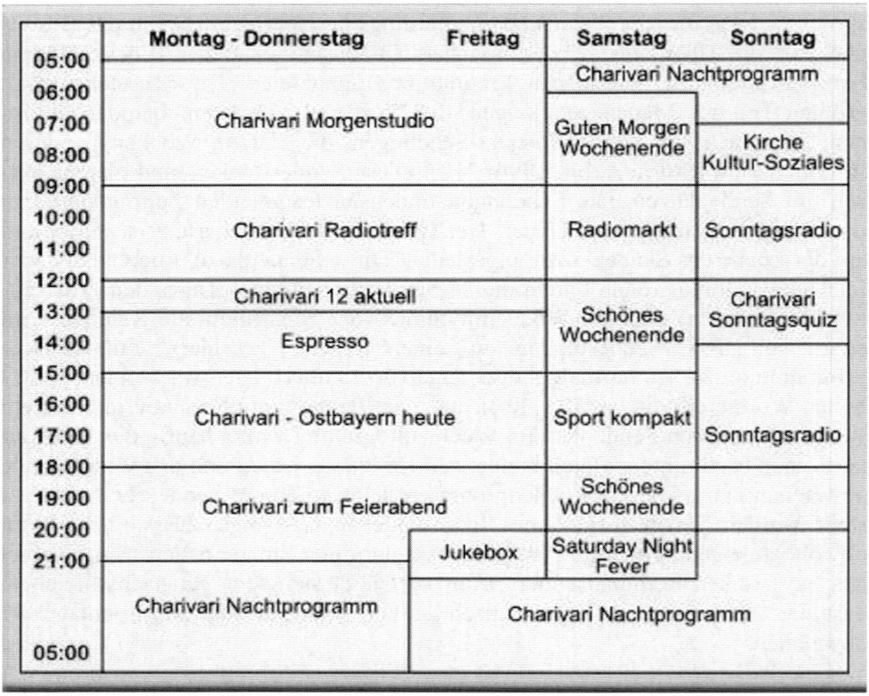

| | Montag - Donnerstag | Freitag | Samstag | Sonntag |
|---|---|---|---|---|
| 05:00 | | | Charivari Nachtprogramm | |
| 06:00 | | | | |
| 07:00 | Charivari Morgenstudio | | Guten Morgen Wochenende | Kirche Kultur-Soziales |
| 08:00 | | | | |
| 09:00 | | | | |
| 10:00 | Charivari Radiotreff | | Radiomarkt | Sonntagsradio |
| 11:00 | | | | |
| 12:00 | Charivari 12 aktuell | | Schönes Wochenende | Charivari Sonntagsquiz |
| 13:00 | | | | |
| 14:00 | Espresso | | | |
| 15:00 | | | | |
| 16:00 | Charivari - Ostbayern heute | | Sport kompakt | Sonntagsradio |
| 17:00 | | | | |
| 18:00 | | | Schönes Wochenende | |
| 19:00 | Charivari zum Feierabend | | | |
| 20:00 | | | | |
| 21:00 | | Jukebox | Saturday Night Fever | |
| | Charivari Nachtprogramm | | Charivari Nachtprogramm | |
| 05:00 | | | | |

Quelle: http://www.charivari.com/fileadmin/media/Einzelseiten/Programm/
sendeschema_boxed.gif, 23.12.2009.

### 9.5.4   Formatierung

Was der Begriff Format beschreibt, ist in der Literatur nicht einheitlich definiert.
Die Idee entstand in den USA nach Ende des Zweiten Weltkriegs, wo sich kom-
merzielle Radiostationen im Wettbewerb mit den Fernseh-Networks befanden.
Zur Entstehung des Formatradios gibt es eine illustrierende, in verschiedenen
Versionen erzählte Anekdote, die allerdings überdeckt, dass viele Kräfte an die-
ser „Neuentdeckung" des Radios mitwirkten. Der „Erfinder" des Formatradios
Todd Storz beobachtete 1955 das Verhalten von Kneipengästen, die aus dem
Repertoire der Jukebox immer wieder dieselben Hits auswählten. Selbst nach
Feierabend gingen die Angestellten, die den ganzen Abend lang immer wieder
dieselben Songs gehört hatten, zu der Musikbox, warfen ihre Münzen ein und

wählten wiederum dieselben Musikstücke. Diese Beobachtung brachte Storz auf die Idee, das bisher möglichst breite Musikrepertoire des Radioprogramms aus mehreren tausend oder gar zehntausend Titeln auf die aktuellen Hits zusammenzustutzen, um die Bedürfnisse der Rezipienten zu erfüllen. Dieses Konzept wurde als formular radio bezeichnet. Unter dem Namen Top 40 wurde es schnell zum erfolgreichsten Programmkonzept der 50er Jahre. (Kleinsteuber 1993). Ursprünglich waren diese Programme musikalisch relativ breit gefächert. Erst durch den Erfolg des Rock 'n' Roll bei der jüngeren Generation entwickelte sich das Top 40-Radio zu einem primären Rock 'n' Roll-Radio. In der US-amerikanischen Radiolandschaft etablierten sich weitere, spezialisierte Radioformate, die freilich das Programmierprinzip von Top 40 übernahmen (Goldhammer 1995: 16f.).

Amerikanische Autoren fassen die Funktionen des Formatradios wie folgt zusammen:

> „The aim of format radio is to offer a distinctive program service that is consistent throughout the station's operation. [...] listener will be attracted to his/her particular station, because of its sounds and services." (Peter K. Pringle, Michael F. Starr und William E. McCavitt: Electronic Media Management. Stoneham/Mass 1991. Zitiert nach Goldhammer 1995: 139).

In Deutschland war man Anfang der 90er Jahre bemüht, eine adäquate Form für die hier neuartigen, komplett privat-kommerziellen Radios zu finden und analysierte in typisch deutscher Gründlichkeit die amerikanischen Radios, um ein Erfolgsrezept zu kopieren. Dabei musste das amerikanische Konzept des Formats mit den deutschen Vorschriften über Spartenprogramme in Deckung gebracht werden. Hermann Stümpert beschrieb die „hörbaren" Auswirkungen auf das Programm:

> „Die Vokabel Format [...] bezeichnet den Typ eines durchgehend gestylten Hörfunkprogramms, der bestimmt wird von seiner musikalischen ‚Farbe', der Wort-Musik-Mischung, den Informationsanteilen und der Art der Präsentation." (Stümpert 1991: 51).

Andreas Arthur Wernsing bezeichnet „Programmformat" als Programmierungstechnik und verweist damit auf „Format" als formale Programmgestaltungskategorie, aber auch auf die inhaltliche Dimension des Begriffes:

> „Inhaltliche Einheiten beim Vorgang der Programmierung stellen die Bereiche Wort und Musik, u. U. auch Werbung dar. Sie sind gleichzeitig die Programmbereiche, mit deren Inhalten Formatierung betrieben wird." (Wernsing 1995: 51).

Wolfgang Gushurst (2000: 32) führt als weitere Dimension den „Markt" ein:

> „Ein formatiertes Radioprogramm ist gezielt auf die Bedürfnisse eines spezifischen
> Marktes abgestimmt. Struktur, Inhalt und Präsentation bilden die Bestandteile des
> Formatradios, das durch das Konkurrenzumfeld und die Hörerstruktur Rahmenbe-
> dingungen vorgeben hat, die durch personelle, technische und finanzielle Möglich-
> keiten beeinflusst werden. Musik ist damit nur ein Bestandteil des Gesamtformats -
> wenn auch mit der Wichtigste."

Klaus Goldhammer (1995: 142) definiert Formatradio als Teil einer Marke-
tingstrategie, nennt die Ziele und weist auf die Bedeutung der Zielgruppe hin:

> „Ein Formatradio verfolgt das Ziel, im Hörfunkmarkt auf der Grundlage von Markt-
> forschungsinformationen und einer daraus entwickelten Marketingstrategie ein un-
> verwechselbares Radioprogramm als Markenprodukt zu etablieren, das genau auf
> die Bedürfnisse einer klar definierten Zielgruppe abgestimmt wird. Dies geschieht,
> indem alle Programmelemente sowie alle anderen Aktivitäten eines Senders konse-
> quent auf die strategischen Marketingvorhaben ausgerichtet und konstant empirisch
> auf ihre Hörerschaft überprüft werden. Es dient dazu, die Hörbedürfnisse der Ziel-
> gruppe möglichst optimal zu befriedigen, um so möglichst viele Hörer an das Pro-
> gramm zu binden und im Falle einer Werbefinanzierung des Senders diese Ein-
> schaltquoten gewinnbringend an Werbekunden zu verkaufen."

Zusammengefasst lässt sich formulieren, dass Formatierung eine komplexe Form
der Programmierung durch eine auf einen spezifischen Markt abgestimmte Wahl
von Struktur, Inhalt und Präsentation eines Senders mit dem Ziel der Bedürfnisbefriedigung einer Zielgruppe und deren Weiterverkauf an die Werbeindustrie
zum Zweck der Gewinnerwirtschaftung ist.

Als erster Planungsschritt wird eine möglichst noch unversorgte Zielgruppe
ausgewählt, auf die eine Musiksparte (und darin die Musikfarbe), Wortinhalte
und die Art der Präsentation zugeschnitten werden. Das Format umfasst alle
Programmbereiche und mit der Außendarstellung, dem Image und der Vermarktung des Senders auch alle Aktivitäten der Radiounternehmung. Da Formatradio
als Dienstleistung verstanden wird, ist Marktforschung durch Ziel-
gruppenbestimmung vor Programmplanung und ständiger Überprüfung der Hörerwünsche durch Researches das wichtigste Instrument. Die Programmstruktur
ist zum Zweck der Durchhörbarkeit, Wiedererkennbarkeit und Verlässlichkeit
simpel, stark schematisiert und nach Sendestunden auf Programmebene geglie-
dert. Das Programm kann in einer Stundenuhr dargestellt werden, deren zeitliche
Einhaltung für alle Elemente (Musik, Wortbeiträge, Eigenpromotion und Werbung) streng vorgeschrieben ist. Das Beispiel der Stundenuhr von *Radio FFH*
zeigt die exakte zeitliche Verteilung und Verankerung der Programmelemente.

*Abbildung 2:* Stundenuhr von *Radio FFH*

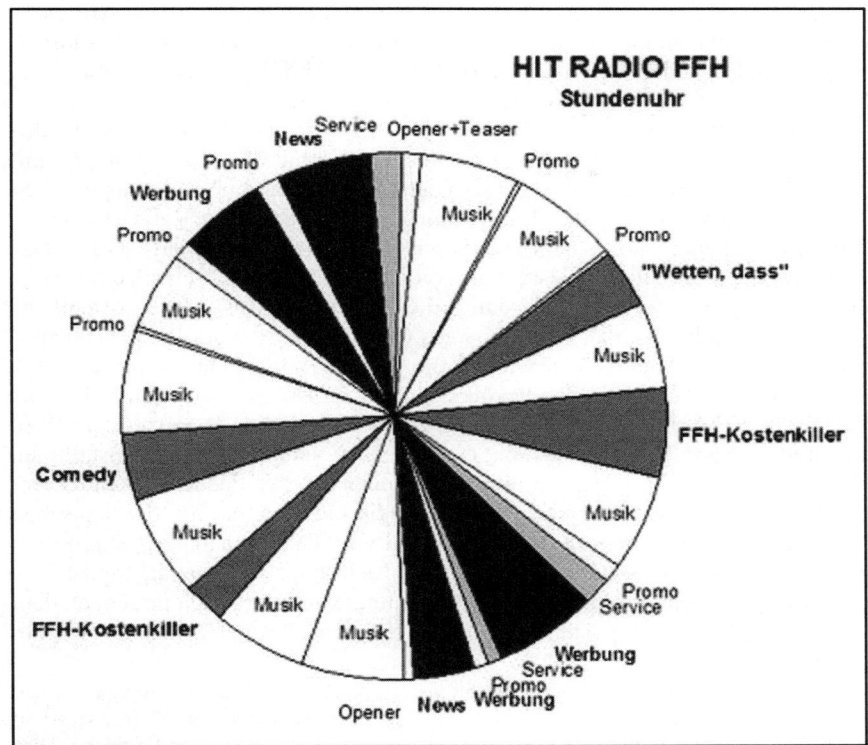

Quelle: http://www1.bpb.de/themen/W888UI,0,Die_Stundenuhr.html,
23.12.2009.

Oberstes Prinzip ist die Einheit aller Programmbereiche im Gesamtsound, dem
sich auch die Moderatoren unterordnen müssen. Merkmale eines modernen,
deutschen Formatradios sind:

- Zielgruppenorientierung und Marktforschung
- Umfassendes Styling von Programm und Unternehmung
- Einheitliche Musikfarbe
- Zielgruppen- und spartengerechte Wortinhalte und Präsentation (Stylebook)
- Musikrotation (computergesteuerte Programmplanung)
- Stundenuhr

Der Planungsaufwand ist in der Anfangsphase immens, da er sich auf alle Bereiche des Senders erstreckt. Das laufende Programm erfährt nur kleine Korrekturen in Anpassung an die Zielgruppe. Das Stundenschema erleichtert die Automatisierung und erfordert einen hohen Technikeinsatz bei gleichzeitig reduziertem Personalaufwand und geringeren Anforderungen an die Mitarbeiter. In den Vereinigten Staaten wird der Begriff Format auf zwei unterschiedlichen Ebenen benutzt. Zum einen bezeichnet man damit die Sparte und zum anderen das Programming. Radio gilt als Dienstleistung für eine Zielgruppe, deren Bedürfnisse durch Sparte und Programming erfüllt werden. So kann ein amerikanisches Format auch in einem Full-Service-Programm präsentiert werden. Das amerikanische Formatradio lässt sich freilich nicht auf deutsche Verhältnisse übertragen. Begründet wird dies durch die Konkurrenz des starken öffentlich-rechtlichen Rundfunks, den Auflagen vom Gesetzgeber und der Frequenzknappheit. Als weiterer Unterschied werden die großen Ballungsräume in den USA von vielen ethnischen Gruppen bevölkert, die es in Deutschland nicht gibt. Aus diesem Grund werden die Musikpräferenzen der deutschen Bevölkerung als zu einheitlich angesehen, um eigene Sender Erfolg versprechend zu installieren (Gushurst 2000: 86). Echtes Formatradio könnte nur mit flächendeckender terrestrischer Verbreitung überleben, was durch die föderale Struktur der deutschen Radiolandschaft erschwert ist. In Deutschland wird der Formatbegriff nicht (wie in den USA) auf die Sparte mit einer engen Zielgruppe angewandt, sondern als formales Programmkonzept für Massenprogramme definiert und damit auch dem Wunsch der Werbeindustrie nach möglichst gleichartigem Umfeld für Werbespots entsprochen:

> „Die deutschen Formate sind das Ergebnis von rechtlichen Rahmenbedingungen und Hörerbedürfnissen. Die Dauerdiskussion über den vermeintlichen Gegensatz von Qualität und Quantität behindert eine konsequente Ausprägung von Formaten. Dies führt zu den Schwachpunkten des derzeitigen Formatradios in Deutschland: die Neigung zur Inkonsequenz und mangelnde Vielfalt durch einseitige Konzentration auf bevorzugte Käuferschichten. Besonders die privaten Stationen versuchen fast ausschließlich die konsumorientierteste, jüngere Bevölkerungsschicht zu erreichen." (Gushurst 2000: 86).

## 9.6  Programme in internationaler Perspektive

*(Hans J. Kleinsteuber)*

In der internationalen Programmgeschichte des Radios spiegeln sich seine Verschiedenheiten wie sie sich aus kulturellen Traditionen oder politischen Vorgaben entfalteten. Eine aus der Schweiz stammende, mitten im 2. Weltkrieg geschriebene Studie nannte u. a. neben Information und Musik folgende Elemente:

literarisch-dramatische Sendungen, Reklame, Volksbildung (Schulfunk, belehrende Vorträge und Kurse), landwirtschaftliche Sendungen, Soldatensendungen, Propaganda auf allen Wellen, Weltrundfunk (Huth 1944: 51-80). So oder ähnlich wird es in der ersten Generation des Radios in ganz Europa ausgesehen haben.

Aus den USA kam dann die Idee der Formatradios, die heute nicht nur Europas Märkte beherrschen, sondern weltweit dominierend sind. Aber auch in den USA, wo weit über 10.000 Stationen – vor allem in den urbanen Zentren – um eine begrenzte Hörerschaft konkurrieren, ist eine Weiterentwicklung des Prinzips zu verfolgen, die eine extrem differenzierte Formatierung entstehen ließ. Dabei mischt sich der globale Trend zu homogen betriebenen Formatradios mit kulturellen Besonderheiten. In den USA war 2006 das beliebteste Format „Country" (mit Unterkategorien wie Classic Country, New Country) mit 2.019 Stationen, ein Format, das auch in ländlichen Regionen anderer angloamerikanischen Staaten populär ist (Kanada, Australien), aber in Europa kaum nachgefragt wird. Darauf folgt in den USA das Format News/Talk mit 1.324 Stationen, wobei News z. B. einen Nachrichtenableger des TV-Senders *CNN* umfasst, in den meisten Fällen handelt es sich aber um Talk Stationen, wiederum mit einem sehr amerikanisch geprägten Format. (vgl dazu Kap. 14.8) Darauf folgen Oldies mit 773 und Latin/Hispanic mit 703 Stationen (Richter 2006: 61-78).

Der Begriff Format bezieht sich vorrangig auf die Musikfarbe, schließt aber auch ganz andere Programmangebote wie Talk oder ethnische Angebote ein, die durch die jeweilige Minderheitensprache charakterisiert werden. Im spanischsprachigen Radio der USA finden sich wiederum Untergruppen wie Spanish Contemporary, Mexican Regular, Spanish Tropical oder Spanish Oldies. Als spezielle Formate gelten auch Programme, die sich auf religiöse Themen oder Sport spezialisieren. (vgl. Kap. 14.2 und 14. 6)

Die beschriebene Formatierung ist nur im Kontext der kommerziellen Grundierung verständlich. Formatradios sprechen nicht nur unterschiedliche Musikgeschmäcker an, sie bedienen auch, sich deutlich unterscheidende, Konsum-Milieu-Cluster (Hagen 2005: 372ff). Damit ist gemeint, dass die Stationen im Interesse der darin Werbenden möglichst homogene Zuhörerschaften aufzubauen versuchen, um Streuverluste gering zu halten. Für die USA gelten z. B. folgende Querverbindungen: Teens im Alter 12-17 bevorzugen das Format CHR (Top 40), urban oder Alternative, ab dem Alter 35 werden Rock und AC präferiert, Baby Boomer im Alter 45-54 schalten Oldies oder New AC an (Richter 2006: 77). Hörerforschung in diesem Kontext bedeutet, die Soziodemografie der Hörer möglichst genau darzustellen, um die Produktwerbung zu optimieren. Viele dieser Differenzierungen sind in Deutschland nicht möglich, weil die Zahl der Kommerzstationen im internationalen Vergleich eher gering ist. Zudem sind massive transkulturelle Differenzen zu beachten, so ersetzt in mancher Hinsicht das Angebot volkstümlicher Musik in Deutschland das Segment Country in der angloamerikanischen Welt. Deutsche Hörer erwarten in der Vorweihnachtszeit z. B. entsprechend festliches Musikgut, was bei der Übernahme internationaler Formate anfänglich vergessen wurde. Globale Formatvorgaben müssen also immer lokal adaptiert werden.

So wie es Radio schon lange vor der Welle der Formatierungen gab, führt es heute auch ein Leben außerhalb dieses Programmkorsetts. Je mehr Übertragungskanäle zur Verfügung stehen und je differenzierter die Trägerschaft in der Radiowelt ist – also auch öffentliche und nichtkommerzielle Angebote verfügbar sind –, umso breiter wird das Gesamtangebot sein. Eine aktuelle britische Übersicht beschreibt u. a. die folgenden Genres und Produktionen (Chignell 2009: 5-60):

- Comedy: Bereits früh erreichten Witze und Sitcom (eigentlich situation comedy) das Radio (Chignell 2009: 13-17). Schließlich bedient sich auch der klassische Witz der akustischen Kommunikation. Sie wurden vom Moderator eingeflochten, selbst hergestellt oder stellten Fremdproduktionen dar. Heute sind es vor allem lustige, Gag-betonte Einlagen von wenigen Minuten, in denen z. B. Familien kommunizieren oder Stimmen prominenter Politiker imitiert werden (*Gerd-Show, Supermerkel*) (Krug 2010: 81). Comedy wird heute seriell, also mit hohem Wiedererkennungswert in das Programm eingebaut, vorher als Highlight angekündigt und regelmäßig wiederholt.

- Dokumentationen und Features: Nach angloamerikanischer Tradition berichtet die Radiodokumentation als Fakten-orientierter Bericht aus der Realität und setzt Elemente wie Interviews, Beobachtungen und Kommentare Verantwortlicher, Betroffener oder Experten ein (Chignell 2009: 23-26). Die Dokumentation arbeitet ähnlich, setzt aber auch Dramatisierungen, also nachgespielte Szenen ein. Da das ablenkende Bild wegfällt, sehen Autoren die Chance, in diesen Programmformen Bedeutungen oder Emotionen direkt herüberzubringen.

- Drama und Hörspiel: Die Aufgabe des Hörspielautors ist es, Dramen in unseren Köpfen zu schaffen (Chignell 2009: 26-30). Früher waren dies in der angloamerikanischen Welt vor allem Serien und Radio Soaps, heute geht es wie in der deutschen Tradition um singuläre Produktionen (Bräutigam 2005; Köhler 2005; Krug 2003). Die Vorgabe für den Autor ist dabei, über die Ohren ein Sehen zu ermöglichen, wie es insbesondere Blinde tun. Es ist also kein Zufall, dass die renommierteste Auszeichnung in diesem Feld der Hörspielpreis der Kriegsblinden ist, der seit 1950 vergeben wird (www.kriegsblindenbund.de). Über die Jahre haben prominente Schriftsteller Skripte für den Hörfunk geschrieben und sind dafür auch ausgezeichnet worden. Alle Preise gingen bisher an öffentliche Sender, denn allein hier werden derartige, zunehmend exotisch wirkende Programmformen noch gepflegt.

- Magazine: Magazine haben in der Radiogeschichte eine lange Tradition (Krug 2009: 30-32). Diese Sendeform wurde in Deutschland mit der Einführung öffentlicher Service- und Popwellen in den 70er Jahren prominent. Sie verbindet Musik mit kürzeren Wortbeiträgen, in denen die verschiedenen Präsentationsformen des Radios genutzt werden. Diese Sendeform reagierte darauf, dass Radio zunehmend zu einem Begleitmedium wurde und nicht mehr die dauerhafte Aufmerksamkeit des Hörers beanspruchen konnte (Krug 2010: 44f.). Auch finden sich im öffentlichen Radio noch Magazinsendungen.

- Phone-Ins und andere Mitmachformen: Der Begriff des Phone-Ins, des Hineintelefonierens in Sendungen wurde 1968 in den USA geprägt (Chignell 2009: 37-41). Nach der Entdeckung des Telefongesprächs als authentischem Mittel der Hörereinbindung ging es anfangs eher um längere Gespräche, wobei man die eintelefonierenden Hörer nach Typen wie Expressive, Exhibitionisten und Bekenner aufteilte. In den formatisierten Programmen von heute geht es eher um Quiz, Gewinnspiele, Geräusche raten oder einfach kurze Stimmungsbilder. Besonders seit den 70er Jahren hat sich der öffentliche Funk auch um andere Formen des Mitmachens bemüht. Die bekannteste Sendung dieser Art wurde die wöchentliche Sendung des *WDR* „Hallo Ü-Wagen", die seit 1979 auf Sendung war. Dabei stand der Übertragungswagen immer wieder an einem anderen öffentlichen Ort; Gäste und Publikum diskutierten unter Moderation der Radioleute zu einem gemeinsamen Thema (Thomas 1984). Diese berühmte Sendung des *WDR* wurde Ende 2010 eingestellt.

## 9.7  Fazit

Das eigentliche Ziel aller Radioarbeit ist die Erstellung eines attraktiven und qualitätsvollen, den Hörer ansprechenden Programms. Dem gegenüber haben andere hier dargestellte Bereiche (wie Technik oder Management) vor allem dienende Funktion. Wie allerdings dieses Programm aussieht, dafür gibt es sehr unterschiedliche Zielsetzungen und Aufgabenstellungen. In diesem Kapitel wurden einige weitverbreitete Programmstrategien vorgestellt werden, aber es gibt viele weitere Varianten, die in anderen Teilen des Buches vorgestellt werden. In der Summe unterstreicht der Überblick, welche Breite von Programmmöglichkeiten beim Radio besteht.

Im Kapitel zu den internationalen Radioerfahrungen werden einige dieser Programmangebote außerhalb vorgegebener Musikformate beschrieben, darunter Talk, Sport, Kinder, religiöse Stationen, ethnisches Radio. (vgl. Kap. 14) Im Kapitel zur Radiogeschichte wird der Aufbau von Jungendsendern dargestellt. (vgl Kap. 4.10). Im Kapitel zur Organisation wird auf das Angebot des *Deutschlandradios* verwiesen, das sich auf politische Nachrichten und Analysen, auf Kultur und Wissen spezialisiert. (vgl. Kap. 8.3.4) Unter den Aspekt der Kultur fallen auch die meist öffentlichen Kulturwellen mit (überwiegend) klassischer Musik, erheblichem Wortanteil und einem magazinierten Programm, das sich unter dem Druck des konkurrierenden *Klassik-Radio,* einem kommerziellen Angebot, in den letzten Jahren erheblich veränderte (Lüthje 2010). Offensichtlich findet sich trotz vieler Programmbesonderheiten international ein gemeinsames Repertoire von Titeln klassischer Musik, die auf diesen Stationen übertragen werden (Krämer 2009). Im Kapitel, das den Community Radios gewidmet ist, geht es wiederum um ganz andere, oft absichtlich nicht auf Durchhörbarkeit getrimmte Programme, die wechselnde Hörerschaften bedienen. (Kap. 12) Alle genannten Angebote entziehen sich der letztlich der simplen und homogenisierend wirkenden Formatierungslogik.

## 9.8  Fragen zur Vertiefung

1.  Welche Funktionen übernimmt Musik in Hörfunksendungen? Musik ist ein zentrales, in den meisten Programmen das wichtigste Programmelement. In Vollprogrammen werden unterschiedliche Musikgenres gespielt, in den heute dominierenden Formatprogrammen dauerhaft dieselbe Musikfarbe wie Adult Contemporary (AC) oder Contemporary Hit Radio (CHR).

2.  Welches ist das bevorzugte Radioformat privater Sender? Es ist AC, das von über der Hälfte der Sender (56,6 %) angeboten wird.

3.  Was unterscheidet die professionellen Rollen Moderator und Journalist, bzw. Redakteur? Der Moderator präsentiert das Programm am Mikrofon, der Journalist bereitet Sendungen vor, z. B. den Nachrichtentext oder die Musikauswahl. Die Rollen können in einer Person vereinigt sein.

4.  Kann eine quantitative Erhebung der Wortanteile tatsächlich Aufschluss über die Qualität des Radioprogramms bringen? Nein, weil Prozentanteile von Worten nichts über Inhalte aussagen. In Wortphasen können Nachrichten plus Hintergrundanalysen präsentiert werden, aber auch Geplauder oder Gewinnspiele.

5. In den letzten Jahren ist ein Medienwandel auch in Bezug auf das gute alte „Dampfradio" zu beobachten. Verändern das Abgehen von zeitlinearen Radioprogrammen und neue Formen wie Webradio, Streams und Podcasts Angebot und Nutzung von Programmen? Der Hörer hat nun mehr Angebote zur Verfügung und er vermag sein eigenes Programm zusammen zu stellen. Ebenso kann er zeitversetzt hören. Langfristige Auswirkungen sind nur begrenzt vorherzusehen.

## 9.9 Definitionen und Erklärungen

*Programmelemente*: Dabei handelt es sich um die akustischen Bausteine jedes Programms bestehend aus Musik, Wort oder Geräuschen.

*Musikformat*: Der Begriff beschreibt einerseits eine bestimmte Musikfarbe, die ein Programm prägt, zum anderen eine Programmiertechnik, mit der das ganze Programm ausgerichtet wird.

*Adult Contemporary (AC)*: Dieses Musikformat ist weit verbreitet und soll einen aktuellen Zeitgeschmack mit überwiegend melodischer Pop- und Rockmusik aus den letzten Jahrzehnten ansprechen. Das „durchhörbare" Programm wird von leichter Moderation begleitet und soll die für die Werbewirtschaft zentrale Zielgruppe im Alter von 25 bis 49 bedienen.

*Programmstruktur*: Aus den Programmelementen wird die komplette Programmstruktur zusammengestellt. Dabei spielen auch außerprogrammliche Faktoren eine Rolle, z. B. Rechtsrahmen, Verbreitungsgebiet, Organisation und Finanzierung, Zielgruppe und Hörer.

*Programmierung*: Mit dem ursprünglich englischen Begriff programming wird die formale Gestaltung von Hörfunkprogrammen beschrieben, bei der über das Format hinaus Faktoren wie Produktion, Auswahl oder Bereitstellung bedeutsam sind, mit denen der Sender seine Sendezeit füllt.

# Kapitel 10
# Nutzung

*Uwe Hasebrink/Norman Müller*

## 10.1 Einleitung

Was ein Medium ausmacht, welche gesellschaftlichen und kulturellen Funktionen es erfüllen kann, erweist sich in dem Gebrauch, den die Menschen von ihm machen, also in den Erwartungen, die sie ihm entgegenbringen, in der Art und Weise, wie sie es in ihren Alltag einbetten, und in den Erfahrungen, die sich aus dem Umgang mit ihm ergeben. In Ergänzung zu den Beiträgen, die sich mit der Technik, der Produktion, der Organisation und den Angeboten des Radios befassen, soll im Folgenden skizziert werden, wie das Radio genutzt wird.

Am Beginn der Forschung zu diesem Thema standen – noch nicht auf systematischer, empirischer Evidenz aufbauend – zwei mittlerweile klassisch gewordene Zitate aus den 30er Jahren des 20. Jahrhunderts, mit denen zwei gegensätzliche Publikumsvorstellungen formuliert wurden, die noch heute den Diskurs über die Radionutzung beeinflussen:

„Der Rundfunk wäre der denkbar großartigste Kommunikationsapparat des öffentlichen Lebens, ein ungeheures Kanalsystem, das heißt, er wäre es, wenn er es verstünde, nicht nur auszusenden, sondern auch zu empfangen." (Brecht 1967: 129).

„Der Rundfunk enthebt den Hörer von der Notwendigkeit, ein Gedankengeschäft aufzunehmen. Statt eines bestimmt gerichteten Individuums, das, dieser seiner Richtung entsprechend, gewisse Dinge sucht, andere verwirft, gewisse assimiliert, andere unverdaut wieder ausscheidet, treibt der Rundfunkhörer wie Kork auf den Wellen, hört hintereinander weg eine unendliche Reihe gänzlich unzusammengehöriger Dinge, und so ohne Atempause, daß er auch darum herumkommt, das Gehörte nachträglich zu verarbeiten, zu beurteilen … Der Rundfunk ist Dauergast, und mit einem solchen macht man bekanntlich keine Umstände. Das Leben geht weiter, als wäre er gar nicht da." (Arnheim 1936/1979, zitiert nach Teichert 1991: 280).

Das Brechtsche Zitat betont das Potenzial des Radios als Medium gesellschaftlicher Kommunikation; wenn dort auch bedauernd registriert wird, dass das Medium nach Überwindung bestehender technischer Hürden in dieser Hinsicht durchaus noch besser geeignet sein könnte, so wird doch dieses Zitat gern als Ausdruck einer hohen Erwartungshaltung gegenüber dem Medium betrachtet – einer Erwartungshaltung, der sich seit dem Beginn seiner massenhaften Verbreitung nun das Internet gegenübersieht. (vgl. Kap. 3.6.1)

Angesichts der heutigen Radiopraxis erscheint das Zitat von Rudolf Arnheim sehr weitblickend. Die Rede vom Rundfunk als Dauergast, um den nicht viel Aufhebens gemacht wird, entspricht verblüffend exakt den heute gängigen Charakterisierungen des Radios als Nebenbei- oder Begleitmedium. (vgl. 3.7.1)

Es ist das Ziel der folgenden Ausführungen, auf der Grundlage vorliegender Befunde der Radionutzungsforschung differenziert nachzuzeichnen, welchen Gebrauch die Menschen von dem Medium machen, und zu diskutieren, welche Perspektiven sich für das Radio im Kontext konvergierender Medienumgebungen ergeben. Zunächst sollen die wichtigsten Methoden der Radioforschung skizziert und hinsichtlich ihrer Aussagekraft diskutiert werden (Abschnitt 2). Anhand aktueller Erhebungen wird dann der derzeitige Stand der Radionutzung dargestellt (Abschnitt 3), bevor Befunde zur Nutzung konkreter Teilangebote resümiert werden (Abschnitt 4). Abschließend werden neue Optionen der Radionutzung angesprochen und im Hinblick auf ihre möglichen Konsequenzen für die künftige Entwicklung des Mediums diskutiert (Abschnitt 5).

## 10.2 Methoden der Radionutzungsforschung

### 10.2.1 Ausgangssituation

Als Massenmedium hat es das Radio im Sinne der Definition von Gerhard Maletzke (1963) mit einem dispersen Publikum zu tun, dessen Mitglieder nicht bekannt und auch nur mit größten Mühen zu ermitteln sind. Für Radioveranstalter ist ungewiss, wer in welchem sozialen Kontext aus welchen Gründen mit welcher Aufmerksamkeit welche Bestandteile ihres Programms nutzt; sie versenden ihr Programm, ohne ein konkretes Gegenüber zu haben. Um diese prekäre Situation zu erleichtern, hat sich bereits sehr bald nach dem Beginn des regelmäßigen Sendebetriebs die Hörerforschung entwickelt, die dazu dient, die mangelnde Kontrolle der Veranstalter über ihre Publika (vgl. Ang 1991) zumindest zum Teil wettzumachen, indem mit standardisierten Methoden ein Publikum konstruiert wird. In seiner ausführlichen Geschichte der Hörer- und Zuschauerforschung in Deutschland zeichnet Hansjörg Bessler (1980) nach, wie in ständigem Austausch zwischen Radioveranstaltern, Mediaagenturen und werbetreibender Wirtschaft Methoden entwickelt wurden, die einem von allen Beteiligten konsentierten Standard entsprachen und eine als allgemeingültige „Währung" anerkannte Beschreibung von Radiopublika lieferten.

Dynamik hat dieser Aushandlungsprozess in den späten 80er und frühen 90er Jahren gewonnen, als mit der ab Mitte der 80er Jahre erfolgenden Zulassung privat-kommerzieller Radioveranstalter der Wettbewerb auf dem Hörermarkt stark zunahm und viele neue aus Werbung finanzierte Programme auf den Plan traten, die auf verlässliche Daten über ihre Reichweiten angewiesen waren. Mit der Diffusion des Internets und den damit gegebenen zusätzlichen Möglichkeiten, Radioangebote unterschiedlicher Art zu verbreiten, sind die Methodendiskussionen erneut in Bewegung gekommen. Die folgenden Erläuterungen geben den Stand der Methodik im Jahr 2010 wieder.

### 10.2.2 Die offizielle Währung: Media-Analyse

Das wichtigste Instrument der Hörerforschung in Deutschland ist die Media-Analyse (ma).[4] Durchgeführt wird diese Studie von der Arbeitsgemeinschaft Media-Analyse (ag.ma), der neben den Hörfunkveranstaltern und Printverlagen auch Werbe- und Media-Agenturen und die werbetreibende Wirtschaft angehören.

Die Grundgesamtheit dieser Studie ist in den letzten Jahren mehrfach angepasst worden; derzeit (Stand 2010) werden Aussagen über die Radionutzung der in Deutschland lebenden deutschsprechenden Bevölkerung ab 10 Jahren gemacht (zum Folgenden siehe Gattringer/Klingler 2010: 442f.). Früher umfasste die Grundgesamtheit nur die ab 14-Jährigen sowie zunächst nur die deutsche Bevölkerung, dann zusätzlich auch die EU-Ausländer und nun auch die deutschsprachigen Nicht-EU-Ausländer. Die rund 65.000 Befragten der ma sind repräsentativ für ca. 74 Mio. deutschsprechende Personen ab 10 Jahren, darunter drei Prozent EU-Ausländer und fünf Prozent Nicht-EU-Ausländer. Die im Vergleich zu anderen Mediennutzungsstudien und allgemeinen Bevölkerungsumfragen enorm große Zahl der Befragten ist Konsequenz der regional und lokal sehr fein ausdifferenzierten Struktur des Hörfunks in Deutschland: Die Verbreitungsgebiete der meisten Programme entsprechen maximal einem oder einigen wenigen Bundesländern, viele Programme werden nur regional oder lokal verbreitet. (vgl. Kap. 6.7.1) Um auch auf dieser kleinteiligen Ebene verlässliche Zahlen liefern zu können, ist die hohe Zahl der Befragten erforderlich. Die Media-Analyse ist damit eine der aufwändigsten regelmäßigen Bevölkerungsbefragungen überhaupt und dient entsprechend vielen anderen Studien als Maßstab für die Verteilung von soziodemographischen Merkmalen.

Die Erhebung wird in zwei Wellen organisiert, die von September bis Dezember sowie von Januar bis April laufen. Seit dem Jahr 2000 erfolgt die Befragung über computergestützte Telefon-Interviews (CATI), bis 2000 handelte es

---

4    Siehe dazu die ausführliche Darstellung auf http://www.agma-mmc.de.

sich um persönliche Befragungen. Insgesamt werden mit der Media-Analyse mehr als 400 verschiedene Programme erfasst. Für die ma 2010 wurden 411 verschiedene Gebiete definiert, die sich hinsichtlich der „ortsüblich empfangbaren" Sender (Gattringer/Klingler 2010: 443) unterscheiden. Die ausgewählten Personen werden zunächst im Hinblick auf die ortsüblich empfangbaren Programme – im Durchschnitt etwa 25 – gefragt, ob sie diese überhaupt schon einmal gehört (Bekanntheit) und ob sie sie in den letzten 14 Tagen genutzt haben. Letztere Angabe ist das Kriterium für den „Weitesten Hörerkreis (WHK)", ein erster wichtiger Indikator für die Radionutzungsforschung.

Kern der Erhebung ist ein Tagesablauf, mithilfe dessen für den Stichtag „gestern" in Viertelstunden von 5.00 bis 24.00 Uhr folgende Tätigkeiten abgefragt werden:

- Aktivitäten im Haus: schlafen, Körperpflege/Anziehen, Essen/Mahlzeiten, Hausarbeit, Berufsarbeit, Sonstiges;
- Aktivitäten außer Haus: unterwegs im Auto, unterwegs mit Bus/Bahn, Einkaufen, Berufsarbeit, Schule/Studium, Freunde/Verwandte, Kneipe/Restaurant, Sonstiges;
- Medienaktivitäten: Radio, CD/Kassette, Fernsehen, Video/DVD, PC.

Die Interviews werden gleichmäßig über die Wochentage verteilt, sodass Besonderheiten der einzelnen Tage, insbesondere die Unterschiede zwischen Werktagen und Wochenendtagen, angemessen abgebildet werden können. Auf der Grundlage dieser Tagesabläufe werden die entscheidenden Indikatoren der Radionutzungsforschung gewonnen. Als „Hörer" werden diejenigen Personen bezeichnet, die in dem interessierenden Zeitraum, also in einer bestimmten Stunde oder über den ganzen Tag, in mindestens einer Viertelstunde mindestens ein paar Minuten Radio gehört haben. Die Zahl der Hörer wird meist als „Reichweite" angegeben; diese entspricht dem Anteil der Bevölkerung, der in einem bestimmten Zeitraum, z.B. an einem durchschnittlichen Tag, mindestens einmal Radio hört. Die „Hördauer", die meist pro Tag berechnet wird, gibt an, wie lange alle Befragten im Durchschnitt pro Tag Radio gehört haben; in diesen Durchschnitt gehen auch die Personen ein, die am Vortag der Befragung nicht Radio gehört haben.

### 10.2.3 Alternativen der Reichweitenforschung

Das Modell der Messung von Radioreichweiten, wie es mit der Media-Analyse umgesetzt wird, ist nur eine von verschiedenen Optionen, die zur standardisierten Beschreibung der Publika von Radioprogrammen denkbar sind. Die Methode steht und fällt mit der Fähigkeit der Befragten sich daran zu erinnern, ob sie am Vortag Radio gehört haben, wann das der Fall war und um welches Programm es sich gehandelt hat. Es ist daher davon auszugehen, dass hier insbesondere solche

Hörsituationen korrekt abgebildet werden, in denen relativ bewusst Radio gehört wurde; nicht erfasst werden dürften am ehesten Radiokontakte, die eher unabsichtlich zustande kommen – etwa beim Einkaufen in Geschäften, in denen ein Radioprogramm für akustische Untermalung sorgt. Zweifel an der Gültigkeit der auf der Erinnerungsfähigkeit der Befragten beruhenden Messmethoden werden auch deshalb geäußert, weil die weiter zunehmende Zahl der verfügbaren Radioprogramme es immer unwahrscheinlicher macht, dass die Hörer korrekt benennen können, welchen Sender sie gerade hören. Ein großer Nachteil für die Redaktionen ergibt sich bei dieser Methodik daraus, dass es so gut wie ausgeschlossen ist, Befunde auf konkrete Einzelsendungen oder einzelne Tage zu beziehen – gemessen am Fernsehen, bei dem die Anbieter für jede einzelne Sendung Rückmeldung über die Sehbeteiligung und den Marktanteil erhalten, ist die Informationsgrundlage für Radioredaktionen recht schwach.

Das in den letzten Jahren meistdiskutierte alternative Messsystem, das die genannten Probleme zum Teil lösen kann und in der Schweiz bereits seit 2001 standardmäßig eingesetzt wird, nähert die Radioforschung der Fernsehforschung an (siehe GfK Telecontrol o.J.): Eingesetzt werden kleine Aufzeichnungsgeräte, die in Armbanduhren eingebaut sind, die den für die Untersuchung ausgewählten Personen zugesandt werden. Diese als Mediawatch bezeichneten Geräte zeichnen in jeder Minute dreimal vier Sekunden lang die jeweiligen Umgebungsgeräusche auf, die dann gespeichert werden; dabei wird das Datenvolumen um den Faktor 120 reduziert – einerseits um Speicherplatz zu sparen, andererseits um dem Datenschutz Rechnung zu tragen. Die in den Geräten gespeicherten Daten werden dann nachträglich mit Daten aus umfangreichen Programmaufzeichnungen der verfügbaren Radiosender abgeglichen, so dass sich rekonstruieren lässt, welche Person wann welches Programm gehört hat.

Systeme dieser Art könnten für die Radioforschung Vorteile im Hinblick auf die Aktualität, die Detailliertheit – so könnten Reichweiten für konkrete Einzelsendungen an konkreten Tagen gemessen werden – und die Überwindung des Problems der Erinnerungsfähigkeit mit sich bringen. Als Ergebnis der Abwägung der Arbeitsgemeinschaft Media-Analyse über das geeignete Messsystem verwies Müller (2002) unter anderem auf den maßgeblichen Unterschied zwischen akustischem und mentalem Hören: Die elektronischen Systeme zielen ab auf akustisches Hören, sie zeichnen jegliches Geräusch auf und interpretieren alle Situationen als Radionutzung, in denen das aufgezeichnete Geräusch eine hohe Übereinstimmung mit den Datenmustern eines zu diesem Zeitpunkt ausgestrahlten Radioprogramms aufweist – unabhängig davon, ob diese von den Untersuchungspersonen selbst als Radionutzung wahrgenommen werden. Nach der Logik der Media-Analyse, die auf das mentale Hören abzielt, wird hingegen nur das als Radionutzung gemessen, was die Befragten selbst als solche bezeich-

nen; diese Logik entspricht der Art und Weise, wie in Deutschland auch Fernseh-
und Printnutzung gemessen werden.

Diese Gegenüberstellung zeigt, dass es für die Messung des Radiopublikums nicht die eine, einzig richtige Lösung gibt: Jegliche methodische Lösung
für die oben skizzierte Ausgangssituation für Radioanbieter, ihr Publikum erst
konstruieren zu müssen, ist mit bestimmten inhaltlichen Prämissen verbunden.
Es ist letztlich eine Frage der Aushandlungsprozesse zwischen Radioveranstaltern, Vermarktungsunternehmen und werbetreibender Wirtschaft, die sich darauf
einigen müssen, welche Akzente ihnen bei der Messung wichtig sind. Für die
unabhängige Medienforschung ist es wichtig, die diesen Messsystemen zugrunde
liegenden Prämissen zu berücksichtigen und kritisch zu reflektieren, inwieweit
die Art und Weise, wie Publika gemessen werden, Konsequenzen für die Gestaltung der Programme haben. Da es das Anliegen insbesondere der kommerziellen
Veranstalter ist, ihre Programme auf der Basis der Media-Analyse-Daten zu
optimieren, liegen solche Konsequenzen nahe: Die Logik der Messungen korrespondiert am ehesten mit durchformatierten großflächigen Programmen, die auf
Durchhörbarkeit ausgerichtet sind und ein leicht wiederkennbares Profil aufweisen, damit die Hörerinnen und Hörer – und potenziellen Befragten der Media-
Analyse – auch stets wissen, welches Programm sie gerade hören. Anhand der in
Abschnitt 3 dargestellten wichtigsten Befunde der Reichweitenforschung sollen
diese Konsequenzen der Methode für die Programmpraxis noch näher behandelt
werden.

### 10.2.4 Musikforschung

Die skizzierte Reichweitenforschung dient in erster Linie dazu, Anhaltspunkte
für Kontaktwahrscheinlichkeiten mit bestimmten redaktionellen Angeboten,
insbesondere mit der Werbung, zu liefern. Der Sinn dieser Forschung besteht
darin, die Ergebnisse öffentlich bekannt zu machen, mit ihr wird die für den
Werbemarkt notwendige Währung, also die Grundlage für Entscheidungen der
Media-Planung, geschaffen. Diese Form der Radioforschung als Werbeträgerfor-
schung wird in der Praxis ergänzt um verschiedene Formen der redaktionellen
Forschung, mit denen die Radioanbieter versuchen, Hinweise auf die Erwartungen, Wünsche und Bewertungen der für sie relevanten Zielgruppe zu erhalten.
Diese Forschung ist also klassische Marktforschung, sie wird nicht öffentlich
bekannt gemacht, sondern mit dem Ziel betrieben, sich gegenüber anderen
Marktteilnehmern Vorteile im Wettbewerb um die Hörer zu verschaffen. So
geben die Radioanbieter – ja nach Größe und Finanzkraft unterschiedlich häufig
und aufwändig – gezielte Sonderuntersuchungen in Auftrag, mit denen etwa das
Image des Programms insgesamt oder einzelner Sendeplätze und Moderatoren
erfasst werden. Angesichts der eklatanten Bedeutung der Musik für die Radio-

programmauswahl gilt diesem Programmbestandteil besondere Aufmerksamkeit und soll daher hier genauer erläutert werden.

Die Hörfunkveranstalter haben verschiedene Instrumente für die Ermittlung von Musikpräferenzen und damit für die Entwicklung des Musikrepertoires ihrer Formatradios entwickelt, darunter vor allem Mapping-Studien, Call-Outs und Auditorium-Tests (siehe zum Folgenden Schramm 2002, 2008b: 207ff. und 2009: 136ff). Mapping-Studien werden durchgeführt, wenn ein Radiosender neu gegründet oder neu positioniert werden soll. Dabei werden bis zu 50 Musikgenres auf Beliebtheit und vermeintliche Senderzugehörigkeit getestet und in Befragungen durch jeweils drei vorgespielte Titel/Hooks[5] repräsentiert. Auf diese Weise sollen Aussagen darüber getroffen werden, wie viele potenzielle Hörer welche Musik mögen, welche Ausprägungen verschiedenen Musikgeschmacks sich überschneiden beziehungsweise ausschließen und welche Art von Musik welchen Sendern zugeschrieben wird; auf diese Weise soll eine Marktlücke zur Positionierung eines neuen Angebots gefunden werden. Auch von etablierten Sendern werden etwa alle drei Jahre Mapping-Studien in Auftrag gegeben, um den sich schnell wandelnden Markt adäquat zu beobachten.

Call-Outs werden wöchentlich oder alle 14 Tage durchgeführt und sind die zentrale Planungsbasis für das Musikprogramm. Hierbei bewerten 100 bis 200 zufällig ausgewählte Personen in einer telefonischen Befragung jeweils 30 bis 50 Hooks nach den drei Kriterien Bekanntheit, Gefallen und Sättigung. Insbesondere Titel, die sehr häufig im Radio gespielt werden, werden getestet. Call-Outs ermöglichen eine durchgehende und in kurzen Abständen durchgeführte Beobachtung von Popularitätsentwicklungen und somit eine schnelle Reaktion auf Schwankungen in den Musikpräferenzen der Hörer. Die Ergebnisse der drei Kriterien werden zu einem gemeinsamen Kennwert zusammengeführt; in Kombination mit soziodemographischen Merkmalen und dem sonstigen Mediennutzungsverhalten der Befragten lässt sich dann für jeden Titel einfach ablesen, in welcher Zielgruppe dieser Titel wie gut ankommt.

Auditorium-Tests werden, da sie sehr teuer und aufwändig sind, nur ein- bis zweimal im Jahr durchgeführt. Der Ablauf ist zumeist der Folgende: 150 bis 300 Personen, die meist entsprechend der soziodemografischen Zusammensetzung der Zielgruppe des Senders rekrutiert wurden, werden in einen Hörsaal oder einen ähnlichen Ort geladen, wo sie mehrere Hundert Hooks anhand der drei Kriterien bewerten müssen, die auch bei den Call-Outs abgefragt werden. Früher wurden die Titel von allen Teilnehmern des Tests simultan angehört, heute überwiegt die individuell randomisierte Auswahl der Hooks via Kopfhörer.

---

[5]   Ein Hook ist ein meist acht- bis zwölfsekündiger Ausschnitt aus einem Musiktitel mit dem vermeintlich höchsten Wiedererkennungswert, meist aus dem Refrain.

Die einzelnen Sender lassen die Ergebnisse dieser Testverfahren in unterschiedlichem Maße in ihre Programmplanung einfließen. Während die Playlisten einiger Sender fast gänzlich von den Ergebnissen der Musikforschung bestimmt werden, verlassen sich andere Sender hauptsächlich auf die Expertise ihrer Musikredaktion. Im Durchschnitt aller Radiosender kommt der Musikforschung insgesamt aber die größte Rolle zu, wie eine Studie von Schramm et al. (2002) zeigen konnte.

Nach diesem Überblick über wichtige methodische Aspekte der Radionutzungsforschung werden in den beiden folgenden Abschnitten Befunde dieser Forschung dargestellt. Abschnitt 3 präsentiert die aktuellen Ergebnisse der regelmäßigen Reichweitenforschung, in Abschnitt 4 geht es vertiefend um ausgewählte Einzelaspekte der Radionutzung.

## 10.3 Aktuelle Ergebnisse der Reichweitenforschung

Das Radio gehört zu den gut etablierten und omnipräsenten technischen Medien: Gut 98 Prozent der ab 10-jährigen Bevölkerung in Deutschland haben zu Hause mindestens ein Radiogerät, drei Viertel haben drei und mehr verschiedene Gerätearten, mit denen sie Radio hören können (Stereoanlage, Radiowecker, Autoradio etc.; Media Perspektiven Basisdaten 2009). Immerhin 84 Prozent der ab 10-Jährigen leben in Haushalten, die über mindestens ein Autoradio verfügen.

Die Reichweite des Hörfunks, also der Anteil der Bevölkerung, der an einem durchschnittlichen Tag mindestens einmal Radio hört, liegt seit den 70er Jahren im Bereich zwischen 75 und 82 Prozent der Bevölkerung (siehe folgende Tabelle). Der deutliche Sprung in der Hördauer von 1968 bis 1978 spiegelt die in diesem Zeitraum erfolgte Entwicklung der ARD-Servicewellen wider, die die großflächige Radionutzung über den ganzen Tag hinweg begünstigten. Das Jahr 2000 stellte insofern eine Zäsur dar, als die Methode der ma von persönlichen auf telefonische Interviews umgestellt wurde, wodurch mobile Hörerinnen und Hörer besser errreichbar wurden. Die Hördauer von zuletzt gut 180 Minuten pro Tag dokumentiert zwar, dass das Radio nach wie vor große Flächen des Tages begleitet; die Werte seit 2000 zeigen allerdings an, dass die Hördauer sich eher rückläufig entwickelt.

*Tabelle 10:* Tägliche Reichweite (Hörer gestern in Prozent) und Hördauer
(Minuten pro Tag) des Radios 1968 bis 2010

|  | 1968 | 1978 | 1988 | 1998 | 2000 | 2002 | 2004 | 2006 | 2008 | 2009 | 2010 |
|---|---|---|---|---|---|---|---|---|---|---|---|
| Reichweite | 64,5 | 79,7 | 78,4 | 81,6 | 79,0 | 79,5 | 79,2 | 77,1 | 75,6 | 76,4 | 76,7 |
| Hördauer | 99 | 164 | 156 | 172 | 209 | 202 | 196 | 186 | 176 | 177 | 186 |

Quelle: ZAW, FMA (1968, 1978), MA 1988/98 (face-to-face), MA 2000-2010
(CATI). Basis: Montag bis Sonntag; bis 1988 nur BRD West, ab 1992
BRD gesamt / bis 2007 Deutsche ab 14 Jahren, ab 2008 Deutsche und
EU-Ausländer ab 10 Jahren, ab 2010 Deutschsprachige Bevölkerung ab
10 Jahren.

Die in Deutschland gemessenen Werte für die Reichweite liegen im europäischen Vergleich recht hoch; nach älteren Erhebungen (1999) erzielt das Radio nur im Vereinigten Königreich und in Irland eine höhere Reichweite als in Deutschland, während etwa in Spanien und Dänemark täglich nur weniger als 60 Prozent der Bevölkerung vom Radio erreicht werden (IP 2000). Befunde zu den Unterschieden zwischen Personen mit deutscher oder ausländischer Herkunft liegen bisher nur punktuell vor. Sie deuten an, dass Reichweite und Hördauer bei Personen mit Migrationshintergrund geringer sind als bei der deutschen Bevölkerung. Zugleich zeigen sich deutliche Unterschiede je nach Herkunft. Während z.B. nur 22 Prozent der Türkischstämmigen täglich das Radio einschalten, beträgt die Tagesreichweite der polnischen Migranten 72 Prozent (Oehmichen 2007b).

Die verschiedenen Altersgruppen unterscheiden sich in ihrer Radionutzung zum Teil erheblich (siehe Gattringer/Klingler 2010): Bei den 10- bis 19-Jährigen – in diesem Alter wird im Vergleich am seltensten das Radio genutzt – hörten 2010 pro Tag 66 Prozent Radio, am besten erreicht wurden die 60- bis 69-Jährigen mit 83 Prozent. In der Hördauer schlägt sich nieder, dass das Radio von den verschiedenen Gruppen in unterschiedlicher Weise in den Alltag integriert wird: Während die 10- bis 19-Jährigen 2010 täglich 94 Minuten Radio hörten, waren es bei den 50- bis 59-Jährigen im Durchschnitt 222 Minuten. Zwischen Männern und Frauen sind die Unterschiede gering, Männer weisen eine geringfügig höhere Reichweite auf als Frauen (77,8 im Vergleich zu 75,8 Prozent) und hören im Durchschnitt gut zehn Minuten länger Radio (193 im Vergleich zu 180 Minuten pro Tag).

Charakteristisches Merkmal der Radionutzung ist es, dass die Hörer nur relativ selten das Programm wechseln. Trotz der seit Mitte der 80er Jahre erfolgten erheblichen Ausweitung der Zahl der verfügbaren Programme ist die Zahl der jeweils genutzten Programme gering. Das tägliche Repertoire umfasst im Durchschnitt 1,6 Programme, immerhin 62 Prozent der Radiohörer folgen an einem durchschnittlichen Tag nur einem einzigen Programm. Innerhalb der letzten 14 Tage wurden im Durchschnitt 3,9 verschiedene Programme gehört (ebd.: 453). Die Radionutzungsdauer entfällt auf nur 2,2 verschiedene Hörvorgänge pro Tag; wenn das Radio eingeschaltet wird, folgen die Hörer also in der Regel über längere Strecken ein und demselben Programm.

Diese über die Jahrzehnte relativ stabilen Befunde haben mit dazu geführt, dass spätestens seit den frühen 90er Jahren die dominante Programmstrategie im Hörfunk darin bestand, möglichst „durchhörbare" Programme zu gestalten, die keinen Anlass zum Um- oder Abschalten bieten. Umgekehrt hat diese Strategie wiederum eben diese Art des Nutzungsverhaltens verstärkt: Wenn keine Anlässe zum Umschalten geboten werden, wird auch weniger umgeschaltet. Unter einer solchen strategischen Prämisse bleibt für „Einschaltprogramme", die darauf abzielen, dass ihr Zielpublikum zu einem bestimmten Zeitpunkt eine bestimmte Sendung hören will, kaum Platz.

Im Jahr 2010 entfielen rund 58 Prozent der Hördauer in Deutschland auf Programme der *ARD*-Rundfunkanstalten, der Rest entfiel auf Programme privater Veranstalter. Das Nutzungsverhalten wird geprägt durch landesweite bzw. regionale Sender;[6] bezogen auf die Gesamtbevölkerung wiesen 2010 die folgenden Programme aus bevölkerungsreichen Bundesländern die größten Weitesten Hörerkreise (alle Personen, die das jeweilige Programm in den letzten 14 Tagen gehört haben) auf: *SWR3* (14,6%), *Radio NRW* (14,3%), *1Live* (12,1%), *Antenne Bayern* (11,8%), *WDR2* (11,4%) und *Bayern 3* (10,6%). Die wenigen bundesweit verbreiteten Programme erzielen insgesamt nur vergleichsweise geringe Reichweiten, die relativ größte Bedeutung haben *Deutschlandfunk* und *Deutschlandradio Kultur* mit einem Weitesten Hörerkreis von 8,4 bzw. 4,5 Prozent sowie *Klassik Radio* (5,8%). (vgl. Kap. 8.3.4) Aufgrund der sehr unterschiedlichen Angebotsbedingungen in den einzelnen Bundesländern zeigen sich hinsichtlich der Verteilung der Marktanteile deutliche Unterschiede. In dem von besonders heftiger Konkurrenz geprägten Berliner Radiomarkt sind die Publika stark fragmentiert; 24 verschiedene Programme erzielen Marktanteile von mindestens einem Prozent, die Marktführer kommen über Werte von 12,2 (*104,6 RTL*) und 10,0 Prozent (*radioBERLIN 88,8*) nicht hinaus. Ähnliche Verhältnisse lassen sich im Ballungsraum Hamburg beobachten. Demgegenüber verteilt sich die Hördauer in Mecklenburg-Vorpommern auf nur neun Programme, die mindestens ein Prozent erreichen, die dortigen drei Marktführer, *NDR 1 Radio MV*

---

[6]     Konkrete Reichweiten für einzelne Programme und verschiedene Zielgruppen in allen Bundesländern sind z.B. unter www.reichweiten.de dokumentiert.

(30,0%), *Ostseewelle HIT-RADIO MV* (29,5%) und *ANTENNE MV* (16,7%), kommen zusammen auf mehr als drei Viertel der gesamten Radionutzung. Als für sie „sehr wichtige" Programmbestandteile bezeichneten die Hörer im Rahmen einer Befragung Ende 2006 (Egger/Windgasse 2007) Nachrichten (64%) und Musik (58%); mit deutlichem Abstand folgen Verkehrshinweise (45%) und regionale Informationen (34%). Die Kombination aus Musik und Nachrichten verweist auf die Charakteristika des Radiohörens: Es soll eine stimmungsbezogene Grundierung des Alltags – durch die Musik – und gleichzeitig einen Anschluss an die Welt liefern – durch die Nachrichten mit Wetter- und Verkehrshinweisen – und damit als eine Art „Frühwarnsystem" in der Beobachtung der Welt dienen (Hickethier 1992: 6). Für die konkrete Programmauswahl hat aufgrund der Tatsache, dass die meisten Programme überwiegend aus Musik bestehen, die Musikfarbe die entscheidende Bedeutung – aus diesem Grunde haben die Veranstalter die oben skizzierten Verfahren zur Untersuchung von Musikvorlieben entwickelt. Insbesondere die Altersgruppen unterscheiden sich eklatant in der Art der Musik, die sie bevorzugen (siehe dazu näher Abschnitt 4.2). In der Konsequenz und angesichts der genannten geringen Umschalthäufigkeit sind die meisten deutschen Hörfunkprogramme explizit auf eine bestimmte Altersgruppe zugeschnitten, indem ein Musikmix angeboten wird, der den Vorlieben eben dieser Altersgruppe am besten entspricht. (vgl. 9.2.2)

Die Radionutzung ist eng an die Berufstätigkeit und an andere Aktivitäten außer Haus, insbesondere Autofahren, gekoppelt: Ein großer Teil der Radionutzung (2010 waren es 41 Prozent) entfällt auf Situationen außerhalb des eigenen Haushalts. Bei den 10- bis 49-Jährigen macht die Außer-Haus-Nutzung mehr als die Hälfte der Hördauer aus. Die enge Einbindung in alltägliche Verrichtungen führt auch dazu, dass sich die Radionutzung an Werktagen deutlich von der an Samstagen und Sonntagen unterscheidet: Werktags wird länger Radio gehört als an den Wochenenden.

Auch wenn das Radio zu Hause genutzt wird, so heißt das nicht, dass es als Freizeitaktivität geschieht. So entfallen der Studie Massenkommunikation zufolge insgesamt 80 Prozent der Radionutzung auf Situationen, die nicht der Freizeit zugerechnet werden – alle anderen Medien, insbesondere das Fernsehen als klares Freizeitmedium, aber auch die Zeitung und das Internet, verteilen sich doch zumindest zu gleichen Teilen auf Freizeit und Nichtfreizeit (Reitze/Ridder 2006: 59). Aus diesem Grunde wird das Radio oft als „Begleitmedium" bezeichnet, das, parallel zu den im Alltag anstehenden Verrichtungen, durch den Tag begleitet. Dies schlägt sich auch in den Reichweiten im Tagesverlauf nieder: Im Vergleich zu den anderen Medien steht das Radio vom frühen Morgen bis in den Nachmittag in der Nutzung im Vordergrund, erst am späteren Nachmittag wird es in der Reichweite vom Fernsehen überflügelt (siehe Abbildung 1).

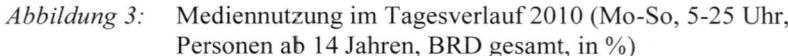

*Abbildung 3:* Mediennutzung im Tagesverlauf 2010 (Mo-So, 5-25 Uhr, Personen ab 14 Jahren, BRD gesamt, in %)

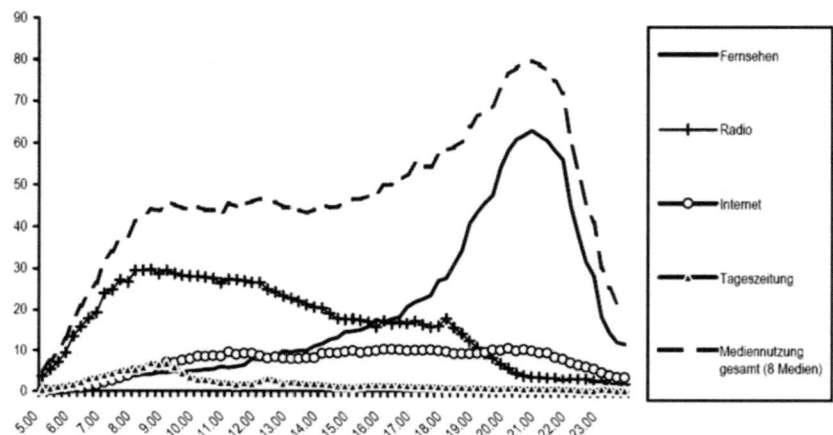

Quelle: ARD-/ZDF-Langzeitstudie Massenkommunikation 2010; Ridder/Engel 2010a: 528.

## 10.4 Ausgewählte Einzelaspekte der Radionutzung

Die dargestellten Ergebnisse der standardisierten Radioforschung beziehen sich vor allem auf die messbaren Kontakte mit dem Radio oder mit einzelnen Programmen. Für vertiefende Informationen lassen sich andere Studien heranziehen, die in Ergänzung zur Media-Analyse durchgeführt werden. Im Folgenden werden einige für die Radionutzung besonders relevante Einzelaspekte näher behandelt.

### 10.4.1 Funktionen des Radios im Vergleich zu anderen Medien

Insbesondere die Langzeitstudie Massenkommunikation liefert alle fünf Jahre Aufschluss über die Funktionen, die die Menschen dem Radio und den anderen Medien in ihrem Alltag zuweisen. Die Ergebnisse der letzten Erhebungswelle von 2010 dokumentieren, dass das Radio mit 187 Minuten pro Tag nach dem Fernsehen (220 Minuten) die zweithöchste Nutzungsdauer aufweist (Ridder/Engel 2010a: 526); es folgen das Internet (83 Min.), verschiedene Audio-

speichermedien (35 Min.), Tageszeitungen (23 Min.), Bücher (22 Min.), Zeitschriften (6 Min.), Video/DVD (5 Min.). Bei der jüngeren Altersgruppe der 14-
bis 29-Jährigen ist die Reihenfolge insofern verschoben, als das Internet (144
Min.) eine höhere Nutzungsdauer aufweist als der Hörfunk (136 Min.); das Fernsehen (151 Min.) liegt in dieser Gruppe nur knapp vor dem Internet.

Die wichtigsten Funktionen des Radios sehen die Radiohörer darin, dass es
ihnen Spaß macht (86% Zustimmung), dass sie sich informieren wollen (80%),
dass sie dabei entspannen können (76%) und weil es für sie aus Gewohnheit
dazugehört (70%; Ridder/Engel 2010b: 539). Im direkten Vergleich mit den
Medien Fernsehen, Zeitung und Internet werden dem Radio vor allem emotionale und stimmungsbezogene Funktionen zugeschrieben, während bei den unmittelbar informationsbezogenen Funktionen die anderen Medien vor dem Radio
liegen (ebd.: 542). Sowohl für das Fernsehen als auch für das Radio ist im Zusammenhang mit den Funktionserwartungen zu beachten, dass die Hörer klare
Unterschiede zwischen öffentlich-rechtlichen und privaten Veranstaltern machen; Ersteren weisen sie deutlich häufiger informierende Funktionen zu, Letzteren deutlich häufiger unterhaltende (ebd.: 548).

Die skizzierten Befunde zu den Funktionen des Radios führen zu der bereits
oben genannten Charakterisierung des Mediums als stimmungsbezogene Grundierung des Alltags (vgl. schon Eckhardt 1982, Rogge 1988), wobei die Hörer
sich nicht von der Realität abwenden, sondern im Gegenteil durch die häufigen
Nachrichten und Serviceinformationen den kontinuierlichen Anschluss an die
Realität suchen.

### 10.4.2 Radio als Begleit- und Nebenbeimedium

Dass das Radio überwiegend zur Begleitung verschiedener vor allem nichtfrei-
zeitbezogener Tätigkeiten im Alltag eingesetzt wird, ist oben bereits dargestellt
worden. Damit verbunden ist die Vorstellung, es handele sich nicht nur um ein
Begleit-, sondern auch um ein Nebenbeimedium (vgl. Teichert 1987), das Radio
habe also in den Nutzungssituationen eine sekundäre Bedeutung und werde nicht
aufmerksam verfolgt. In den vergangenen Jahrzehnten sind vereinzelte Untersuchungen durchgeführt worden, die sich mit der Konzentration bzw. der Aufmerksamkeit beim Radiohören auseinandersetzen. Wegweisend in dieser Richtung war eine Studie, die Josef Eckhardt 1982 für den *WDR* durchführte und in
der die Konzentration auf das Radio in Abhängigkeit von verschiedenen Tageszeiten und Programminhalten untersucht wurde. Neben dem Hauptbefund, dass
konzentriertes Zuhören bei der Radionutzung der Ausnahmefall ist, ergab sich
dabei unter anderem, dass bei der Nutzung über den Tag die jeweiligen parallel-
len Tätigkeiten klar im Vordergrund stehen und dem Radio wenig Aufmerksam-

keit geschenkt wird (Eckhardt 1987: 407). Die Hörer, die abends das Radio nutzen, hören dagegen überwiegend konzentriert zu.

In einer neueren Studie aus dem Jahr 2000 wurde für verschiedene Nut-
zungsgelegenheiten gefragt, wie viel Aufmerksamkeit die Hörer dem Radio
schenken (Oehmichen 2001). Gefragt wurde, ob man sich dem Medium sehr
stark, stark, weniger stark oder gar nicht zuwende; diese Ausprägungen wurden
wie folgt erläutert – gleichzeitig ist angegeben, welchen Anteil diese an der Ge-
samtradionutzung einnehmen:

- „Sehr stark": hohe, konzentrierte Aufmerksamkeit (8,1% der Nutzungssituationen);
- „stark": bewusstes Radiohören mit der Bereitschaft, bei interessanten Bei-
  trägen/Themen oder guter Musik genauer hinzuhören (34,4%);
- „weniger stark": das Radio läuft nebenher und wird ab und zu, bei einzelnen
  Musiktiteln, Nachrichten etc., wahrgenommen (52,5%);
- „gar nicht": Radio als angenehmer akustischer Rahmen, der meistens unbewusst wahrgenommen wird (4,8%).

Es wird deutlich, dass das Radio überwiegend „nebenher" läuft, nur in wenigen
Fällen wird das Programm mit hoher Konzentration verfolgt. Interessant sind die
Unterschiede zwischen verschiedenen Hörergruppen und Hörsituationen (ebd:
137f): Frauen hören etwas häufiger konzentriert Radio als Männer, Ältere häufiger als Jüngere, Nichtberufstätige häufiger als Berufstätige und Schüler bzw.
Personen in Ausbildung. Die vergleichsweise höchste Aufmerksamkeit erfährt
das Radio in Nutzungssituationen, in denen die Hörer am Nachmittag oder
Abend allein zu Hause Radio hören; auch beim Frühstücken wird relativ aufmerksam Radio gehört. Besonders gering ist die Aufmerksamkeit bei der Radionutzung in Restaurants, während der Arbeit oder nachmittags/abends in der Familie oder mit Freunden. Auch für verschiedene Programmtypen und einzelne
Programme ließen sich so mittlere Aufmerksamkeitswerte bestimmen: Informa-
tions- und kulturorientierte Programme werden aufmerksamer gehört als die
Popwellen (ebd.: 139).

### 10.4.3 Vorlieben und Funktionen der Nutzung von Musik im Radio

Angesichts der besonderen Bedeutung der Musik für die Radionutzung sollen an
dieser Stelle einige Befunde der musikbezogenen Nutzungsforschung dargestellt
werden. Die konkreten Befunde der oben skizzierten standardisierten Musikforschung werden in der Regel nicht veröffentlicht; allerdings liegen einige Publikationen vor, die dokumentieren, wie beliebt oder unbeliebt bestimmte Musikstile bei verschiedenen Hörergruppen sind (Abschnitt 4.3.1). Ergänzend sollen

Befunde aus der Musikpsychologie skizziert werden, die zum Verständnis des Umgangs mit dem Radio beitragen können (4.3.2).

### 10.4.3.1 Nutzertypologien und Musikpräferenzen

Bei ihrer Analyse der Hörfunknutzung auf Basis der weiterentwickelten MedienNutzerTypologie (MNT 2.0)[7] gehen Egger und Windgasse (2007) insbesondere auf die musikalischen Präferenzen der einzelnen Nutzertypen ein. Den „Jungen Wilden" und den „Zielstrebigen Trendsettern" ist die Musik im Radio am wichtigsten; bei fast allen anderen Nutzertypen liegt die Musik in der Reihenfolge der Wichtigkeit an zweiter Stelle nach den Nachrichten. Auch bei der Frage nach der Bewertung verschiedener Programmbestandteile gefallen Musik und Nachrichten insgesamt am besten.

Bei der Abfrage der musikalischen Präferenzen zeigt sich, dass einige Musikstile stark in bestimmten Alterssegmenten verankert sind, andere hingegen über alle Altersgruppen hinweg akzeptiert werden. Ein Beispiel für den letzteren Fall ist das insgesamt am besten bewertete Genre Musical. Hip-Hop, House und Techno hingegen sind Stile, die vor allem von den jüngeren MNT-Gruppen (Junge Wilde, Zielstrebige Trendsetter) gehört werden, allerdings zeigen diese Gruppen auch überdurchschnittliche Bewertungen für Pop- und Rockmusik. Die Zielstrebigen Trendsetter sind darüber hinaus auch an einigen Stilen interessiert, die ansonsten eher von älteren Zielgruppen gehört werden, wie Blues, Jazz und Musical. Wie die folgende Tabelle zeigt, sind beide Gruppen überproportional an Programmen interessiert, die im weitesten Sinne dem CHR-Format (Contemporary Hit Radio) zuzuordnen sind. Die höchste Akzeptanz erfahren in diesen Gruppen allerdings – wie auch insgesamt – die privaten AC-Wellen (Adult Contemporary). (vgl. dazu Kap. 9.2.1, 9.2.2)

Die mittlere Generation zeichnet sich typenübergreifend durch eine überdurchschnittliche Präferenz von Pop und Rock aus, wobei die „Berufsorientierten" vorwiegend Rock sowie überdurchschnittlich viel Blues hören, die Aktiv Familienorientierten in gleichem Maße Pop und Rock mögen und die Unauffälligen Pop präferieren. Diese drei Gruppen hören am ausgiebigsten die privaten und öffentlich-rechtlichen AC-Wellen (siehe folgende Tabelle). Die beiden Nutzergruppen mit Durchschnittsalter zwischen 50 und 60 Jahren, die Modernen

---

[7] Die Mediennutzertypologie (MNT) wurde Ende der 1990er Jahre im Auftrag des öffentlich-rechtlichen Rundfunks als medienübergreifendes Instrument zur Beschreibung, Erklärung und Vorhersage von Mediennutzungspräferenzen entwickelt. Knapp 10 Jahre später wurde aufgrund des sich stetig ändernden Medienalltags eine überarbeitete Version vorgelegt (MNT 2.0). Die Bezeichnungen der zehn Nutzertypen lauten: Junge Wilde, Zielstrebige Trendsetter, Berufsorientierte, Unauffällige, Aktiv Familienorientierte, Moderne Kulturorientierte, Häusliche, Vielseitig Interessierte, Kulturorientierte Traditionelle, Zurückgezogene (Oehmichen 2007a).

Kulturorientierten und die Häuslichen, haben äußerst gegensätzliche Geschmacksausrichtungen. Die Modernen Kulturorientierten legen ein sehr breites musikalisches Spektrum an den Tag, das sich aus sehr unterschiedlichen, eher anspruchsvollen Genres zusammensetzt, wobei das Hochkulturschema mit sehr hohen Akzeptanzwerten für Klassik und Oper überwiegt, neben Blues, Jazz, Liedermachern, Chanson, Rock, Musical und Weltmusik aber auch Pop noch zum akzeptierten Spektrum gehört. Die bevorzugten Programmformate sind die AC-Wellen der *ARD*; die Modernen Kulturorientierten fallen zudem durch überdurchschnittliche Zuwendung zu den gehobenen Informations- und Kulturprogrammen auf, wobei der Akzent aufgrund des breiten Themeninteresses bei den Informationsprogrammen liegt (siehe Tabelle). Die Häuslichen hingegen orientieren sich am Trivialschema und bevorzugen Schlager sowie Volksmusik, Country, Musical und Operette; die beliebtesten Programmformate sind dementsprechend die deutschsprachigen Melodiewellen, aber auch die privaten AC-Wellen erzielen hohe Werte.

Auch bei den ältesten Nutzertypen ist kaum ein typenübergreifender Präferenztrend auszumachen. Die Vielseitig Interessierten weisen bei zwölf der 17 abgefragten Genres überdurchschnittliche Akzeptanzwerte auf, lediglich die moderneren Genres wie Hip-Hop und Techno werden wenig gehört. Favorisiert werden Musical, Schlager, Operette und Klassik, eingeschaltet werden vorwiegend deutschsprachig orientierte Melodiewellen, aber auch öffentlich-rechtliche sowie private AC-Wellen sind beliebt (siehe Tabelle). Die Kulturorientierten Traditionellen lieben Klassik und Oper, akzeptieren Operette und Musical und lehnen vermeintlich trivialere Stile wie Volks- oder Weltmusik eher ab. Wie die Modernen Kulturorientierten erzielen sie überdurchschnittlich hohe Werte bei den Informations- und Kulturprogrammen, allerdings liegt der Akzent hier bei den Kulturwellen. Auch die deutschsprachig orientierten Melodiewellen werden viel gehört.

*Tabelle 11:* Nutzung von Radioprogrammformaten nach Nutzertypen der MNT 2.0 (meist/zweitmeistgehörtes Programm, in %)

| | Popprogramme | | ARD-Programme Melodie-/ Länderprogramme | | Gehobene Programme | | Privat-kommerzielle Programme | |
|---|---|---|---|---|---|---|---|---|
| | Junge Wellen | Aktuelle Pop-wellen | Oldie-basierte Melodie-wellen | Deutsch-sprachig orientierte Melodiewellen | Informa-tionspro-gramme | Kultur-pro-gramme | CHR-Wellen | AV-Wellen |
| **Hörer gesamt** | **11** | **29** | **10** | **20** | **7** | **5** | **9** | **43** |
| Junge Wilde | 32 | 26 | 3 | 1 | 1 | 0 | 32 | 53 |
| Zielstrebige Trendsetter | 31 | 35 | 3 | 2 | 4 | 0 | 33 | 48 |
| Berufsorien-tierte | 13 | 53 | 9 | 3 | 9 | 2 | 7 | 46 |
| Unauffällige | 8 | 25 | 7 | 12 | 1 | 1 | 4 | 62 |
| Aktiv Fami-lienorientier-te | 11 | 40 | 7 | 8 | 4 | 1 | 7 | 66 |
| Moderne Kulturorien-tierte | 6 | 37 | 14 | 14 | 23 | 19 | 5 | 29 |
| Häusliche | 3 | 21 | 15 | 36 | 3 | 3 | 2 | 37 |
| Vielseitig Interessierte | 3 | 28 | 14 | 45 | 13 | 4 | 0 | 26 |
| Kulturorien-tierte Tradi-tionelle | 2 | 18 | 18 | 40 | 18 | 23 | 0 | 19 |
| Zurückge-zogene | 0 | 14 | 11 | 35 | 6 | 5 | 1 | 16 |

Quelle: MNT-Justierungsstudie 2006; Egger/Windgasse 2007, S. 262.

### 10.4.3.2 Rezeptionsmodalitäten beim Musikhören

Angesichts der Tatsache, dass Musik den quantitativ größten Anteil der meisten Radioprogramme ausmacht und für viele Hörer die Musikfarbe das entscheiden-de Kriterium für die Programmauswahl darstellt, muss es verwundern, dass die Rezeption von Musik im Radio nur recht selten zum Gegenstand unabhängiger Untersuchungen geworden ist. Am meisten Aufschluss über diesen Bereich lie-fert die Musikpsychologie, die sich mit der Rezeption von Musik im Allgemei-nen beschäftigt. So ermittelte Behne (1986) in einer Fragebogenstudie bei Jugendlichen acht verschiedene Modalitäten des Musikhörens, die sich nicht gegenseitig ausschließen, sondern bei der Rezeption teilweise kombiniert werden:

1. Motorisches Hören (Körperbewegungen)
2. Kompensatorisches Hören (Verdrängung unangenehmer Stimmungen)
3. Vegetatives Hören (Körperreaktionen, z.B. Gänsehaut)
4. Diffuses Hören (nebenbei)
5. Emotionales Hören (gefühlvolle Hingabe zur Musik)
6. Sentimentales Hören (Erinnerungen)
7. Assoziatives Hören (bildhaftes Vorstellen)
8. Distanzierendes Hören (analysierende, bewertende Geisteshaltung)

Die Radionutzung wird, da sie hauptsächlich nebenbei geschieht, in erster Linie dem diffusen Hören zugeordnet (vgl. Schramm 2008a: 44). Eine Studie von Schramm 2005 ergab, dass das emotional-vegetative Hören den höchsten Stellenwert im Alltag einnimmt, gefolgt von dem motorischen und dem diffusen Hören. Unterdurchschnittlich wird das assoziative Hören bewertet; den geringsten Stellenwert nimmt das analytisch-strukturelle/distanzierende Hören ein. Männer hören tendenziell distanzierender als Frauen, Frauen hören dafür motorischer. Mit zunehmendem Alter wird Musik eher distanzierend und weniger motorisch und diffus gehört. Ebenso hören musikalische Musikrezipienten distanzierender, motorischer und emotional-vegetativer als weniger musikalische Personen. Musikgenrepräferenzen haben ebenfalls einen Einfluss auf die Rezeptionsmodalitäten: Wird Musik vorwiegend distanzierend gehört, liegen oft eine Abneigung für Pop/Soundtracks, Hip-Hop/Rap und House/Trance/Techno sowie eine Präferenz für Jazz/Blues, Klassik/Neue Musik sowie Beatmusik der 60er vor. Allerdings mögen auch Personen, die Musik gerne emotional-vegetativ hören, in hohem Maße Jazz/Blues und Klassik/Neue Musik. Je mehr die Personen assoziativ Musik hören, desto mehr wollen sie bei Traurigkeit diese Stimmung verstärken, nachdenken sowie Erinnerungen wachrufen. Neigen die Hörer zum motorischen Hören von Musik, nutzen sie diese eher zur Aufheiterung.

## 10.5 Radionutzung in sich verändernden Medienumgebungen

Seit einigen Jahren befindet sich die gesamte Medienlandschaft aufgrund der zunehmenden Digitalisierung und der Ausbreitung der Online-Kommunikation in einem tiefgreifenden Umbruch. In solchen Phasen des Umbruchs stellt sich für alle etablierten Medien die Frage, inwieweit sie ihre Position im Medienensemble behaupten und wie sie sich auf die neuen Bedingungen einstellen können. Für die Mediennutzer stellt sich die Frage, inwieweit sie ihre Mediennutzungsgewohnheiten aufbrechen und die bisher genutzten Funktionen mithilfe neuer Medien- und Kommunikationsdienste erfüllen oder die neuen Optionen auch für ganz neue Funktionen verwenden. Für das Radio ist dies nicht die erste Umbruchsituation dieser Art: Als sich ab den späten 50er Jahren das Fernsehen zunehmend als das neue Massenmedium etablierte, ergab sich dabei zwangsläufig eine Konkurrenzsituation mit dem bereits etablierten Hörfunk, im Zuge derer das Radio deutlich an Nutzungsdauer einbüßte. Dies war vor allem in den Abendstunden der Fall: Hatte das Radio zu dieser Zeit als wichtige Freizeitbeschäftigung für die ganze Familie gedient, so wurde diese Funktion sehr rasch fast vollständig vom Fernsehen übernommen. In der Folge etablierte sich die seit nunmehr vielen Jahren vertraute Aufgabenverteilung zwischen den beiden Medien, wie sie z.b. in der obigen Abbildung 1 dokumentiert wird, wonach das Radio die Funktion des Begleiters über den Tag übernahm (siehe dazu Bessler 1980: 110ff.).

### 10.5.1 Ausdifferenzierung und Konvergenz der technischen Infrastruktur für die Verbreitung und den Empfang von Radioprogrammen

Bis vor wenigen Jahren hatten es technische Neuerungen im Bereich der Radioausstrahlung schwer, eine kritische Masse von Nutzern zu begeistern. Der Start der ersten Rundfunksatelliten TV Sat und Kopernikus im Jahre 1989 war gleichzeitig der Startschuss für das Digitale Satellitenradio, das vor allem mit verbesserter Audioqualität gegenüber UKW aufwartete. Mangels Interesse der Nutzer wurde es allerdings zum Jahresende 1998 wieder eingestellt. Ein ähnliches Schicksal erfuhr das Digital Audio Broadcasting (DAB), das 1995 mit dem Ziel gestartet war, UKW abzulösen. (vgl. Kap. 5.6) Auch dieses Angebot wurde vom Publikum nicht angenommen, da die Empfangsqualität von UKW und dessen Zusatzfeatures wie RDS für die Hörer als ausreichend und der technische und finanzielle Aufwand für die DAB-Endgeräte als zu hoch erachtet wurden (siehe z.B. Kleinsteuber 1997, Vowe/Will 2004).

Wie oben gesehen sind die technischen Infrastrukturen, mithilfe derer Radio übertragen und empfangen wird, in den letzten Jahren erheblich in Bewegung geraten. Aus der Sicht der Nutzer handelt es sich einerseits um eine Ausdifferenzierung von Nutzungsoptionen: Radio kann über eine zunehmende Zahl technischer Plattformen und über eine zunehmende Zahl von Empfangsgeräten gehört werden. Andererseits zeigt sich ein Prozess der Konvergenz: Radio rückt dadurch, dass über die Plattformen und Endgeräte, über die es genutzt wird, auch andere Arten von Medien übertragen werden, enger an die anderen Medien heran, die Nutzer können mit ein und demselben Gerät ganz verschiedene kommunikative Funktionen realisieren. (vgl. Kap. 8.7)

Bereits 2009 waren von den 67 Prozent aller Erwachsenen ab 14 Jahren in Deutschland, die zumindest gelegentlich das Internet nutzten, 72 Prozent mit einem schnellen DSL-Internetanschluss ausgerüstet (van Eimeren/Frees 2009b: 349). Diese zunehmende Verbreitung breitbandiger Internetzugänge ermöglicht es einer immer größeren Anzahl von Menschen, multimediale Inhalte, also auch Radioinhalte, über das Internet zu beziehen.(vgl. Kap. 5.6.3) Zu diesen Inhalten gehört auch die Nutzung von Webradio oder radioähnlichen Audiodiensten. Die Einordnung und Unterscheidung der zahlreichen Möglichkeiten, im Internet Audioangebote zu hören, ist keine leichte Aufgabe. Neben klassischer „One-to-Many"-Massenkommunikation gibt es auch Musikdienste, die sich eher in die Kategorie „One-to-One"-Kommunikation einordnen lassen. Zu ersterer Kategorie zählen so genannte „Simulcasts", also Angebote, die neben ihrem primären Verbreitungsweg – größtenteils UKW – zeitgleich über das Internet verbreitet werden. Neben diesen „Simulcasts" gibt es zahlreiche Audiostreams, die ausschließlich über das Internet empfangbar sind. Diese Internet-Only-Angebote können Musikspartenprogramme sein, aber auch News-, Sport- und Eventprogramme. In die Kategorie One-To-One-Kommunikation fallen On-Demand-Angebote wie Podcasts und das Downloaden von einzelnen Musikstücken, aber auch Angebote wie *last.fm*, *Pandora* oder *Spotify*, die ihren Nutzern auf Präferenzangaben, Bewertungen und/oder Empfehlungen basierende personalisierte Audiostreams anbieten.

Über die Nutzung der zahlreichen Optionen, im Internet Radio zu hören, liegen bisher kaum systematische Befunde vor. Die Methoden der standardisierten Radioforschung mit den in den Abschnitten 3 und 4 skizzierten Befunden scheinen nach wie vor den weit überwiegenden Teil des Nutzungsverhaltens angemessen widerzuspiegeln. Es mehren sich allerdings Anzeichen für relevante Verschiebungen. So hörten laut *ARD/ZDF*-Onlinestudie 2010 zwölf Prozent aller Online-Nutzer zumindest einmal wöchentlich Radioprogramme live über das Internet. Die zeitversetzte Nutzung von Radiosendungen ist danach weniger verbreitet: 3 Prozent nutzten solche Dienste (van Eimeren/Frees 2010: 341). Die im Zuge der *ARD/ZDF*-Langzeitstudie. Massenkommunikation für das Jahr 2010 gemessene Radiohördauer von 187 Minuten setzt sich im Hinblick auf die dabei verwendeten Geräte zusammen aus 138 Minuten für klassische Radiogeräte im Haushalt oder bei der Arbeit, 41 Minuten für Autoradios, vier Minuten für andere mobile Radiogeräte sowie ebenfalls vier Minuten für Radionutzung über das Internet (Ridder/Engel 2010a: 530). Hinzu kommen weitere drei Minuten aus der Internetnutzung, die auf das Hören von Radioprogrammen oder Radio-Podcasts entfallen (ebd.: 532).

Die schiere Zahl der im Internet verfügbaren Radioangebote scheint überwältigend. Eine Recherche des House of Research ergab für Oktober 2009 eine

Gesamtzahl von 1.953 Webradioprogrammen deutscher Herkunft. Darunter fallen sowohl kleine, von Privatpersonen angebotene Programme als auch die Internet-Angebote nationaler und lokaler Programmanbieter aus dem öffentlich rechtlichen und dem privaten Bereich. 1.743 Angebote sind reine Webprogramme (73 öffentlich-rechtlich, 1.670 privat), die übrigen 210 sind „Simulcast"-Programme (60 öffentlich-rechtlich, 150 privat) (Martens 2009). Der Webradio Monitor, der von *Goldmedia* im Auftrag der BLM erstellt wird, kommt zu ähnlichen Ergebnissen: Nach 1.914 Webradioangeboten im Jahr 2009 wurden 2010 bereits 2.200 Angebote identifiziert (Goldhammer u.a. 2010), darunter 2.192 reine Webprogramme, 338 Simulcast-Programme, 151 Untermarken zu UKW-Programmen und elf User-Generated-Content-Angebote. Anders als beim UKW-Radio üblich werden die Webradios überwiegend abends gehört, was angesichts der oben berichteten tageszeitlichen Unterschiede in der Aufmerksamkeit der Radionutzung dafür spricht, dass diese neuen Angebote gezielt und mit besonderer Aufmerksamkeit gehört werden.

Ein weiterer Trend, der die Rahmenbedingungen für das Radio verändert, ist die zunehmend gegebene Möglichkeit, Radioinhalte zeitversetzt zu nutzen. Eine besondere Rolle spielt in diesem Zusammenhang das sogenannte Podcasting. *Blue Sky Media* und das Internet-Portal *podcast.de* führen seit 2008 eine Langzeit-Studie über die Nutzer von Podcast-Angeboten durch. Ziel dieser Studie ist es, Erkenntnisse über Nutzungsverhalten und -motive von Podcast-Nutzern, deren allgemeine Mediennutzung sowie Akzeptanz von Kosten und Werbung im Umfeld von Podcast-Angeboten zu erlangen. Da als Forschungsmethode eine Online-Befragung auf der Plattform *podcast.de* und 36 Podcast-Anbieterseiten gewählt wurde, ist die Studie nicht bevölkerungsrepräsentativ, sondern fokussiert die Zielgruppe, die Podcasts regelmäßig bis täglich nutzt. Die Podcast-Nutzer sind zum größten Teil männlich (82%) und überwiegend zwischen 20 und 40 Jahren alt (Blue Sky Media 2009). Im Vergleich zur Vorjahresstudie stieg das Durchschnittsalter 2009 leicht an (von 32 auf 34 Jahre). Mit 40 Prozent der Befragten mit Hochschulabschluss und 34 Prozent mit Abitur sind die Befragten der Studie überdurchschnittlich gebildet. Immerhin ein Viertel der Befragten hat selbst bereits einen Podcast produziert, 62 Prozent sehen sich dagegen ausschließlich als Konsumenten. Bei der Frage nach den Bezugsquellen für Podcasts rangiert das Multimedia-Verwaltungsprogramm iTunes von Apple an erster Stelle (71%), weitere 55 Prozent laden die Dateien direkt von Blogs beziehungsweise den Webseiten aktiver Podcaster. Mit 37 Prozent rangieren die Webseiten von Radiosendern an dritter Stelle der Podcast-Bezugsquellen.

Die Frage nach den Geräten, mit denen die heruntergeladenen Podcasts abgespielt werden, ergab, dass 87 Prozent der Nutzer die Podcasts am PC, Mac oder Notebook konsumieren, 81 Prozent auf dem iPod oder einem anderen mobilen MP3-Player. Auch andere mobile Endgeräte werden für Podcasts genutzt: 19 Prozent hören Podcasts mit dem Autoradio, 16 Prozent mit dem Handy. Die Hi-Fi-Anlage daheim wird eher selten genutzt (7%). Nach den wichtigsten Eigenschaften von Podcasts gefragt, antworteten weit über 90 Prozent der Studienteilnehmer, dass ihnen die Thematik und die inhaltliche Qualität am wichtigsten sind. Unterhaltungswert, Bild- und Tonqualität sowie die Abspielbarkeit auf dem jeweiligen Gerät gehören mit jeweils über 70 Prozent ebenfalls zu den wichtigen Eigenschaften. Die interessantesten Themengebiete für die Podcastnutzer sind „Technik/IT/Computer" und „Wissen". Auch den Themen „Hörspiele", „Unterhaltung/Comedy", „Nachrichten" und „Medien" wird großes Interesse entgegengebracht. Als am wenigsten interessant erachteten die Befragten Podcasts mit Sport-, Boulevard- oder Service-Inhalten.

Neben dem neuen Verbreitungsweg, der auch eine Diversifikation des Angebotes mit sich gebracht hat, gibt es auch neue Empfangsgeräte – sowohl für klassische UKW-Signale als auch für den Webradio-Empfang. So etablieren sich beispielsweise Handys als Empfangsgerät für Radiosignale. 2009 hatte fast die Hälfte aller Internetnutzer die Möglichkeit, mit dem Handy Radio zu empfangen – im Vorjahr waren es noch 37 Prozent. Bei den Onlinern gehört der Internetzugang bereits seit Jahren bei der Mehrheit der Handys zur Grundausstattung, aber erst die größer werdende Zahl der mit UMTS-Empfang ausgestatteten Handys lässt aufgrund der höheren Bandbreite die Nutzung des Mobiltelefons als Webradio-Empfänger zu (van Eimeren/Frees 2009b: 350). Apple, der Hersteller des meistverkauften mobilen MP3-Players iPod, stattet seit 2009 das Modell „iPod Nano" mit einem UKW-Empfänger aus (Zota 2009). Der Webradioempfang wiederum ist auf einigen internetfähigen Spielekonsolen – 37 Prozent aller Onliner besaßen 2009 ein solches Gerät – möglich (vgl. van Eimeren/Frees 2009b: 350). Eine Studie der Radiozentrale (2007) hat ermittelt, dass insbesondere bei den unter 30-Jährigen die neuen Verbreitungswege häufig genutzt werden: 17 % nutzen das Radio über das Internet, ebenfalls 17% über das Handy und 15% nutzen ihren MP3-Player / iPod für den Radioempfang.

Besondere Beachtung in der Forschung findet derzeit eine spezielle Empfangsoption für Webradio-Streams und Podcasts: IP-Radiogeräte. Hierbei handelt es sich um eigenständige Webradio-Empfänger, die den Radioempfang über IP-Protokoll/Internet unabhängig vom PC oder Laptop ermöglichen. Meist werden diese über einen WLAN-Router in das Netzwerk des Nutzers eingebunden. (vgl. Kap. 5.6.3.1) Windgasse (2009) argumentiert, dass das Radiohören über das Internet durch die Einführung von computerunabhängigen IP-Radiogeräten „hof- bzw. haushaltsfähig" gemacht wird. Er untersuchte, wie die Nutzer von IP-Radios im Vergleich zu Nutzern von Webradio über den Computer mit dem neuen Verbreitungsweg „IP-Protokoll/Internet" umgehen. Zwar erwies sich die

Installation und Inbetriebnahme des IP-Gerätes im Vergleich zu traditionellen UKW-Radios als komplexer, auch waren die Nutzer gelegentlich mit Verbindungsabbrüchen konfrontiert. Aufgrund der flexibleren und einfacheren Bedienung von IP-Radios im Vergleich zum Computer wurden die IP-Radios aber wesentlich häufiger genutzt als das PC-Radio. Das IP-Radiohören wurde von den IP-Radionutzern deutlich positiver bewertet als von den PC-Nutzern, außerdem erweiterte sich die Präferenz der Programme im Laufe des Tests dahingehend, dass Internetsender zulasten der UKW-Programme eine wachsende Rolle spielten.

Auch die Marketing- und Medienforschungsagentur „House Of Research" (2009) ermittelte in Kooperation mit der *WDR*-Medienforschung und der Firma Terratec in einer Studie, inwiefern die Entkoppelung der Webradionutzung vom Computer die Nutzungsgewohnheiten von Internetradio verändert. Darunter fallen sowohl kleinste Angebote von Privatpersonen als auch die Streams landesweiter und lokaler Programmanbieter aus dem öffentlich rechtlichen und dem privaten Bereich. Die befragten IP-Radio-Besitzer hören seltener Radio über konventionelle Empfangsarten (UKW, Kabel, Satellit, DVB-T) als die Webradionutzer ohne ein solches Gerät. Auch hier wurde festgestellt, dass mit IP-Radio-Gerät reine Webradioangebote stärker genutzt werden als ohne, die Nutzung von Videoportalen, Social-Community-Websites wie Myspace sowie radioähnlichen Diensten wie *last.fm* zum Musikhören hingegen tendenziell abnimmt. Webradio wird derzeit hauptsächlich zu Hause genutzt, da die Möglichkeiten der mobilen Nutzung noch stark begrenzt sind. Dies liegt nicht an einem Mangel an Empfangsgeräten: Webradiofähige Handys werden immer häufiger verkauft und auch die ersten Autoradios mit Webradio-Funktion sind verfügbar. Allerdings sind die Tarife für mobiles Internet – meist über UMTS – derzeit noch recht teuer und außerdem mit Beschränkungen hinsichtlich Nutzungszeit oder Datenvolumen versehen. Es ist aber abzusehen, dass sich „echte", also beschränkungsfreie Flatrates für mobiles Internet durchsetzen werden, was auch der mobilen Webradionutzung einen Auftrieb bescheren dürfte. IP-Radios führen insgesamt offenbar zu einer verstärkten Habitualisierung der Webradionutzung.

## 10.6 Das Radio als Bestandteil künftiger Medienrepertoires

Angesichts der vielfältigen technischen und angebotsbezogenen Veränderungen stellt sich die Frage, wie die Mediennutzer das Radio künftig verwenden, welchen Stellenwert in ihren Medienrepertoires sie ihm zuweisen werden. Die vorausgegangenen Hinweise auf aktuelle Veränderungen führen zurück zu der Auseinandersetzung mit den Methoden der Radioforschung: Um die Nutzung des Radios angemessen untersuchen zu können, bedarf es einer eindeutigen Definition, was künftig unter Radionutzung zu verstehen sein soll. Bis vor einigen Jahren war die Verständigung darüber, was Radio ist, noch vergleichsweise einfach, denn wir konnten uns darauf verlassen, dass das, was wir als Forscher und auch die in der Media-Analyse befragten Hörer Radionutzung nannten, in jedem Fall zwei Kriterien erfüllte: Erstens war die Tätigkeit mit einem Kontakt mit einem Radiogerät verbunden – und es gab keinen Zweifel, was mit einem Radiogerät gemeint ist, auch wenn dies schon seit längerer Zeit sehr verschiedene Formen annehmen konnte, etwa als Bestandteil einer Stereoanlage, als Transistorradio, als Autoradio, als Radiowecker oder als Walkman. Zweitens bezog sich die Nutzung auf ein öffentlich verbreitetes lineares Programm. Diese geräte- und programmbezogene Definition von Radionutzung hat ausgedient: Heute kann mit den verschiedensten multifunktionalen Geräten unter anderem auch Radio gehört werden, und mit Radiogeräten können auch andere Dienste als klassisches Radio gehört werden. Zum Teil wird auch das Programmkriterium aufgehoben, indem einzelne Bestandteile des Angebots individualisiert abgerufen oder zeitversetzt gehört werden können.

Für die Nutzungsforschung muss es also künftig darum gehen, genau zu bestimmen, was die Nutzer selbst als Radio definieren. Denn es spricht nichts dafür, dass das Radio insgesamt seinen Stellenwert in den Medienrepertoires der meisten Nutzergruppen verlieren wird: Immerhin 91 Prozent der Befragten der jüngsten Welle der *ARD/ZDF*-Langzeitstudie Massenkommunikation stimmten der Aussage zu, dass „das Radio auch in Zukunft – trotz aller Veränderungen im Bereich Medien – seine Bedeutung behalten" werde (Ridder/Engel 2010a: 534). Die wesentlichen Funktionen, die das Radio erfüllt, sind auch heute nicht obsolet: Eine verlässliche, den Tagesablauf strukturierende stimmungsbezogene Grundierung des Alltags bei gleichzeitiger Anbindung an die Welt kann in dieser Weise nicht ohne Weiteres von anderen Medien- und Kommunikationsdiensten erfüllt werden. Wann immer neue Audiodienste auf den Markt kommen, werden die besonderen „Vorteile" gegenüber dem Radio herausgestellt – etwa, dass die Nutzer nicht mehr von vorgegebenen Programmstrukturen abhängig sind oder dass sie jederzeit genau das hören können, was sie wollen. Diese Optionen stellen ohne Zweifel wichtige Errungenschaften dar, die den Nutzern neue Optionen für die Nutzung von Audioangeboten eröffnen. Diese Neuerungen stellen aber nicht unbedingt Vorteile gegenüber dem Radio dar – sie können auch als Nachteile angesehen werden, denn es ist ja gerade die Leistung des Radios, dass es den Alltag strukturiert und ein Angebot verfügbar macht, das der Synchronisierung mit der Gesellschaft dienen kann.

Es erscheint unwahrscheinlich, dass die in diesem Sinne spezifischen Leistungen des Radios künftig substanziell an Bedeutung verlieren werden. Aber angesichts der veränderten Rahmenbedingungen werden die Veranstalter neue

Strategien entwickeln müssen, um diese Funktionen weiter erfüllen zu können. Das Radio befindet sich in einem eng vernetzten multimedialen Umfeld, ihre Nutzer haben laufend zahlreiche andere Optionen zur Erfüllung kommunikativer Bedürfnisse, auf die das Radio Bezug nehmen muss.

## 10.7 Fragen zur Vertiefung

1.  Warum entstand die Hörerforschung? Prägend für konventionelle Massenmedien ist das „disperse Publikum" (Maletzke), dessen einzelne Mitglieder nicht bekannt sind. Um mehr und bessere Informationen über sie zu erhalten, entwickelten Radioveranstalter, Mediaagenturen und werbetreibende Industrie standardisierte Methoden, die es ihnen ermöglichten, nach ihren Bedürfnissen eine gemeinsame „Währung" zu entwickeln, um damit ein Publikum quasi zu konstruieren.

2.  Was ist die Media-Analyse (ma)? Es handelt sich um zwei Mal im Jahr erhobene Daten durch die Arbeitsgemeinschaft Media-Analyse (ag.ma), um Einzelheiten über das Radiopublikum zu erhalten. Für die Erhebung wird eine Grundgesamtheit von 74 Mio. deutschsprachiger Personen ab 10 Jahren definiert, für die rund 65.000 Personen repräsentativ befragt werden.

3.  Ist das Radio ein Freizeitmedium? Nicht nach den Ergebnissen der Radioforschung, wonach ca. 80 % der Nutzung außerhalb der Freizeit liegt. Dieser Befund unterstreicht das Bild vom Radio als Begleitmedium. In dieser Eigenheit unterscheidet es sich von allen anderen klassischen Medien, deren Freizeitanteil deutlich höher liegt.

4.  Was sagt die Nutzungsforschung zur Zukunft des Radios? Aus Perspektive der Nutzungsforschung ist Radio das, was die Nutzer für sich als Radio bestimmen. Eine große Mehrheit der Befragten (91 %) gibt dem Radio eine Zukunft. Forscher betonen seine weiterlaufende Funktion im Alltag der Nutzer, es bietet eine den Tagesablauf strukturierende stimmungsbezogene Grundierung.

5.  Gibt die Nutzungsforschung Informationen darüber, in welchen Formen Radio gehört wird? Sie geht davon aus, dass es angesichts seiner Bedeutung als Begleitmedium vorrangig einem diffusen Hören zugeordnet wird. Beim Hören sing ganz unterschiedliche Verhaltensweisen (Modalitäten) erkennbar, die vom motorischen Hören (begleitet von Körperbewegungen) bis zum

distanzierten Hören (begleitet von analysierender, distanzierter Geisteshaltung) reicht.

## 10.8 Definitionen und Erklärungen

*Media-Analyse*: „Die Arbeitsgemeinschaft Media-Analyse e.V. (ag.ma) ist eine Non-Profit-Organisation und der Rechtsform nach ein eingetragener Verein. Als Joint Industry Committee (JIC) betreibt sie syndikalisierte Forschung unter Einbeziehung aller relevanten Marktpartner, konkret: den Verkäufern und Käufern von Medialeistungen." (www.agma-mmc.de)

*Mapping-Studien:* Verfahren bei der Neugründung oder Neupositionierung eines Senders. Dabei werden bis zu 50 Musikgenre bei potientiellen Hörern auf Beliebtheit und mögliche Senderzugehörigkeit getestet.

*Call-Outs:* Werden in kurzen Abständen durchgeführt. Dabei bewerten 100 oder 200 zufällig ausgewählte Personen in einer telefonischen Befragung Hooks (kurze, charakteristische Musikausschnitte) nach den Kriterien Bekanntheit, Gefallen und Sättigung.

*Auditorium-Test:* Ein aufwändiges und dementsprechend seltener genutztes Verfahren, bei dem ein Auditorium von ca. 150 bis 300 Personen, das entsprechend der Soziodemografie der Zielgruppe des Senders zusammengesetzt ist, mehrere hundert Hooks nach den oben genannten kriterien bewerten sollen.

*Medienrepertoire:* Dieser Ansatz will beschreiben und erklären, wie Nutzer verschiedene alte und neue Medien und verschiedene Arten von Medienangeboten miteinander kombinieren und so ihr persönliches Medienrepertoire schaffen. (Hasebrink)

# Kapitel 11
# Journalismus

*Ralph Eichmann*

## 11.1 Einleitung

Radiojournalismus folgt ebenso wie Zeitungs- oder Fernsehjournalismus klaren handwerklichen Grundregeln. So unterschiedlich die Radioprogramme in Deutschland auch sind, eine Nachrichtenmeldung bleibt eine Nachrichtenmeldung und sollte bestimmten Kriterien genügen. Gleiches gilt grundsätzlich für alle radiojournalistischen Darstellungsformen, die in diesem Kapitel dargestellt werden.

Am Anfang steht für alle Darstellungsformen die Recherche. Ein Journalist muss zu einem Thema, das er bearbeitet, die berühmten fünf „W-Fragen" beantworten können: Was ist passiert? Wo ist es passiert? Wem ist es passiert? Wie ist es passiert? Wer hat es getan? Erst wenn der Reporter diese Fragen beantworten kann, ist es möglich, die Relevanz des Themas einzuschätzen. Meist geschieht dies in der Redaktionskonferenz. Kann der Reporter hier seine Geschichte mitreißend und plausibel präsentieren, werden die Redakteure sie ihm „abkaufen". Meist wird auch in diesen Konferenzen entschieden, in welcher Form die Geschichte umgesetzt wird – als Nachricht oder als Beitrag mit O-Tönen oder mit einem anderen radiojournalistischen Handwerkszeug (La Roche 1993: 45f, 49ff).

In der Praxis findet man schnell Sender, die dieses Handwerkszeug vielfältig einsetzen und eigene Recherche-Teams und aufwendige Fachredaktionen unterhalten - in erster Linie die öffentlich-rechtlichen Programme. Aber es gibt auch viele Sender, die (aus Kostengründen) nicht viel Wert auf eigene Recherche und journalistische Qualität legen. Hier wird dann aus Zeitungen oder von Nachrichtenagenturen abgeschrieben. Das Umfeld ist wichtig: Radiojournalisten recherchieren, interviewen, texten, schneiden, sprechen, mischen und moderieren immer für ihre Hörer. Die Arbeitsweise eines Radiojournalisten ist deshalb (neben seinem Talent und seiner Ausbildung) abhängig von zwei äußeren Faktoren: Für welches Programm arbeitet er? Und welche Erwartungen haben die Hörer, die dieses Programm anspricht? (vgl. Kap. 9 für Programme, Kap. 10 für Nutzung)

Professionelles Radio ist sehr arbeitsteilig. (vgl. Kap. 7.4-7.6) Es gibt zahlreiche journalistische Tätigkeiten, die erst in der Summe ein Programm mit einem Sound, einer journalistischen Stimme und einem Marken-Image ergeben. Dazu gehören: Reporter, Nachrichtenredakteure, Planungsredakteure, Musikredakteure, Fachredakteure (z. B. Wirtschaft, Sport...), Moderatoren, Produzenten/Layouter, Korrespondenten usw. Die Bezeichnungen und Funktionen variieren von Sender zu Sender und im Rahmen der multi-medialen Vernetzung mit Fernsehen und Internet ergeben sich immer wieder neue Berufsbilder und Schnittstellen (Arnold 1991: 45 ff).

Die Vielfältigkeit der Radioangebote in Deutschland nimmt zu (v. a. im Internet) und damit auch die Kreativität bei der formalen Gestaltung. Durch die Vielfalt der Sender (und ihrer Formate und Zielgruppen) werden auch die Darstellungsformen variantenreicher. Im Kern geht aber das Handwerkszeug auf folgende 10 Formen zurück.

## 11.2 Die zehn radiojournalistischen Darstellungsformen

### 11.2.1 Der O-Ton

Der Original-Ton ist ein kleines radiojournalistisches Element, aber er ist sehr wichtig, weil er vielseitig verwendbar ist und die akustische Authentizität bringt, die z. B. eine Tageszeitung nicht bieten kann. Es ist ganz simpel: In einem O-Ton hört man einen (oder mehrere) Menschen sprechen (oder singen oder kreischen ...). Der O-Ton ist ein kleines Wortdokument, ohne das ein Radioprogramm nicht auskommt. Er ist ein Zitat im Radio (Bloom-Schinnerl 2002: 19ff). Der O-Ton kommt in allen Radioformaten vor und kann auf unterschiedliche Weise verwendet werden – entweder pur mit einer kurzen Anmoderation oder eingebaut in einen Beitrag, als Teil einer Nachrichtensendung oder als Teil eines Promotion-Trailers oder oder oder ...

Ein guter O-Ton ist kurz und prägnant. Er steht für sich und enthält ein klares Statement des Interviewpartners. Schwierig ist aber bereits die Definition von „kurz". In einem 2-minütigen Beitrag kann ein O-Ton kaum mehr als 10-15 Sekunden lang sein, in einem 30-minütigen Radiofeature lässt sich das anders gestalten. Üblicherweise ist ein O-Ton bei massenattraktiven Programmen als Teil eines Beitrags nicht länger als 15 Sekunden, frei stehend meist zwischen 20 und 40 Sekunden. Selbstverständlich steht aber immer der zu transportierende Inhalt im Vordergrund. Das heißt: Wenn der O-Ton, in dem der Erste Bürgermeister Hamburgs seinen Innensenator entlässt, nun mal länger als 60 Sekunden ist, wird man diesen O-Ton sicher trotzdem ungeschnitten senden, weil er ein wichtiges und spannendes Dokument der Zeitgeschichte ist. Weniger bedeutsame O-Töne müssen aber auch oft kürzer geschnitten werden, damit die Hörer nicht abschalten (Arnold 1991: 158f; Haas/Frigge/Zimmer 1991: 384).

Einen guten, sendefähigen und prägnanten O-Ton bekommen meist die Reporter, die präzise und kurze Fragen stellen. Eine umständliche Frage lässt Interviewpartnern viel Raum, ebenso umständlich zu antworten. Politiker, Verbandsfunktionäre und Pressesprecher neigen häufig zur Länge und je nach Thema auch zu unklaren Formulierungen, die das Thema eher verdunkeln als erhellen. Leider ist das gelegentlich ihr Job. Der Job des Reporters ist es, darauf nicht hereinzufallen, sondern so lange nachzufragen, bis er für seine Hörer ein klares und verständliches Statement bekommen hat (Arnold 1991: 204ff; Hermann/Krol/Bauer 2002: 80ff).[8]

Bei ungeübten Gesprächspartnern kann der Reporter ein Vorgespräch führen, aber nicht zu lang! Der Effekt ist, dass die Interviewten dann bei der Aufnahme sagen: „Wie ich Ihnen eben schon sagte ...". Lieber (nach guter Vorbereitung) gleich rein in das Interview, es kann ja geschnitten werden. Und Überraschung bringt häufig tolle (weil authentische) O-Töne hervor.

Anders als bei einem Zeitungszitat muss der O-Ton vom Gesprächspartner wirklich in einem Satz gesprochen worden sein – möglichst mit intakter Grammatik und im besten Fall sogar mit „Stimme unten" am Satzende, sodass man dort schneiden kann. Im Zweifel muss der Reporter auch um Wiederholung bitten, wenn man schon bei der Aufnahme hört, dass sich dieser Satz nicht schneiden lassen wird.

---

Checkliste für einen guten O-Ton
- Ist der O-Ton verständlich (akustisch und inhaltlich)?
- Hat der O-Ton eine klare Aussage?
- Stimmt die Länge bzw. ist der O-Ton kürzbar?
- Ist es ein vollständiger Satz?
- Stimme am Ende unten?

---

## 11.2.2 Die Umfrage

Die Umfrage ist eine enge Verwandte des O-Tons, denn die Umfrage besteht aus mehreren O-Tönen, die nach bestimmten Regeln aneinander montiert werden. Diese Radio-Umfragen geben ein Meinungsbild zu einem Thema wieder, aber sie sind nicht repräsentativ. Dieser Eindruck darf beim Hörer nicht erweckt werden (Haas/Frigge/Zimmer 1991: 383).

---

[8] Vgl. Absatz über Interviewtechnik.

Umfragen werden wohl in allen Radioprogrammen eingesetzt, weil sie emotional sind und abwechslungsreich klingen, weil sie schnell zu machen sind, eine Vielzahl von Stimmen und Meinungen enthalten und bei Bedarf auch noch die regionale Verwurzelung des Senders zeigen (über Dialekte oder Ortsnennung). Umfragen sind daher eher ein unterhaltsames dramaturgisches Element als eine journalistische Recherche-Leistung.[9]

Für die Umfrage eignen sich am besten Themen, die sich kontrovers diskutieren lassen, sonst wird die Umfrage schnell langweilig. Am besten probiert man die konkrete Fragestellung schon in der Redaktionskonferenz aus. Wichtig: Geschlossene Fragen (Antwort „Ja" oder „Nein") ergeben selten eine unterhaltsame Umfrage. Der Reporter „überfällt" schließlich in der Fußgängerzone fremde Menschen und hält ihnen ein Mikrofon unter die Nase. Dann erwartet er noch kreative Antworten. Die wird er nur mit einer offenen, prägnanten (und/oder überraschenden) Frage bekommen. Und es sollte immer dieselbe Frage sein, die der Reporter stellt; wie will man sonst später die Antworten aneinander schneiden. Ausnahme: Wenn der Sender Zwischenfragen des Reporters erlaubt, kann man auch nachfragen.

Erfahrungsgemäß muss man etwa die vier- bis fünffache Menge an O-Tönen einholen, als man am Ende braucht. Die Sendelänge variiert von Sender zu Sender, ist meist aber nicht länger als 60 Sekunden. Wichtig ist der Standort: Die Fußgängerzone erspart dem Reporter viel Lauferei, aber die Umfrage über den Ferienbeginn macht man doch besser vor einer Schule. Achtung: vor der Schule, nicht auf dem Schulgelände. Dafür braucht man eine Genehmigung, ebenso wie bei Kaufhäusern, Bahnhöfen etc. Tückisch sind auch die Nebengeräusche. Klimaanlagen, Baustellen und Straßenmusiker überhört der aufgeregte Reporter schnell. Oft sind O-Töne dann nicht zu schneiden, weil im Hintergrund die sogenannte „Atmo" zu laut ist.

Zur Montage: Eine Umfrage wirkt dann besonders unterhaltsam, wenn sie abwechslungsreich ist. Also wäre es hilfreich, wenn sich männliche und weibliche, alte und junge Stimmen abwechseln. Oft macht es auch Sinn, nicht alle O-Töne gleich lang zu schneiden, sondern auch hier mit Varianz zu überraschen. Jüngere Radioformate nutzen besonders hörenswerte (kurze) Einzeltöne innerhalb einer Umfrage mehrfach – das beschleunigt die Schnittfolge. Die Aufmerksamkeit des Hörers ist besonders hoch am Anfang und am Ende eines Wortbeitrags. Deshalb gilt die goldene Umfrageregel: Den besten O-Ton an den Schluss, den zweitbesten an den Anfang und den drittbesten als „Zwischenhöhepunkt" in die Mitte; den Rest auffüllen.

---

[9] Meyer, Jens Uwe: Kreative Programmplanung im Lokalen, in: Paukens/Wienken 2005: 185f.

Besonders talentierte Producer „verpacken" eine Umfrage noch mit Musik- oder Geräuschelementen. Das ist dann keine klassische Umfrage mehr, sondern eine Collage, die gerade bei emotionalen Themen sehr hörenswert sein kann.

---

Checkliste für eine gute Umfrage:
- Ist die Frage knackig und kontrovers?
- Ist der Standort für das Thema der Umfrage richtig?
- Gibt es genug gute Antworten von verschiedenen Stimmen?
- Sind die richtigen O-Töne für einen prägnanten Anfang, Höhepunkt zur Mitte und einen starken Schluss vorhanden und richtig platziert?

---

### 11.2.3 Die Nachrichtenmeldung

Nachrichten sind im Radio eine verlässliche Konstante. Auch wenn sich in den vergangenen 20 Jahren verschiedene Nachrichtenformate entwickelt haben,[10] bleiben doch die handwerklichen Grundsätze unverändert. Gute Radionachrichten sind aktuell, informieren über ein neues Ereignis bzw. verfolgen die Fortentwicklung eines Ereignisses und enthalten ausschließlich Fakten.[11]

Jeder Radiojournalist muss eine Nachricht schreiben können. Er lernt damit, Wichtiges von Unwichtigem zu unterscheiden, das Wesentliche zu erkennen und mit seinen Worten auf den Punkt zu bringen. Die Nachricht ist vielleicht die wichtigste journalistische Form, weil sie eine Art „Keimzelle" für jede Story ist (Arnold 1991: 157ff). Täglich gehen in der Nachrichtenredaktion eines *NDR*-Radioprogramms rund 13.000 Meldungen ein. Aus diesen Agenturen, Pressemeldungen und selbst recherchierten Geschichten muss der Nachrichtenredakteur auswählen, was er in seine nächste Ausgabe nimmt, die je nach Gesamtlänge im Durchschnitt nicht mehr als sechs bis acht Themen enthält. Bei der Auswahl kommt es daher sehr stark darauf an, bei welchem Sender man sich befindet. Ein Stadt- oder Regionalsender wird sehr viel mehr auf lokale und regionale Themen setzen als ein deutschlandweites Informationsprogramm. Trotzdem

---

[10] Die klassischen Nachrichten enthalten nur Meldungen, die von einem Sprecher vorgetragen werden. Nachrichtenmagazine (oder O-Ton-Nachrichten) enthalten Meldungen und O-Töne sowie kurze Beiträge von Reportern. Einige Sender haben Schlagzeilen zu Beginn, andere nutzen Musikbetten und akustische Trenner.
[11] In allen Studien zum Nutzungsverhalten des Radios geben die Befragten an, dass sie zuletzt auf Nachrichten verzichten könnten.".

kann man die folgenden fünf Punkte als übergeordnete Auswahlkriterien formulieren:[12]

- Ist das Thema neu/aktuell bzw. gibt es eine neue Entwicklung?
- Ist das Thema relevant für unsere Hörer?
- Hat das Thema einen hohen Gebrauchswert (Service bzw. „news to use")?
- Hat das Thema einen hohen Gesprächswert?
- Sind alle nötigen Fakten bzw. Standpunkte recherchiert, um eine ausgewogene Meldung zu formulieren?

Nachrichtentexte haben von allen Radioformen die schärfsten Regeln. Hier geht es nicht um Unterhaltung und Kreativität. Die Nachrichtensprache orientiert sich an diesen Kriterien:

- Einfache, aktive Hauptsätze, möglichst ohne Einschübe, Passivkonstruktionen und komplexe grammatikalische Strukturen.
- Knappe und präzise Wortwahl. Wertende Adjektive gehören in eine Reportage.
- Verständlichkeit beim ersten Hören. Eine zweite Chance hat der Hörer nicht.
- Logischer Aufbau der Meldung erleichtert das Verständnis.
- Die Neuigkeit (oder das Interessante) muss vorn stehen und darf nicht versteckt werden.
- Nachrichten sind objektiv und werten nie.

Was auf keinen Fall in Nachrichtentexte gehört:

- Zu viele Zahlen. Pro Meldung kann ein Hörer sich maximal zwei Zahlen merken, wenn sie miteinander in Beziehung gesetzt werden, z. B. Arbeitslosenzahlen.
- Passive Formulierungen sind schlecht für die Verständlichkeit.
- Zu viele Substantive. Ein verbaler Stil erleichtert das Hören und Verstehen.
- Unwichtige Namen lässt man einfach weg.
- Varianten bei der Benennung (z. B. Hansestadt für Hamburg). Verwirrt die Hörer nur. Lieber Redundanz statt Varianz.
- Zu viel Konjunktiv macht einen Text kompliziert. Achtung: Bei indirekter Rede ist der Konjunktiv Pflicht (s. u.), Zitate müssen gekennzeichnet sein. Dabei reichen Anführungszeichen nicht aus, denn Satzzeichen kann man nicht hören. Besser: „XY sagte wörtlich: ...".

---

[12] So exemplarisch formuliert im Programmbuch von NDR1 Radio MV, Stand Dez. 2008, hrsg. von Joachim Böskens, Programmchef von NDR1 Radio MV.

Mit der Zeit haben Radiojournalisten eine eigene Radio-Nachrichten-Sprache entwickelt. Knapp, verständlich, präzise. Beispiel anhand einer Standardmeldung:

Eine gute Nachrichtenmeldung beginnt mit einem Leadsatz. Der steht entweder im Präsens oder im Perfekt – je nachdem, wann das Ereignis war: „Bundespräsident Köhler eröffnet in diesen Minuten die Bundesgartenschau 2009 in Schwerin." Damit sind Ereignis (Was?), Ort (Wo?), Zeit (Wann?) und Protagonist (Wer?) bereits genannt. Im zweiten Satz kommen nun weitere Einzelheiten: „Rund 2000 geladene Gäste nehmen an der Eröffnung am Burgsee teil. Ab 15 Uhr wird die Bundesgartenschau dann für Besucher geöffnet." Das ist ein Service für unsere Hörer. Zum Schluss ein Ausblick bzw. Hintergrundinformationen. „Die Schau geht bis zum 15. Oktober."

Einige Stunden später hätte man den Text im Perfekt beginnen müssen: „Bundespräsident Köhler hat in Schwerin die Bundesgartenschau 2009 eröffnet ..." Oder der Leadsatz hätte einen anderen Schwerpunkt bekommen: „Die Bundesgartenschau in Schwerin ist ab sofort für Besucher geöffnet ..." In dieser Variante steht der Service im Vordergrund.

Soll der Bundespräsident noch zu Wort kommen, gibt es drei Möglichkeiten. Wenn er zitiert wird, muss das im Konjunktiv geschehen: „Köhler sagte, es sei eine weise Entscheidung gewesen, die BUGA in ein neues Bundesland zu geben.." Umgehen kann man den schwer verständlichen Konjunktiv nur mit dieser Formulierung: „Nach Angaben/Aussage von Köhler war es eine ..." Das wörtliche Zitat (Köhler sagte wörtlich: „Es war eine gute Entscheidung ...") nutzen Nachrichtenredakteure selten, weil es oft missverständlich ist. Verboten ist es nicht.

Bei vielen Meldungen ist das Thema nicht so unumstritten wie in unserem BUGA-Beispiel. Gerade in der politischen Berichterstattung geht es oft um die Quelle einer Nachricht. Bei einer „normalen" Politikmeldung gehört diese Quelle dann in den zweiten Satz: „Bundeskanzlerin Merkel schließt Steuererhöhungen nach der Bundestagswahl aus. Das sagte Merkel vor wenigen Minuten auf *NDR Info.*" Ist die Meldung brisant und die Quelle nicht ganz sicher, muss man entweder ganz auf die Meldung verzichten oder die Quelle mit in den Leadsatz nehmen: „Bundeskanzlerin Merkel will nach Angaben der BILD-Zeitung Reisen nach Mallorca verbieten. Grund ist die Zahl der Infektionen mit Schweinegrippe ..." Theoretisch könnte an der Story etwas dran sein. Der beste Weg wäre, die Geschichte selbst zu überprüfen. Kann man die Echtheit der Information nicht recherchieren, will die Meldung aber trotzdem bringen, muss man die Quelle im Leadsatz bereits erwähnen.

Ist die Meldung fertig getextet, liest sich ein guter Nachrichtenredakteur den Text laut vor. Er muss klingen und sprechbar sein. Wir sind beim Radio. Normalweise überschreitet eine Radiomeldung nicht die 30-Sekundenmarke, bei Kurznachrichten bleibt ein Text sogar deutlich unter 20 Sekunden. Bei vielen kommerziellen Sendern sind die Nachrichten insgesamt oft nicht mehr länger als 2:30 Minuten incl. Verpackung. Jeder Sender hat hier seine Vorgaben, Nachrichtenfibel oder „style guide" genannt. [13]

### 11.2.4 Der Bericht / Nachrichtenaufsager

Der Bericht für die Nachrichten lockert das strenge Meldungs-Geschäft etwas auf. Im Kern müssen auch hier alle Nachrichtenkriterien weiter erfüllt sein (Aktualität, Fakten, Gebrauchswert, Gesprächswert), aber ein Reporter, der bei einem Ereignis vor Ort war, kann etwas freier texten als der Nachrichtenredakteur. Er kann Eindrücke vor Ort beschreiben, Zitate besser einbauen und Gegenpositionen herausstellen. Je nach Programm sind diese Berichte bzw. Nachrichtenaufsager zwischen 25 und 60 Sekunden lang. Damit hat der Reporter auch mehr Raum, Hintergründe einzubauen.

In der Anmoderation des Sprechers werden weiterhin die wichtigen W-Fragen beantwortet: „Bundespräsident Köhler eröffnet in Schwerin in diesen Minuten die Bundesgartenschau 2009." Nun kann der Live-Reporter auf dem Ü-Wagen etwas weiter ausholen: „Die Veranstalter haben Glück. Pünktlich zum Grußwort des Bundespräsidenten haben sich die Wolken verzogen. Das BUGA-Gelände mitten in Schwerin liegt in der Sonne. Köhler lobte im ersten Teil seiner Rede ..." So kommt mehr Farbe in eine Nachrichtensendung, ohne dass die Nachrichtenregeln gebrochen werden. Bewertungen sind allerdings auch im Reporterbericht tabu. Und auch für den Bericht gilt, dass zu einem kontroversen Thema immer beide Seiten gehört und angemessen dargestellt werden müssen. Bei Servicethemen sollte man immer die Frage im Kopf haben, ob man sich nicht zum Büttel einer listenreichen PR-Meldung macht.

Die sogenannten O-Ton-Nachrichten oder Nachrichtenmagazine lassen viele Spielformen zu. Neben dem Hauptpräsentator kann es echte O-Töne (z. B. Politiker) geben oder Reporter-Töne von Kollegen, die vor Ort waren. Es kann aber auch ein Redaktionskollege sein, der die wichtigen Informationen zusammenschreibt und dies als „Aufsager" (Bericht) in die Sendung stellt. Diese Varianten dienen dazu, Themen besser zu beleuchten, verständlicher zu texten und die Präsentation abwechslungsreicher zu gestalten. Nebenbei steigt mit dieser Form die Glaubwürdigkeit in den Ohren der Hörer – ein gern genommener

---

[13] Zum Thema Radionachrichten gibt es zahlreiche Standardwerke, die im Literaturverzeichnis aufgeführt sind. Die Zusammenfassung hier beruht auf der „Nachrichtenfibel" von NDR90,3, Autorin: Kristine Jansen, Leiterin der Aktuell-Redaktion von NDR 90,3.

Nebeneffekt. Klassische Sprechernachrichten ohne Einblendungen haben nur noch wenige Sender. Vorsicht: Ein häufiger Fehler bei Meldungen und Nachrichtenaufsagern, die in der Redaktion verfasst werden, ist die Drag & Drop-Funktion des Computers. Üblicherweise laufen die Agenturmeldungen und die eigenen Texte auf dem gleichen Computer. Der ein oder andere Redakteur zieht dann schnell den Agentur-Text in sein Meldungsfach – fertig. Das klappt nie. Agenturtexte folgen anderen Regeln als Radionachrichten. Sie stehen meist in einem anderen Tempus und ihre Sätze sind länger und komplizierter. Einfacher Trick: Agenturmeldung ausdrucken (das ist nicht unmodern!), lesen, verstehen, weglegen und dann aus dem Kopf und mit eigenen Worten die Meldung schreiben.

---

Checkliste für eine gute Nachricht, einen guten Aufsager:
- Ist das Thema neu/aktuell? Gibt es eine Weiterentwicklung?
- Ist das Thema für unsere Hörer relevant?
- Ist die Meldung (der Reporterbericht/Aufsager) verständlich?
- Wurden alle Seiten beleuchtet (ausgewogen)?
- Ist die Quelle vertrauenswürdig?

---

### 11.2.5 Der Bericht mit Einblendungen (BmE)

Der Bericht/Beitrag mit Einblendungen (BmE) ist ein Klassiker im Radio. Er eignet sich sehr gut, um journalistische Inhalte darzustellen, mehrere Seiten zu Wort kommen zu lassen, Stimmungen zu transportieren oder bei einem bunten Thema unterhaltsame Elemente einzuspielen. Die Länge des BmE variiert von Programm zu Programm von 1:30 Minuten bis 5 Minuten. Die Definition ist einfach: Der BmE ist eine Verbindung aus (Sprecher-)Text und O-Tönen, in manchen Fällen angereichert mit Musik und/oder Geräuschen. Meist werden aktuelle BmE und bunte BmE unterschieden.

Beim aktuellen BmE steht die Information im Vordergrund. Der Autor will dem Hörer die Ergebnisse seiner Recherche vermitteln und dabei Interviewpartner (als Quelle) zu Wort kommen lassen.

Sprachlich gelten die gleichen Regeln wie bei der Nachricht: einfach, knapp, präzise, Hauptsätze. Über die eingebauten O-Töne entsteht Authentizität und der Autor muss nicht zitieren; er kann die Protagonisten selbst sprechen lassen. Dabei gilt: Je mehr Abwechslung desto besser, aber im Mittelpunkt steht wieder die Verständlichkeit.[14] Bevor ein O-Ton eingebaut wird, muss der Text des Autors zum O-Ton hinführen (bitte keine Doppelungen zwischen O-Ton und

---

[14] Vgl. Abschnitt über Nachrichten und Sprache/Sprechen im Radio.

Hinleitung!), damit dieser verständlich ist. Wer redet? Welche Funktion hat er? Kleine Gelenkwörter helfen hier sehr gut, den Hörer durch den Beitrag zu führen: „Bürgermeister XY ist gegen das Kohlekraftwerk in Lubmin. Seine Begründung (folgt O-Ton Bürgermeister: ‚Das vertreibt die Touristen ... Schandfleck ...'). Dagegen steht die Meinung des Energiekonzerns XY. Sein Sprecher XY glaubt, dass die Region durch das Kraftwerk einen Gewinn haben wird (folgt O-Ton Konzern: ‚Keine Gefahr für Umwelt ..., aber viele Arbeitsplätze ...')."

Das Gelenkwort „dagegen" nimmt den Hörer an die Hand und hält die Positionen auseinander. Eine ähnliche Gelenk-Funktion haben: „Das sieht XY ganz anders ..."; „Dafür hat XY kein Verständnis ..."; „XY liegt auf der gleichen Linie..." usw. Wichtig: Hier handeln Menschen, indem der Autor Verben benutzt und die Akteure durch O-Töne sprechen lässt. Das hält die Hörer am Radio und hilft ihnen, den Inhalt des Beitrags zu verstehen.

Die Struktur des aktuellen BmE ergibt sich aus dem Inhalt. Ähnlich wie beim Nachrichtenaufsager gehört die Neuigkeit in die Anmoderation, eben das, was die Hörer fesselt und interessiert. Der Beitrag vertieft dann diese Neuigkeit und unterfüttert sie mit O-Tönen und Fakten. Die Länge der O-Töne ist dabei abhängig von der Gesamtlänge des Beitrags und ihrer Wichtigkeit bzw. Verständlichkeit. Im Normalfall sind O-Töne in einem BmE von 2:30 Minuten nicht länger als 15 Sekunden. Sie dürfen auch am Anfang oder Ende stehen, müssen dann aber entsprechend an- oder abmoderiert werden. Nicht vergessen: Der Hörer muss es beim ersten Hören verstehen!

Beim bunten BmE geht es meist um Unterhaltung. Deshalb ist hier mehr dramaturgische Geschicklichkeit gefragt als journalistische Tiefenschärfe. Der bunte BmE ist abwechslungsreich und unterhaltsam, kann frech getextet sein, soll bei Hörern Emotionen wecken oder sie zum Lachen bringen. Manchmal ist weniger die Aussage des BmE entscheidend als die unterhaltsame Art, in der ein Thema mit hohem Gesprächswert umgesetzt wird. Die Zeitumstellung im Frühling und Herbst braucht keine Erklärung mehr und ist hinreichend journalistisch erforscht. Ein Beitrag aus einem Uhrenladen kann aber trotzdem unterhaltsam sein, wenn der Uhrmacher schnaufend erzählt, wie anstrengend es ist, zweimal im Jahr 381 Uhren umzustellen ... und dass er dabei immer die eigene Uhr in der Küche vergisst.

Um eine Pointe dieser Art bieten zu können, braucht ein bunter BmE eine Erzählidee, einen roten Faden. Dazu gibt es keine allgemeinen Tipps, denn diese Idee ist sehr vom Thema abhängig. Wichtig ist, dass die Hörer intuitiv sofort folgen können. Dann ordnen sich O-Töne, Geräusche und Musikelemente ganz von allein und erfüllen auch ihre Funktion.

---

Checkliste für einen guten BmE:
- Sind die O-Töne knackig und verständlich?
- Gibt es einen roten Faden, eine Erzählidee, ist die Abfolge der Informationen sinnvoll?
- Ist die Sprache klar und verständlich oder gar witzig (beim bunten BmE)?
- Gibt es weitere unterhaltsame Elemente wie Geräusche, Musik, zweiter Sprecher etc.?
- Gibt es eine Anmoderation, die den Hörer fesselt und gut zum Beitrag hinführt?

---

### 11.2.6 Die Reportage

Die Reportage ist die Königsklasse des Radiojournalismus. Sie ist lebhafter und authentischer als der BmE, kann aber trotzdem neben der Schilderung der Situation noch Hintergrundinformationen liefern. Eine gute Reportage im Radio ist mitreißend und emotional, sie lebt von der sprachlichen Geschicklichkeit des Reporters (Bilder im Kopf entstehen lassen), seiner Stimme und den Hintergrundgeräuschen.

Echte Radioreportagen sind selten geworden. Häufig produzieren Autoren heute BmE, die sie nachträglich mit Geräuschen unterlegen, aber das ist noch keine Reportage. Eine Reportage lebt von der Spontaneität (und den Emotionen) des Augenblicks und von der bildreichen Schilderung des Geschehens vor Ort. Das kann nicht im Studio nachproduziert werden. Oft sind Reportagen noch im Sport zu hören. Die Schlusskonferenz der Fußball-Bundesliga in den Radioprogrammen der *ARD* ist ein Höhepunkt dieser radiojournalistischen Form. Und jeder, der am Samstag schon mal mit seinem Verein mitgefiebert hat, weiß, wie mitreißend eine gute Reportage sein kann. (vgl. Kap. 14.7)

Die Länge einer Reportage hängt von vielen Faktoren ab – vor allem vom Thema und vom Format des Senders und der Sendezeit – hier gibt es eine Spanne zwischen 30 Sekunden (Fußball) bis 5 Minuten. Um am Ort des Geschehens eine gute Reportage abliefern zu können, muss ein Reporter sehr gut präpariert sein. Es reicht selbst Profis nicht, sich einfach vor Ort inspirieren zu lassen. Der gute Reporter recherchiert sein Thema, bevor er rausfährt, er trägt viele Fakten zusammen und legt sich einen roten Faden zurecht. Nicht alle Fakten werden in der Reportage zum Tragen kommen, aber es reicht auch nicht, nur das Gesehene vor Ort zu schildern. Eine Reportage braucht auch Hintergrundinformationen (Arnold 1991: 177ff).

Ist der Reporter dann am Reportage-Ort, hat er seine Gesprächspartner gefunden, ist die Technik bereit, überprüft er seinen roten Faden und seine Erzählstruktur. Ein Einstieg mit einem starken Bild ist wichtig, damit die Hörer sich

gleich mitgenommen fühlen. Ein authentisches Geräusch dazu wäre eine große
Hilfe. Beispiel: (Atmo: Klatschen und Tusch) „Ein Meer aus roten Rosen und
gelben Sonnenblumen umrahmt den Eingangsbereich des Schweriner Schlosses.
Soeben hat Bundespräsident Köhler die BUGA eröffnet ..." Dann kommen 1-2
Hintergrundinformationen zur BUGA. Dann wird die Gesprächspartnerin einge-
leitet: „Der Bundespräsident hat auch seine Ehefrau mitgebracht, Eva Luise
Köhler. Hat ihr Mann denn zuhause auch ein Händchen für Blumen?" Aber das
Stück ist eine Reportage und soll kein Interview werden. Also muss der Reporter
schnell wieder übernehmen und weiter an seinem roten Faden entlang die Geschichte erzählen: "Frau Köhler und ihr Mann werden jetzt auf der BUGA noch
einen Rundgang machen. Zeit für uns, ein paar Schritte in den Rosengarten zu
gehen, ein Höhepunkt der BUGA. Ich sehe, fühle, schmecke, rieche ..."

In diesem Beispiel nutzt der Reporter die Prominenz vor Ort aus und baut
O-Töne ein. Das ist sicher richtig so, denn so oft ist der Bundespräsident nicht in
Schwerin. Die klassische Radioreportage kommt aber ohne O-Töne aus, so wie
auch bei der Fußballreportage. Ohne O-Töne muss der Reporter umso besser
vorbereitet sein, denn er kann sich nicht während des Interviews „ausruhen" oder
neu sortieren.

---

Checkliste für eine gute Reportage
- Ist das Thema für eine Reportage geeignet (gibt es etwas zu beschrei-
  ben/hören)?
- Sind genug Fakten vorab zu dem Thema recherchiert worden?
- Gibt es einen roten Faden, eine Erzählstruktur?
- Ist der Standort für die Reportage gut?
- Sind alle Gesprächspartner informiert und alle Namen und Funktionen be-
  kannt?
- Funktioniert die Technik?

---

## 11.2.7 Die Moderation

Die Moderation ist ebenso eine journalistische Leistung wie die Reportage oder
das Schreiben einer Nachricht. Das gilt jedenfalls für die Programme, in denen
Moderatoren nicht nur Musik ansagen und dabei zwei Fakten aus dem Internet
vorlesen. Aber ein Moderator von *NDR Info* beispielsweise sagt nicht nur Beiträge anderer Kollegen an, er führt auch Interviews und Gespräche mit Reportern.

Neben dieser inhaltlichen Funktion hat ein Moderator noch viele andere
Aufgaben, die je nach Programmformat sehr unterschiedlich ausfallen können.

Bei allen Programmen gilt: Der Moderator ist die Verbindung zwischen Sender und Hörer. Er führt durch das Programm, schafft Nähe und Emotionen, sitzt mit am Frühstückstisch oder im Auto. Aus Sicht der Hörer hat er die Musik ausgewählt, ebenso die Beiträge und Interviewpartner. Und wenn die Wettervorhersage nicht stimmt, lag das nicht am Meteorologen, sondern es wird dem Moderator angelastet. Umgekehrt „lieben" die Hörer aber auch ihre Moderatoren. So sollte es aus Sicht der Senderchefs jedenfalls sein. Haben die Moderatoren eines Programms gute Umfragewerte, ist der Sender meist erfolgreich und hat eine lange (Hör-) Verweildauer und somit einen hohen Marktanteil.

Jeder Sender hat ein Stylebook, in dem die Grundausrichtung der Welle beschrieben ist. Geschwindigkeit, Wortwahl und Anmutung der Moderationen werden hier vorgegeben. Kein Klassiksender wird einen Moderator beschäftigen, der seine Hörer duzt und dazu redet wie ein Wasserfall. Ein Stylebook legt auch fest, wie oft und an welchen Stellen der Moderator sich überhaupt melden soll und wann Musik- oder Wortstrecken nicht unterbrochen werden dürfen. Wie oft soll ein Moderator die tolle Musik herausstellen, wann soll er eine bunte Meldung aus dem Land einflechten und ist es nun der „schnellste Verkehrsservice für Hamburg" oder „der beste" – das alles geben Senderchefs im Stylebook vor und kontrollieren es in den „air-checks" (Haas/Frigge/Zimmer 1991: 617ff, 631ff).

Ein guter Moderator schafft es trotz dieses Gerüstes, dass seine Sendung kreativ und kurzweilig klingt. Neben den vielen Ideen, die man dafür täglich braucht, gibt es einige Regeln:

- Der Moderator muss dafür sorgen, dass seine Hörer ihm folgen. Er muss sie „abholen" und in das neue Thema einführen. Dabei darf er nicht zu viel verraten (dann muss der Hörer den Beitrag nicht mehr hören), sondern Spannung erzeugen.
- Der Moderator soll authentisch sein. Nur wenn er glaubwürdig ist, werden auch die Beiträge und der Sender insgesamt als glaubwürdig empfunden.[15]
- Der Moderator muss wissen, wovon er spricht. Er bereitet sich gewissenhaft auf seine Sendung und seine Themen vor. Dazu ist er neugierig und stellt die Fragen der Hörer. Er weiß also mehr als er sagt und nutzt diesen Vorteil.[16]
- Der Moderator muss Stimmungen transportieren und/oder schaffen. Mit seiner Stimme und entsprechenden Formulierungen schafft er sogar heikle Brüche, z. B. von einem Musiktitel zu einer Reportage über einen schweren Unfall morgens vor dem Elbtunnel.

---

[15] Green, Rob: Der Green'sche Weg, in: Wienken (2008): 57ff.
[16] Für Morningshow-Legende John Ment ist Show-Prep das Wichtigste! Vgl. Ment, John: Radioshow, in: Wienken (2008): 18.

- Der Moderator trifft immer die Tages(teil)anmutung. Ein Programm klingt morgens anders als am Abend. Das liegt neben der Musikauswahl nur am Moderator.
- Der Moderator eines Programms mit Musik ist musikalisch. Sonst wird er Schwierigkeiten haben, von einem Musiktitel in den anderen zu kommen. Dieses „Fahren" einer Sendung erfordert viel Takt- und Fingerspitzengefühl, sonst entsteht kein Programmfluss, sondern ein Gestolper. Der Moderator mag „seine" Musik und stellt sie positiv heraus.
- Der Moderator spricht jeden Hörer persönlich an. Er befindet sich immer in einer 1:1-Kommunikationssituation mit seinem Hörer. Das ist sehr nah und sehr persönlich.

Der Moderator schafft „ear-catcher". Da die Hörer ihm vertrauen, bringt er sie mit seinen Formulierungen dazu, das Programm länger und häufiger zu hören. Gute ear-catcher entwickelt man entweder durch besonders pfiffige sprachliche Tricks, durch akustische Effekte oder indem man die Erwartungen der Hörer durchbricht (Hermann/Krol/Bauer 2002: 32f).

Der Moderator strukturiert seine Texte so, dass die Hörer sie gleich beim ersten Hören verstehen und nachvollziehen können. Lange ausgefeilte und gedrechselte Sätze, die in Zeitungskommentaren erhebend sind, werden im Radio zu Abschaltern. Viele Moderatoren nutzen dazu das sogenannte „3EB" (3-Element-Break). Der 3er-Schritt hat sich als perfekte Struktur für verständliche Texte herausgestellt. Die Aufteilung in drei Schritte hilft bei jedem Thema, selbst bei einer einfachen Musikmoderation. Teil 1: Musikabmoderation am Ende des Titels: „Die erste Hitsingle von Robbie Williams, „Angels" aus dem Sommer 1997, hier bei Morgenrock auf *HR5*, die größten Hits für Hessen." Teil 2: kleine Service/Info-Einheit: „Es ist 10 nach 7, höchste Zeit, Ihre Kinder zur Schule zu bringen. Ziehen sie ihnen lieber doch eine Jacke an; es werden heute maximal 14 Grad." Teil 3: Teasing: „Ich spiele für Sie in der Zwischenzeit die aktuelle Single von Pink und danach können Sie Karten für das Pink-Konzert in Frankfurt gewinnen!"

Es gibt auch ganz kurze 3-EB-Varianten: „*NDR1 Radio MV* – für uns in Mecklenburg-Vorpommern. Es ist 10 nach 7. Hier ist Markert am Morgen und ich wünsche Ihnen einen erfolgreichen Start in diesen Tag im schönsten Bundesland."[17]

Der Moderator verbindet in einer Sendung die vielen Elemente, aus denen ein Radioprogramm besteht: Nachrichten, Wetterservice, Verkehrsservice, Musik, Beiträge, Geräusche und vieles mehr; und das so geschickt, dass es sich

---

[17] Haas/Frigge/Zimmer haben das 3-EB beinahe wissenschaftlich aufbereitet. Eine gute Zusammenfassung; ab 587ff.

immer leicht und sympathisch anhört. Er schafft es, dass seine Hörer gespannt sind und dran bleiben.

Der Moderator überrascht seine Hörer.[18]

Moderatoren spielen gleichzeitig auf vielen Feldern. Im Orchester würden sie gleichzeitig mehrere Instrumente spielen. Moderatoren müssen auch ein wenig extrovertiert sein, denn sie stehen in der Öffentlichkeit. Moderatoren polarisieren. Der eine Hörer findet sie gut, der andere furchtbar, aber wenn man sie gar nicht „findet", ist das die schlechteste Nachricht für den Sender.[19] Jedes Programm priorisiert die Wichtigkeit der o. g. Faktoren anders, aber sechs übergeordnete Kriterien können für alle Moderatoren formuliert werden.

Checkliste für eine gute Moderation:

- EIN Gedanke pro Moderations-Break reicht. Hörer nicht verwirren, sondern führen.
- Gute Moderatoren schreiben sich alles auf (manchmal auch nur Stichpunkte). Unstrukturiertes Stottern ist keine kreative Leistung.[20]
- Mit Sprache und Stimme Bilder und Emotionen schaffen. Ear-Catcher finden. Spannung erzeugen.
- Banale Worthülsen vermeiden. Überraschen Sie den Hörer.
- Testfrage bei der Vorbereitung: Werde ich es so schaffen, dass der Hörer dranbleibt?
- Die Sendung muss einen Fluss haben (air-checker sagen „flow") und eine zum Tag und Uhrzeit passende Stimmung transportieren.

### 11.2.8 Das Interview

Das Interview ist im Radio die natürlichste journalistische Form. Zwei Menschen reden miteinander; einer fragt, der andere antwortet. Anders als beim BmE oder der Reportage kommt kein weiterer Sprecher dazu, es wird nichts vorformuliert, sondern es entsteht (im besten Fall) ein ganz natürlicher Gesprächsfluss. Leider

---

[18] Den Spagat zwischen professioneller Arbeit in vorgegebenen Grenzen und der kreativen Anarchie, die ein Moderator gelegentlich ausleben muss, um eine „Personality" zu sein, beschreibt Patrick Lynen: Private Parts, in Wienken (2008): 123ff.

[19] Vgl. Neu, Steffi: Prolog, in: Wienken (2008): 9f.

[20] Eins der größten Missverständnisse. Viele junge Kreative meinen, die witzigen Gags flögen den Moderatoren während der Sendung zu. Im Gegenteil. Gerade (gute) Moderatoren bereiten sich akribisch vor. Eine Stunde Sendung, eine Stunde „Show-Prep". Vgl. Hermann/Krol/Bauer (2002): 50ff, 132ff.

gelingt das nicht immer so reibungslos. Deshalb ist es wichtig zu wissen, welcher Art das Interview ist, das ich führen will. Die fünf Interview-Arten:[21]

- Informationsinterview: z. B. Gespräch mit Korrespondenten oder Experten.
- Kontroverses Interview: z. B. mit einem Politiker, um ihn zu einem umstrittenen Thema zu einem Statement zu bewegen.
- Interview zur Person: z. B. die Sendungen Kerner, Beckmann, Maischberger.
- Augenzeugen-Interview: z. B. Feuerwehrmann, Polizist nach Stadionkrawallen, Unfallbeobachter o. ä.
- Recherche-Interview: z. B. um gute O-Töne für einen BmE zu bekommen.

Je nach Thema legt die Redaktion fest, welches Erkenntnisinteresse verfolgt wird und welcher Weg dafür der beste ist. Häufig werden in massenattraktiven Programmen die Informationsinterviews geführt. Sie erhellen ein Thema, beantworten Fragen, die die Hörer haben. Damit erfüllt der Sender das Informations- und Servicebedürfnis seiner Zielgruppe. Die Interviewtechnik bei diesen Informationsgesprächen ist einfach: Der Moderator fragt, was der Hörer wissen will. Seine Aufgabe ist es in erster Linie, das Interview kurz und präzise zu gestalten. Deshalb muss der Moderator darauf achten, dass der Interviewpartner nicht ausbricht, sich in Details verliert oder abschweift. Hier gilt: kurze und präzise Fragen, die auch gern im Vorgespräch abgesprochen werden dürfen, damit die Antwort möglichst knapp und verständlich wird.

Bei kontroversen Interviews gilt beinahe das Gegenteil. Wenn der Moderator seinen Interviewpartner „hart rannehmen" will, darf er die Fragen nicht vorher verraten. Bei dieser Variante muss der Moderator bestens vorbereitet sein auf die Ausreden seines Interviewpartners und muss ihn mit immer neuen Quellen und Fragen konfrontieren können. Diese kontroversen Interviews sind selten, denn sie gelingen nicht oft. Entweder ist der Moderator nicht gut genug vorbereitet oder der Interviewpartner ist trainiert auf diese Angriffe und wehrt sie mit Nebelkerzen ab. Oft werden Interviews dieser Art sehr lang, bleiben inhaltlich aber unergiebig, sodass Hörer gelangweilt wegschalten. Damit das nicht passiert – hier einige Tipps zur Fragetechnik. Gute Fragen

- sind kurz und verständlich. Wie viele Menschen wurden bei den Ausschreitungen nach dem Spiel verletzt?
- auch eindeutig als Frage formuliert und nicht als Aussage. Nicht: Und es wurden ja auch Menschen verletzt ...
- sind präzise auf ein Erkenntnisziel ausgerichtet. Kein Scheunentor: Wie war das noch mal mit den Verletzten ...

---

[21] Eine kurze aber gute Einführung in das Thema Interviewtechnik bieten Hermann/Krol/Bauer (2002): Seite 65ff; Arnold (1991): 190ff.

- passen sich logisch dem Gesprächsverlauf an. Heißt also für den Moderator: Zuhören und nicht einfach die nächste Frage vom Zettel ablesen!
- passen sich der Dynamik des Gesprächs an – mal geschlossen (schnell), mal offen (langsamer).
- sind Fragen, die der Hörer an dieser Stelle auch gehabt hätte.
- finden in der Einzahl statt. Immer nur EINE Frage stellen. Der Interviewpartner wird sonst nur die letzte beantworten (weil sie ihm im Kopf bleibt) oder er sucht sich die leichteste raus.

Zum Thema Interview gibt es zahlreiche Bücher und Seminare (Hermann/Krol/Bauer 2002; Schneider/Raue 1998: 14f; Arnold 1991: 190-213; La Roche 1993: 143ff). Der Grund: Radio lebt von guten O-Tönen. Und nur eine gute Interviewtechnik führt zu guten Gesprächen on air bzw. zu O-Tönen im BmE. Nachdem man sich in der Redaktion geeinigt hat, was das Erkenntnisinteresse ist, bereitet sich der Moderator oder Reporter vor. Dafür gibt es einige Kniffe, die helfen können:

- Kommt ein Interview (trotz der kurzen und präzisen Fragen) ins Stocken oder will man ein neues Thema ansprechen oder neue Fakten einbringen, kann man die Balkon-Frage nutzen. Der „Balkon" ist zunächst gar keine Frage, sondern eine kurze Aussage, an die sich dann erst die Frage anschließt: „Im Interview mit der ZEIT haben sie vor zwei Jahren gesagt ... Infos ... Sehen Sie das heute auch noch so?"
- Suggestivfragen sind nicht fair und nicht schön. Es gibt aber Interviews, bei denen man sie braucht. Beispiel: Der Moderator möchte aus einem etwas eingeschüchterten sechsjährigen Kind herausbekommen, warum der erste Schultag so toll war. Dann können Suggestivfragen eventuell ein Schlüssel sein. Bei Politikerinterviews macht sich der Moderator mit diesen Fragen unglaubwürdig, weil er mit den Suggestivfragen zu viel Meinung transportiert.
- Die „Ja/Nein"-Frage (die „brutale" Variante der geschlossenen Frage) eignet sich gut, um Interviewpartner zu stellen, die sich durch viel Geplapper aus dem Gespräch stehlen wollen: „Ich stelle die Frage noch mal: Wird es mit der CDU nach der Bundestagswahl Steuererhöhungen geben – ja oder nein?" Aus dieser Frage kommt keiner raus. Antwortet der Gesprächspartner jetzt wieder mit: „...lassen Sie mich zunächst sagen ...", wissen die Hörer selbst, wie sie diese Antwort zu werten haben.

Das Interview gehört zu den schwierigsten radiojournalistischen Formen, denn es ist abhängig vom Interviewpartner. Ein Live-Interview kann sehr stressig werden, wenn man einerseits sein Erkenntnisziel im Auge hat, aber auch die echte Uhr, die Sendeuhr und noch einen Finger auf dem Pult, um den nächsten Titel abzufahren. Aber auch aufgezeichnete Interviews verlaufen selten so, wie man sich das bei der Recherche gedacht hat. Und nicht jeder erträumte O-Ton wird vom Gesprächspartner gesagt. Flexibilität ist gefragt.

---

Checkliste für ein gelungenes Interview:
- Recherche ist alles. Ist man gut vorbereitet, kann nichts schiefgehen.
- Zuhören!!! Bitte nicht einfach die aufgeschriebenen Fragen abarbeiten.
- Was will der Hörer wissen? Erkenntnisinteresse?
- Was soll aus dem Interview werden (BmE oder Interview oder Stundensendung)?

---

### 11.2.9 Der Kommentar

Der Kommentar ist eigentlich handwerklich keine eigene Radioform, denn es handelt sich einfach um einen Text ohne O-Töne. Da der Kommentar in Radioprogrammen aber eine besondere Funktion hat, soll er hier kurz behandelt werden. Der Kommentar ist je nach Programm zwischen einer Minute und 5 Minuten lang.

Entscheidend ist zunächst, dass der Kommentar als solcher im Programm vorher und nachher kenntlich gemacht wird. Das ist eine journalistische Grundregel. Es darf keine Vermischung von Kommentar und der meinungsfreien Berichterstattung geben. Wenn dies gewährleistet ist, ist ein Kommentar ein interessantes Programmelement, das von Hörern geschätzt wird. An Kommentaren kann man sich als Hörer gut abarbeiten; entweder man ist der gleichen Meinung oder nicht. Das ist eine gewollte emotionale Komponente.

Beim Kommentar gibt es drei Arten:
- Meinungskommentar: „Ich finde Kanzlerin Merkel liegt richtig/falsch mit ihrem ...“
- Analytischer Kommentar: „Der Erfolg der NPD bei den Kommunalwahlen zeigt, dass die anderen Parteien unterschätzt haben, dass ...“
- Einerseits/Andererseits-Kommentar: „Einerseits kann man der Kanzlerin vorwerfen ..., aber man muss auch sehen, dass ...“

Variante 1 und 2 sollten eigentlich im Vordergrund stehen. Sie sind wirklich starke Programmelemente, wenn sie gut getextet und gesprochen sind. Variante 3 ist schwach, weil der Autor sich nicht traut, eine Position zu beziehen. Trotzdem ist diese Art gelegentlich zu hören.

Im Kern geht es beim Kommentar um eine geschliffene Sprache. Hat der Autor sein Thema gefunden und umrissen (Darstellungsebene), stellt er Bezüge her, stellt Vergleiche an (Bezugsebene), um am Ende zur eigenen Meinung zu kommen. Die muss er dann unterfüttern, begründen, Gegenargumente entlarven und entkräften. Dabei kommt es auf eine klare und verständliche Sprache an. Starke Formulierungen und klare Meinungsäußerungen helfen mit, dass es ein guter Kommentar wird. Verwaschene Formulierungen und abgedroschene Stanzen sind weder unterhaltsam noch journalistisch präzise. Selbstverständlich ist auch der induktive Ansatz erlaubt – also Einstieg mit einer klaren Meinung, um dann die Begründung und die Bezüge nachzuliefern. Viele Autoren bevorzugen einen „Rahmenaufbau": Sie steigen mit einer These/Meinung ein, diskutieren dann Pro & Kontra und steigen am Ende mit einer Schlussfolgerung aus, die sich auf den Anfang bezieht.

Zum Spezialthema „Kommentar" und „Sprache im Kommentar" gibt es zahlreiche Aufsätze und Bücher. Es werden Ableitungen aus der antiken Redekunst/Rhetorik ebenso zitiert wie die moderne Rezeptionsforschung und sprachästhetische Aspekte (Arnold 1991: 187ff; Schneider/Raue 1998: 137ff; La Roche 1993: 153ff). Radioanfänger werden vermutlich nicht gleich einen Kommentar abliefern müssen bzw. dürfen. In vielen Radiostationen ist ein Kommentar sogar Chefsache.

### 11.2.10  Weitere Radioelemente

Ein modernes Radioprogramm besteht nicht nur aus Musik und Wortbeiträgen; es kommen viele andere Elemente dazu. Eine professionelle Morning-Show kann heute pro Stunde rund 60 Elemente umfassen. Davon sind nur zehn Musiktitel. Der Rest verteilt sich auf Moderationen, Musikbetten, Show-Opener, Stinger, Soundeffekte, Trailer[22] und vieles mehr. Ziel aller Elemente ist es, den Hörer am Radio zu halten, ihn zu unterhalten und zu informieren. Die folgenden Elemente sind in den meisten Sendern Chefsache und sollen hier deshalb nur gestreift werden.

Die Musikzusammenstellung ist bei einem massenattraktiven Programm ein „öffentliches Geheimnis". Öffentlich, weil man täglich die Musikmischung on air verfolgen kann; Geheimnis, weil die Strategie dahinter, die Marktforschung und die Programmierung des Musikcomputers im Safe des Programmchefs aufgehoben werden. Musik ist im Wettstreit der massenattraktiven Radioprogramme das erste und wichtigste Unterscheidungskriterium der Sender. Die Musikauswahl entscheidet über Gewinner und Verlierer. Die Programmdirektoren und ihre Musikchefs bekommen deshalb viele Daten der Marktforscher über die Wünsche ihrer Hörer und bauen danach ihre Musikuhren. (Vgl. Kap. 9.6)

---

[22] Vgl. Anhang Definitionen und Erklärungen.

*Tabelle 12:* Typische Musiktest-Auswertung:[23]

| Interpret | Titel | Cume IHR Sender | | | | | | | | | | | | |
|---|---|---|---|---|---|---|---|---|---|---|---|---|---|---|
| | | Test Jahr | Test KW | Jahr | Plays | Sel Kat | Typ Gesamt | Trend | Passion | Like | Top Box | Neutral | Hate | Burn | Unknown |
| Interpret274 | Titel1221 | 2008 | 04 | 2007 | 1051 | B | 1 | | 46 | 21 | 67 | 12 | 11 | 9 | 1 |
| Interpret083 | Titel0604 | 2008 | 04 | 2000 | 2541 | A | 1 | | 42 | 34 | 76 | 10 | 8 | 6 | 0 |
| Interpret651 | Titel0094 | 2008 | 04 | 2007 | 394 | A | 1 | | 38 | 33 | 71 | 12 | 11 | 4 | 2 |
| Interpret237 | Titel0520 | 2008 | 04 | 1978 | 26 | E1 | 1 | | 34 | 30 | 64 | 19 | 12 | 5 | 0 |
| Interpret480 | Titel0925 | 2008 | 04 | 2007 | 856 | A | 1 | | 33 | 42 | 75 | 7 | 11 | 7 | 0 |
| Interpret202 | Titel1061 | 2008 | 04 | 1983 | 1857 | E1 | 1 | | 32 | 37 | 69 | 20 | 6 | 5 | 0 |
| Interpret497 | Titel0246 | 2008 | 04 | 2007 | 1183 | B | 1 | | 32 | 37 | 69 | 16 | 8 | 7 | 0 |
| Interpret008 | Titel1048 | 2008 | 04 | 1985 | 1868 | E1 | 1 | | 32 | 34 | 66 | 17 | 8 | 4 | 5 |
| Interpret471 | Titel0825 | 2008 | 04 | 1990 | 1005 | G1 | 1 | | 32 | 34 | 66 | 21 | 5 | 8 | 0 |
| Interpret031 | Titel0730 | 2008 | 04 | 2004 | 1804 | D2 | 1 | | 30 | 36 | 66 | 13 | 15 | 3 | 3 |
| Interpret499 | Titel0435 | 2008 | 04 | 2007 | 612 | A | 1 | | 30 | 33 | 63 | 13 | 9 | 6 | 9 |
| Interpret141 | Titel0521 | 2008 | 04 | 1990 | 257 | G1 | 1 | | 29 | 39 | 68 | 14 | 11 | 2 | 5 |
| Interpret246 | Titel0673 | 2008 | 04 | 2007 | 1010 | C1 | 2 | | 29 | 31 | 60 | 16 | 20 | 3 | 1 |
| Interpret274 | Titel1317 | 2008 | 04 | 2007 | 376 | A | 1 | | 29 | 29 | 58 | 16 | 15 | 2 | 9 |
| Interpret497 | Titel1189 | 2008 | 04 | 2006 | 1602 | C1 | 1 | | 28 | 47 | 75 | 19 | 2 | 4 | 0 |
| Interpret081 | Titel0009 | 2008 | 04 | 2007 | 873 | A | 1 | | 27 | 40 | 67 | 12 | 9 | 8 | 4 |
| Interpret654 | Titel1389 | 2008 | 04 | 1989 | 1521 | E1 | 1 | | 27 | 37 | 64 | 19 | 8 | 9 | 0 |
| Interpret211 | Titel1363 | 2008 | 04 | 1987 | 1826 | F1 | 1 | | 25 | 50 | 75 | 16 | 6 | 3 | 0 |
| Interpret066 | Titel0979 | 2008 | 04 | 2007 | 990 | A | 1 | | 25 | 31 | 56 | 18 | 16 | 4 | 6 |
| Interpret108 | Titel0412 | 2008 | 04 | 2007 | 629 | A | 1 | | 24 | 52 | 76 | 16 | 3 | 4 | 1 |
| Interpret419 | Titel0905 | 2008 | 04 | 2007 | 863 | D1 | 1 | | 24 | 27 | 51 | 21 | 15 | 12 | 1 |
| Interpret083 | Titel0412 | 2008 | 04 | 2005 | 909 | D2 | 1 | | 23 | 44 | 67 | 17 | 8 | 1 | 7 |
| Interpret010 | Titel0056 | 2008 | 04 | 1994 | 1740 | G1 | 1 | | 23 | 43 | 66 | 17 | 10 | 5 | 2 |
| Interpret337 | Titel1281 | 2008 | 04 | 2007 | 641 | A | 1 | | 21 | 51 | 72 | 15 | 9 | 2 | 2 |
| Interpret647 | Titel0692 | 2008 | 04 | 2007 | 1015 | B | 1 | | 21 | 47 | 68 | 23 | 4 | 2 | 3 |
| Interpret319 | Titel0339 | 2008 | 04 | 2004 | 831 | D2 | 1 | | 21 | 42 | 63 | 23 | 13 | 1 | 0 |
| Interpret649 | Titel0713 | 2008 | 04 | 2000 | 1421 | G1 | 1 | | 21 | 35 | 56 | 27 | 11 | 6 | 0 |
| Interpret614 | Titel0035 | 2008 | 04 | 2007 | 484 | A | 1 | | 20 | 50 | 70 | 17 | 10 | 2 | 1 |
| Interpret306 | Titel0023 | 2008 | 04 | 2006 | 1199 | D1 | 1 | | 20 | 36 | 56 | 22 | 16 | 4 | 2 |
| Interpret321 | Titel0476 | 2008 | 04 | 1996 | 1209 | H1 | 1 | | 20 | 34 | 54 | 17 | 16 | 12 | 1 |
| Interpret276 | Titel0261 | 2008 | 04 | 2007 | 857 | B | 2 | | 19 | 41 | 60 | 28 | 8 | 0 | 4 |

Montag, 17. August 2009    SEITE 1 VON 2    © C.M.R.

Quelle: C. M. R.

Den repräsentativ ausgewählten Hörern werden am Telefon maximal 10 prägnante Sekunden eines Titels (der sogenannte „hook") vorgespielt, dann sollen sie ganz schnell und aus dem Bauch heraus sagen, wie sie den Titel bewerten, ob sie bei diesem Titel dranbleiben oder ob er ein Abschaltfaktor ist. Manche Titel haben auch hohe Zustimmungswerte, sind aber zu oft gespielt („burn out"). Diese Tests machen Radiosender für sehr viel Geld für alle Titel ihres Repertoires. Jeder Titel hat dann eine eigene Geschichte. Auf dieser Grundlage entscheidet sich der Musikchef für oder gegen den Titel.

---

[23] Die Charts wurden freundlicherweise zur Verfügung gestellt von C.M.R. Institut für Communication- & Marketing-Research Aktiengesellschaft, Mannheim.

*Abbildung 4:* Testergebnis eines Musiktitels über einen Zeitraum x (zwei Darstellungen). [24]

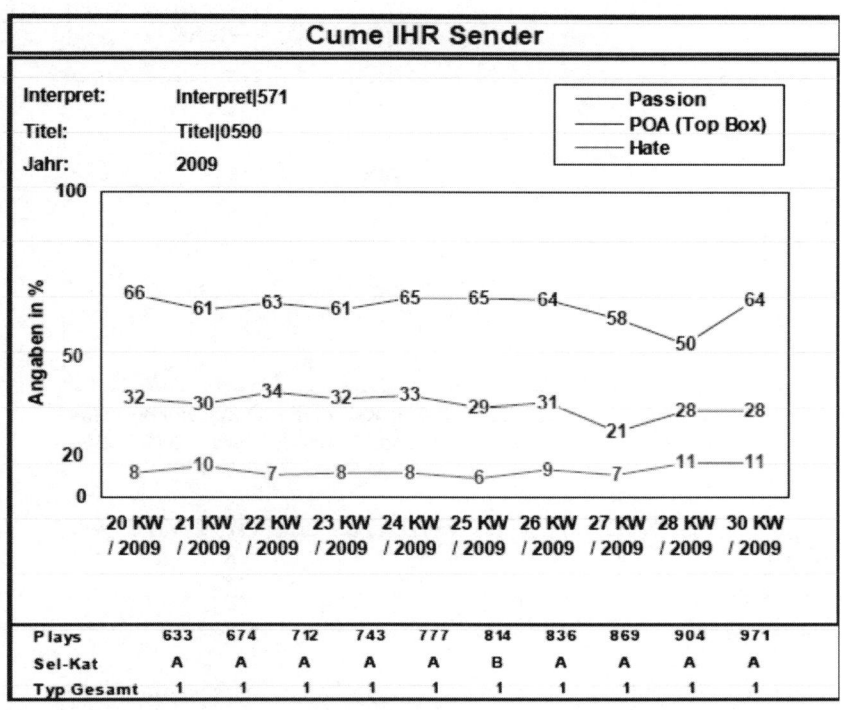

Quelle: C.M.R.

---

[24] „Cume": Ein anderer Begriff für WHK (Weitester Hörerkreis). Das sind in der Media Analyse (ma) die Hörer, die einen Sender in den vergangenen 14 Tagen mind. einmal gehört haben. „P1": Die Stammhörer, die nur diesen Sender hören. Mit „Hate" bezeichnen die Marktforscher die Ablehnung des Titels. Die Befragten haben angegeben, bei diesem Musiktitel den Sender abzuschalten. „Passion" meint das Gegenteil: Diesen Titel haben die Befragten als „sehr gut" eingestuft. „POA" ist die Abkürzung für „point of acceptance". Der Musikchef legt fest, ab welchem Wert der Titel gespielt werden kann.

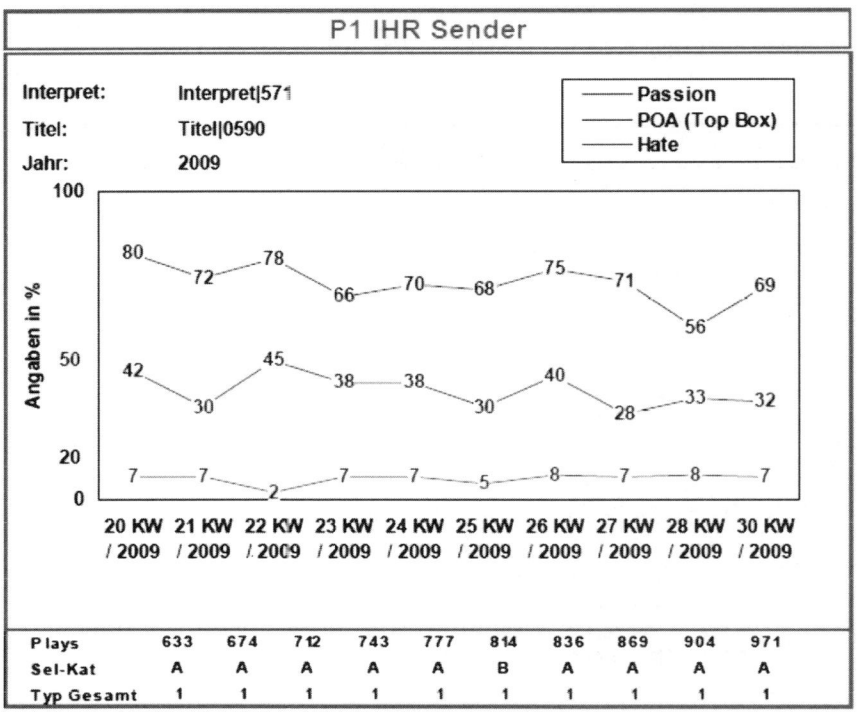

Quelle: C. M. R.

Eine ähnliche Bedeutung haben Spiele. Es gibt kaum massenattraktive Sender, die keine Spiele on air haben. Radiospiele sind ein wichtiges Unterhaltungselement im Radio. Nur rund 5% der Radionutzer machen bei Gewinnspielen aktiv mit[25], aber erstens können diese 5% schnell 50.000 Hörer mehr oder weniger ausmachen und zweitens ist ein interessantes Radiospiel auch ein Hinhörer für passive Nutzer.

Im besten Fall nutzt der Sender seine Radiospiele aus strategischen Gründen. Es gibt Spiele, die ein Programm bekannter machen sollen. Diese Aktionen müssen also darauf angelegt sein, dass über den Sender geredet wird. Die Aktion „Zertrümmer' Dein Bad" des Berliner Senders *104,6 RTL* war 1996 der vorläufi-

---

[25] Quelle: interne Untersuchung der NDR-Medienforschung.

ge Höhepunkt dieser Strategie.[26] Die meisten Radiospiele zielen aber auf Verweildauer. Je länger die Hörer dran bleiben, desto größer ihre Gewinnchance, desto größer der Marktanteil des Senders in der nächsten MA-Auswertung (Geller 1996: 165ff). Diese Mechanik heißt TSL (Time Spent Listening) und kann verschiedene Gestalten annehmen:

- Der *1Live*-Rucksack in den 90er Jahren: In jeder Stunde kommt ein Gegenstand in den Rucksack. Wer nach x Stunden alle Gegenstände kennt, gewinnt.

- Das geheimnisvolle Geräusch: tolles Radiospiel (weil akustisch), bei dem der Hörer aufpassen muss, welche Lösungen bereits erfolglos versucht wurden. Das Geräusch wird immer wieder vorgespielt. Wer länger hört, verbessert seine Chancen.

- Einige Radiosender lassen die Hörer bei einem Reisegewinnspiel Meilen sammeln, die im Programm versteckt sind. Bei anderen Stationen muss man auf einen Musiktitel warten, um Konzertkarten zu gewinnen etc.

Jingles haben eine wichtige Funktion, um ein Radioprogramm zum Klingen zu bringen. Nur Wortbeiträge und Moderationen aneinander plus Musik – das reicht noch nicht. Das gesamte Audio-Design ist abhängig von der Zielgruppe und der Musikfarbe des Senders. Danach komponieren Spezialisten für den Sender ein Sound-Logo, das möglichst jeder Hörer nach 2 Monaten mitpfeifen können muss. Auf Basis des Sound-Logos (z. B. gesungener Sendername) komponieren und mischen die on Air-Designer dann jedes Musikbett (z. B. für die Wettervorhersage), jeden Showopener usw. Ein massenattraktiver Sender kann rund 600 Elemente mit vielen englischen Fachbegriffen auf der großen Festplatte im Keller haben. Alle haben andere Funktionen: Sendungsbeginn, Musikbett Wetter, Musikbett Verkehr, Verbindung zwischen zwei Musiktiteln („Transition") oder einfach ein Abbinder für einen Gag. Reine Wortformate wie Nachrichtenradios haben deutlich weniger Bedarf an diesen Elementen, nutzen sie aber auch, um verschiedene Teile des Programms voneinander zu trennen bzw. besonders herauszustellen.[27]

---

[26] Die Hörer wurden aufgefordert, live am Telefon oder im Beisein eines Reporters ihr Bad zu zertrümmern. Am Ende der Aktion haben wir Hörer abgestimmt, wer das am besten getan hat. Der Gewinner hat ein neues Bad bekommen.

[27] Ein aktuelles Fachbuch zum Thema Audiodesign im Radio existiert nicht. Einen guten (wenn auch schon älteren) Überblick geben Haas/Frigge/Zimmer (1991) 409ff.

## 11.3 Sprache und Sprechen im Radio

Radio ist ein akustisches Medium. Diese banale Wahrheit hat ebenso banale Nebenwirkungen: Die Stimme ist entscheidend. Und die Stimme ist angeboren. Logopäden und Sprechtrainer vermögen eine Menge zu verbessern, aber die Länge der Stimmbänder, der Sound einer Stimme und auch manche Sprachfehler sind nicht veränderbar. Für einige engagierte Journalisten endet hier schon der Weg zum Radio.

Für alle anderen gilt: Stimme schafft Stimmungen. Stimmungen schaffen Emotionen. Emotionen fesseln Hörer. Aber Stimme schafft entsprechend eingesetzt auch Distanz, die in Nachrichtensendungen die Objektivität der Inhalte unterstützt. Stimmen lösen bei Hörern bestimmte Bilder und Gefühle aus. Eine besondere Funktion hat die „Station Voice" eines Senders. Das ist die Stimme, die das Audio-Design des Senders spricht. *Radio Hamburg* war hier vor einigen Jahren sehr einfallsreich und hat die deutsche Synchronstimme von Tom Hanks, Arne Elsholtz, als Station-Voice eingesetzt. Programmdirektor Marzel Becker: „Wir haben eine emotionale Stimme gesucht, eine Stimme, die natürlich und sympathisch lächelt."[28] In den Köpfen der Hörer ergab das sofort das beabsichtigte Bild: Tom Hanks spricht bei *Radio Hamburg*. Das Image des sympathischen, gut gelaunten US-Stars übertrug sich positiv auf den Sender. Stimme schafft Stimmungen.

Die Stimme, die Sprechgeschwindigkeit und die Betonungen sorgen dafür, dass ein Text gut zum Hörer transportiert wird. Das Sprechen des Textes fällt leichter, wenn einige Regeln eingehalten werden:[29]

- Kurze prägnante Hauptsätze erleichtern das Verstehen. Außerdem helfen sie dem Autor, seine Gedanken zu strukturieren.
- Eingeschobene Nebensätze sind immer eine Verständnis-Bremse, weil das Gehirn des Hörers eine Schleife drehen muss. Bitte bedenken: Radio ist ein Nebenbei-Medium und der Hörer kann nicht wie bei einer Zeitung „zurücklesen". Alles muss beim ersten Mal sitzen.
- Passiv-Formulierungen sind ebenfalls schwerer zu verstehen als aktive. Hinzu kommt, dass eine lebendige Radio-Sprache immer dann entsteht, wenn Menschen handeln. In jeder Story gibt es eine handelnde Person (Polizei, Politiker, Fußballspieler etc.). Wenn dieses „Subjekt" etwas tut (starkes Verb bitte!), dann entsteht automatisch ein einfacher und radiofoner Satz.
- Starke Verben sind nicht „haben", „machen", „tun", sondern Verben, die bildintensiv sind und eine innere Dynamik haben. Der Satz „Mit einem lei-

---

[28] Telefoninterview mit Marzel Becker am 7.9.09.
[29] Eine gute Zusammenfassung bietet Arnold (1991): 63ff.

sen Ping purzeln die Murmeln in das kleine Loch in der Ecke des Schul-
hofs" ist stärker als „Kinder spielen mit Murmeln".

▪ Präzise Adjektive und viele Details malen kräftige Bilder im Kopf der Hörer. Der Satz „Die weißen Fensterrahmen mit den grünen Läden heben sich
in der Abendsonne vom roten Backstein der Fassade ab." sagt mehr als „Die
rote Backsteinfassade ist schön".

▪ In emotional dichten Situationen (z. B. Trauer nach einem Unfall) können
auch kleine Pausen ein Kunstgriff sein, der einen Text oder eine Collage
perfektioniert.

▪ Leider ist die deutsche Sprache voll mit inhaltsleeren Worthülsen. Bitte
fallen Sie nicht herein auf:

o „Maßnahmen ergreifen": konkret – was genau will wer tun?

o „Insassen wurden teilweise schwer verletzt": entweder schwer verletzt
oder nicht, aber wie wird man „teilweise schwer verletzt"? Besser: zehn
Personen wurden verletzt, fünf von ihnen schwer.

o „Null-Wachstum": was soll das sein? Kein Wachstum. Oder Stillstand?

o „Mitarbeiter freigestellt": Damit will ein Arbeitgeber oft verheimlichen,
dass er die Mitarbeiter entlassen hat.

o „Hermetisch" abgeriegelt: wirklich luftdicht?

o „ETA übernimmt Verantwortung für Anschläge": Das ist Propaganda.
Terroristen übernehmen eben nicht die Verantwortung; sie bekennen
sich zu einem Anschlag. Das ist ein großer Unterschied.

Neben den Worthülsen, die der Verschleierung dienen, gibt es noch die Journa-
listen-Stanzen – also Formulierungen, die benutzt werden, aber falsch, unschön
oder irreführend sind:

▪ „ABC-Schützen": gemeint sind Schulanfänger.

▪ „Die Hanse-Städter": wird gern im Sport benutzt. Aber wer ist gemeint? Es
gibt viele Hansestädte in Deutschland. Im Radio lieber wiederholen, statt
verrückte Synonyme suchen. Richtig schräg wird es, wenn ein Sportreporter
die Handballmannschaft aus Bad Schwartau als „Marmeladen-Städter" bezeichnet.

▪ „Urnengang": statt Wahl. Unnötig.

▪ „Quecksilber steigt": Es gibt in Deutschland kaum noch Thermometer, die
mit Quecksilber gefüllt sind. Und vermutlich kann diesen Satz auch niemand mehr ertragen. Leider sprechen einige Moderatoren jetzt davon, dass
das Thermometer steigt ...

Wolf Schneider hat in seinen humorvollen Büchern zum Umgang mit der deutschen Sprache noch viele andere Fallen und sprachliche Bequemlichkeiten zu-

sammengetragen, die man als Journalist besser vermeiden sollte: Eine unterhaltsame Lektüre (vgl. z. B. Schneider 1986).

## 11.4 Technik

Die Digitalisierung hat das Radio vollständig durchdrungen – jedenfalls auf der
Seite der Radiomacher. Die Empfänger sind immer noch analog und werden es
wohl auch erstmal mehrheitlich bleiben. Der Digitalstandard DAB hat sich in
Deutschland bisher nicht durchsetzen können. (vgl. Kap. 5.6.1.2)
    Für die Radiojournalisten ist die Digitalisierung der Arbeitsgeräte eine gro-
ße Erleichterung. Die Musikredaktion muss ihre *GEMA*-Meldungen nicht mehr
per Hand machen, es werden keine großen Plattenkeller und Archive mehr gebraucht. Alle Elemente eines modernen Radioprogramms liegen auf riesigen
Servern mit mehreren Hundert Terrabytes. Der Produktionsprozess hat sich erheblich beschleunigt und ist kreativer geworden.
    Alles fängt an beim Reporter. Er hat keine Kassette mehr, die mühsam ein-
gespielt werden muss, sondern er benutzt im besten Fall ein „Flash-Mic", bei
dem das Aufnahmegerät in den Griff eingebaut ist (kein Kabel mehr, das brechen
kann!). Dieses Mikrofon steuert automatisch aus, d. h. die O-Töne können nicht
mehr übersteuern. In der Redaktion muss das Material nicht mehr im 1:1-
Zeitverhältnis in den Rechner gespielt werden; der Reporter zieht einfach das
entsprechende File per USB-Kabel direkt in das digitale Schnittsystem.
    Schnittsysteme gibt es zahlreiche auf dem Markt. Alle funktionieren ähnlich
und nach zwei Stunden Einarbeitung kann jeder seinen ersten O-Ton schneiden.
Bei komplexen Produktionen (Trailer, Collagen etc.) bieten die Schnittsysteme
auch mehrere Spuren an, damit man verschiedene Soundelemente miteinander
mischen kann. Das ist eine Revolution für Radiomacher. Diese Mehrspurproduk-
tion war früher teuer und wurde nur selten im Alltag genutzt. Heute wird gerade
bei massenattraktiven Programmen fast jedes Element mehrspurig verarbeitet,
um es noch mit Geräuschen, Musik-Clips etc. aufzuwerten.
    Ist der Beitrag fertig, stellt der Reporter sein Audiofile in einen Speicher,
auf den alle Redakteure zugreifen können. Nach der Abnahme schiebt ihn der
Planer dann einfach in die digitale Sendesteuerung auf seinen Sendeplatz. Zeitgleich erscheint das Audiofile beim Moderator im Studio auf dem Bildschirm
und er kann den Beitrag senden. Die Anmoderation steht in einem Fenster neben
dem Audiofile. So kann nichts schiefgehen. Einfach, schnell, effizient. Für
außerordentlich anspruchsvolle Produktionen (z. B. ein langes Feature oder ein
Hörspiel) gibt es in der *ARD* weiterhin Toningenieure und spezielle Studios.
    Jeder Sender hat seinen eigenen Technik-Provider. Während die *ARD* sich
weitgehend auf ähnliche Produkte verständigt hat, trifft man bei kommerziellen

Sendern in Deutschland viele verschiedene Systeme an. Aber die Einarbeitung ist leicht, das Prinzip bei allen vergleichbar.

## 11.5 Sendungen

Viele Einzelelemente ergeben eine Sendung. Wie eine Sendung gestaltet wird, ist von Sender zu Sender unterschiedlich. In manchen Formaten dominiert die Musik, in anderen das Wort; dazwischen gibt es viele Mischformen. (vgl. Kap. 9.3-9.6) Für die tägliche Arbeit brauchen Redakteure und Moderatoren ein festes Gerüst. Das nennt man Sendeuhr.

*Abbildung 5:*    Typische Sendeuhr eines Vollprogramms:

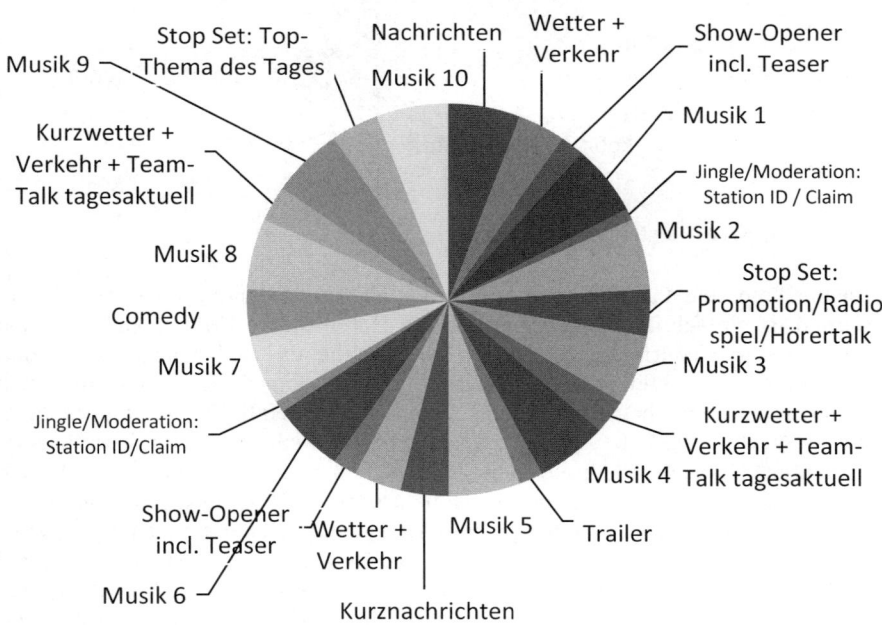

Quelle: Eigene Darstellung des Autors.

*Abbildung 6:*    Typische Sendeuhr eines Info-Programms

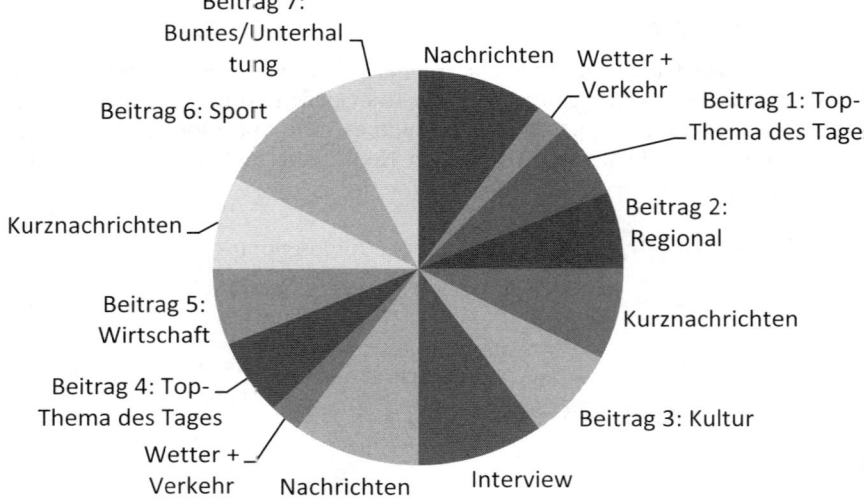

Quelle: Eigene Darstellung des Autors.

Sendeuhren sehen am Morgen anders aus als am Vormittag oder Abend. Der Grund ist einfach: Am Morgen haben die Hörer andere Hörgewohnheiten und damit andere Bedürfnisse. Nach dem Aufstehen hat das Bedürfnis nach Information („Steht die Welt noch?") Priorität. Danach folgen Serviceinformationen (Wetter und Verkehr), Unterhaltung (Comedy, Moderation) und erst auf Platz vier steht die Musik. In der Zeit zwischen 6 und 9 Uhr haben Radiosender ihre Primetime. Danach nimmt die Nutzung ab. Schon ab etwa 9 Uhr ändert sich auch die Wunschliste der Hörer: Die Musik steht jetzt auf Platz eins. Einen gesteigerten Wunsch nach Information registrieren die Radioforscher dann wieder ab etwa 16 Uhr in der sogenannten drive-time, in der Berufstätige nach Hause fahren und wissen wollen, ob sie während des Tages etwas verpasst haben. Am Abend bieten viele Sender dann Spezialsendungen an, die zwar meistens keine große, aber eine interessierte und treue Hörerschaft haben.

Die beiden folgenden Charts[30] zeigen, wie Programmchefs arbeiten. Ein Marktforschungsunternehmen macht nicht nur die Musiktests, sondern fragt bei den Hörern auch nach, was ihnen am Radio wichtig ist, welches Image ein Sender bei diesem Bedürfnis hat und wie die Konkurrenz gesehen wird. Es geht dabei nur um die Wahrnehmung der Hörer, nicht um die objektive Erfüllung der Bedürfnisse.

Im besten Fall erfüllt ein Sender die 5 wichtigsten Bedürfnisse der Hörer in deren Wahrnehmung zu 100 %. Marktforscher Werner Dieing: „Das wird kaum immer der Fall sein, deshalb ist es wichtig, diese Daten regelmäßig zu kontrollieren, sonst kann es passieren, dass man ein wichtiges Image an einen Konkurrenten verliert und damit mittelfristig viele Hörer. Gleiches gilt, wenn man einen Sender erst etablieren will. Nur mit der entsprechenden Forschung findet man den Schwachpunkt des Gegners."[31]

---

[30] Die Charts wurden freundlicherweise zur Verfügung gestellt von C.M.R. Institut für Communication- & Marketing-Research Aktiengesellschaft, Mannheim.
[31] Werner Dieing ist Vorstand von C.M.R. und macht Radiomarktforschung für viele Sender in Europa, u. a. auch für den NDR.

*Abbildung 7:*   Ergebnis der Marktforschung – die „Image-Spinne"

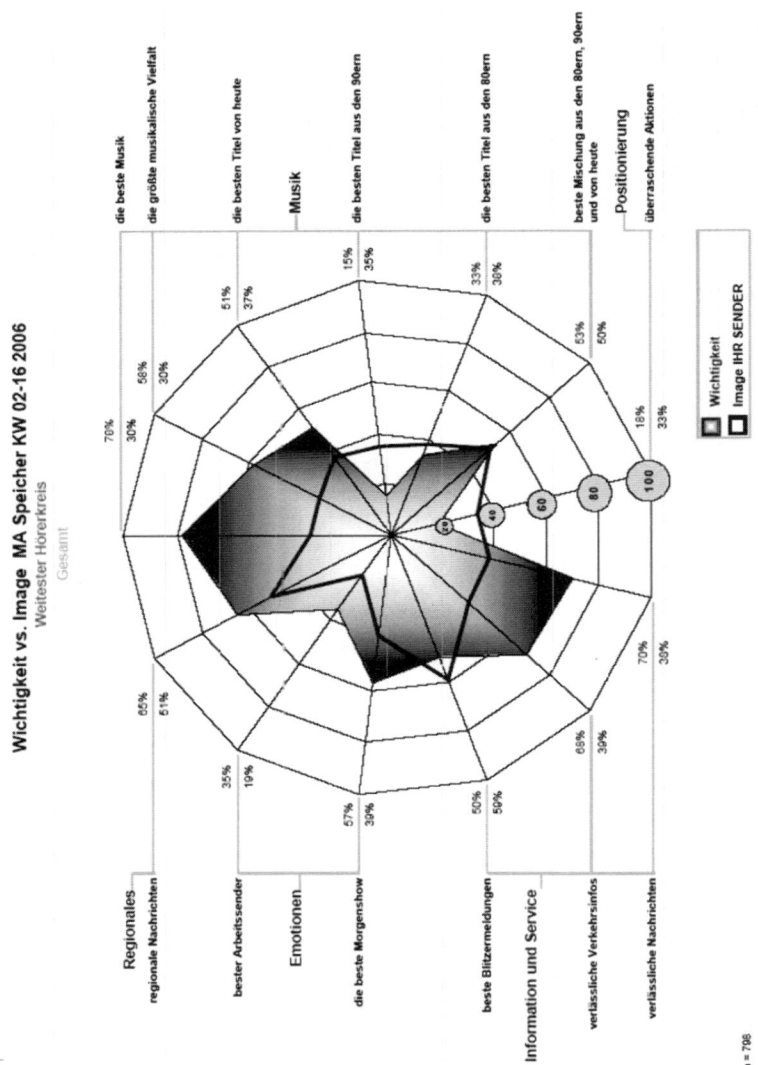

Quelle:: C. M. R.

*Abbildung 8:* Ergebnis der Marktforschung – die „Branding-Spinne"

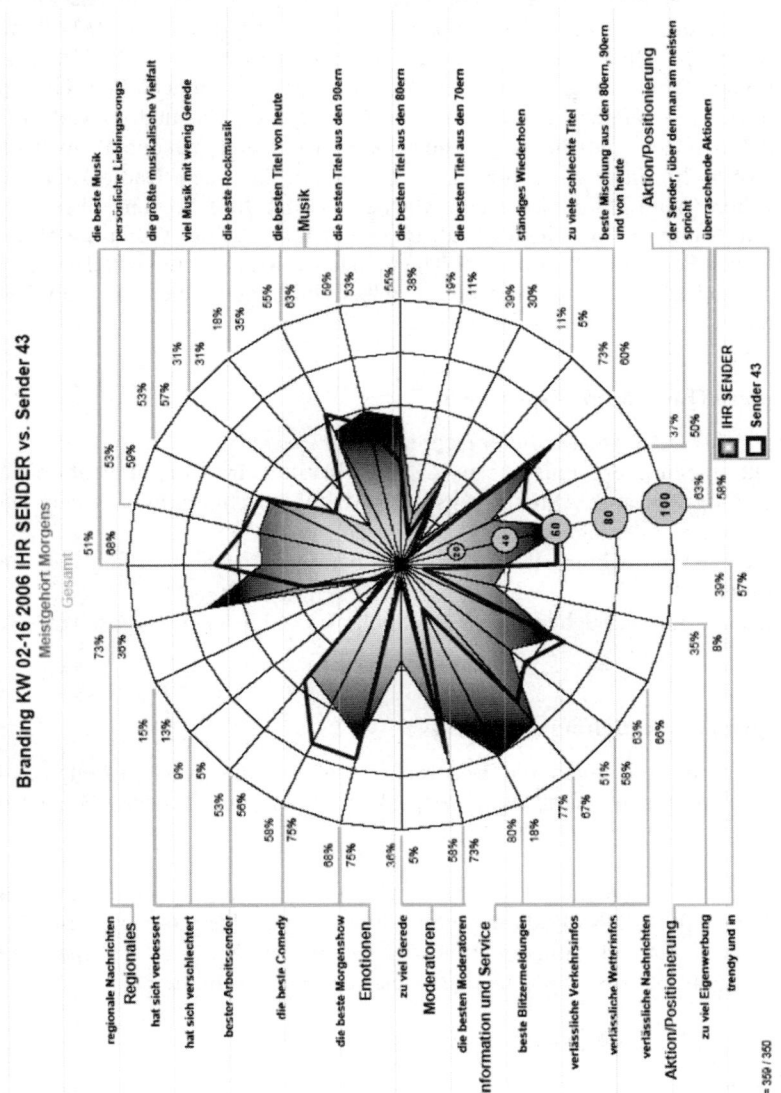

Quelle: C. M. R.

## 11.6 Fazit

Persönliche Bemerkung: Radio ist ein tolles Medium, weil es so unmittelbar, so schnell und so emotional ist. „Es ist nur Radio", hat der legendäre *RSH*-Gründer Hermann Stümpert mal formuliert, um Kreativität zu fördern und die Barrieren im Kopf abzubauen.[32] Hinter diesem Satz stecken so viel Fantasie und Kino im Kopf, so viel journalistische Präzision und Geschwindigkeit und so viel Hör-Spaß. Radiomacher sind die schnellsten Journalisten und manchmal auch ein bisschen verrückt mit ihren Aktionen, Comedys und Sprüchen. Radio kann viel Spaß machen (beim Hören wie beim Machen), es ist vielfältig und überall zu empfangen. Radio hat nur einen Feind. Der heißt Langeweile. Wenn Sie all die hier gelesenen Regeln und Tipps beherzigen, machen Sie zwar nichts falsch, aber Kreativität und Überraschung müssen Sie selbst einbringen. Seien Sie mutig! Es ist nur Radio.

## 11.7 Weitere Quellen für diesen Text

- Ergebnisse der *NDR*-Medienforschung.
- Marktforschungsergebnisse von C.M.R. Institut für Communication- & Marketing-Research Aktiengesellschaft, Mannheim. Interview mit dem Geschäftsführer Werner Dieing.
- Interviews mit Mitarbeitern der Radioberatungsfirma bci, Schwaig bei Nürnberg.
- Interne Programmbücher bzw. „Stylebooks" verschiedener Radiosender.

## 11.8 Fragen zur Vertiefung

1. Was sind die W-Fragen, die jeder recherchierende Journalist zu stellen hat? Es sind: Was ist passiert? Wo ist es passiert? Wem ist es passiert? Wie ist es passiert? Wer hat es getan?

2. Was ist ein O-Ton? Damit ist der Original-Ton gemeint, in dem Menschen nach der Spezifik des Radiomediums zitiert werden. Der O-Ton ist ein kleines Wortdokument, aufgenommen auf einem Tonträger, er wird meist ergänzend als kurze Sequenz in einen Beitrag hineingeschnitten.

---

[32] Hermann Stümpert hat Mitte der 80er Jahre mit Radio Schleswig-Holstein (RSH) den ersten erfolgreichen kommerziellen Radiosender aufgebaut. Stümpert war der erste Programmdirektor und Geschäftsführer. Vgl. Stümpert (2005).

3. Was zeichnet einen Bericht mit Einblendungen (BmE) aus? Er stellt eine Verbindung aus (Sprecher-)Text und O-Tönen dar, in manchen Fällen angereichert mit Musik und/oder Geräuschen. Es wird zwischen dem aktuellen BmE (begleitet die Tagesberichterstattung) und dem bunten BmE (dient eher der Unterhaltung) unterschieden.

4. Was zeichnet das Interview aus? Das Interview findet zwischen Fragesteller und Antwortendem statt. Das gute Radiointerview sollte in natürlichem Gesprächsfluss ablaufen und ohne Vorabsprachen, also spontan erfolgen. Es kann mit Persönlichkeiten des öffentlichen Lebens (Experten, Korrespondenten, Politikern etc.), aber auch ganz normalen Menschen geführt werden.

## 11.9 Definitionen und Erklärungen

*Senderuhr:* In Form einer Uhr dargestellte Grundstruktur einer Programmstunde, sie gibt die genaue zeitliche Abfolge und die jeweiligen Programmelemente (z. B. Musik, Moderation, Werbung) an.

*Show-Opener:* Er markiert den Beginn einer neuen Sendung. Als Text kündigt er z. B. den Namen oder das Thema der beginnenden Sendung und/oder den Moderator an, oft ist er mit Musik unterlegt.

*Trailer:* Ähnlich wie beim Kino bietet er eine kurze Vorschau auf das was kommen wird. Trailer müssen prägnant sein, sie können alle Programmelemente (wie Musik oder Text) umfassen.

*Soundeffekte:* Dies sind Spezialeffekte, die dem Zuhörer akustische Signale vermitteln. Sie können natürlicher Herkunft sein (Tonaufnahmen), im Studio erzeugt (Hilfsmittel) oder technisch (digitale Effektgeräte) hergestellt werden.

# Kapitel 12
# Community Radio

## 12.1 Einleitung: Definition

Die hier behandelten Radiostationen wirken wie eine Restmenge, nachdem der öffentliche und kommerzielle Typ abgehandelt wurden. So sieht es besonders aus deutscher Perspektive aus, wo Stationen dieses Typs einen schweren Stand haben und unter ganz unterschiedlichen Bezeichnungen antreten. Hier wird der weltweit gebräuchliche Gattungsbegriff Community Radio für diese dritte Säule jenseits des dualen Systems verwandt. Eine global verwertbare Definition hat die Weltorganisation dieser Stationen, die *Association Mondiale des Radiodiffuseurs Communautaires (AMARC)* versucht, die 1983 in Montreal gegründet wurde und heute von nahezu 3000 Mitgliedern in 110 Staaten getragen wird. Sie treffen sich regelmäßig auf Weltkonferenzen – nicht nur in den Industriestaaten, sondern in ganz unterschiedlichen Weltwinkeln, darunter Managua, Dakar, Katmandu oder Amman.

Diese Organisation versucht nicht, eine abschließende Definition von Community Radio zu geben, gleichwohl hat sie auf der *AMARC*-Weltkonferenz in Dakar 1995 ihr Aktionsfeld so umschrieben:

'Community Radio, rural radio, cooperative radio, participatory radio, free radio, alternative, popular, educational radio. If the radio stations, networks and production groups that make up the World Association of Community Radio Broadcasters refer to themselves by a variety of names, then their practices and profiles are even more varied. Some are musical, some militant and some mix music and militancy. They are located in isolated rural villages and in the heart of the largest cities in the world. Their signals may reach only a kilometer, cover a whole country or be carried via shortwave to other parts of the world. Some stations are owned by not-for-profit groups or by cooperatives whose members are the listeners themselves. Others are owned by students, universities, municipalities, churches or trade unions. There are stations financed by donations from listeners, by international development agencies, by advertising and by governments." (www.amarc.org).

## 12.2 Grundelemente

Bezieht man diese globale Perspektive ein, sollte man von einem trialen System ausgehen, wobei mit dem Begriff des Community Radios ein breites Spektrum unterschiedlicher Organisationsformen und Zielsetzungen jenseits der dualen Ordnung abgedeckt wird, welche die ganze Vielfalt des Mediums Radio erkennen lässt. Fast immer beruhen derartige Stationen auf örtlichen Initiativen, meist aus der Zivilgesellschaft, versorgen einen kleinen, überschaubaren Raum und setzen stark auf persönliches Engagement. Kleine Medien, „little media", entwickeln ganz eigene Qualitäten, die mit den Kategorien der „großen" Organisationen oft nicht zu verstehen sind (Schramm 1977). Was Einzigartigkeiten eines „kleinen" Mediums ausmachen, demonstriert der Sender *Radio Lotte* in Weimar (www.radiolotte.de). Gemeinsam mit Studierenden der örtlichen Bauhaus-Universität wurde ein sog. Ü-Rad entwickelt, ein pedalgetriebenes Dreirad, ausgestattet mit kompletter Übertragungstechnik und Solarpaneelen zur Stromversorgung auf dem Dach, von dem aus direkt gesendet werden kann. Das auffällige Fahrrad ist nicht nur ideal für engen Bürgerkontakt, es wirbt auch im öffentlichen Raum mit diesem originellen, niederschwelligen Außenstudio (Huth 2003).

Diese Kleinräumigkeit des Angebots korrespondiert dabei mit einer großräumigen Vernetzung der Lokalstationen, die heute über Satelliten und Internet einfach zu bewerkstelligen ist. In diesem Kapitel werden exemplarisch Stationen ganz unterschiedlicher Prägung vorgestellt, dabei sind zwei große Gruppen zu unterscheiden:

▪ Stationen, die sich an ein allgemeines Publikum wenden und
▪ Stationen, die definierte Zielgruppen bedienen, z. B. ethnische Gemeinschaften, Studierende, Kulturinteressierte.

Die variationsreiche Szene der Community Radios ist allein mit ökonomischen oder politischen Kategorien nicht zu begreifen; wenn sich weltweit Hunderttausende eher durchschnittliche Bürger rund um dieses „veraltete" Medium scharren und es mit Begeisterung betreiben, dann muss es mit diesem Medium etwas ganz anderes auf sich haben. Das Selbermachen von Radioprogrammen strahlt offensichtlich eine Menge Attraktivität aus, die eher emotional erklärbar ist. Der Medienaktivist und Researcher Bruce Girard spricht von einer „Passion for Radio" (Gerard 2001).

Die Gemeinsamkeiten von Community Radios lässt sich eher durch Negativabgrenzung bestimmen, wobei immer wieder Ausnahmen zu registrieren sind.

▪ Organisation: Es handelt sich weder um öffentliche Einrichtungen (etwa Anstalten), noch um Unternehmen, stattdessen besteht ihr Kern meist aus Trägervereinen, Stiftungen, Kooperativen, öffentlichen Einrichtungen o.ä.

- Finanzierung: Sie finanzieren sich weder über Gebühren noch (es gibt Ausnahmen) über Werbeeinnahmen, sondern über Mitgliederzahlungen, Spenden von Privaten oder der Wirtschaft, regelmäßige Zuweisungen, öffentliche Förderung.
- Programmauftrag: Ihr Programmauftrag wird nicht oder nur ganz allgemein gesetzlich vorgegeben, er wird von den Betreibern nach deren Vorstellungen bestimmt,
- Mitarbeiter: Sie beschäftigen keine (oder nur wenige) professionelle Radiomacher, das Programm wird von unbezahlten Freiwilligen bestritten.

## 12.3 Theoretische Grundlagen

Schaut man nach theoretischen Paradigmen, die diesen Bereich verallgemeinernd beschreiben, so trifft man auf eine Reihe von Ansätzen. Bertolt Brecht, dessen Radiotheorie international bekannt geworden ist, wird oft als eine Art Urvater zitiert; hatte er doch einst empfohlen, aus dem Informations- ein Kommunikationsmedium zu machen (vgl. Kap. 3.6.1). Was zu seiner Zeit utopisch klang, schreiben sich heute viele dieser Stationen auf die Fahnen: Man will ganz nahe am Hörer agieren, die Schwelle zwischen dem Hörer und dem Programmmacher soll niedrig sein, Rollenwechsel ist jederzeit möglich. Politisch aktive Stationen berufen sich mitunter auf das Konzept der „Gegenöffentlichkeit", freie Radios sollen sich als von den herrschenden Medien unabhängige Kraft verstehen und Gegenakzente setzen (Negt/Kluge 1972). Dabei geht es auch immer um Medienmacht und die Sicherung alternativer Informationskanäle. Als in den späten 70er Jahren eine europaweite Bewegung der freien Radios entstand, bewegten sich ihre Proponenten zwangsläufig in der Illegalität, oft motivierte der Reiz des Verbotenen. Unter den Aktivisten war umstritten, ob es dabei bleiben solle oder Legalisierung angestrebt werde. Ein damals einflussreiches Buch fragte: „Warum überhaupt Freie Radios? Deshalb, weil das laufende Radio im Idealfalle auch ganz anders sein könnte. ... Welche Folgen hat die ‚Illegalität' für das vorher gemalte Idealbild, was lässt sich gegen diese Einschränkung machen?" (Busch 1981: 16). Damals wurden öffentliche Radioanbieter, denen man politische Willfährigkeit unterstellte, als Hauptgegner gesehen, kommerzielle Modelle waren – vielleicht mit Ausnahme von *RTL* – nicht bekannt.

Die Nähe vieler dieser Stationen zu Bürgerorganisation und gesellschaftlich aktiven Neuen Sozialen Bewegungen liegt auf der Hand, sie entstanden in einer Phase erwachenden Bürgersinns. Mit ihnen stellte eine selbstbewusster werdende Zivilgesellschaft den Anspruch auf Medien, in denen sie sich wiederfinden konnte, daher auch international die Betonung auf Community, was eine Ebene zwischen dem Individuum und der Gesamtgesellschaft markiert (Hintz 2009). Es

waren vor allem die 70er und 80er Jahren, in denen im Gefolge der 68er-
Bewegung Visionen einer anderen, besseren Medienwelt auf den Radiosektor
übertragen wurden. Viele Ansätze verbanden sich mit einer erstarkenden Alternativbewegung,
sahen Stationen eher unpolitisch als Rückzugsräume, in denen unabhängig vom
gängigen Kulturbetrieb experimentiert werden konnte. Andere forderten sie, weil
sie die gängigen Medien als homogen und manipuliert verstanden, zu sehr kommerzialisiert und unterhaltungsorientiert, es ging also um Gegenmedien. Als ein
spezieller Zweig entstand zeitweise das Konzept des Bewegungsradios, das Pro-
testbewegungen begleitete, z. B. die illegal operierende Station *Radio Freies
Wendland* während der großen Proteste gegen das Atomlager Gorleben. Wenn
Demonstrationszeit war, meldete sich der Sender aus dem Untergrund, mobili-
sierte die Anhänger, warnte vor polizeilichen Maßnahmen und war immer auf
der Hut, nicht erkannt zu werden.

## 12.4 Anfänge

### 12.4.1 Vorgänger

Historisch gesehen handelt es sich zugleich um den ältesten und den jüngsten
Radiotyp. Schließlich standen schon ganz am Beginn der Radioentwicklung
viele Amateure, die aus Begeisterung und ohne professionelles Interesse auf
Sendung gingen. Die experimentelle Auseinandersetzung mit dem neuen Medium begann bereits, bevor es als Massenmedium erkannt wurde. In Nordamerika waren es häufig Universitäten, an denen mit der faszinierenden neuen Technik
experimentiert wurde, in Deutschland fanden sich früh die Radiobastler zusammen, um die teuren Empfangsgeräte selbst zusammenzubauen.

Typisch für die 20er Jahre war, dass die Bewegung der Enthusiasten in
Deutschland zweigeteilt war, in eine bürgerliche und eine *Arbeiter Radio Bewegung.* Diese Bewegungen forderten mitunter eigene Sender, was sich aber am
damaligen Monopolanspruch des Staates brach. Nur in den Niederlanden schlossen sich die großen gesellschaftlichen Kräfte – Parteien und religiöse Gruppen –
in sog. „Säulen" zusammen, die gemeinschaftlich über eine Radiostiftung auf
Sendung gingen, so entstand der auch heute noch aktive öffentliche Rundfunk. In
Deutschland mit seinen etatistischen Traditionen wurden unabhängige Radio-
Aktivisten massiv polizeilich gebremst, selbst die Tätigkeit der Radio-Amateure
wurde erst 1949 legalisiert, viel später als in vergleichbaren Staaten. Als die
Phase der illegalen Freien Radios begann, wurden sie in Deutschland besonders
unerbittlich verfolgt.

In den USA begannen experimentierfreudige Studierende in den 30er Jahren damit, selbst organisierte Radionetze in ihren Universitäten aufzubauen. Aus dieser Linie entstanden die modernen Campus- und Collegestationen (vgl. unten Abschnitt 12.6).

### 12.4.2 Anfänge in den USA

Die aktuelle Bewegung der Community Radios begann nach dem 2. Weltkrieg in den USA. Dort waren in den 30er Jahren auf Druck der kommerziellen Radioindustrie nahezu alle nichtkommerziellen Mittelwellen-Lizenzen eingezogen worden, was eine gigantische Zerstörung von Stationen im Non-Profit-Bereich bedeutete; damals mit der Begründung, kommerzielle Stationen könnten deren Funktion mit übernehmen. Danach musste mühsam neu begonnen werden, einerseits mit dem systematischen Aufbau von „öffentlichen", vor allem universitären Stationen im UKW-Sendeband (*NPR*, vgl. Kap.13.3.1.2), zum anderen mit ersten Community Radios.

*Pacifica* nennt sich ein Hörer-gestütztes, nichtkommerzielles Network von Community Stationen in den USA (www.pacifica.org). Alles begann 1949 in der kalifornischen Universitätsstadt Berkeley (Vorort von San Francisco), später kamen Sender in New York, Washington, Los Angeles und an anderen Orten dazu, heute sind neben eigenen Sendern über 100 Stationen affiliert, können also nach eigener Wahl Programmteile übernehmen. Das Network wird durch Satelliten und Internet-Verbindungen zusammengehalten. Die Station *KPFA* in Berkeley versteht sich als älteste, durchgehend sendende Community Station der Welt.

Der Stiftung *Pacifica*, Betreiberin der Stationen, ging es nicht nur um den Spaß am Radiomachen. Sie hat sich die Aufgabe gestellt – was sich seitdem nicht geändert hat –, Frieden und Gerechtigkeit über Kommunikation zwischen allen Rassen, Nationalitäten und Kulturen hinweg zu fördern. Konzeptionell knüpfen die Stationen an amerikanische Traditionen des Free Speech an, einer durchaus radikal zu verstehenden Tradition umfassender Redefreiheit. Das machte die Stationen in ihrer Frühzeit faktisch zu einem Dissensradio, das sich z. B. konsequent gegen die McCarthy-Kommunistenhatz der frühen 50er Jahre wandte (Hampf 2000:164-176). Die Stationen halfen nicht nur diese Paranoia zu überwinden, im Windschatten der Station entstand auch 1964 die Free Speech Movement an der benachbarten Universität von Berkeley, der Anstoß für die weltweite Studierendenbewegung (mit den sog. 68ern in Deutschland).

Durch öffentlichen Diskurs und Förderung von Kultur wollen die *Pacifica*-Stationen seit ihrer Entstehung zum demokratischen Prozess beitragen. Sie verstehen sich als „progressive news force" und bieten aktuelle Magazine unter Titeln wie *Free Speech Radio News* oder *Democracy Now* an. In der Praxis waren die *Pacifica*-Stationen vor allem der Ort, an dem sich einflussreiche Neue Soziale Bewegungen zu Wort meldeten. Das waren je nach Epoche Friedensaktivisten während der Vietnam- und Irakkriege, ethnische Minderheiten, Umweltaktivisten, Frauen, Kulturrebellen und andere Kräfte. *Pacifica* verkörpert damit vor allem die mediale Seite der amerikanischen Grassroots-Tradition, der Verwurzelung in der lokalen Gesellschaft, fern des Staates. Das über die Jahrzehnte angewachsene Tonarchiv von *Pacifica* gilt heute als das größte Gedächtnis dieser vielfältigen Bewegungen von unten, die immer wieder die Sender belebten. *Pacifica* setzte sich schon immer für den ungehinderten Zugang zu den Sendewellen und freie Rede ein und hat dafür gekämpft, auch gegen die oft industriehörige Aufsichtsbehörde *FCC* und ging dabei bis zum Obersten Bundesgericht.

*Pacifica* verkörpert spezifische demokratische und freiheitliche Werte, für die die USA ebenso standen und stehen wie die kommerzielle Handlungsfreiheit. Dabei blieb seine reale Reichweite im Umfeld Tausender anderer Stationen naturgemäß gering. Das Unterfangen *Pacifica* steht für strukturelle Offenheit, trotzige Meinungsfreiheit und alternative Sichtweisen, es war aber auch immer wieder von finanziellen Nöten und innerem Streit bedroht, was die Kehrseite seiner fluiden Grundstruktur ausmacht.

## 12.4.3 Anfänge in Europa

In Westeuropa mit seiner etatistisch-öffentlichen Grundstruktur begann eine Bewegung zur Errichtung von Community Radios in vielen Staaten in den späten 70er Jahren. Dabei zeigten sich je nach Land und Region recht unterschiedliche Muster. Zuerst entstanden Stationen, die angesichts der Rahmenbedingungen ohne Lizenz sendeten, sich manchmal in der Illegalität versteckten, manchmal toleriert wurden, Vorbild waren oft die Piratenstationen, die auch den Beginn der Radiokommerzialisierung markierten (vgl. Kap. 14.5). Im Europa mit seiner starken öffentlichen Tradition entstanden kommerzielle und kommerzfreie Stationen also in derselben Phase.

Es war eine Zeit großer politischer Unruhen in Staaten wie Italien und Frankreich und die dort in großer Zahl entstandenen „radio libre" sahen sich (in Frankreich seit 1977) als staatsunabhängige Stimme, manchmal als Propagandist einer diffusen Revolution. Es entstand eine bis heute nachwirkende Tradition der „freien" also möglichst staatsfern betriebenen Stationen. In Südeuropa überlebten einige dieser Sender der ersten Stunde, z. B. *Radio Popolare* in Mailand (www.radiopopolare.it). In Frankreich waren sie der Auftakt zu einer breiten Gründerwelle von – wie sie heute heißen – *Radio Associative*, es gibt ca. 600 von ihnen. In Großbritannien und den Benelux-Staaten versuchte man staatlicherseits die Radiobewegung zu kanalisieren und bot ein Lizenzierungsverfahren an. Damit verlief die Entwicklung weniger chaotisch als in Südeuropa. In Skandinavien wurde – durchaus in Fortsetzung der wohlfahrtsstaatlichen Traditionen – eine Politik sog. Nahradios begonnen, bei der der Staat dabei half, ein enges Netz örtlicher Stationen mit breitem Zugang zu errichten (Kleinsteuber/Sonnenberg 1989). Im ganzen westlichen Europa zeigte die massive Kritik am damals noch intakten öffentlichen Sendemonopol Wirkung, in den 80er Jahren wurden in vielen Staaten – so auch in Deutschland – die rechtlichen Grundlagen für kommerzielle wie nichtkommerzielle Radios geschaffen.

## 12.5 Community Radio in der Welt

Community Radio ist einerseits die internationalste der vielfältigen Erscheinungsformen des Radios, es lässt sich aber auch in zwei sehr unterschiedliche Stränge aufteilen: In den reichen, gut mit Medien versorgten Industriestaaten des „Nordens" stellt es vor allem eine Ergänzung und Erweiterung des bestehenden Systems dar, im „Süden", den armen, vor allem in den ländlichen Regionen unterversorgten Räumen beschreibt es oft das einzige lokale Medium und ist Sprachrohr ansonsten kaum wahrgenommener Menschen.

### 12.5.1 Community Radio im „Norden"

#### 12.5.1.1 Community Radio in Europa

Aus den national isolierten Anfängen wurde eine zunehmend europäische Bewegung. Inzwischen wird Lobby-Arbeit ähnlich der anderen Radiosäulen für – wie es auch in Brüssel meist heißt – Community Radio betrieben. Aktiv ist dort ein *Community Media Forum Europe* (*CMFE*), das 2004 in Halle/Saale bei der dortigen Station gegründet worden war. Mit seinen Experten wurde das Forum so etwas wie ein kleiner Thing Tank, der bewusst Politik in Brüssel beeinflussen will. Die Organisation unterstreicht die Bedeutung des „Third Media Sector", und kämpft für dessen europäische Anerkennung (www.cmfe.eu). Das Forum kooperiert mit dem europäischen Ableger der Weltorganisation für Community Radio *AMARC* Europe, der (2010) etwa 1500 Stationen in vierzig europäischen Staaten angehören, das Hauptquartier befindet sich in Sheffield, UK (www.europe.amarc.org).

Erst in den letzten Jahren scheint das Thema in Brüssel angekommen zu sein. Erste Untersuchungen wurden durchgeführt und im September 2008 legte das Europäische Parlament eine Entschließung vor „zu gemeinnützigen Bürger- und Alternativmedien in Europa". In einem Kernsatz betont die europäische Volksvertretung, „dass die Bürgermedien ein wirksames Mittel sind, die kulturelle und sprachliche Vielfalt sowie die soziale Integration und die lokale Identi-

tät zu fördern, was auch die Diversität dieses Sektors erklärt"
(www.europarl.europa.eu). Der Ministerausschuss des Europäischen Rats setzte
sich gleichfalls mit diesem Thema auseinander und gab eine Erklärung ab „on
the role of community media in promoting social cohesion and intercultural
dialogue". Hier findet man in einer Schlüsselformulierung, was unter diesem
Medientyp verstanden wird, "understanding community media, also referred to
in different sources as ,third sector', ,minority media', or ,social or civic media',
as complementary to public service media and commercial media, and noting
that community media operate in many Council of Europe member states and in
over 115 countries worldwide." (www.coe.int).

So wurde der dritte Radiotyp als eigenständiger Faktor in Europa anerkannt.
Er korrespondiert bestens mit dem erklärten Prinzip der Subsidiarität, wonach
die jeweils bürgernächste Ebene die Verantwortung übernimmt. Tatsächlich sind
es gerade nichtkommerzielle Lokalradios, die häufig Europäern aus anderen
Teilen der Union ein Sprachrohr eröffnen, viele Stationen kooperieren über
Sprach- und Kulturgrenzen hinweg miteinander, andere Stationen ignorieren
bewusst Staatsgrenzen und versorgen Gemeinschaften beiderseits der Grenze.
Der Freiburger *Sender Radio Dreyeckland* trägt diese Absicht sogar im Namen
und bekennt sich zur grenzüberschreitenden Aufgabe (Deutschland, Frankreich,
Schweiz); er war als mehrsprachiger, internationaler Sender intendiert und begann mit Sendeantennen in allen drei Staaten (Grieger/Kollert/Barnay 1987:
39ff.). (vgl. unten 12.5.1.2.1). Dieser dritte Radiosektor erscheint also zugleich
lokaler und europäischer als die beiden anderen – was erst spät in Europa verstanden wurde.

## 12.5.1.2 Bürgerradio in Deutschland

In der föderalen Bundesrepublik begann die Community Radio-Entwicklung aus
früheren Anfängen Mitte der 80er Jahre. Ihre rechtlichen Rahmenbedingungen
finden sich in den Landesmediengesetzen, beaufsichtigt werden sie von den
Landesmedienanstalten. Die gesetzlichen Grundlagen variieren stark. Mitunter
gelten für sie dieselben Vorgaben wie für den kommerziellen Sektor, in anderen
Gesetzen finden sich separate Bestimmungen. Landesmedienanstalten lizenzie-
ren die Stationen, überwachen die Programmarbeit und sind mitunter auch Geld-
geber. Die bundesweite *Arbeitsgemeinschaft der Landesmedienanstalten* (*ALM*)
gibt in ihrem jährlichen Bericht einen Abriss dessen was sie bei Radio und Fernsehen mit dem Überbegriff „Bürgermedien" (seit 2010: „Bürger- und Ausbil-
dungsmedien") kennzeichnet, wobei sie deren „heterogene Struktur" betont, die
der „föderalen Vielfalt" geschuldet sei (ALM 2009: 321). Ein Bundesland (das
Saarland) weist überhaupt keine Aktivitäten in diesem Bereich auf.

Im Einzelnen treffen wir in Deutschland auf folgende Organisationsformen (die hier auf den Radiosektor spezifiziert werden):
- Offene Radiokanäle
- Nichtkommerzielle Lokalradios
- „Freies" Radio
- Aus- und Fortbildungsradios
- Hochschulradios
- Bürgerkanal
- Bürgerfunk

Inklusive der Fernsehaktivitäten kamen die Landesmedienanstalten auf etwa 300 Standorte derartiger Bürgermedien in Deutschland, die große Mehrzahl davon Radiostationen. Als gemeinsame Strukturmerkmale verbindet sie:
- Ein öffentlicher Zugang zu Sender und Programm, der als Verwirklichung des Grundrechts auf freie Meinungsäußerung interpretiert wird. Hierin sehen sie den wesentlichen Unterschied zum traditionellen Rundfunk.
- Sender und Programme sind bürgernah, gesichert durch lokalen Programmauftrag und lokale, allenfalls regionale Verbreitung.
- Aufgabe ist die Vermittlung umfassender Medienkompetenz, indem sie Laien die Möglichkeit geben, nach eigenen Vorstellungen via Radio Öffentlichkeit herzustellen.
- Sender sind gemeinnützig und nichtkommerziell, sie sind dem Gemeinwohl verpflichtet und frei von wirtschaftlichen Interessen (ALM-Jahrbuch 2010: 328).

Die Bundesländer haben sich nie um eine gemeinsame Basis dieser Stationen bemüht, Regierungsmehrheiten, aber auch Initiativen einzelner Politiker oder lokale Besonderheiten wirken sich in der Folge massiv aus, bei Wechsel der Regierung wird mitunter auch das Gesetz geändert. Im Ergebnis findet sich ein Sammelsurium unterschiedlicher Modelle, wie es in keinem anderen Staat der Welt zu finden ist. Weil es kaum Gemeinsamkeiten gibt, erweist sich auch die medienpolitische Interessenvertretung als schwierig, es gibt nicht – wie anderswo – eine gemeinsame und damit schlagfähige Selbstorganisation dieser Stationen.

**Beispiel für die Rechtsgrundlagen von Community Radio**

Auszug aus dem Staatsvertrag zwischen den Bundesländern Hamburg und Schleswig-Holstein, geschlossen 2006, hier zitiert in der Fassung von 2008. Es wird deutlich, dass die Rahmenbedingungen für den nichtkommerziellen Bereich genau dargelegt werden und zwar für beide Bundesländer getrennt. Andere nichtkommerzielle Stationen (wie die Hamburger Station FSK, vgl. unten 12.5.1.2.2) werden nicht berücksichtigt, ihre Lizenzierung erfolgt wie bei kommerziellen Stationen.

§ 33 Hamburgischer Bürger- und Ausbildungskanal

(1) Für Hamburg kann im Hörfunk und im Fernsehen je ein Kanal für Projekte der Kinder- und Jugendarbeit, der Integration und den Stadtteil und Regionalkultur sowie zur Ausbildung im Medienbereich betrieben werden, dessen Beiträge über Kabelanlagen oder terrestrisch verbreitet werden (Hamburgischer Bürger- und Ausbildungskanal). ...

§ 35 Offener Kanal in Schleswig-Holstein

(1) In Schleswig-Holstein werden im terrestrischen Hörfunk in den Bereichen Westküste, Lübeck und Kiel sowie im Kabelfernsehen in den Bereichen Flensburg und Kiel jeweils ein Offener Kanal für regionalen Bürgerfunk und zur Förderung der Medienkompetenz unterhalten. Der Offene Kanal gibt Gruppen und Personen, die nicht Rundfunkveranstalter sind (Nutzer), Gelegenheit, eigene Beiträge im Hörfunk oder Fernsehen regional zu verbreiten.

Erstmals hat sich auch die Bundesregierung in ihrem aktuellen Medien- und Kommunikationsbericht mit diesen „Bürgermedien" beschäftigt. Zusätzlich zu den Beobachtungen der Landesmedienanstalten betont sie die Notwendigkeit von Professionalität: „Dabei ist aus Sicht der Bundesregierung unerlässlich, dass für die weitere Entwicklung der Bürgermedien der eingeschlagene Weg der Professionalisierung weiterhin konsequent beschritten wird. Eine klare Programmstruktur und die Einhaltung qualitativer Standards müssen weiterhin zentrale Orientierungspunkte sein." (zit. ALM 2010: 328).

Der international übliche Gattungsbegriff Community Radio wird in Deutschland selten verwandt, manche Stationen bezeichnen sich als Freie Radios (Pinkau/Thiemann 2005). Zusammengefasst ist die in Deutschland stark zerklüftete Szene im *Bundesverband Freier Radios* (*BFR*), dem vor allem die klassischen selbstverwalteten Stationen angehören, insgesamt gut dreißig (2010). Sie sind sehr ungleich über die Bundesrepublik verteilt: Allein sieben finden sich in Baden-Württemberg, drei in Nordrhein-Westfalen, eine in Bayern (www.freie-radios.de). Andere Typen von Stationen (Offene Kanäle, Campusradio) sind in eigenen Netzwerken, teils auch auf internationalen Ebene organisiert.

Um den derzeitigen Stand zu dokumentieren, wird eine Reihe von Stationen vorgestellt:

### 12.5.1.2.1   Radio Dreyeckland (RDL):

Das älteste freie Radio, hervorgegangen vor mehr als einem Vierteljahrhundert aus einer Protestbewegung gegen ein geplantes Atomkraftwerk, ist *RDL*. Bei ihrer Entstehung orientierte sich die Station an der *Radio Libre*-Bewegung des nahen Nachbarn Frankreich (Griegert/Kollert/Barnay 1987). Im Jahr 2010 wurde *RDL* von 2600 zahlenden Mitgliedern finanziert, etwa 150 beteiligten sich durch aktive Programmarbeit. Die Station will „kritische Öffentlichkeit" herstellen und identifiziert sich mit Zielen wie Unabhängigkeit, inhaltliche Pluralität, freier Zugang und basisdemokratisches Radio. Kooperation mit sozialen Bewegungen werden gepflegt, darunter Vertreter von Frauen, Schwulen, Antirassisten, Antifaschisten, Internationalisten, Umweltaktivisten, Gewerkschaftlern, Gefangenen etc. Migranten sind eingeladen und präsentieren Programmanteile in 15 verschiedenen Sprachen. Die Station profitiert von dem offenen Geist der Region um Freiburg mit ihren vielen Studierenden und dem Kontakt zu den nahen Nachbarländern (www.rdl.de).

### 12.5.1.2.2   Freies Sendekombinat Hamburg (FSK)

Der Sender mit dem kuriosen Namen nennt sich „freies und nichtkommerzielles Radio" und sieht sich in der dritten Säule eines trialen Rundfunksystems. *FSK* „versteht sich als öffentlich im Sinne eines durchschaubaren und parteinehmenden Raums. Ein äußeres Merkmal dieses Rundfunkmodells ist seine Finanzierung durch Fördermitgliedschaften seitens der Hörenden, die das Radio sozusagen abonnieren. Kommerzielle Werbung ist bei nichtkommerziellen Radios ausgeschlossen. *FSK* ist ein Privatradio in dem Sinne, dass Privatleute – nicht Unternehmen! – sich zum Zweck des Radioveranstaltens zusammenschließen. Es ist jedoch öffentlich im Sinne von Durchsichtigkeit und Durchdringbarkeit auf allen Ebenen des Projekts von Selbstorganisation und Programmproduktion." (www.fsk-hh.org).

Der Sender konnte 1996 den Betrieb aufnehmen, nach Jahren der Auseinandersetzung mit der Stadtregierung. Knapp 2000 Fördermitglieder sorgen für eine Basisfinanzierung, die Medienstiftung der Stadt beteiligt sich an den laufenden Kosten. Eine Programmzeitschrift (10.000 Auflage) versorgt die zahlenden Mitglieder und wirbt für den Sender, z. B. auf Live-Veranstaltungen mit Hamburger Bands. Der Sender wird in einer dezentralen Struktur von verschiedenen Radiogruppen getragen (daher Kombinat), etwa dem Frauenteam *von St. Paula*, *Loretta* mit Kulturbezug, *Uniradio*, *Stadteilradio* etc. Der Sender beruht auf mehreren radiogruppenübergreifenden Redaktionen: Musikredaktion, GuTzKi (Gedanken und Töne zu Kulturindustrie), Redaktion 3, Inforedaktion etc. Die

Einschaltungen für die Station sind erwartungsgemäß gering, allerdings spielt sie im lebendigen Musikleben der Stadt durchaus eine Rolle.

Die politisch engagierte Station schaltet sich gern auch bei Demonstrationen ein und legt sich schon einmal mit der Stadt an. Ein mitgeschnittenes und unautorisiert ausgesendetes Telefongespräch mit dem Polizeisprecher hatte zur Folge, dass die Station polizeilich besetzt, im Sendebetrieb behindert, Technik- und Programmmaterial beschlagnahmt wurden. Die Aktion, die weitgehend unbekannt blieb, wurde schließlich vom Bundesverfassungsgericht als unverhältnismäßig gerügt. Es nahm dies zum Anlass, um auf den besonderen Schutz der Verfassung auch für diese Art Stationen hinzuweisen. (vgl. Kap. 6.1)

### 12.5.1.2.3    Radio Tide 96.0 Hamburg:

In der sozialdemokratischen Ära Hamburgs hatte die Bürgerschaft per Gesetz u. a. eine terrestrisch sendende Radiostation als Offenen Kanal etabliert, mit freiem Zugang für alle Bürger, die ohne redaktionelle Aufsicht selbst für ihre Radiobeiträge verantwortlich zeichneten. Gesendet wurde aus einem von der Landesmedienanstalt unterhaltenen Studio. Der Sender war gut eingeführt, als er als Folge eines Regierungswechsels zur CDU 2001 zeitweise abgeschaltet und rechtlich völlig neu aufgestellt wurde. Der Sender wanderte in die Trägerschaft einer damals neugegründeten öffentlich-privaten *Hamburg Media School* (*HMS*) und firmierte nun als *„Hamburgischer Bürger- und Ausbildungskanal"*. Im zuständigen Gesetz wurde der Programmauftrag (oben zitiert) recht restriktiv festgelegt – eigenständige Programmarbeit von Migranten oder Homosexuellen, die im alten Offenen Kanal prominent aktiv gewesen waren, war nicht mehr vorgesehen. Im Unterschied zur Ära des Offenen Kanals wurde nun ein verantwortlicher Chefredakteur eingesetzt, der Beiträge vor der Aussendung abnimmt. Diese Neugestaltung geschah in einer Phase, als die rechtspopulistische Schill-Partei einen Teil der Landesregierung stellte. Von ihr war bekannt, dass sie die Arbeit des Offenen Kanals kritisch einschätzte und vor allem eine Programmarbeit von ihnen nicht genehmen Minderheiten ablehnte.

Bereits in der Einführungsphase des neubegründeten Bürger- und Ausbildungskanals wurde die Koalition mit der (inzwischen verschwundenen) Schill-Partei beendet und der Sender konnte im Wesentlichen unverändert weiterarbeiten, viele Magazine aus der Offenen Kanal-Ära, auch von Migranten oder Homosexuellen, werden wie bisher gesendet. Im Programmangebot von *Tide 96.0*, – „immer anders" firmierend – ist von den gesetzlichen Fesseln, die weiterhin rechtsgültig sind, faktisch nichts mehr zu finden. Das Besondere ist die Redaktion professioneller Radiomacher, die für journalistische und handwerkliche Mindestanforderungen sorgt, „die sich mit der Qualität der Ausstrahlungen befasst und helfend eingreifen kann." (TIDE 2010: 23). An einer *TIDE Akademie*

findet Radio-bezogene Aus- und Weiterbildung statt, Kooperationen sind naturgemäß besonders intensiv mit der den Sender tragenden *HMS*, auf deren Campus
sich *Tide* befindet und die dafür großzügig mit neuen Studioanlagen ausgestattet
wurde (www.tidenet.de).

Deutlich wird, wie hier medienpolitische Sonderlagen diesen Radiobereich
durchdringen, es besteht die Gefahr, dass derartige Sender zum Spielball politischer Stimmungslagen werden. Die *HMS* ist eine Gründung aus den frühen Jahren der CDU-Regierung, der es wichtig war, an der vielfach größeren Universität
vorbei den Sender zu etablieren. Tatsächlich hat sich im Sender aber längst han-
seatische Gelassenheit breitgemacht. „Der Stadtsender zum Mitmachen" will
anders sein, arbeitet abseits vom Mainstream und versteht sich als Tor zur Hamburger Medienwelt. Der Sender sieht sich als „dritte Säule" im Mediensystem,
angesichts des engen gesetzgeberischen Korsetts, der Organisation und der Finanzierung kann der Sender aber nicht als freies oder alternatives Radio geführt
werden, auch ein Campussender sieht anders aus. Er ist ein politisches Produkt
sui generis, wird aus öffentlichen Geldern finanziert, gleichwohl übernimmt der
Sender in der Stadt auch Funktionen eines Community Radios.

### 12.5.1.2.4   Lokaler Hörfunk in NRW

In dem bevölkerungsreichsten Bundesland Nordrhein-Westfalen entwickelte die
Sozialdemokratie 1990 ein – nach eigenem Verständnis – weltweit einzigartiges
Modell des lokalen Hörfunks. In einem sog. Zwei-Säulen-Modell wurden bei 46
Lokalstationen, die das ganze Land abdeckten, jeweils kommerzielle Angebote
mit Bürgerfunk verbunden (Lendzian/Münch 1994). Die Lizenz erhielt eine
gemeinnützige Veranstaltergemeinschaft, in der lokal relevante Gruppen – Kirchen, Sport, Jugend, Gewerkschaft, Arbeitgeber, Migranten – vertreten sind
(www.lfm-nrw.de). Sie vergab Senderechte an eine kommerzielle Betreiberge-
sellschaft, welche für den Sendebetrieb verantwortlich war und in der oft die
örtliche Zeitung das Sagen hatte. Die in der Veranstaltergemeinschaft zusammengeschlossenen Gruppen gründeten Radiowerkstätten, es entstanden über 150
von ihnen, in denen Beiträge für einen Bürgerfunk produziert wurden, der bis zu
15 % der Sendezeit (mindestens 60 min.) füllte. Diese Werkstätten wurden von
der Landesmedienanstalt gefördert und waren auch für Radiotraining verantwortlich (Volpers/Schnier/Salwiczek 2006).

Ein im Prinzip kommerzieller Sender wurde mit örtlichen Radioinitiativen
verkoppelt, wobei beide Seiten naturgemäß unterschiedliche Zielgruppen bedienten. Das komplizierte Modell sorgte nicht selten für Streitigkeiten zwischen den
beiden sehr ungleichen Säulen (Hirsch 1991). Der Chefredakteur war dann häufig die Person, die zu vermitteln, quasi als Diplomat zu operieren hatte (Lendzian
1999). Medienpolitisch stand ein Kompromiss hinter diesem Modell, das klassi-

schen sozialdemokratischen Korporatismus verkörperte – die Versöhnung von Kommerz und aktivem Bürger: Die örtlichen Verleger konnten ein lokales, weitgehend konkurrenzfreies Kommerzradio betreiben, mussten aber dem Bürgerfunk gewisse Sendezeiten – meistens am Tagesrand mit geringen Einschaltungen – einräumen.

Im Rahmen einer Begleituntersuchung war damals die Frage nach der Bedeutung für die „lokalpolitische Kultur" gestellt worden, im Ergebnis wurde unterstrichen, dass – bei starken Schwankungen im Einzelnen – durchaus Einflüsse auf die „kommunale Kommunikation" erkennbar waren (Jarren et. al. 1993). Nach dem Wechsel der Landesregierung zur CDU 2005 war die lokale Radiostruktur zwar einstweilen erhalten worden, die Rahmenbedingungen wurden aber entscheidend verändert. Eine Nutzungssatzung regelte nun den Zugang zum Bürgerfenster, der einheitlich auf den späteren Abend (21:00 bis 22.00) verlegt wurde. Die Satzung gab in Auftrag, das „lokale Informationsangebot zu ergänzen und den Erwerb von Medienkompetenz von Schülerinnen und Schülern zu ermöglichen ..." (Nutzungssatzung § 1). Für den Zugang zum Programm wurde nun eine „geeignete Qualifikation" gefordert, deren Erwerb die Landesmedienanstalt regelt. Die neuen Begriffe waren „Medienkompetenzerwerb", „Qualifizierungsangebote", „Radioprojektarbeit in der Schule" zu Sendezeiten, zu denen die Einschaltungen gering sind (Bürgermedien unter: www.lfm-nrw.de). Letztlich wurden die Stationen als Folge dieser Aktionen in ihrer lokalpolitischen Berichterstattung entschärft, die Konkurrenz zu den ortsansässigen Medien in deren Interesse vermindert.

### 12.5.1.2.5  *mephisto 97,6, Campus Radio in Leipzig - und anderswo*

Diese Station begann 1995 und beansprucht, die älteste Campusstation in Deutschland zu sein (www.radio-mephisto.de). Der Sender ist mit dem Institut für Kommunikations- und Medienwissenschaft der Universität verbunden und ermöglicht, dass viele Hundert Studierende Erfahrungen in praktischer Hörfunkarbeit erwerben konnten (Steinmetz 2005). Im Selbstfahrerstudio sollen sie professionelle Arbeit leisten, fest angestellt sind nur Techniker. *Mephisto 97,6* sieht sich nicht nur als Dienstleister der Universität – wie viele andere Campussender – sondern verfügt über eine Lizenz zur lokalen Versorgung der Region Leipzig/Halle mit Nachrichten und Musik; 40 % der Sendezeit sollen Wortbeiträge sein. Der Sender ist damit zu einem festen Faktor der lokalen Berichterstattung geworden.

*Mephisto 97,6* verfügt über keine eigene Frequenz, vielmehr arbeitet der Sender zwei Mal zwei Stunden Montags bis Freitags auf einer Kommerzfrequenz (*oldie.fm*). In der teilweise verödeten Medienlandschaft Ostdeutschlands hat der Sender, der sich als „Leipziger Radioalternative" in der Region versteht, mit einer Million potenziellen Hörern durchaus seinen Stellenwert. Es zählt zu den Kuriositäten des Radios, dass – genau genommen – ein Sender der damaligen Ingenieurschule Ilmenau in der DDR das älteste Universitätsradio (an der heutigen TU Ilmenau immer noch aktiv) ist. Die Station begann bereits 1950 mit täglichen Pausenansagen in den Klassenräumen. Der Dienst wurde später ausgebaut und blieb unter der Kontrolle universitärer Untergliederungen der SED, genoss aber begrenzte Freiheiten (www.hsf.tu-ilmenau.de). Heute wird der Hochschulfunk *hsf 98,1* von einem eingetragenen Verein *hsf studentenradio* getragen und sendet mit verschiedenen Redaktionen während der Semestermonate.

Die Station *eldoradio* ist im Jahre 2000 von der TU Dortmund und der dortigen Fachhochschule begründet worden und sendet 24 Stunden auf eigener UKW-Frequenz. Sie ist fester Bestandteil der in Dortmund besonders gepflegten Journalistenausbildung, ihre Arbeit beruht auf regelmäßiger Mitarbeit von etwa 120 Radiomachern (www.eldoradio.de). Viele der in den letzten Jahren etablierten Campusstationen kooperieren miteinander, pflegen den Programmaustausch und bieten z. B. Abstimmungen über Top-Musiktitel an. Diese Koordinierung leistet *eldoradio* in Dortmund (www.campuscharts.de).

### 12.5.1.3 Freies Radio in Österreich

In Österreich hat sich ein Netz klassischer „freier" Radios etabliert. Es handelt sich um (2010) sechszehn Stationen, weitere Frequenzvergaben sind laut dem zugrundeliegenden Regionalradiogesetz möglich, das einheitliche Rahmenbedingungen im Lande schafft (Purarthofer/Pfisterer/Busch 2008: 16f.). Die Interessen der aktiven Stationen nimmt ihr *Verband Freier Radios* (*VFRÖ*) wahr, der 2007 eine Charta der Freien Radios vorlegte. Darin sind wesentliche Grundsätze niedergelegt, zu denen zählen:

- Offener Zugang,
- Partizipation,
- Gemeinnützigkeit/Nichtkommerzialität,
- Transparenz/Organisation
- Lokalbezug/regionale Entwicklung
- Unabhängigkeit (www.freie-radios.at).

Wegen der einheitlichen Rechtsgrundlage, der Präsenz in allen Landesteilen und der guten lokalen Einbindung ist hier in mancher Hinsicht das Gegenmodell zur deutschen Situation entstanden. Dies gilt, obwohl auch Österreich ein Staat mit föderaler Ordnung ist. Mit dieser Blüte freier Radios ist verbunden, dass seit einigen Jahren eine kontinuierliche Forschung unter Einbezug der Radiomacher betrieben wird. Die besten Arbeiten zu diesem Radiotyp im deutschsprachigen Raum kommen seit einigen Jahren aus Österreich. (zuletzt: Peisel et. al. 2010 zum Public Value)

### 12.5.1.4 Nicht kommerzorientiertes Lokalradio in der Schweiz

In der Schweiz begann die Entwicklung der Community Radios bereits 1983 mit der Station *LoRa* in Zürich. In der mehrfach angepassten Rundfunkgesetzgebung werden die neun Community Stationen (2008) als Produzent eines „komplementären", nicht gewinnorientierten Radioprogramms beschrieben (Peissl/Tremetzberger 2008: 126; 213-228). Die Interessenvertretung übernimmt die *Union Nicht-Kommerzorientierter Lokalradios* (*UNIKOM*), der 2010 alles in allem sechzehn Stationen angehörten. Die Union beschreibt die Sender als „Plattform für regionales Kulturschaffen, Lokalpolitik, Musik außerhalb der Hitparade, authentische Jugendkultur, Radiogefäße für SeniorInnen und ermöglichen Sendungen in über zwanzig Sprachen" (www.unikomradios.ch). Eine Besonderheit des Landes ist, dass ein Anteil von 4 % des Aufkommens an Rundfunkgebühren für nichtöffentliche Sender bereitgestellt wird, das waren 2008 immerhin 18,8 Mio. Franken, von denen ein Teil unter den Community Radios verteilt wurde. Für das Angebot von Aus- und Weiterbildung gründeten die Stationen gemeinsam die Organisation *Klipp & Klang*.

### 12.5.1.5 Community Radio in Großbritannien

Jahrelang galt das Vereinigte Königreich als eher verschlafen in Sachen Radioinitiativen, allerdings ist die Community Radio-Szene seit den Anfängen 2005 regelrecht explodiert. Die Aufsichtbehörde *Ofcom* gibt jährlich einen Bericht heraus, in dem sie Rahmendaten vermittelt. Danach gab es im Jahre 2010 insgesamt 228 lizenzierte und 181 tatsächlich arbeitende Stationen. Eine Station verfügte im Schnitt über 75 freiwillige Mitarbeiter, der Haushalt umfasste im Mittel etwa 75.000 Pfund – wegen der Krise leicht sinkend. Von den Einnahmen gingen ca. 50 % an die Mitarbeiter und jeweils 10 % in die Studiomiete und die Technik. Die Finanzierung fand zu 37 % aus öffentlichen Mitteln statt, es waren oft lokale Gemeinwesen, die halfen, aber es gibt auch einen nationalen *Community Radio Fund*, den *Ofcom* verwaltet. Ein knappes Viertel der Einnahmen stammt aus Werbung und Sponsoring. Von den Stationen befinden sich 17 % in urbanen Zentren, 43 % in kleineren Städten und ländlichen Gebieten, andere an Universitäten etc., viele Stationen bedienen spezielle Hörerschaften: 14 % ethnische, 11 % jugendliche, 7 % religiöse Zielgruppen (Ofcom 2010).

Eine nationale Organisation, die *Community Media Association*, repräsentiert die Anbieter gegenüber der Regierung, der Wirtschaft und den Regulierungsbehörden. Zu den mehr als 600 Mitgliedern zählen nicht nur Stationen, sondern auch Initiativen, die sich um eine Lizenz bemühen und unterstützende Einzelpersonen. Die *Association* berät Aspiranten, die eine Station aufbauen wollen und sorgt für Erfahrungsaustausch. Sehr britisch ist sicherlich, dass eine parteiübergreifende Gruppe von Parlamentsmitgliedern, darunter sogar Lords, die Prinzipien der Community Media-Bewegung unterstützen und für Kontakte in die Politik hinein sorgen (www.commedia.org.uk).

### 12.5.1.6 Community Radio in Australien

Kein Land der entwickelten Welt verfügt über ein derartig dichtes Netz von Community Stationen wie Australien. Sie entstanden seit den frühen 70er Jahren und erreichten 2008 die Gesamtzahl von 351 lizenzierten Stationen (von denen nicht alle auf Sendung waren). Die meisten verfügten über ein gemischtes Format, aber es waren auch spezialisierte Stationen darunter (19 indigene, 34 religiöse, 8 für Jugendliche etc.). Die Stationen sind mit einem *Community Radio Satellite Network* untereinander verbunden. Insgesamt übertrifft die Zahl deutlich die der kommerziellen Stationen in Australien, 57 % der Bevölkerung schaltet mindest einmal im Monat ein, 32 % der Stationen sind der einzige Radiosender am Ort, was vor allem für kleine Ansiedlungen im Outback gilt. Eine einflussreiche Organisation *Community Broadcasting Association of Australia* (*CBAA*) vertritt die Interessen, sorgt z. B. dafür, dass die Stationen beim Übergang auf digitale Technik voll einbezogen werden. Die *CBAA* hat auch einen *Code of Practice* für die Stationen erstellt, einen Katalog der Selbstbindung an Minimalstandards (Daten: www.cbaa.org. au). Das Angebot reicht von jugendlichen Pop-Stationen über ethnische Angebote (es werden über 100 Sprachen bedient) bis zu sublokalen Zielgruppen (z. B. das Kaffeekränzchen der kleinen deutschen Gemeinde von Adelaide).

An manchen Standorten haben Community Stationen ähnliche Reichweiten wie kommerzielle Anbieter. Warum gerade Australien? Die Konzentration im konventionellen Medienbereich ist im Heimatland des Medientycoons Rupert Murdoch extrem hoch, unter vergleichbaren westlichen Staaten die höchste. Das beflügelte viele Bürger (20.000 sind aktiv) sich für Alternativen zu engagieren. Zudem lässt sich die besondere kulturelle Vielfalt der von Einwanderung geprägten Bevölkerung so am besten bedienen.

### 12.5.2 Community Radio im „Süden"

In Teilen des globalen Südens ist heute das Radio das dominierende Medium. Dies bedeutet, dass es speziell in Afrika südlich der Sahara und den armen Teilen Asiens und Lateinamerikas eine einzigartige Rolle spielt. Dort ist es auch heute noch in den ländlichen Regionen das Medium, das den meisten Kontakt mit den Menschen hält und das Einzige, von dem sie regelmäßig versorgt werden. Für diese Länder verfügt das Radio über Eigenheiten, die es einzigartig erscheinen lassen:

- Die technische Infrastruktur ist wenig entwickelt, die Energieversorgung instabil, physische und technische Transporte sind teuer, kostengünstige Insellösungen bieten sich an.

- Einfache Radiosender sind heute für wenige Hundert Euro zu errichten, für die Studioausstattung reichen simple Gerätschaften, etwa ein Mikrofon oder ein CD-Player. Transistorempfänger kosten wenige Euro. Der Energieverbrauch ist gering und Empfangsgeräte können auch per Batterie betrieben werden, wo der Stromanschluss fehlt.

- Die Kluft zwischen Stadt und Land, Metropole und Peripherie ist besonders groß. Anspruchsvolle Massenmedien wie Presse, Fernsehen und neuerdings auch das Internet sind in den Städten verfügbar; in den weiten ruralen Regionen erweist sich Radio dagegen als unschlagbar günstiges Verteilmedium.

- Das Radio erfordert keine Lesefähigkeit, es erreicht jeden Hörfähigen; in seiner Konzentration auf auditive Kommunikation knüpft es häufig an die oralen Traditionen vorschriftlicher Kulturen an, kommuniziert über spezifische Formen von traditioneller Musik und Erzählung.

- Das Radio vermag sich auch auf Zielgruppen einzustellen, die sonst im Mediensystem vernachlässigt werden: dazu zählen einerseits ethnische Minderheiten, spezielle Sprachgruppen etc., zum anderen Frauen, benachteiligte Berufsgruppen (z. B. Tagelöhner) etc.

- Das Radio erfordert für seinen Betrieb keine besonderen handwerklichen Fähigkeiten, die Zugangsbarrieren sind gering.

- Dies gilt auch im örtlichen Sinne, es liegt nahe, die Station in das Zentrum des Einzugsgebietes zu legen (in Lateinamerika z. B. oft direkt neben der Ortskirche), somit ist sie für Macher und Hörer leicht erreichbar.

- Radiostationen lassen sich problemlos überregional vernetzen, können anderswo produzierte Programmteile übernehmen und ihrerseits interessante Beiträge überregional zur Verfügung stellen; für die Übertragung eignen sich Datenträger wie Tonkassetten oder CD-ROM, Satelliten oder das Internet. Für die internationale Vernetzung sorgen Organisationen wie *AMARC*.

- Angesichts der kleinräumig-lokalen Arbeit der Stationen ist der Zugang unkompliziert, dies geschieht sowohl durch Studiobesuch als auch über Telefon.

- Unter diesen Bedingungen sind diese Stationen häufig nicht nur Zentren lokalen Austauschs, sondern auch Mittler überregionaler Informationen, oft mit Entwicklungszielen (Gesundheit, Weiterbildung etc.), mit Zielen der Identitätsstärkung (Förderung eigener Kultur, Nation Building etc.) oder auch Alternativen zu den zentralistischen und zensierten Staatsmedien (Gegenöffentlichkeit).

Stationen dieser Art finden sich zu Tausenden in den armen Regionen der Welt. Ihr rechtlicher Status und ihre Finanzierung differieren sehr stark, in manchen Ländern sind sie Ergebnis eines geplanten Infrastrukturaufbaus, anderswo resultieren sie aus Selbsthilfe, sind mitunter nicht ordnungsgemäß lizenziert und nur geduldet. Ihre Finanzquellen sind weit gestreut, von Beiträgen der Hörer über staatliche und kommunale Zuweisungen, Mittel aus der Entwicklungshilfe, bis hin zu naturgemäß bescheidenen Werbeeinnahmen.

## 12.5.2.1 Radio und Entwicklung

Radio spielte bereits früh eine Rolle in Planungen, die Segnungen der westlichen Zivilisation auch in der Welt der armen Länder zu verbreiten. Modelle seit den 60er Jahren stellten ein „Modernization by Communication" in den Mittelpunkt, sahen Radiostationen als Orte, um mit Informations- und Schulungsprogrammen Modernisierungsprozesse nach westlichem Vorbild einzuleiten. Diese frühen Ansätze, die einem „top down"-Verständnis folgten, sind heute Strategien gewichen, bei denen die Stärkung der Betroffenen vor Ort („empowerment") im Mittelpunkt steht. Community Radios entstehen aus „bottom up"-Initiativen, stellen den kleinen Leuten erstmals eine eigenständige Plattform zur Verständigung, vernetzen sie untereinander und verleihen ihnen eine gemeinsame Stimme nach außen.

In einem Bericht zu „Empowering Radio" aus einem Programm der Weltbank heißt es dazu:

"Across many countries and in different regions, community radio stations have been fostering community participation and creating an appetite for transparent and accountable governance, even in challenging regulatory environments. Participation and governance depends on common people, particularly poor communities, collectively articulating their concerns and shaping the topics that are to be discussed and on which government action is scrutinized, promoted, and monitored." (Girard 2007).

In einem anderen Bericht schreibt die *African Radio Research Initiative* (*AFRRI*) über ihre Aktivitäten zu „Communicating with Radio", Aufgabe sei es, „to gather, implement, evaluate and share best practices using radio-based communication strategies to enhance food security in rural Africa … It will also offer capacity-building and training services for radio broadcasters so they can improve their programming for rural listeners." (*AFFRI* 2008: 4). Die Initiative kann auf Erfolge im ländlichen Afrika verweisen und überträgt diese Erfahrungen auf arme Regionen Asiens.

Die Allianz *Building Communication Opportunities* (*BCO*), ein Zusammenschluss nationaler Entwicklungshilfeagenturen mit NGOs, darunter auch der Weltorganisation für Community Radios *AMARC*, sieht in der Verbindung dieser Stationen mit neuen Informationstechniken die Grundlage für substanzielle Fortschritte. Radio versteht sie vor allem als Agent des politischen Wandels, während neue Informations- und Kommunikationstechniken den Armen bessere Zugänge zu Märkten zu geben vermögen: Beide Technikebenen sind wichtig für die politische Vernetzung der Benachteiligten, bestehen nebeneinander und stärken sich gegenseitig (*BCO* 2008).

Medienbezogene Hilfen aus den Staaten des reichen Nordens können eine Rolle spielen, besonders in den 80er Jahren konzentrierte sich deutsche Entwicklungshilfe auf den Medienbereich. Während in früheren Dekaden eher allgemeine Entwicklungsaspekte eine Rolle spielten, etwa Grundbildung oder Gesundheitsinformationen, orientiert sich die Entwicklungshilfe inzwischen um auf Demokratieförderung und Stärkung von „Good Governance", also guter Staatenführung. Seit vielen Jahren bilden deutsche Entwicklungseinrichtungen Macher und Manager speziell für diese Radioszene aus, allen voran die *DW-Akademie* der *Deutschen Welle* im Auftrag des Entwicklungshilfeministeriums. Die *DW* trainiert vor allem professionelle Radiomacher, konzentriert ihre Aktivitäten auf Krisengebiete und sieht eine Kernaufgabe in der Friedensstärkung („Friedenssicherung statt Hassradio"), hilft aber auch Community Radios ganz allgemein.

Diese Form der Entwicklungshilfe wird nicht immer begrüßt. Aus den Nehmerländern gibt es auch kritische Stimmen, so argumentiert der afrikanische Kommunikationswissenschaftler Ullamaija Kivikuru: „Community media have been the favorite baby of Northern donors. However, day-to-day reality provides evidence of the fact that both journalists and journalism educators know almost nothing about this sphere in Africa. ... In practice, ..., community media remain an isolated sphere, and participation is still more a popular slogan than an integral part of the landscape." (Kivikuru 2009: 191). Für ihn gilt, dass das Konzept nicht abzulehnen ist, aber er mahnt auch, dass der entscheidende Anstoß aus der Mitte der eigenen Zivilgesellschaft kommen muss.

### 12.5.2.2 Beispiele

Nachfolgend werden einige Beispiele für Community Radios im politischen "Süden" der Welt gegeben:

- Radiostationen in den Zinnminen Boliviens (*radio minervas*) gibt es seit 1947 – sie nennen sich die ältesten alternativen Anbieter der Welt. In ihrer langen Geschichte sicherten sie den Einfluss der Gewerkschaften gegenüber dem Staat, dienten der Abwehr militärischer Übergriffe und dem Widerstand gegen politische Diktaturen. Eine Untersuchung der Station *Radio Nacional de Huanuni* beschreibt, wie sich in dieser männergeprägten Radiowelt Frauen zunehmend aktiv ins Programm einbrachten (Huesca 1995).

- Im Senegal sind örtliche Stationen zur Pflege indigener Sprachen wichtig; denn die staatlichen Medien kommunizieren überwiegend in der offiziellen, aus der Kolonialzeit überkommenen Sprache Französisch. Die Verwendung der afrikanischen Stammessprachen bringt nicht nur Kommunikation näher an den Menschen, sie wertet auch die auf, die sie nutzen, sie stärkt bedrohte Sprachen und dient der kulturellen Identitätsbildung (Meyer 2007).

- Gerade unter den Bedingungen indigener Lebensweisen werden Frauen diskriminiert und in ihrer Arbeit zu wenig gewürdigt. Spezielle Radiostationen im südlichen Afrika widmen sich einem „women empowerment", indem sie sich nicht primär als Plattform für Frauen und Frauenthemen verstehen, sondern mit gender-sensitivem Journalismus der alltäglichen Diskriminierung entgegen zu wirken versuchen (Kannengießer 2007).

- In Burkina Faso wird dem staatlichen Anbieter, der in der Hauptstadt beheimatet ist („mother radio") und das Hinterland mitversorgt, eine Landschaft lokaler Stationen entgegengestellt, die sich an örtlichen Kulturen orientieren. Diese Stationen teilen sich in zwei Gruppen: Manche wurden vom Staat initiiert, der auch die Grundausstattung stellt, eine nationale Verwaltung sorgt für Unterhalt, Training und Koordination, der Betrieb wird von Freiwilligen unterhalten. Dazu gibt es private Stationen, die weitgehend außerhalb staatlicher Aufsicht stehen und von Einzelpersonen, Vereinigungen oder religiösen Gruppen betrieben werden (Nombré 2000).

- *Rádio Favela 104.5* sendet in einem Slumgebiet der brasilianischen Millionenstadt Belo Horizonte. Der Sender entstand nach dem Widerstandskampf der Bewohner dieser Armutszone, die ihn gegen die Drogenmafia einsetzten und den Jugendlichen Orientierung bieten wollten. Der Arbeit des Senders wurde ein Spielfilm gewidmet, der zur Nachahmung anregte (Duarte/de Souca/de Silva 2007).

- Bei dem grenzüberschreitend sendenden *Radio Pocahullo* handelt es sich um die Station der Mapuche, einem bedrohten Indianervolk im Süden des lateinamerikanischen Kontinents (Patagonien), dessen Stammgebiet von der Kolonialgrenze zwischen Argentinien und Chile zerschnitten wird. Es geht in Selbsthilfe vor allem darum, die Zerrissenheit des eigenen Volkes zu überwinden, politisch Zuversicht aufzubauen und eine regionale Stimme zu erheben (Campion 2007).

- In Namibia bewegen sich Community Radios zwischen den Polen einer global antretenden Radio-Bewegung und einem öffentlichen Auftrag vor Ort. Hinzu kommt, dass ihnen in diesem jungen Staat noch die Aufgabe zuwächst, nach kriegerischen Auseinandersetzungen bei dem Wiederaufbau der indigenen Kultur mitzuwirken. (Moore 2008).

Unter Experten läuft derzeit eine Kontroverse, ob den Belangen der armen Welt nicht besser mit massivem Ausbau der mobilen Telefonnetze beizukommen ist. Dieses Argument kommt vor allem aus Südasien, wo Regierungen häufig den Betreibern von Community Radios Steine in den Weg legten und deshalb das staatlich besonders schwer zu kontrollierende Individualmedium Mobiltelefon eine besondere Bedeutung gewinnt. In Afrika setzen einheimische Kräfte dagegen weiterhin eher auf lokale Radioinitiativen, wobei das Handy-Telefon in vielen Situationen als ergänzendes Medium eingesetzt werden kann, etwa für Hörerkontakte, aber auch für Reportagen vor Ort, Diskussionen, Programminformationen etc.

## 12.6 Campus- und College-Radio

Hier handelt es sich um Radiostationen, die entweder von Universitäten als Ganzes, von bestimmten Untergliederungen (Journalistik, Kommunikationswissenschaft, vielleicht auch der Pressestelle) oder in Eigenregie von Studierenden betrieben werden. (zum deutschen Stand, oben Abschnitt 12.5.1.2.5) Typische Ziele dieser Stationen legen darin, Ausbildung für Radioproduktion und -präsentation zu betreiben, einem allgemeinen Erziehungs- und Kulturauftrag zu folgen, für die Universität zu werben oder Studierenden eine autonome Stimme zu geben. Typisch ist, dass die Stationen mit geringen Mitteln arbeiten und von freiwilliger Arbeit leben; das Informationsangebot reicht von Universitätsangelegenheiten einschließlich hervorgehobenen Vorlesungen bis zu örtlichen Nachrichten, Kultur, Sport, universitären Gruppierungen, ethnischen Themen. Zeitlich gesehen steht oft das Musikangebot im Zentrum, was sie z. B von den Public Radios unterscheidet, die in den USA ebenfalls in den Universitäten ihre Basis haben (zu dem öffentlichen Universitätsradio in den USA, vgl. Kap. 13.3.1).

Auch Campusradio hat eine lange Geschichte in den USA. Bereits in den späten 30er Jahren entdeckten Studierende der Harvard University, dass man das Rohrnetz der Gebäude als „Gas Pipe Network" nutzen konnte, um Mitstudierende mit Programm zu versorgen. Aus dieser Tradition entstanden Radiostationen, die weitestgehend in studentischer Eigenregie gefahren werden und eine studentische Klientel versorgen. Von diesen College Radios gibt es viele Hunderte in den USA (das Register nennt für den kleinen Südstaat Alabama allein 16), sie sind nicht Bestandteil des öffentlichen *National Public Radio* und dienen auch meist nicht der professionellen Ausbildung. Manche verfügen nicht einmal über eine Lizenz, der Übergang zur Piratenstation ist fließend. In vieler Hinsicht sehen sie sich vor allem als Alternative zu den kommerziellen Formatradios, bedienen sie doch ähnlich wie diese die Musikbedürfnisse junger Hörer. Die Discjockeys der Stationen spielen vor allem „Indie"-Musik („independent from corporate control"), also Musik, die jenseits großer Label entstand, ohne Verträge und außerhalb des Mainstreams. Weil studentische Hörerschaften als Trendsetter gelten, beliefert die kommerzielle Musikindustrie diese Stationen gern mit Titeln, testet mit ihrer Hilfe die Märkte aus und beobachtet die Resonanz (Waits 2007). Wer die Dynamik und den Erfolg der amerikanischen Musikindustrie begreifen will, wird sich diese Szene anschauen müssen.

Campus Stationen finden wir heute als nahezu selbstverständliche Einrichtung bei vielen Universitäten in der Welt. In Großbritannien begann die Entwicklung 1967 und die britische *Student Radio Association* umfasst 2009 mehr als 50 Mitglieder. In Indien wurde die erste Station 2004 eingerichtet, seitdem hat es einen wahren Boom gegeben. Um ein Campus Radio über die volle Sendezeit zu fahren, bedarf es Hunderter Freiwilliger. Sie sind meist unschwer zu finden, weil sich in der universitären Klientel ein großes kreatives Potenzial findet.

## 12.7 Fazit

Community Radio ist heute ein weltweites Phänomen, wie schon die Aktivitäten ihrer Weltorganisation *AMARC* unterstreichen. Wegen der zivilgesellschaftlichen Trägerschaft und der geringen professionellen Ansprüche kommt dieser Radiotyp der Mitmach-Idee besonders nah. Weltweit sind daher mehr Menschen ehrenamtlich mit dem Radio befasst, als hauptberufliche Radioredakteure. Was das im Zeitalter des Internets bedeutet, müssen wir abwarten, denn auch das Internet verfügt über ähnliche Eigenschaften. Dabei sollte nicht von einem bedrohlichen Konkurrenzkampf beider Medien ausgegangen werden, denn die Erfahrung zeigt, dass alte Medien in den neuen Medien weiterwirken. Bereits heute nutzen die Community Stationen das Internet vor allem komplementär, für Vernetzung, Programmaustausch und Hörerkontakt.

Radiostationen des Community Typs mit einer alternativen Gegenöffentlichkeit in Verbindung zu bringen, das mag im Einzelfall richtig sein, insbesondere wenn sie sich als Bewegungsradios verstehen und über aktuelle Proteste oder Demonstrationen berichten. Im Alltagsbetrieb aber füllen sie vor allem die Nischen an Musik und Nachrichten, welche die großen Radioanbieter nicht bedienen. Sie kommunizieren vorwiegend mit einer Szene, die besonders radioaffin ist, also gern und viel Radio hört, gleichwohl bleiben die Reichweiten begrenzt.

Auf den vom Angebot gesättigten Märkten Europas oder Nordamerikas kommen sie kaum über niedrige Reichweiten-Werte hinaus. Dies sieht in den wenig entwickelten Zonen von Entwicklungsländern anders aus, in denen sie oft das einzig präsente Medium mit Lokalbezug darstellen. Das Radio dient dann gleichzeitig der Entwicklung, wie es das modernisierungspolitische Paradigma beschreibt, wie auch der Selbststärkung von Menschen, denen keine anderen Artikulationsmöglichkeiten zur Verfügung stehen.

Der Blick auf die Weltsituation sollte klar gemacht haben, dass Deutschland im Bereich der Community Radios überwiegend Nachzügler ist. Es gibt vergleichsweise wenige Stationen, die sich zudem ganz unterschiedlichen, von den Bundesländern festgelegten Reglements zu unterwerfen haben. Während sich international ein durchaus ähnlicher Typ entwickeln konnte, gibt Deutschland den Eindruck, dass unter dem international wenig üblichen Begriff der Bürgermedien der Staat mit einer Art Gnadenakt einige Sendelizenzen gewährt, aber darauf achtet, dass sie den großen Anbietern im dualen Systems keine Konkurrenz machen. Die für die Community Radios typische Selbstorganisation kann sich so kaum entwickeln. Die Konsequenzen sind immer wieder von provinzieller Einzigartigkeit. In Sachsen wurden 2010 zeitweise mehrere lizenzierte Bürgerradios vom Sender genommen, die ein Fensterprogramm innerhalb einer kommerziellen Station betrieben. Diese waren nicht länger bereit, die Aufschaltkosten zu tragen (wozu sie verpflichtet waren), die zuständige Landesmedienanstalt konnte nicht helfen, weil ihr die Unterstützung von Bürgerradios gesetzlich untersagt ist. Schließlich sprangen die betroffenen Gemeinden mit Zwischenfinanzierung ein, die Zukunft blieb ungeklärt.

Dabei sind diese Community Radios ein idealer Ort, an dem mit geringem Aufwand und spielerischem Ansatz gesellschaftliches Engagement ausprobiert werden kann, kommunikative Kompetenz lässt sich erwerben und die Vielfalt der Gesellschaft findet eine besonders wirksame Stimme.

## 12.8 Fragen zur Vertiefung

1.  Nennen Sie fünf unterschiedliche Spielarten des Community Radios. Campus Radio, nichtkommerzielle Lokalstation, ethnische Station, ländliches Radio, College Radio, freies Radio, Offener Kanal u. a.

2.  Mit welchem Netzwerk von Stationen begann in den USA die Entwicklung des Community Radios? Mit der 1949 gegründeten Familie der *Pacifica*-Stationen, die immer noch aktiv sind.

3. Woran liegt es, dass in Deutschland vergleichsweise wenige Community Radios auf Sendung sind? Es gibt viele Gründe, z. B. die schwierigen und zwischen den Bundesländern stark schwankenden Lizenzierungsbestimmungen, ein Grundmisstrauen in der Politik, geringes Interesse und wenig gesellschaftliche Unterstützung zählen dazu.

4. Welche Organisationen vertreten in Europa die Interessen der Community Radio Szene? Zu den wichtigen zählen *AMARC Europe* und das *Community Media Forum Europe*.

5. Warum haben selbstverwaltete Radiostationen für indigene Völker eine besondere Bedeutung? Diese Völker (Indianer, Aborigines etc.) verfügen oft über oral dominierte Kulturen. Das auditive Medium Radio bietet unter allen Medien die besten Anschlussmöglichkeiten und kann als Pfleger und Verstärker ihrer Kulturen wirken.

## 12.9 Definitionen und Erklärungen

*Community Radio*: Unter dem Begriff werden weltweit alle Stationen zusammengefasst, die weder öffentlich noch kommerziell organisiert sind. In Deutschland werden sie wenig aussagekräftig oft Bürgerradio genannt.

AMARC: Association Mondiale des Radiodiffuseurs Communautaires, englisch: World Association of Community Radio Broadcasters, Weltorganisation der Community Radios, ansässig in Montreal, Kanada.

*Lizenzierungs- und Aufsichtsbehörde für Community Radios*: In Deutschland die Landesmedienanstalten, in anderen Staaten die nationale Aufsichtsbehörde für Medien, etwa *FCC* in den USA, *Ofcom* in Großbritannien.

*Campus Radio:* Sammelbegriff für Radiostationen, die an Hochschulen entstanden sind, sie können z. B. von der Hochschule betrieben werden, können aber auch in Eigenregie der Studierenden senden (College Radio).

*Offener Kanal im Radio:* Eine Station, bei der nicht eine verlässliche Programmstruktur im Vordergrund steht, sondern nach dem Prinzip „first come, first serve" jeder Interessent einen Sendeplatz bekommen kann. Dabei liegt die Programmverantwortung meist bei dem Macher, nicht bei der Station.

# Kapitel 13
# Globale Dimension

## 13.1 Einleitung

Dieses und das folgende Kapitel stellen vier verschiedene Sichtweisen auf das Radio vor, die alle mit seiner universellen Präsenz in der Welt zu tun haben:
- Radio als erstes globales Medium (Auslandsradio),
- Radiomodelle in der Welt (öffentliche vs. kommerzielle Erfahrungen),
- Spezielle Radiogenres und -formate (Talk, Sport etc.),
- Radio als Krisenmedium (Krisen, Katastrophen).

Es ist sicherlich ein waghalsiges Unterfangen, die zahlreichen Varianten des Phänomens Radio in der Welt einzufangen. Einerseits ist Radio seit seinen Anfängen ein besonders global präsentes Medium und damit ein Vorläufer des Internets, mit dem es inzwischen vielfach eine Symbiose einging. Dies wird am Beispiel des Auslandsradios verdeutlicht. (Abschnitt 13.2) Weltweit sind drei Radiomodelle prominent vertreten, das von den USA ausgehende kommerzielle Modell, sowie in weiten Teilen das in Europa entstandene öffentliche Modell. Beide werden anhand ihrer Entstehungsregion vorgestellt. (Abschnitt 13.3) Der dritte Grundtyp, das Community Radio, der ebenfalls weltweit vertreten ist, wurde im vorhergehenden Kapitel beschrieben (Kap. 12). Das folgende Kapitel 14 stellt unterschiedliche Genres, Formate und Funktionen des Radios in der Welt vor. Viele liegen jenseits des Mainstream und unterstreichen damit die These von der einzigartigen Variationsbreite des Mediums.

## 13.2 Radio als globales Medium

Radio wurde in seiner Geschichte als erstes wahrhaft globales Medium wahrgenommen. Programme, die auf Lang- und Kurzwelle verbreitet wurden, erreichten große Reichweiten, der Weltempfänger als Sonderform des Radios mit speziell ausgewiesenen Kurzwellenbändern ermöglichte den Zugriff zu diesem globalen Angebot. Im Zeitalter von Satelliten und Internet sind neue weltweite Verbreitungskanäle dazu gekommen, aber der Mythos des einstmals einzig weltumfassenden Funkmediums besteht weiter. Es finden sich auch heute noch Handbücher, die sämtliche Kurz-, Mittel- und Langwellensender (mit Sendefrequenzen zwischen 150 KHz und 300 MHz) in über zweihundert Staaten erfassen – in der Summe viele Tausende –, was nicht nur die Lebendigkeit des Mediums demonstriert, sondern auch das nachhaltige Interesse daran, es in seiner Vielfältigkeit zu durchreisen (World Radio TV Handbook 2011). Der Reiz nimmt eher noch zu, wenn man dazwischen auf ungewöhnliche Anbieter wie Piraten- oder Untergrundstationen trifft (Schmitz/Siebel 2011).

Aber nicht nur der Hörer daheim kann durch das Radioangebot der Welt streifen, mehr noch ist der Reisende oft auf das Radio angewiesen. Während heute daheim das Fernsehen den Konsum bestimmt, bleibt das Radio seit Jahrzehnten für Menschen auf Reisen oft das Medium der Wahl. Die deutschsprachigen Nachrichtenprogramme der *Deutschen Welle* und anderer öffentlicher Stationen (etwa *BR* auf Kurzwelle und *DLF* auf Lang- und Kurzwelle) sind auch außerhalb des Landes empfangbar. Dasselbe gilt für viele *ARD*-Radioprogramme, die via Satellit in digitaler Qualität in Europa und Umgebung verbreitet werden. An den großen Urlauberstränden (etwa von Mallorca oder den Kanaren) sind zudem örtliche deutschsprachige Sender aktiv, die Menschen vor Ort informieren, bewerben und mit Nachrichten aus der Heimat versorgen. Heimische öffentliche Sender in den Hauptreiseländern bieten zudem feste Sendeplätze, um die Gäste in ihrer Muttersprache zu versorgen (etwa in Italien, Griechenland und Türkei) (Kuhl 2004). Ein kleines, transportables Transistorradio (oder ein FM-fähiges Handy) reichen, um mit der Heimat Kontakt zu halten. Das Radio erweist sich so als wahrhaft „glokales" Medium, weil es einerseits global präsent ist und gleichzeitig den lokalen Bezug sichert, es ermöglicht Kontakte in alle Welt und erreicht jeden Winkel der Erde.

Unter diesen Bedingungen konnte eine ganz spezielle Kultur von Auslandssendern entstehen. Unter dem Begriff Auslandsrundfunk werden Anbieter zusammengefasst, die von einem Staat aus in verschiedenen Sprachen in die Welt hinaus senden, ihr Publikum sind interessierte Bürger anderer Staaten, mitunter auch Auswanderer oder temporär dort lebende Bürger des eigenen Staates. Auslandssendungen wurden zuerst auf Lang- und später auf Kurzwelle ausgestrahlt, die große Räume bedienen können. Speziell die Kurzwelle erwies sich als idealer Welttransporteur, denn die Sendewellen werden an der Ionosphäre reflektiert und zur Erde zurückgeworfen, was Signale über kontinentale Entfernungen hinweg empfangbar macht. Allerdings besteht eine Abhängigkeit von Wetterverhältnissen und die Tonqualität ist gering (Berg 2008; Klawitter 2008). Inzwischen sind etliche dieser Sender verschwunden oder haben sich Richtung Fernsehen und online ausgeweitet. Aber nach wie vor liegt hier die Domäne eines mehr oder weniger staatsgetragenen Radios, denn für kommerzielle Modelle ist der Auslandsfunk unattraktiv.

## 13.2.1 Anfänge und Kalter Krieg

Als ältester Auslandssender gilt die *Stimme Moskaus*, die 1929 damit begann, die Segnungen der sowjetischen Revolution europaweit zu propagieren. Am ersten Sendetag berichtete er in deutscher Sprache über die Feierlichkeiten zum Tag der Oktoberrevolution. In seiner Nachfolge arbeitet heute der Sender *Stimme Russlands*, natürlich nach ganz anderen Vorgaben. In rascher Folge kamen weitere Sender dazu, Deutschland versorgte bereits in der späten Weimarer Zeit Auslandsdeutsche mit deutschsprachigen Angeboten. Im Britischen Königreich entstand 1932 ein *BBC Empire Service*, der Radiobotschaften in das Commonwealth, damals noch das britische Kolonialreich, ausstrahlte (Anduaga 2009). Damit wurde der Service so etwas wie die die Vorstufe zum *BBC World Service*, der heute in 33 Sprachen tätig ist. Die Nazis sandten ihre Botschaft über starke Sender, oft auch in den eroberten Ländern, in die Welt. 1942, während des Zweiten Weltkriegs, etablierten die USA die *Voice of America*, die (2010) mit 45 Sprachen arbeitet. Der Auslandssender Deutschlands ist die *Deutsche Welle* (*DW*), die unten speziell dargestellt wird.

Die Jahre des Kalten Kriegs nach 1945 waren die hohe Zeit der Auslandssender. Reichweitenstarke Antennenanlagen standen sich auf beiden Seiten des Eisernen Vorhangs gegenüber und verbreiteten ihre jeweilige Weltsicht. Der Osten folgte dabei den Regeln von „Agitation und Propaganda" (so hatte W. I. Lenin einst die Aufgaben der Medien im Kommunismus bestimmt), was eine parteigesteuerte Selbstdarstellung ohne Kritikmöglichkeiten bedeutet. Der Westen erlaubte distanziertere und freiere Berichterstattung, was die Programme glaubwürdiger und im medial isolierten Osten teilweise recht einflussreich machte. Das Lager des „realen Sozialismus" antwortete darauf mit Störsendern, die auf derselben Frequenz arbeiteten, das ursprüngliche Signal überlagerten und den Empfang unmöglich machen sollten.

Besonders wirkungsvoll von westlicher Seite war das Angebot von *Radio Free Europe* (*RFE*) und *Radio Liberty* (*RL*), das (teilweise von der CIA finanziert) von München aus nach Osteuropa ausgestrahlt wurde (Critchlow 1995). *RFE/RL* arbeitete mit Emigranten zusammen, die oft sehr gut über die Verhältnisse im sozialistischen Lager informiert waren, was die Berichterstattung für Hörer jenseits des Eisernen Vorhangs besonders interessant machte. Ebenso befragten sie Zehntausende Besucher, die in den Westen kamen, zu aktuellen Entwicklungen, womit sie neuen Stoff für Sendungen erhielten (Parta 2006). Im Ergebnis entstanden regelrechte Ätherkriege mit wechselnden Frequenzen und Aufstockungen der Sendestärken. Schaut man sich die vielfältigen Aktivitäten an, so kann man von einer „Cold War Culture" sprechen, in der auf beiden Seiten das weitreichende Medium Radio eingesetzt wurde. *RFE/RL* arbeitet auch im Jahr 2011 noch, ist inzwischen in Prag beheimatet und konzentriert sich auf

Regionen mit zensierten Medien insbesondere in Osteuropa (inkl. Russland), Zentralasien und die Unruheregion Afghanistan/Iran/Irak. Der Kalte Krieg im Radio setzte sich im geteilten Deutschland fort. Auf westlicher Seite konzentrierten sich besonders der *RIAS Berlin* (*Radio im amerikanischen Sektor*) und der *Deutschlandfunk* auf Hörer in der DDR, von dort sendete der *Deutschlandsender* Richtung Westen (Arnold 2002). Angesichts der zensierten Nachrichten in der DDR konnte der Westen mit dort unterdrückten Informationen punkten. Über das Radio wurde so etwas wie ein gesamtdeutscher Kommunikationsraum aufrechterhalten, in dem der Zugang zu den Sichtweisen des jeweils anderen Teils gesichert war.

Aber Radio war auch in diesen Jahren vor allem Unterhaltungsmedium. Während der Westen von Anbeginn auf ein hohes Maß von Unterhaltung (Popmusik etc.) setzte, geriet die DDR in ein Spannungsfeld zwischen „Pop und Propaganda", zwischen dem Wunsch der eigenen Bevölkerung nach leichter, oft westlicher Musik und dem Auftrag, für den Sozialismus zu werben. Während die politisch stark gegängelten DDR-Sender geringe Resonanz im Westen fanden, waren Westsender in allen Teilen der DDR empfangbar und wurden auch viel gehört. Die DDR reagierte schließlich damit, dass auch dort Unterhaltung ein größeres Gewicht bekam, insbesondere mit Einrichtung des Senders *DT 64* (gegründet 1964) wurde ein peppig moderiertes Jugendprogramm etabliert, das entsprechend erfolgreich war (Arnold/Classen 2004). Es blieb auch nach der Wende populär und ging schließlich im Programm *MDR Sputnik* auf.

Der Kalte Krieg zeigte manche Verrücktheiten, so sendeten zeitweise ein *Freiheitssender 904* und ein *Soldatensender 935* aus der DDR, die vorgaben, Untergrundsender der kommunistischen Opposition im Westen zu sein. Sie richteten sich mit populärer Unterhaltungsmusik vor allem an junge Westdeutsche und Bundeswehrangehörige, deren Wehrwille unterminiert werden sollte (Wilke 2004). Dazu gab es interne Informationen aus der Armee und sogar verschlüsselte Agentendurchsagen. Diese konspirativ-propagandistischen Sender blieben allerdings ohne Resonanz und verschwanden wieder. Grotesk war die nicht vorhergesehene Wirkung: Die Sender mit der verpönten Westmusik waren vor allem in der DDR beliebt, wo der Empfang eigentlich nicht erlaubt war.

Im internationalen Kontext schauen wir auf eine lange Geschichte von mehr oder minder geheimen Sendern, die für Propaganda, Zersetzung des Gegners, Irreführung der Bevölkerung etc. eingesetzt wurden. Radio als psychologische Waffe wurde u. a beim Israel-Palästina Konflikt, beim Ungarn-Aufstand, der Revolution auf Kuba, dem Vietnam-Krieg und beim Prager Frühling eingesetzt (Pinkau et. al. 2004).

## 13.2.2 Auslandsradio heute

In der post-kommunistischen Phase nach 1990 sind etliche der Auslandssender eingestellt oder massiv in ihrem Angebot reduziert worden (so in der Schweiz und Österreich), zumeist sind Online-Angebote dazu gekommen oder haben den Radiodienst ganz ersetzt. Neben den oben genannten klassischen Sendern großer Staaten sind weiterhin auch andere, besonders mitteilungsbedürftige Staaten im Radioäther präsent, etwa Iran oder Ägypten. Dazu kommen kleinere Staaten wie Schweden, die Niederlande oder Kanada, die ebenfalls in mehreren Sprachen senden. Auch *Radio Vatikan* ist in dieser Form tätig und bietet u. a. deutschsprachige Berichte an (vgl. Kap. 14.6).

Einst gab es ein umfangreiches Angebot deutschsprachiger Sendungen aus dem Ausland, das sich an deutsche Hörer richtete. Eine Studie von 2006 nennt immerhin noch 19 Sender innerhalb und 15 außerhalb Europas (inkl. Nordkorea oder Usbekistan), meist mit einem Zeitfenster von 30 bis 60 Minuten (Völkner 2006: 97f.). Diese Angebote sind in den letzten Jahren immer mehr reduziert wurden, vor einigen Jahren beendete die britische *BBC* ihren deutschen Dienst, im Jahre 2009 auch der französische *RFI*. Beide unterhielten nach der Wende in Ostdeutschland gemeinsam einige UKW-Sender, deren Lizenzen sie inzwischen zurückgaben. Zur Begründung des Rückzugs heißt es, dass Deutschland eine freie Medienlandschaft habe und dergleichen Dienstleistung nicht mehr bedürfe. Tatsächlich hatten die Sender aber zu Vorgängen im Herkunftsland berichtet. In Europa sind 2010 noch etwa 15 Sender mit deutschem Programm aktiv, fast alle in Osteuropa beheimatet (z. B. *Radio Praha, Polskie Radio, Radio Belarus, Stimme Russlands*).

Fragt man nach der Begründung für diese Aktivitäten, so wird oft auf die Theorie der „soft power" von Joseph S. Nye Bezug genommen. Damit meint er, dass in der heutigen Welt weniger die „harte" Macht des Militärs für staatliche Interessendurchsetzung sorgt, als weiche Faktoren wie Überzeugung, Attraktivität und ein positives Erscheinungsbild, dass Dinge wie Wirtschaftsinvestment und Entwicklungshilfe aber auch Kultur, Unterhaltung und Diplomatie einbezieht (Nye 2004). Auslandsrundfunk wird heute vor allem als Teil der auswärtigen Kulturpolitik gesehen und versteht sich als eine Art internationaler Visitenkarte.

Die großen westlichen Auslandssender konzentrieren sich inzwischen auf Regionen außerhalb Europas und teilweise noch auf die medial unfreien Systeme im Territorium der früheren Sowjetunion. Außerhalb der ärmsten Teile der Welt spielt heute der Empfang via Kurzwelle allerdings keine Rolle mehr, daher gehen die Sender ins Internet oder versuchen vor Ort Ausstrahlungskapazitäten über FM/UKW und AM/Mittelwelle zu erhalten. Immer wichtiger wird das Rebroadcasting, bei dem lokale Sender Angebote der Auslandssender übernehmen, so etwa *NPR*-Stationen der USA, die Material von *BBC Word Service* oder der *DW* in ihre Programme einbauen. Die Auslandssender haben auch den Versuch unternommen, die Übertragung via Kurzwelle mit der digitalen Norm Digital Radio Mondiale (DRM) zu modernisieren, bisher aber ohne nennenswerte Resonanz (für DRM vgl. Kap. 5.6.1.3).

Sicherlich ist die große Zeit der Auslandssender und ihrer politischen Funktionalisierung vorbei. Gleichwohl gibt es auch heute noch Projekte, die sich in politische Gesamtstrategien einfügen. So begann die EU 2006 damit, einen Sender *European Radio for Belarus* zu finanzieren, der von Litauen aus nach Weißrussland sendete und die Informationsblockaden in diesem Land überwinden sollte. Die USA betreiben in den Schwerpunktregionen, in denen sie politische Opponenten vermuten, spezielle Radioangebote, so für die arabische Welt ein 24-Stunden-Angebot *Radio Sawa* mit viel Musik für junge Leute, *Radio Farda* (in Kooperation mit *RFE/RL*) für den Iran und *Radio Marti*, das Richtung Kuba sendet und vor allem von Exilkubanern getragen wird. Der Kurzwellen-Sender *SW Radio Africa* strahlt unabhängige Informationen in das von der Diktatur Mugabes gequälte Zimbabwe im südlichen Afrika, in dem freie Medien keine Chance haben (www.swradioafrica.com). Es wird deutlich, dass auch heute Radio in bestimmten Situationen ein Element der Informationsfreiheit und der Informationsvielfalt darstellen kann.

Bemerkenswert ist, dass in den letzten Jahren die kommende Weltmacht China ihre Auslandsaktivitäten deutlich ausgebaut hat und *China Radio International* (*CRI*) gezielt zur Propagierung ihres Weltbildes einsetzt. *CRI* ist weltweit aufgestellt, sendet in ca. sechzig Sprachen und damit mehr als jeder westliche Sender, dabei werden neueste Verbreitungstechniken eingesetzt (Chen/Luo 2010). Neben dem deutschsprachigen Programm aus Peking wird ein eigenes Büro in Berlin unterhalten, von dem aus ein spezielles Webcast-Angebot für deutschsprachige Interessenten zusammengestellt wird (http://german.cri.cn/criberlin). Ein Großteil der Berichte besteht aus sog. Soft News, also Reiseberichten, kulturellen Ereignissen, Kochrezepten, chinesischem Sprachunterricht etc.

### 13.2.3 Deutsche Welle: DW Radio

Die *Deutsche Welle* (*DW*) ist der offizielle Auslandssender Deutschlands (www.de-world.de). Sie sendet (2010) auf Kurzwelle Radioprogramme in dreißig Sprachen, darunter deutsch, englisch und spanisch, aber auch in vielen Sprachen der Dritten Welt, wie Hausa, Swahili, Amharisch, Portugiesisch für Afrika sowie Arabisch, die Ausstrahlung soll aber, mit Ausnahme Afrikas beendet werden. Sie begann ihre Sendetätigkeit 1953, seit 1960 verfügt sie über den Status einer öffentlich-rechtlichen Anstalt, finanziert – eine Besonderheit in Deutschland – aus dem Bundeshaushalt. Entstanden in den Tagen des Kalten Kriegs, bestand der ursprüngliche Auftrag darin, der Propaganda aus der DDR und ihrem Sender *Radio Berlin International* (*RBI*, gegründet 1959) wirksam entgegenzutreten, *RBI* war speziell dort aktiv, wo die DDR Einfluss suchte, z. B. in der arabischen Welt und Afrika (Odermann 2003). Nach Ende der DDR gingen Teile von *RBI*, einige Mitarbeiter und auch entsprechende Sendefrequenzen an die *DW*.

*Tabelle 13:* Deutsche Welle, Hörfunk 2007, gesamtes Angebot

|  | Angebot in Minuten | Angebot in Prozent |
|---|---|---|
| **Deutsches Programm** | 526 600 | 22,8 % |
| **Fremdsprachenprogramme** |  | 77,2 % |
| Osteuropa | 306 090 |  |
| Südosteuropa | 344 495 |  |
| Asien | 331 680 |  |
| Nah- und Mittelost | 46 660 |  |
| Ibero-Lateinamerika | *kein Radiodienst mehr* |  |
| Afrika | 229 950 |  |
| Englischer Dienst | 525 600 |  |

Quelle: ARD-Jahrbuch 2010 (2011: 361).

Seit dem Zusammenbruch des östlichen Lagers haben sich die Rahmenbedingungen völlig verändert und die Radioarbeit für medial weit entwickelte Staaten mit breiter Informationsversorgung wurde zurückgefahren. Wachstumsbereiche sind heute für die *DW* Fernsehen und online. Die bestehenden Radioredaktionen in Bonn wurden mit später entstandenen Onlineredaktionen zusammengelegt und arbeiten jetzt bimedial, versorgen also Radioprogramme ebenso wie Online-Angebote; auch TV-Sequenzen, die aus Berlin kommen, werden aufgenommen. Auslandssender setzten schon immer auf neueste Verbreitungstechnik, so war die *DW* führend an der Digitalisierung der Kurzwellen-Ausstrahlung mit DRM beteiligt. Das Radioangebot kann auch über die modernen Transportwege verfolgt werden, so im Internet (Audio-Streaming), Beiträge werden als Podcast angeboten etc.

Der klassische Radioempfang via Kurzwelle und Transistorempfänger spielt heute vor allem in Teilen Afrikas südlich der Sahara noch eine erhebliche Rolle, wo Radio das führende Medium in ländlichen Gebieten ist und Fernsehen auf urbane Zentren beschränkt bleibt. Wenn dann noch eine massive staatliche Zensur stattfindet, können Auslandssender einzigartige Aufgaben übernehmen, die weit entfernt liegen von ihrer Rolle in den Jahren des Kalten Kriegs. So hat die *DW* im weltweiten Vergleich mit ihrem Angebot in amharischer Sprache die relativ größte Resonanz. Amharisch ist die Sprache Äthiopiens, einem der ärmsten Länder der Welt, in dem die nationalen Medien von der Regierung zensiert und kaum andere Sprachen verstanden werden. An Auslandssendern sind in dieser Sprache nur *DW Radio* und die *Voice of America* aktiv, wobei Letztere aber als regierungsnah gilt und daher weniger glaubwürdig wirkt.

Angesichts dieser Ausgangssituation wurde die *DW* damit zu einer zentralen Quelle für unabhängige Nachrichten in diesem Land. Die *DW* geht davon aus, dass wöchentlich 20 % der erwachsenen Äthiopier ihr amharisches Programm einschalten, es heißt, dass aus diesem Grund sogar Taxen mit Kurzwellenempfängern ausgestattet sind. Die resultierenden Nachrichtenströme sind beeindruckend: Zumeist einheimische Journalisten senden unzensierte Berichte über innere Entwicklungen ihres Landes an die amharische *DW*-Redaktion in Bonn, wo sie aufgearbeitet werden, um dann über ihren Kurzwellensender nach Äthiopien zurückzufließen. Offensichtlich fühlen sich die Machthaber dadurch bedroht, denn nach einer umstrittenen Wahl 2005 hagelte es Arbeitsverbote für örtliche *DW*-Mitarbeiter, die Regierung verweigerte ihnen Interviews und den Zugang zu Pressekonferenzen. Ebenso wird berichtet, dass die Regierung den Kurzwellenempfang durch Störsendungen (Jamming) erschwert (Schadomsky 2007). Angeblich lieferten die Chinesen, die seit einigen Jahren in Afrika sehr aktiv sind, die technische Ausrüstung dafür.

Dies sind nur einige Beispiele. Das Feld des Auslandsrundfunks ist immer noch weit abgesteckt und für Überraschungen gut. Wer es mit dem Radio-Weltempfänger oder im Internet erobern will, wird auch heute noch auf ungewöhnliche Angebote treffen.

### 13.3 Modelle weltweit: kommerziell versus öffentlich

Wie an anderen Stellen dieses Buches ausgeführt, finden sich wie in Deutschland auch weltweit drei prinzipiell unterschiedliche Organisationsformen des Radios:

- Das kommerzielle Radio entstand als Prototyp in den 20er Jahren der USA und breitete sich von dort zuerst in Lateinamerika und anderen Regionen unter Einfluss der USA aus. Ebenso startete es früh in weiteren englischsprachigen Ländern wie Kanada und Australien – sie gelten daher als Ursprungsländer des „dualen" Systems. In den 80er Jahren erreichte es Europa, wo es heute die zweite Säule des dualen Systems darstellt. (zu Deutschland vgl. Kap. 7.7 und 8.4)

- Das öffentliche Modell wurde erstmals mit der *BBC* in Großbritannien realisiert, ähnlich auch in Skandinavien. Es ist heute Standard in West- wie Osteuropa, allerdings mit erheblicher Variationsbreite. Auch in Deutschland erweist sich dieses Modell als weiterhin stark, das ist in Teilen des Kontinents vor allem in Süd- und Osteuropa nicht der Fall, wo das Radiohören insgesamt eine geringere Bedeutung hat. Außerhalb Europas finden wir öffentliche Anbieter vor allem in den Staaten des Britischen Commonwealth wie Kanada, Australien, Südafrika, aber auch in Japan (zu Deutschland vgl. Kap. 8, insbes. 8.3).

- Das Community Modell eines zivilgesellschaftlich getragenen Radios entstand einst ebenfalls in den USA, breitete sich darauf in Europa und der gesamten westlichen, später auch der östlichen Welt aus. Besonders ausgeprägt finden wir es heute in weiten Teilen der ärmeren, weniger entwickelten Welt, weil es an die dortigen Bedingungen besonders gut angepasst ist (vgl. Kap.12).

Um einen Überblick zu Entstehungssituation und gegenwärtigem Stand zu geben, werden die beiden Leitsysteme in ihren Ursprungsregionen USA und Europa dargestellt.

### 13.3.1 Radio in den USA

### 13.3.1.1 Kommerzielles Radio in den USA

Der kommerzielle Grundtyp kommt heute in fast allen Teilen der Welt vor, er ist ähnlich globalisiert wie Coca Cola oder McDonalds. In den USA war 1920 mit der Station *KDKA* in Pittsburgh PA die erste Sendelizenz an einen kommerziellen Betreiber gegangen. Allerdings gehörten die frühen Stationen meist Geräteherstellern, Kaufhäusern oder Zeitungsverlagen, die werbefrei operierten. Der erste Werbespot wurde 1922 von einer Station gesendet, die dem Telefongiganten *AT&T* gehörte. Wenig später erwies sich dies als lukratives Geschäftsmodell und Werbefinanzierung wurde zur Regel. Dieses Modell wanderte später rund um die Welt und kam mit erheblicher Zeitverzögerung auch in Europa an. Viele mit der Kommerzialisierung verbundenen Besonderheiten wie die Formatierung des Programms entstanden in den folgenden Jahrzehnten in den USA.

Als dieser Typ in den 80er Jahren Europa eroberte, waren es in der Gründungsphase oft Consultants mit USA-Erfahrung, die den Deutschen die notwendigen Grundkenntnisse vermittelten. Heute können wir davon ausgehen, dass dieser Typ weltweit mit hoher Homogenität operiert, auch wenn es natürlich örtliche Variationen gibt, Tango ist wichtiger in Buenos Aires, Reggae auf Jamaika, Schlager in Deutschland. Wegen der besonders großen Zahl kommerziel-

ler Stationen in den USA hat sich das Angebot besonders weit aufgefächert und
ist viel spezialisierter als z. B. in Deutschland. Neben Musikstationen finden sich
spezielle Angebote wie Talk, Sport, ethnische Stationen etc. (vgl. Kap. 14.2,
14.6ff).

In den USA sendeten 2010 knapp 14.000 lizenzierte Stationen, darunter
noch gut ein Drittel auf Mittelwelle/AM. Die meisten davon sind kommerziell
orientiert; in großen Radiomärkten – wie in der Agglomeration New York City –
gibt es bis zu Hundert Stationen, von denen sich jede mühsam ihre Hörerschaft
aufbauen muss. Was wie ein äußerst pluraler und wettbewerbsorientierter Markt
aussieht, relativiert sich allerdings, wenn man Konzentrationsprozesse der letzten
Jahre verfolgt. *Clear Channel Communications* ist das führende Radiounternehmen der USA, mit Sitz in San Antonio, Texas, wo mit einer Station 1972 die
Fundamente gelegt wurden (www.clearchannel.com). Eine gesetzliche Neuorien-
tierung in der Arbeit der Aufsichtsbehörde *FCC* von 1996 sollte Deregulierung
fördern und reduzierte Auflagen, faktisch ermöglichte sie, dass *Clear Channel*
systematisch Stationen im ganzen Land aufkaufen konnte. Das Unternehmen
verfügte (2010) über mehr als 850 Stationen, an einzelnen Standorten werden bis
zu sieben Sender parallel betrieben. In jeder Woche werden nach eigenen Angaben 110 Mio. Hörer erreicht.

In seinem *Premiere Radio Network* werden etwa neunzig verschiedene Programme oder Dienste weiteren unabhängigen Stationen angeboten, darunter alle
erdenklichen Musikformate. Alles in allem versorgt *Clear Channel* mehr als
5000 Stationen und erreicht 190 Mio. Hörer in der Woche (fast Zweidrittel der
US-Bevölkerung). Dieses Syndicalization – also das zentrale Überspielen des
Programms – erlaubt, dass Stationen weitgehend automatisch gefahren werden
können (sog. roboter radio). Discjockeys suggerieren von Ferne, dass sie aus der
Stadt heraus arbeiten (voice tracking), vor Ort werden – wenn überhaupt – nur
noch stundenweise freie, schlecht bezahlte Kräfte eingesetzt. So lässt sich das
riesige Network mit geringem personellen Aufwand betreiben.

Der Konzern expandierte in verwandte Felder, betreibt heute Audio-
Angebote auf Flughäfen, Einkaufs-Malls, Satellitendienste und erprobt ein *Taxi
Entertainment Network*. Dabei werden die Fahrgäste während des Transports mit
Werbung versorgt, die sich im Tagesverlauf ändern kann oder GPS-gesteuert auf
bestimmte Stadtteile zugeschnitten wird. *Clear Channel* hat in Bereiche wie
Außenwerbung und Marketing investiert, vermarktet seine Werbezeiten selbst
und betreibt eigene Reichweitenforschung. Inzwischen ist dieser größte Radio-
konzern der Welt auch weltweit tätig, betreibt weitere 240 Stationen in Australien, Mexiko und Neuseeland und hat Europa erreicht.

*Clear Channel* macht vor, was mit Radio passiert, wenn es allein geschäftli-
chen Interessen unterworfen wird. Einerseits wird mit dem breiten Musikangebot

eine Vielfalt suggeriert, hinter der ein Monopolist steht. Zum anderen wird der örtliche Bezug der Stationen zerstört, der ja gerade in den USA mit der lokalen Lizenzvergabe konstitutiv für das System war. *Clear Channel* ist kaum mehr ein publizistisches Medium, eher ein universeller Werbevermarkter, der seinen Kunden maßgeschneiderte Sendekanäle zur Verfügung stellt, über die Audio-Werbebotschaften in jeder Form verbreitet werden können. *Clear Channel* ist wegen seiner expansionistischen Geschäftspolitik in den USA immer wieder heftig angegriffen worden. Dass das Unternehmen gegen die einst restriktive Regulierungstradition im Lande so stark werden konnte, lag auch an seiner politisch konservativen Grundlinie, die ihm Unterstützung durch rechte Politiker sicherte. Es verteilt in seinem syndikalisierten Angebot die Talkshow des berüchtigten Rechtsauslegers Rush Limbaugh und anderen, ähnlich gelagerten Kommentatoren. Immer wieder erfolgten politisch motivierte Eingriffe im Programm: Nach dem Terroranschlag 9/11 im Jahre 2001 wurden unpatriotische Musiktitel aus seinem Repertoire gestrichen; das traf z. B. eine bekannte texanische Band, die Präsident Bush kritisiert hatte. *Clear Channel* demonstriert wie kein zweites Unternehmen, was unter Bedingungen konsequenter Kommerzialisierung mit dem eigentlich besonders pluralen Medium Radio passieren kann.

### 13.3.1.2 Öffentliches Radio in den USA

Public Radio in den USA hat wenig mit der europäischen öffentlichen (= public service) Tradition zu tun, weil es weder vom Staat geschaffene Stationen umfasst, noch auf einer monatlichen Gebühr beruht. Andererseits finanziert es sich wie öffentliche Anbieter in Europa nicht über Werbung und bietet wie diese vor allem qualitätsvolle Inhalte an. Seine Wurzeln finden sich bereits in der Gründungsphase des Radios, als viele Universitäten, öffentliche Einrichtungen und private Initiativen mit dem neuen Medium experimentierten. Diese vielfältigen Ansätze waren unter dem Druck der Radiowirtschaft in den 30er Jahren nahezu vollständig zerstört worden, als Lizenzen eingezogen und den kommerziellen Sendern zugeschlagen wurden (Hilliard/Keith 2005).

So erwies sich ein Neuaufbau als notwendig, der seit den 50er Jahren vor allem mit neugegründeten FM (UKW)-Stationen stattfand. Viele dieser bereits bestehenden Stationen schlossen sich im Jahre 1970 zum Network *National Public Radio (NPR)* zusammen, dem (2010) ca. 860 unabhängig arbeitende, lokale Stationen angehörten (www.npr.org). Public heißt in diesem Kontext etwas ganz anderes als in Europa, es bezieht sich auf die Verpflichtung, der Allgemeinheit zu dienen. Diese lokal verankerten Stationen werden zumeist von Universitäten und anderen öffentlichen Einrichtungen, etwa Bibliotheken betrieben, es sind aber auch Bürgervereinigungen möglich. Sie finanzieren sich aus Zuweisungen des Trägers, rufen ihre Hörer regelmäßig zum Spenden auf, erlauben in Maßen Sponsorenförderung und werden in einem begrenzten Umfang auch von der staatlichen Organisation *Corporation for Public Broadcasting* (*CPB*) unterstützt (www.cpb.org). Jeweils ein Drittel der Einnahmen stammen aus staatlichen Quellen, aus Spenden und aus dem Sponsoring großer Firmen. In der Summe kommen alle Stationen auf ein Gesamtbudget von etwa 1 Mrd. Dollar, was umgerechnet einen Beitrag von gut 3 Dollar pro Jahr und US-Bürger ergibt (Stavitsky/Huntsberger 2009).

Der zweistufigen Logik eines Network entsprechend werden Programmbeiträge auf örtlicher Ebene produziert, aber national zur Verfügung gestellt; dazu bieten sich Stationen gegenseitig Produktionen an, der vernetzte Austausch erfolgt über Satelliten. *NPR* bietet 130 Stunden in der Woche Eigenproduktionen an, darunter Nachrichtenmagazine, die zu dem qualitätsvollsten zählen, was im Lande verfügbar ist (*Morning Edition, All Things Considered*). Andere Programmteile bestehen aus örtlichen Themen, Talk, Musik, Kinderangeboten etc. Etwa 26 Mio. Amerikaner erreicht dieses Angebot in der Woche (unter 9 % der Bevölkerung). *NPR Worldwide* stellt das Angebot auch Sendern in anderen Teilen der Welt zur Verfügung. *NPR* demonstriert, dass es in den USA trotz Fehlen einer öffentlich-rechtlichen Struktur kulturell orientierte Angebote gibt, freilich ist die Reichweite deutlich begrenzt – etwa wenn man sie mit der Reichweite des Radiokonzerns *Clear Channel* vergleicht.

Eine Stärke von *NPR* ist seine lokale Verankerung, nur weil Bürger regelmäßig Unterstützung leisten, können diese Stationen überleben. Folgerichtig fordern die Bürger auch ein Eingehen auf lokale Bedürfnisse ein. Kritisiert wird oft, dass Unternehmen bestimmte Programmteile sponsern und damit auch Einfluss auf Inhalte nehmen können. Ebenso bleibt die aus Steuergeldern finanzierte *CPB*, deren Führungspositionen von Präsident und Senat besetzt werden, ein Moment der politischen Steuerung von außen. Immer einmal wieder wird *NPR* vorgeworfen, dass es linksliberale Positionen favorisiere, worauf die politische Rechte mit Streichungen droht. In der Szene nichtkommerzieller Stationen sind Übergänge fließend, so gibt es auch öffentliches Radio außerhalb von *NPR* sowie eine eigenständige Szene von Community Stationen, die demonstrativ Abstand zum Public-Sektor hält. (vgl. Kap. 12.4.2)

## 13.3.2 Radio in Europa

Das Radio war in seiner Frühzeit ein Medium von europäischer Dimension, einfach weil die Lang-, Mittel- und Kurzwellen-Frequenzen (AM) über Grenzen hinweg große Räume versorgten und über weite Distanz Programme empfangen werden konnten. So besehen waren die 30er bis 50er Jahre die Hoch-Zeit eines Mediums, das den Kontinent großflächig versorgte, Stationen in Hilversum, Monte Carlo, Luxemburg oder Moskau standen überall auf den Skalen der Empfangsgeräte. Was die Entstehung der Radiostationen anbetraf, so geschah dies innerhalb weniger Jahre nach 1920, aber nach recht ungleichen Vorgaben. Hier erscheint Europa eher wie ein Laboratorium unterschiedlicher Vorstellungen von der Zukunft des Mediums. Neben dem stark hoheitsstaatlich geprägten deutschen Einstieg (vgl. Kap. 4.5) finden wir einen dezentralen Einstieg (Schweiz), eine öffentlich-private Aktiengesellschaft (Österreich), den Wandel der britischen *BBC* von einem Unternehmen (Company) zu einer öffentlichen Organisation (Corporation), lange Kämpfe um Struktur und Einfluss (Frankreich) oder Senderaufbau unter starker internationaler Beteiligung (Spanien) (so die Ergebnisse einer Vielländer-Studie zu den ersten Jahren: Lersch/Schanze 2004). Europäische Kooperation fand vor allem auf internationalen Radiokonferenzen statt, auf denen Frequenzen verteilt wurden, Programmaustausch blieb dagegen die Ausnahme. Bald geriet das Radio in Europa in den Sog der Diktaturen, die international mit Propaganda antraten und zugleich den Empfang ausländischer Programme streng verfolgten.

### 13.3.2.1 Öffentliches Radio in Europa

Nach Ende des 2. Weltkrieges schlug die Stunde für Public Service in Westeuropa, dies ist der europäische Gattungsbegriff für öffentliche Anbieter (vgl. Kap. 8.3). Im Glaubwürdigkeitswettbewerb mit dem realsozialistischen Zensurmodell Osteuropas erwies es sich als klar überlegen. Mit der in den 50er Jahren großflächig eingeführten UKW/FM-Technik wurden allerdings sehr viel kleinere Räume versorgt, grenzüberschreitende Kommunikation fand nur noch begrenzt statt. Hier ist sicherlich die deutsche Situation eine Ausnahme, da westliches Radioprogramm in der gesamten DDR empfangbar war und damit eine Art gesamtdeutscher Kommunikationsraum erhalten blieb. Ansonsten wurde die europaweite Versorgung vor allem mit den Auslandssendern via Kurzwelle gesichert. In diesen Jahren blieb gleichwohl die Universalität des Radioempfangs insoweit bestehen, dass mobile Empfangsgeräte überall die örtlichen Programme wiedergeben konnten, da es einen überall verstandenen Übertragungscode gab.

Nach dem Zusammenbruch des von der Sowjetunion angeführten östlichen Lagers separierten sich die Staaten Zentraleuropas (Polen, Tschechien etc.) und folgten dem westlichen Modell, überführten die einst staatlichen Sender in öffentliche Organisationen und erlaubten duale Konkurrenz. In den Nachfolgestaaten der Sowjetunion (Russland, Weißrussland etc.) blieb massive Staatspräsenz die Regel, die allerdings vorrangig auf das Fernsehen wirkte und dem Radio größere Freiräume ließ.

Der so entstandene europäische Kommunikationsraum ist durch nationale, gegeneinander deutlich abgegrenzte Märkte geprägt, in denen recht unterschiedliche Verhältnisse herrschen. So wird im Norden des Kontinents deutlich mehr

Radio gehört als im Süden: Deutschland 193 min., Großbritannien 183 min., Spanien nur 101 min. pro Tag. Die Anteile der öffentlichen Anbieter differieren deutlich, in Deutschland liegt er bei 55 %, in Großbritannien bei 53 %, in Frankreich erreicht er dagegen nur 20 % und in Spanien 8 %. Noch größer zeigt sich die Spannweite bei den kleineren europäischen Staaten, sie reicht vom flämischen Belgien (68 %) und der Schweiz (67 %) bis zu Portugal (12 %) (alle Daten für 2006, vgl. EBU 2006: 3-18). Von einheitlichen Trends in Europa kann kaum die Rede sein, zu unterschiedlich sind offensichtlich die Erwartungen an das Medium und das regulative Umfeld.

*Tabelle 14:* Radiohören in Europa im Vergleich (2007)

| | Stunden pro Woche |
|---|---|
| Radio | 17,12 |
| Fernsehen | 16,50 |
| Zeitungen | 5,16 |
| Internet | 10,78 |

Quelle: EBU 2007.

Ein Faktor des zusammenwachsenden Europas stellt die Dachorganisation der öffentlichen Sender, die *European Broadcasting Union* dar. Gegründet 1950, sieht sie sich seit Jahrzehnten als paneuropäischer Akteur. Heinz Sommer, der Präsident der Radioversammlung der *EBU*, umschreibt ihre Verantwortung wie folgt. "Das Radio spielt eine zentrale Rolle in der *EBU*. Es gibt eine Reihe von Mitgliedsorganisationen, die nur im Radio aktiv sind. Schwerpunkt der Aktivitäten ist natürlich der Programmaustausch im Bereich der Musik. Viel wichtiger aber ist, dass das Radio-Department der *EBU* bei den Mitgliedsorganisationen einen sehr hohen Stellenwert hat und die Dienstleistungen der *EBU* in diesem Sektor sehr geschätzt werden." (Sommer 2009). Die *EBU* sendet nicht selbst, unterstützt aber durch planerische, technische und programmliche Leistungen die europäischen Mitglieder.

Medien in Europa sind weiterhin eine nationale Angelegenheit, was auch für das Radio gilt. Entsprechend gering ist auch eine europäische Öffentlichkeit entwickelt, in der kritisch die Verwirklichung des europäischen Projekts begleitet wird (Kleinsteuber 2008b). Eine Initiative aus dem Umfeld der europäischen Auslandssender zielt deswegen darauf, aus der Perspektive vieler Länder über Europa zu berichten. Auf Initiative der *Deutschen Welle* und des französischen Senders *Radio France Internationale* (*RFI*) haben sich 2007 insgesamt 16 Sender aus 13 EU-Staaten zu einem paneuropäischen *European Radio Project* (*ERP*), einem Medienkonsortium zusammengeschlossen, um *Euranet* (für *Euro-*

*pean Radio Network*) zu gründen, ein vielsprachiges (deutsch, englisch, französisch, spanisch, polnisch) Radionetzwerk mit europäischem Fokus. Die horizontale Vernetzung ist in der Charta des Konsortiums festgelegt (Punkt 1.2): „The Euranet partners will be using their own and each others expertise, infrastructure, manpower, networks, ideas and inspiration to produce, broadcast and publish programmes and other editorial content." (www.euranet.eu).

*Euranet* sendet Beiträge zu Geschehnissen in Europa und bemüht sich, nicht mehr aus nationalstaatlicher, sondern aus transnationaler Perspektive zu berichten; zum Angebot zählen Nachrichten, Aktuelles, Magazine und Dossiers. Ausgangsmaterial sind eigen- und fremdsprachliche Sendungen mit Europabezug der jeweiligen Auslandssender, die diese in eigener Regie ausstrahlen. Das Projekt wird über fünf Jahre von der EU mit 5,8 Mio. € gefördert, sie hat Unabhängigkeit garantiert. Die täglichen Programme von 30 bis 60 Minuten werden von eigenen Sendern verbreitet, aber auch von örtlichen Stationen in Europa, darunter etlichen Campussendern, übernommen. *Euranet*, obwohl es als „radio community" begann, wird seine Wirkung wahrscheinlich eher als Online-Anbieter entfalten, aber der Bezug zum vertrauten Hörfunk stärkt dessen Glaubwürdigkeit.

Insgesamt gilt aber, dass Radio heute kaum zum europäischen Projekt beiträgt. Der eminente Mangel an europäischer Öffentlichkeit kann durch kommerzielle Akteure offensichtlich nicht und durch öffentliche Anbieter nur in geringem Umfang abgefangen werden. Die verbliebenen Reste der Auslandssender können hier nur kleine Lücken füllen. Die Fachzeitschrift *Infosat* schrieb dazu 2009: „Fakt bleibt, dass mit dem Auslandsradio eine europäische Radiokultur im Sterben liegt, die ihren Beitrag dazu geleistet hat, dass Europa heute die erkämpfte Freiheit genießen kann, die den Sendern jetzt zum Verhängnis wird." (*Infosat* 2009: 99).

### 13.3.2.2 Kommerzielles Radio in Europa

In Europa entstand das kommerzielle Radio in Ergänzung zu bestehenden, meist national sendenden öffentlichen Anbietern, daher hat es sich seit den 80er Jahren überwiegend lokal entwickelt. Damit verbunden ist eine große Zersplitterung von Akteuren und Programmproduzenten, die großflächige Vernetzung eher zur Ausnahme machen. Was Organisation, Marketing und Programmplanung betrifft, so folgt man weitgehend dem amerikanischen Muster, gleichwohl gibt es europäische Besonderheiten. Erst im Ansatz finden sich Anbieter außerhalb der nationalstaatlichen Grenzen.

Kommerzielles Radio hatte, seitdem der Anbieter *Radio Luxembourg* aus dem Großherzogtum 1931 zu senden begann, eine europäische Komponente. Er begann mit einem starken Sender und brachte Unterhaltung für englische und

französische Hörerschaften. Der Sender war auch in der Nachkriegszeit erfolgreich, dann auch in deutscher Sprache, solange er eine Art kommerzieller Monopolist war. Er erwies sich als überflüssig, nachdem er überall lokale kommerzielle Konkurrenz bekam. *RTL*, wie es später unter Einbezug von Fernsehen hieß,
blieb aber Schrittmacher und legte als solcher die Grundlagen für die *RTL
Group*, die heute von Bertelsmann kontrolliert wird. Sie ist nicht nur Europas
größter TV-Anbieter, sondern auch (2010) an insgesamt 32 Radiostationen beteiligt, von denen viele in Deutschland arbeiten, aber auch in Belgien, den Niederlanden, Portugal etc. (www.rtlgroup.com). Bei diesen je nach örtlicher Ausgangslage unterschiedlich operierenden Stationen tritt *RTL* selbst kaum in Erscheinung. Jenseits davon bemüht sich der Sender, den Mythos des alten *RTL* zu
nutzen („The legend is back") und über verschiedene Kanäle (Kabel, Internet,
DRM etc.) das traditionsreiche Programm europaweit anzubieten
(www.radioluxembourg.co.uk).

Ein ganz anderer Akteur von europäischem Format stellt die französische
*NRJ Group* (*NRJ* = Energy) dar (www.nrjgroup.fr). Sie begann 1981 mit einem
Pop-Programm in Paris, baute darauf zielgerichtet in Frankreich ein Netzwerk
für junge Hörer („hit music only") auf. Mit diesem Erfolgskonzept expandierte
*NRJ* überall in Europa und ist (2010) in 14 Staaten präsent, darunter in etlichen
deutschen Ballungszentren, dazu an sehr uneuropäischen Orten wie Neukaledo-
nien und Réunion. *NJR* ist das einzige Radiounternehmen, dem eine paneuropäi-
sche Netzwerkbildung gelungen ist.

Daneben gibt es nur noch kleine grenzüberschreitend tätige Sendergruppen
wie *SBS Broadcasting* oder die aus Stockholm agierende *MTG* mit Schwerpunkt
in Skandinavien. Insgesamt stellt sich die kommerzielle Radioszene trotz eines
geringen Konzentrationsgrads in Europa recht homogen dar, erfolgreiche Ge-
schäftsmodelle werden grenzüberschreitend kopiert und adaptiert. Gemeinsam
werden ihre europäischen Interessen von dem Verband *Association Européenne
des Radios* (*AER*) vertreten, der nach eigener Darstellung etwa 4500 Stationen in
Brüssel vertritt.

## 13.4 Fazit

Dieses Kapitel sollte unterstreichen, dass das Radio seine Bedeutung nicht nur
auf der Ebene des Nationalstaats und kleineren Regionen hat, sondern in einzig-
artiger Weise auch in großen Räumen präsent ist. (vgl. Kap. 6.3 für unterschiedliche Ebenen) Historisch gesehen war es das erste Medium, welches ermöglichte,
die gesamte Welt ohne Zeitverzug mit Programmangeboten zu belegen. Diese
Möglichkeiten wurden seit Ende der 20er Jahre realisiert. Mag die große Zeit
des Weltprogramme auch vergangen sein, so erweist sich globales Radio doch

als frühes Modell des Internet, auch wenn dessen Interaktivität und Multimedialität damals fehlte.

Das Medium Radio spielte zu seiner Zeit eine ganz besondere Rolle bei der Konstituierung von kontinentalen Großräumen wie den USA oder Europa. In der These der „imagined community" wird unterstrichen, dass erst das Radio den Amerikanern ermöglichte, ihr Riesenland als einheitlichen Raum zu erleben (vgl. Douglas 1999; Kap. 3.10.7). In Europa öffnete es den Hörern die Chance, über den Gartenzaun des eigenen Landes hinweg auch Programmangebote aus anderen Staaten einzuschalten: So sicherte das Radio auch in Zeiten europäischer Teilung während des Kalten Krieges ein Stück kommunikativer Einheit. .

In einer späteren Phase wanderte das Radio in den kleinen Raum, zentrale Ebenen wurden die Region und der lokale Raum. Hier fielen dann die großen Vernetzungen weg, allerdings globalisierten sich parallel die Organisationsformen des Radios, wobei das kommerzielle Modell heute universell vorzufinden ist, das öffentliche Modell in Europa und ausgewählten anderen Teilen der Welt. Auch das Community Modell ist weltweit verbreitet, mit eigenen Ausprägungen für die saturierte Welt der Industriestaaten und die kommunikativ wenig verwöhnte Dritte Welt.(vgl. Kap. 12) Bei aller Lokalität, welche für heutige Stationen typisch ist, sind die meisten von ihnen gleichzeitig online und damit via Internet überall auf der Welt empfangbar. (Vgl. Kap. 5.6.3.1)

## 13.5 Fragen zur Vertiefung

1. Haben Auslandsradios heute noch eine Berechtigung? Sie hatten ihre große Zeit in den Jahren des Kalten Kriegs, übernehmen aber weiterhin wichtige Funktionen, etwa als Nachrichtenmedium in besonders armen Staaten, als Zensurbrecher in diktatorischen Regimen, als Verständigungsmedium in Krisenregionen, als Ort transkultureller Begegnung. Zunehmend wird das Hörfunkprogramm in multimediale Online-Plattformen als Audio-Angebot integriert oder über örtliche Partner-Stationen, meist auf FM, weiterverbreitet (Rebroadcasting).

2. Was versteht man unter Roboter-Radio? Diese Stationen versorgen ihren Senderaum mit einem automatisierten Programm, bei dem Musik und Jingles ohne menschliches Zutun eingeblendet werden, mögliche Nachrichten werden zentral eingespielt. Roboter-Stationen erzeugen in den USA die Illusion eines aktiven Lokalradios. Auch in Deutschland werden Stationen zunehmend (z. B. während der Nachtschiene) automatisch gefahren.

**13.6 Definitionen und Erklärungen**

*Clear Channel*: größtes kommerzielles Radiounternehmen in den USA und der Welt.

*EBU: European Broadcasting Union*: Dachorganisation der öffentlichen Sendehäuser in Europa. Auch einige nordafrikanische Sender sind Mitglied.

*Euranet*: *European Radio Network:* Eine mehrsprachige Radioinitiative europäischer Auslandssender zur Verbesserung der Europa-Berichterstattung.

*NPR*. *National Public Radio*: das nichtkommerzielle Radionetz in den USA, das mit europäischem öffentlichen Radio wenig gemein hat.

# Kapitel 14
# Radio in aller Welt


## 14.1 Einleitung

In diesem Kapitel werden spezielle Radiomodelle aus aller Welt dargestellt. Es geht um Stationen, die nicht in die oben dargelegten Muster kommerzieller oder öffentlicher Stationen passen, sie unterscheiden sich nach Trägerschaft, Programmauftrag und Zielgruppe. Dazu kommt das Radio in Ausnahmesituationen, also in Krisen und Katastrophen. Hier geht es nur um Beispiele, die Welt hat noch weit mehr zu bieten.


## 14.2 Ethnisches Radio

Radio eignet sich ausgezeichnet dazu, um ethnische Gruppierungen zu versorgen, also Minderheiten, die eigene Besonderheiten wie Sprache, Religion, Lebensstil, Musik, etc. pflegen und sich in den Angeboten der großen Massenmedien nicht wiederfinden. Radio vermag mit geringen Kosten kleine, spezialisierte Hörerschaften zu versorgen, dazu ist es ein Leichtes, für Gruppierungen in der Diaspora eine Vernetzung mit Angeboten aus dem Herkunftsland oder mit anderen verstreut lebenden Gemeinschaften herzustellen. Im Prinzip kommen für die Organisation ethnischer Radios – je nach Ausgangslage – alle drei Organisationsformen (kommerziell/öffentlich/nichtkommerziell) vor.

### 14.2.1 Öffentliches ethnisches Radio

In Deutschland gab es über viele Jahre spezielle Radioangebote für Gastarbeiter in deren Heimatsprachen. Diese sog. Gastarbeitersendungen wurden 1964 als Gemeinschaftsaufgabe der *ARD* für Spanier, Türken, Italiener und Griechen eingeführt. Sie sollten mit Nachrichten und Musik aus dem Herkunftsland eine „Brücke zur Heimat" schlagen. Sie brachten auch kritische Beiträge aus diesen Ländern, die seinerzeit teilweise (Spanien, Griechenland) mit dem Westen verbündete Diktaturen darstellten. Die griechischen Machthaber übten Druck auf die deutschen Stellen aus, bis 1973 Verantwortliche ausgetauscht wurden und Kritik weitgehend verstummte (Sala 2009). Anders lief dies seinerzeit mit dem griechischen Programm der *Deutschen Welle*, die sich standhaft wehrte und als externe Stimme deutliche Kritik am Regime übte.

Aus Gastarbeitern wurden inzwischen Migranten, ihre heimischen politischen Systeme demokratisierten sich. Kontakt in die frühere Heimat halten sie heute vor allem via Satelliten-TV. Während andere Anstalten ihre Tätigkeiten einstellten, entstand beim *WDR* in Kooperation mit *RB* aus dem Gastarbeiterangebot das *Funkhaus Europa*, in dem ein deutschsprachiges Programm mit Fremdsprachenanteilen produziert wird (www.funkhauseuropa.de). Das Ergebnis kann man heute, da aus Gastarbeitern längst Mitbürger wurden, als ein „multilinguales Integrationsprogramm" bezeichnen, das sich speziell an Einwanderer wendet und in europäischen Sprachen produziert wird.

Bis zum Jahr 2008 unterhielt der *rbb* ein *Radio multikulti* in Berlin, das aber Sparplänen zum Opfer fiel. Es beruhte auf einer multikulturellen Redaktion, bot neben deutscher Moderation Angebote in 18 Sprachen und konzentrierte sich auf „world wide music", also Weltmusik. Die Frequenz wurde nach der Einstellung vom *Funkhaus Europa* übernommen. Über diesen Typ von Angebot schrieb der frühere Leiter des *Funkhauses Europa* und heutige Integrationsbeauftragte des *WDR*, der in Italien geborene Gualtiero Zambonini: „Die Programmerfahrungen von *SFB Radio multikulti* und *Funkhaus Europa* zeigen neue Wege in der Medienlandschaft auf, wie kulturelle Vielfalt und Sprachenvielfalt wirkungsvoll in ein modernes Vollprogramm integriert werden können." (Zambonini 2004: 100).

Der *rbb* bietet auch ein besonderes Angebot für die größte deutsche Minderheit der Sorben/Wenden in deren Sprache. Umgekehrt verfügt z. B. die kleine deutschsprachige Gemeinschaft in Belgien über ein eigenes Sendehaus mit immerhin drei Programmen (*Belgischer. Rundfunk, BRF*), der „beste Mix für das Eupener Land und die Eifel" (www-brf.de). *BRF* nennt sich die kleinste öffentlich-rechtliche Rundfunkanstalt Europas. In den deutschen Siedlungsgebieten Rumäniens und Ungarns arbeiten deutschsprachige Hörfunkredaktionen und bieten Lokalprogramme an. z. B. für Temeswar auf *Radio Timisoara* (vgl. z. B. www.montanbanat.de). Die Beispiele unterstreichen, dass kein anderes Massenmedium vergleichbar leistungsfähig und kosteneffizient ethnische Minderheiten anzusprechen und zu versorgen vermag.

### 14.2.2 Kommerzielles ethnisches Radio

Viele der ethnischen Sender dieser Welt sind kommerziell organisiert. Ein gutes Beispiel dafür ist sicherlich *Metropol FM*, ein türkischdeutscher Sender, der 1999 in Berlin entstand, inzwischen aber auch an anderen deutschen Standorten aktiv ist (www.metropolfm.de). Er sendet ein 24-Stunden-Vollprogramm aus Nachrichten und Musik mit starkem türkischen Akzent und Werbeeinblendungen, diese dann meist in türkischer Sprache, selbst dann, wenn sie von deutschen Firmen ausgehen. In seinem Stammgebiet, der Berliner Stadtregion, zählt man etwa 150.000 Deutschtürken, von denen, so behauptet der Sender, vermag er etwa 60 Prozent zu erreichen. Erscheinen derartige Sender bei uns noch als große Ausnahme, so sind sie andernorts längst fester Bestandteil des Angebots, z. B. in Großbritannien oder Frankreich. In Frankreich arbeiten Hunderte Stationen in Sprachen wie portugiesisch, spanisch, arabisch oder denen des frankofonen Afrikas. Manche Stationen versorgen ganze Stadtagglomerationen, andere konzentrieren sich auf Stadtviertel mit ethnisch konzentrierter Bevölkerung (etwa *Radio Gazelle* in Marseille). Am bekanntesten ist die Station *Beur FM*, die aus einem Pariser Vorort sendet. Beur ist eigentlich die Bezeichnung für die Kinder maghrebinischer Eltern, bezeichnet aber auch einen Butterkeks: Das Logo des Senders ist folglich ein derartiger Keks mit Kopfhörern. Diese Stationen sind nach französischem Rundfunkrecht gehalten, einen Teil der Sendezeit mit einheimischen Bands zu bestreiten, aber die können sich natürlich auch aus der eigenen, ethnischen Klientel rekrutieren. In der Folge ist in Frankreich eine sehr bunte Musiklandschaft mit vielen ethnisch geprägten und fusionierten Stilen entstanden, die weit über den französischen Mainstream hinaus reichen.

Auch in den USA finden wir zahlreiche ethnische Stationen, die sich untereinander vernetzt haben. Firmen sind darauf spezialisiert, in der Sphäre der „multicultural communication" ethnisches Marketing zu betreiben. Eine dieser Firmen, *Allied Media Corporation,* hat sich auf die sog. Bindestrich-Amerikaner spezialisiert: Araber, Hispanics, Afrikaner, Südasiaten, Osteuropäer, Perser (www.allied-media.com). Beispielsweise konzentriert sich *Arab American Media* auf die vier Mio. Araber im Lande, die in englischer und arabischer Sprache bedient werden. Sie leben vor allem in großen Städten und werden dort überwiegend via Radio versorgt, mit Nachrichten (oft *BBC Arabic News*), Interviews, Talk, Call-In und natürlich arabischer Musik. Die Vernetzung ermöglicht, direkt über diese Stationen zu werben; dabei gilt Radiowerbung als besonders kostengünstig, sie kann lokal oder national geschaltet werden und mit TV oder Print kombiniert werden. Selbst vergleichsweise kleine Zielgruppen sind so ansprechbar, es sendet z. B. ein *Ukrainian Radio Network* stundenweise Angebote in fünf Staaten.

### 14.2.3 Ethnisches Community Radio

Aus der Vielzahl der Stationen wird hier der Bereich indigener Sender in westlichen Industriestaaten gewählt, weil diese Welt wenig bekannt ist. In den beiden Staaten Nordamerikas finden sich Stationen für die Ureinwohner Indianer und Inuit (Eskimos), einerseits in großen Städten (z. B. *Denver CL FM 89,3 KUVO*), zum anderen auch in den entlegenen Reservaten. Dabei werden mitunter die künstlichen Grenzen der weißen Siedler überschritten, das *Mohawk Radio* sendet

z. B. in New York State und Südkanada. Für die USA wurden (2010) insgesamt
33 derartige Stationen registriert, sie werden von Stammesnationen, Indianeror-
ganisationen oder Native Communitys betrieben. Ein eigenes Satellitennetzwerk
*American Indian Radio on Satellite* (*AIROS*) verbindet die Stationen untereinander, bietet zudem zu bestimmten Sendezeiten eigenen Content an
(www.airos.org).

In Kanada ist das *Aboriginal Voices Radio Network* (*AVR*) aktiv, das über
Stationen in sieben der größten Städte verfügt. Es wurde 1988 von prominenten
Indianervertretern gegründet, wird von der Radiountergruppe *Newcap* gesponsert
und bringt vor allem Musik von Indianergruppen („indigenous hiphop") sowie
Weltmusik. Solche Stationen dienen der Vernetzung der ethnischen Minderheit
untereinander, stärken Identität und Selbstbewusstsein, bereichern aber auch
insgesamt das Radioangebot, weil sie für alle Hörer zugänglich sind. In Australien ist eine ganze Szene von Community Stationen entstanden, welche die indigene Bevölkerung der Aborigines versorgen (vgl. Kap. 3.10.2).

## 14.3 Kinder und Radio

Angebote für Kinder und Jugendliche gab es in Deutschland seit den ersten Tagen des Radios (Elfert 1985). Nach dem 2. Weltkrieg entwickelten alle öffentlichen Anstalten eigene Schulfunk-Formate in dafür spezialisierten Redaktionen.
Das Angebot sollte der Ergänzung und Vertiefung des Schulunterrichts dienen,
daher war es mit Schulbehörden abgestimmt und ruhte während der Schulferien
(Riedler 1976). Schulfunk hatte einen beachtlichen Stellenwert bis in die 60er
Jahre, danach verschwand er langsam aus dem Angebot.

Kinderprogramme überlebten in bescheidenem Umfang bei Stationen der
*ARD* und bei *Deutschlandradio Kultur*, getragen von einer eigenen Redaktion
oder als Teil des Familienressorts. Viele Jahre kam dieses Angebot aus der programmlichen Nische ohne Möglichkeit der Durchhörbarkeit: Kinderangebote
wirkten da eher als Lückenbüßer. Erst seit wenigen Jahren – mit der allgemeinen
Neuentdeckung der Kinderwelten – wurden Jugendliche zumindest ab 10 Jahren
in die Reichweitenuntersuchungen der Media-Analyse Radio aufgenommen
(zuvor 14 Jahre). Die Zahlen zeigen, dass bei den jungen Zielgruppen, Alter 14
und 19 Jahre, sowie Auszubildenden, Schülern und Studenten ein zwar begrenz-
tes, gleichwohl leicht wachsendes Interesse am Radioangebot besteht
(Klingler/Müller 2009).

### 14.3.1 Öffentliches Kinderradio

Kinderangebote hatten vor allem in reichweitenschwachen Zeiten spezieller
Kanäle überlebt, so etwa der beim *rbb* produzierte *Ohrenbär* (Geschichten für

die Zielgruppe 4-8 Jahre), der beim *NDR info*-Programm in der Zeit kurz vor 20:00 übertragen wird, wenn der Nachrichtenfluss des Tages beendet ist. Das umfänglichste Angebot bietet wohl der Nachrichtensender *WDR 5* mit täglichen Angeboten wie *Lilipuz* am frühen Nachmittag und *Bärenbude* am frühen Abend von jeweils 25 Minuten (www.wdr5.de/Kinder). Zu dem bunten Magazinangebot zählen Hörspiele, Rätsel, Musik, Features, Übertragungen aus Schulen, zudem aktuelle Nachrichten für Kinder. Sendungen heißen *Museumsreif*, *Kino-Spieletipp*, *Comedy*, *Herzfunk spezial*, *Radiomikroskop*. Im Internet wird *Kiraka*, der "Webchannel für Kinder" angeboten (dazu auch über DAB und DVB, worin das verfügbare Angebot neu zusammengestellt und wiederholt wird). Etliche der professionell produzierten Angebote werden auch als CD oder Buch vermarktet. Über eigene UKW- Kinderkanäle verfügen die *ARD*-Anstalten nicht.

Über welches Potenzial das Radio verfügt und wie öffentliche Anbieter dies freizulegen vermögen, soll an der *ARD*-Kindernacht verdeutlicht werden (www.kinderradionacht.de). Dies ist ein Projekt aller *ARD* Kinderredaktionen, die einmal im Jahr ein spezielles Angebot für Gruppen (Schulen, Jugendherbergen, Bibliotheken etc.) zusammenstellen, wobei Detektiv- und Rätsel-Hörspiele im Mittelpunkt stehen („Junior-Detektiv-Einsatzzentralen"). Im Jahre 2009 stand es unter dem Motto: „Verdacht nach Acht", 2010 „querWELTein", mit einer Reise um die Welt. Zu diesem gemeinschaftsspendenden Ereignis übernachten einige Tausend Schulklassen in ihren Gebäuden, andere Gruppen in weiteren Gemeinschaftsquartieren, die *ARD* stattete das Event mit Detektiv-Utensilien, Spiele-Tipps, Rezepten etc. aus. Wer mag, kann das Projekt mit Computereinsatz begleiten. In derartigen Projekten wird die beachtliche Innovationsfähigkeit des Mediums erkennbar.

### 14.3.2 Kommerzielles Kinderradio

Kommerzielles Radio ist um die werberelevante Zielgruppe 14 bis 49 Jahre konstruiert worden, Kinder haben erst eine Chance, seitdem in einer Vielkanal-Umgebung neue, bisher vernachlässigte Zielgruppen erschlossen werden. Seit 2005 ist der Sender *Radio Teddy* aktiv, der in Potsdam seinen Sitz hat, in Berlin, Brandenburg und Kassel terrestrisch ausgestrahlt wird und anderswo via Satellit und Internet empfangbar ist (www.radioteddy.de). Der Sender mit seinen 18 Mitarbeitern hat als Betreiber mehrere Eigner, neben seinen Initiatoren die Zeitschrift *Gong* und das Verlagshaus *Burda*. Der Sender ist 24 Stunden auf Sendung und passt sich dem Tagesablauf der fragmentierten Zielgruppe an, am Vormittag richtet er sich an Kinder von zwei bis sechs Jahren, Grundschulkinder werden nachmittags angesprochen, ab 20:00 stehen mit Radio Teddy *Elternabend* Erwachsene im Zentrum.

Was Werbung anbetrifft, aus der sich der kommerzielle Sender finanziert, so verweisen die Macher auf Selbstbeschränkungen, die über die gesetzlichen Limits hinausreichen: Werbung ist auf sechs Minuten pro Stunde limitiert, für Alkohol, Handy-Klingeltöne und Medikamente werden keine Spots geschaltet. Umgekehrt heißt dies aber auch, dass kinderspezifische Werbung betrieben wird, etwa für Fast Food, Erfrischungsgetränke, Süßigkeiten, Spielzeug. Neben Produktwerbung spielt Sponsoring eine erhebliche Rolle, so finden wir die *IKEA Umweltgeschichte* im Angebot, Touristenorganisationen bewerben den Familienurlaub, eine Kette von Tierarztpraxen lobt in einer Haustiersendung einen kostenlosen Praxisbesuch aus. Kinder als angehende Konsumenten stehen hier im Mittelpunkt

### 14.3.3 Community Radio für Kinder

Seit 2003 ist *Radijojo* auf Sendung, ein nach eigener Einschätzung „spannendes, fröhliches, gewaltfreies und pädagogisch wertvolles Programm für Kinder von 3 bis 13 – und für alle Eltern" (www.radijojo). Der in Berlin heimische Sender ist ein klassisches nichtkommerzielles Radio, basierend auf einer gemeinnützigen GmbH. Der Sender wird in Berlin und Brandenburg über DAB und DVB-T ausgestrahlt (aber nicht über das reichweitenstarke UKW wie der Konkurrent *Teddy*), er ist bei 25 nichtkommerziellen Sendern in Deutschland zu Gast und wird über Satellit und Internet verbreitet.

Finanziert wird das werbefreie Programm aus Spenden, die steuerabzugsfähig sind, aus Stiftungsgeldern und öffentlichen Fördermitteln – man nennt das „Patchworkfinanzierung" (Steglich 2005). Der Sender versteht sich als Plattform, für alle Arten von Organisationen, die sich zum Wohle von Kindern einsetzen: Suchtprävention, Bildung, Gesundheitserziehung, Medienkompetenz zählen zu den erklärten Zielen. Das Programm selbst besteht aus Hörspielen, Musik, bunten Magazinen, interaktiven Spielen und hat eine starke internationale Komponente, beruhend auf der Zusammenarbeit mit Partner-Sendern in vielen Teilen der Welt. Es geht um transkulturellen Austausch. Der Sender produziert auch Programme in Zusammenarbeit mit Schulen und Kindereinrichtungen.

### 14.3.4 Kinder machen Radio

Wegen der relativ niedrigen Zugangsbarrieren ist das Radio ein naheliegendes Medium um sich im Selbermachen auszuprobieren. Es vermag Kindern erste Zugänge zum eigenständigen Produzieren von Medieninhalten zu eröffnen. Dies bestätigt auch die Medienpädagogik, danach erweist sich das Radio sich als ideales Einsteigermedium, um erste Medienkompetenz zu erwerben (Baake/Schill 1996). Dabei wird regelhaft kein massenmedial tragfähiges Angebot herauskommen, aber für Anerkennung bei Freunden und Familienangehörigen reicht es allemal. In Hamburg arbeitet z. B. das überwiegend studentische Team von *Funkstark*. Dieses *Hamburger Kinder & Jugendradio* arbeitet mit Schulen zusammen und produziert Programmbeiträge, die dann über den örtlichen Ausbildungskanal *Tide* ausgestrahlt werden. Zum Konzept heißt es: „Authentisch und lebensnah werden im Funkstark-Team eigene Themen durch die Kinder und Jugendlichen entdeckt und Standpunkte entwickelt. Am Ende steht das (Erfolgs-) Erlebnis, nicht nur etwas zu sagen zu haben, sondern auch gehört zu werden." (www.funkstark.de).

Radiomacher müssen wissen, dass die Ansprache von Kindern ganz anderen Regeln folgt als die von Erwachsenen (Kommerell 2008). Edelfederschreibe ist nicht angesagt, Begriffe, die in dem Verdacht stehen, onkelhaft, ranschmeißerisch oder lehrerhaft zu wirken, kann man vergessen. Wer an den Erfahrungshorizont von Kindern anknüpfen will, der muss kurz, präzise und aufregend formulieren, der muss neugierig machen (Journalistenwerkstatt 2009: 6). Bei erster Annäherung erscheint das Radio wie eine gestrige Technik, weil es ausschließlich auditiv orientiert ist und damit dem immer visueller werdenden Anspruch junger Leute (Comics, Zeichentrick etc.) nicht zu entsprechen vermag. Tatsächlich spielt aber das Geschichtenerzählen bei jungen Leuten eine große Rolle (vorlesende Eltern etc.) und auditive Medien fördern die Imagination. Kindern ist ihre Peer Group wichtig und hier hat das gemeinsame Geschichtenerzählen eine lange Tradition. Wer in einer medial übersättigten Umwelt Angebote an Kinder machen will, der muss sich der spezifischen Qualitäten eines jeden Mediums bewusst sein. Wie die medial übliche Schwelle zwischen Hören und Produzieren übersprungen werden kann, beschreibt die Redakteurin Aurelai Amann vom *SWR-Kindernetz*: „Kinder können sich mit Erlaubnis der Eltern als Kinderreporter anmelden und dann eigene Texte oder Bilder hochladen. Diese werden nach redaktioneller Prüfung ins Netz gestellt. In einer Reporterschule können Kinder sich Grundregeln des Nachrichtenschreibens aneignen." (Amann in: Journalistenwerkstatt 2009: 14).

Es liegt nahe, für junge Radiomacher Handbücher zu entwickeln, in denen in ihnen angemessener Sprache eine Einführung in das Handwerk erfolgt. Ein solches wurde von der Organisation *School's Out* konzipiert, es heißt: „3, 2, 1. On Air!". Die Darstellung steigt mit folgenden Fragen ein: „Wie funktioniert ein Aufnahmegerät? Wie macht man eigentlich eine Umfrage? Und wie finde ich überhaupt ein Thema für einen Radiobeitrag oder eine Sendung?" (School's out-Radio 2006: 7). Das praktische Handbuch ist so lebendig geschrieben, dass es auch erwachsenen Radiointeressierten viele Hinweise zu geben vermag. Es gibt weitere Quellen, die beim Selbermachen von Radio helfen (Bloech/ Fiedler 2005; Palme/ Schell 1998). Es wird klar, dass man eigentlich jeder Schule einen

Sender hinstellen sollte, denn kein anderes Medium vermag so einfach und unkompliziert kommunikative Kompetenz zu vermitteln und könnte gleichzeitig
das Einzugsgebiet der Schule mit lokalen Angeboten bereichern.

### 14.3.5 Internationale Erfahrungen mit Kinderradio

International spielt die Zielgruppe der kindlichen Radiohörer oft eine deutlich
größere Rolle, vor allem stehen dafür eigene Sender zur Verfügung. Der führende kommerzielle Anbieter in den USA ist *Radio Disney*, der vom *Disney*-Sitz in
Burbank, Kalifornien als Network 55 Märkte in den USA bedient. Zielgruppe
des 24-Stunden-Senders sind „kids" und „tweens" im Alter 6-14 Jahre, von
denen wöchentlich 3,2 Mio. erreicht werden (www.radio.disney.go.com). Der
Sender, der 1996 zum Geburtstag von Mickey Mouse gegründet wurde, gibt sich
betont kinderfreundlich. „Kids help pick the music that is played and are encour-
aged to interact via a toll-free phone line to the Radio Disney studio." Eine
knallbunte Website ergänzt das Angebot, das natürlich viele Produkte des *Disney*-Imperiums bewirbt und vor allem auf Familienunterhaltung zielt, aber als
kommerzieller Sender auch für Werbung anderer offen ist.

In Großbritannien arbeitet seit einigen Jahren *Fun kids – the children's radio station* auf DAB und online, getragen von einer Firma, die sich auf digitale
Radioangebote spezialisiert hat. Das kommerzielle Angebot inklusive *Fun kids
community* und *fun kids marketplace* (Onlineshopping) bietet gegenüber den
Eltern eine bemerkenswerte Begründung, weshalb Kinder die Station hören sollten. „Everyone knows the power of kids television and how children often can't
get enough. It may be an effective way to park a child for a bit, but we think
radio is better for children. When you are listening to the radio you can do other
stuff – as adults we know this as millions of people listen to radio on their way to
work in the car." (www.funkidslive.com). So wird die Radio-Nanny zum Geschäftsmodell.

In Polen hat sich ein Sender *Baby Radio* etabliert, der eine Zielgruppe unter
7 Jahren bedient, vor allem mit Kinderliedern, Märchen, Zubettgeh-Geschichten
etc. Der Sender entstand aus einer Initiative von Eltern und arbeitet nichtkommerziell (www.babyradio.pl). Von Frankreich wird vermeldet, dass dort viele der
nichtkommerziellen Stationen, die aus der „radio libre"-Bewegung hervorgingen,
speziell für junge Leute (15-16 Jahre) ein Forum bilden. Es sind vor allem Call-
in-Sendungen, in denen sich die Zielgruppe über spezifische, sie beschäftigende
Themen austauschen kann, Themen sind Sexualität, Beziehungen, Identität oder
Drogen. „The ‚free radio' shows highlight the considerable entanglement of the
private and the public – of concern for self and social responsibility. They also
tell us something about a process of socialization and participation in the public
sphere that increasingly takes place from a very young age. Their analysis also

indicates that, for the younger generations, there is a further symbolic – and structuring – sphere alongside those of family and school." (Glevarec 2005: 348).

## 14.4 Militär und Radio

Die Technik des Radios, die einst in den Gräben des 1. Weltkrieg ihren Schliff erhielt, spielte in Kriegen immer wieder eine einzigartige Rolle (Pinkau/Weber/Hebbeker 2007). Im 2. Weltkrieg fand eine regelrechte Propagandaschlacht über die Fronten hinweg statt. Insbesondere zwischen der britischen *BBC*, die deutschen Antifaschisten ihre Sendeanlagen zur Unterminierung des Regimes anbot und den deutschen Nazis, die auf eigenen und erbeuteten Sendern mit Siegesmeldungen und Durchhalteparolen dagegen hielten: Gleichzeitig verboten die NS-Machthaber das Hören von „Feindsendern" und bedrohten Widerspenstige mit der Todesstrafe. Das geheime Abhören derartiger Sender auf Kurzwelle war aber die einzige Möglichkeit, sich ein ungeschminktes Bild vom Kriegsgeschehen zu machen. Auch die USA beteiligten sich an diesem Propagandakrieg, gründeten u. a. die *Voice of America* 1942.

Aber das Radio spielte auch bei der Versorgung der Soldaten mit Musik und Propaganda eine zentrale Rolle auf allen Seiten des Krieges. Das Radio unter dem Hakenkreuz brachte spezielle Angebote für die Landser, etwa Wunschkonzerte für die Wehrmacht nach dem Motto „Brücke zwischen Front und Heimat". Wehrmachtssender wurden in der Regel von Propaganda-Kompanien betrieben, die Bestandteil der Truppe waren, aber einen Sonderstatus hatten. *Radio Belgrad*, mitten in okkupierten Land, erwarb bei den Landsern besondere Berühmtheit. Wenn stationäre Sender nicht aufgebaut werden konnten, wurde mit mobilen, auf LKW montierten Apparaten gearbeitet. Das beliebteste Lied unter den deutschen Soldaten wurde Lili Marleen, eigentlich ein schmalziges Liebeslied mit Anti-Kriegselementen, das auch in englischer Übersetzung erfolgreich war und von den Briten zu einem Propagandalied gegen den Führer umgedichtet wurde (Grull 2000: 151ff.).

Auf alliierter Seite unterstützten bekannte Unterhaltungskünstler die Militäroffensiven, besonders auf US-Seite wurde diese Stärkung gepflegt, wo *Star Spangled Radio* und *Armed Forces Radio Service* vor allem mit populärer Musik mobilisierten: „Songs that won the war" (Grull 2000). Berühmt wurden Musiker in Uniform, die mit Militärorchestern antraten, um den GIs das Frontleben zu erleichtern. Unsterblich wurde dabei der König des Swing, Major Glenn Miller mit dem *Army Air Force Orchestra*, der mit seinen Leuten dem Siegeszug der Alliierten folgte, dann Ende 1944 im Ärmelkanal mit seiner Maschine abstürzte.

Die amerikanische Kriegsmobilisierung wurde im eigenen Land durch massive Aktionen unter Führung des Mediums Radio unterstützt. Dabei wurde sichergestellt, dass sich die ethnisch orientierten Stationen im Lande (200 sendeten in anderer als englischer Sprache) in die Kriegsstimmung einfügten, ebenso bot sich die Werbewirtschaft an, die Kriegsbemühungen aktiv zu unterstützen. Mehr noch, sie setzte ihr handwerkliches Können ein, um für das Land USA – „the greatest in the world" – in Sendespots zu werben. „At their most basic, these ads advertised 'the American way', eulogizing America as a land of opportunity and freedom." (Horten 2002: 114). Werbegetragenes Radio und Patriotismus verschmolzen so miteinander in der Phase eines "Radio goes to war".

Mit der alliierten Besetzung Deutschlands 1945 kamen die Militärsender der Alliierten *American Forces Network* (*AFN*) und *British Forces Network* (*BFN*, später *BFBS*) der Briten nach Westdeutschland, die wiederum mit ihrer Zielgruppe junger Erwachsener auch unter Deutschen erfolgreich waren. *AFN* war in vieler Hinsicht das erste Formatradio in Deutschland, auch wenn es keine Produktwerbung sendete (allerdings Werbespots für die US Army). Die Verantwortlichen dieser Sender waren oft unsicher, ob sie sich streng an die Zielgruppe des eigenen Militärs halten oder auch deutsche Zaungäste einbeziehen sollten. In jedem Fall boten die Sender jungen Deutschen eine Alternative zu den seinerzeit oft betulich antretenden öffentlichen Sendern.

Als die Bundeswehr aufgebaut wurde, begannen im Bereich der psychologischen Kriegsführung auch früh eigene Radio-Aktivitäten, die bis heute anhalten. Zuständig ist die Einheit Zentrale Operative Information, in der neben Soldaten auch Zivilisten arbeiten (www.opinfobundeswehr.de). Im Zentrum steht der Sender *Radio Andernach*, der seit über dreißig Jahren tätig ist und ein 24-Stunden-Vollprogramm bietet (www.radio-andernach.bundeswehr.de). Er gilt als Soldatenbetreuungssender („Soldaten senden für Soldaten"), der bei Aktivitäten vor Ort beteiligt ist, sowohl bei Militärangehörigen, die im Ausland stationiert sind (seit 1975 z. B. in El Paso, Texas) als auch ab dem Somalia-Einsatz 1993 bei zeitlich begrenzten Auslandseinsätzen. Die Soldaten werden mit Musik unterhalten, wichtig sind aber auch Grüße, um Verbindung zu den „Liebsten" zu halten. Dazu wurde GABI entwickelt, die Grußassistentin für das Bundeswehrradio im Internet.

Die Bundeswehr sieht sich aber noch in einer zweiten Rolle, indem sie sich an die sie umgehende Zivilbevölkerung wendet. So bietet sie Zielgruppenradio in Afghanistan und dem Kosovo (2010) an. In Afghanistan unterhält sie den Sender *Sad-e Azadi* (Stimme der Freiheit), ein 24-Stunden Angebot für Kabul und Umgebung mit einheimischen Mitarbeitern. Im Kosovo werden lokale Sender beliefert. Die Bundeswehr ist stolz darauf, dass sie in der Heimat ein unterstützendes Studios von der Qualität öffentlicher Sender (vergleichbar dem *SWR 3*) betreiben kann. Das „luftverlastbare" Equipment kann problemlos überall in der Welt eingesetzt werden, die Bundeswehr spricht von über 60 Einsatzorten. Die mediale Fürsorge, die hier die Bundeswehr und ihre Angehörigen genießen, wünscht man sich auch für andere Bevölkerungskreise.

## 14.5 Piratenradio

Piratenradio werden Stationen genannt, die ohne Lizenz, also aus der Illegalität heraus operieren. Die Referenz auf das Piratentum ist nicht zufällig, viele frühe Sender befanden sich auf Schiffen jenseits der staatlichen Hoheitszone und strahlten von dort ihre Programme aus (offshore radio). Piratenradios waren und sind Stationen, die demonstrativ auf eine Sendelizenz verzichten, und damit oft staatliche Verfolgung provozieren. Sie werden dann regelmäßig Ort und Frequenz wechseln müssen, um unerkannt zu bleiben (Roth 2003). Selbst in den USA mit ihrer vielfältigen Radiolandschaft gab es Bewegungen, außerhalb des Regulierungsregimes der *FCC* sog. Mikroradios zu etablieren, *Free Speech Radios* mit sehr geringer Reichweite (Himes 2004; Carpenter 2004). In der heutigen Multikanal-Radiolandschaft finden sich nur noch wenige Piratenstationen, die diese Bezeichnung ernsthaft verdienen. Dabei sind sie oft nicht verschwunden, aber angesichts hoher Gesamtzahlen von Stationen gehen sie unter, oder der Staat verzichtet darauf, eine Lizenz einzufordern. In Peru soll es etwa 5000 Radiostationen geben, von denen nur die Hälfte korrekt lizenziert ist, in Spanien soll nur eine Minderzahl der Stationen über eine Genehmigung verfügen.

Als bedeutend wichtiger für die Radioentwicklung Europas erwies sich aber eine zweite Richtung von Piratensendern: Es handelte sich um Sender in Ländern mit öffentlichem Sendemonopol, die gezielt werbefinanzierte Programme für junge Leute ausstrahlten. In Europa gab es mit *Radio Mercure* einen derartigen Sender bereits 1958 vor den Küsten Dänemarks, 1960 folgte *Radio Veronica* in den Niederlanden und im Vereinigten Königreich 1964 *Radio Caroline*. Alle sendeten von Schiffen außerhalb des staatlichen Hoheitsgebiets (Harris 1977). Wurden sie verfolgt, mobilisierten sie ihre Hörerschaft, deren Protest dann oft Schutz vor behördlichen Maßnahmen bot. Sie übten mit ihrem populären Musikprogramm enormen Druck aus, das öffentliche Sendemonopol aufzubrechen: Manche Stationen wurden geschlossen oder entstanden unter anderer Bezeichnung neu, einige wurden letztlich legalisiert. In jedem Fall beförderten sie die Entstehung dualer Systeme. Diese Piratenstationen hatten normalerweise keine politischen Ambitionen, vielmehr wollten sie in von den öffentlichen Anbietern nicht bedienten Programmsegmenten Geld verdienen und ihre jugendliche Klientel versorgen. Mit Entstehen einer vielfältigen Radiolandschaft verloren die Pira-

tenradios mit ihrem rebellischen Habitus ihre Bedeutung, heute spielen sie kaum
mehr eine Rolle.

Neben diesen klar illegalen Sendern gab es immer auch Sender mit zweifel-
hafter Rechtsgrundlage. So strahlte das Unternehmen *Radio Luxemburg* bereits
in den 30er Jahren mit hoher Sendeenergie und ohne internationale Koordination
seine Programme für ganz Europa aus. Angesiedelt in Mexiko sendeten Stationen gezielt über die Grenze in die USA mit Inhalten hinein, die dort nicht ge-
nehmigt waren (sog. border blasters). Ähnliches geschah auch in Europa, als
noch das öffentliche Monopol bestand (vor den 80er Jahren), etwa mit den sog.
Peripheriesendern rund um Frankreich (wie *Radio Monte Carlo* und *Europe 1*
aus dem Saarland) oder an der italienisch-schweizerischen Grenze. Diese einst
grenzüberschreitende Brisanz des Radios ist heute allerdings bedeutungslos geworden, da öffentliche Monopole geschwunden und zahlreiche alternative
Transportwege außerhalb terrestrischer Ausstrahlung entstanden sind.

## 14.6 Religion und Radio

Die christliche Botschaft wird traditionell über das Wort verkündet, mit dem die
Gläubigen erreicht werden sollen. Es erscheint deshalb plausibel, dass Kirchen
früh ein Interesse am einst neuen Radiomedium entwickelten. Weil es dem tradierten Verbreitungsstil der Kirchen nahekam, wurden seit frühen Tagen z. B.
Predigten und Gebete per Radio übertragen. Heute sind diese Aktivitäten eingebettet in umfassendere Kommunikationsstrategien, gleichwohl läuft dies weiterhin unter dem Überbegriff Radio, so etwa bei *Radio Vatikan*, der Stelle, die sich
der globalen Kommunikation der katholischen Kirche widmet.

Die älteste und wichtigste Station innerhalb der katholischen Kirche ist *Radio Vatikan*, ein Sender, der seit 1931 – also seit der Frühzeit des Auslandsrundfunks – weltweit aktiv ist. Der Sender versteht sich als „die Stimme des Papstes
und der Weltkirche" (www.radiovaticana.org). Er ist der Sender des heiligen
Stuhls und soll die katholische Lehre in die Welt tragen. 2010 sendet er auf fünf
Kanälen, die sich auf verschiedene Regionen in Europa und der Welt richten,
produziert seine Botschaft in 47 Sprachen (eine ist Esperanto) aus 35 Sprachre-
daktionen, darunter auch eine für deutsche Hörer (www.vatican.va). Das Angebot umfasst Gottesdienste und Gebetssendungen sowie Nachrichtenjournale und
Magazine aus der Kirche. Neben der Verbreitung über Kurz- und Mittelwelle
werden neueste Techniken eingesetzt, darunter eine Internet-Plattform, gesendet
wird auch im neuen digitalen Standard DRM, neben anderen Angeboten sind
Gebete des Papstes als Podcast abrufbar.

In den USA sind Radiostationen mit christlichen Botschaften weit verbreitet, in den Jahren des konservativen Präsidenten George W. Bush hat ihre Zahl

noch zugenommen. Nach einer Untersuchung von 2006 zählte man 2.772 Statio-
nen, die (auch) über ein religiöses Format verfügen, die neben Gottesdiensten z.
B. Gospelmusik, Inspirationssendungen u. ä. übertragen. Regionale Schwerpunk-
te finden sich im besonders gläubigen Bible Belt, der zentralsüdlichen Zone der
USA, typische Hörer sind ältere, verheiratete Frauen mit einem Angestellten-
Beruf, höherem Einkommen, eigenem Haus und Neigung zu den konservativen
Republikanern. In dieser Szene wird viel mit Mitteln des modernen Konsu-
merismus gearbeitet, denn das eigentliche Gemeindeleben hat an Bedeutung
verloren. Elemente von Marketing, Entertainment und leichter Musik ersetzen
es, wofür sich das Radio offensichtlich gut eignet (Lochte 2007). Berüchtigt ist
die polnische Station *Radio Marya*, die zeitweise als „Hüter des Polentums" mit
nationalkatholischen Parolen antrat und damit politische Stimmungsmache betrieb, was im eigenen Land und sogar beim Vatikan auf Kritik stieß.

In Deutschland haben die beiden großen Kirchen Sitz und Stimme in allen
Rundfunkräten und sorgen dafür, dass (zumeist kleine) Kirchenredaktionen in
den Anstalten unterhalten werden, die  kurze, besinnliche Beiträge im laufenden
Radioprogramm (z. B. *NDR: Morgenandacht, Zwischen Himmel und Erde* etc.)
bieten, dazu auch Magazine und Berichte aus dem Kirchenleben (meist in zuhö-
rerschwachen Zeiten) senden.

Auch der Betrieb eigener Radiostationen ist zu finden, dabei handelt es sich
einerseits um Bemühungen aus offiziellen Kirchenorganisationen, die im Me-
dienkonzert präsent sein wollen. Zum anderen nutzen aber auch kleine, eher
fundamental orientierte Kirchengruppierungen das Radiomedium, um eigenständig ihre Anhänger zu erreichen. Die bekannteste Station ist das *Domradio* des
Erzbistums Köln (www.domradio.de). Das katholische Radio mit Nachrichten,
Magazinen, Tagesevangelium, Gottesdiensten und einem Musikangebot mit
geistlicher Musik, Oldies und Evergreens (und „himmlischen Hits") versteht sich
als journalistisches Vollprogramm ohne Werbung. Es behauptet, einen „guten
Draht nach oben" zu haben und wird in Köln und an einigen anderen Standorten
terrestrisch übertragen, es ist dazu über Internet, Satellit und die neue digitale
Norm DAB empfangbar. Umstrittener ist das *Radio Horeb* (benannt nach dem
Berg Horeb, wo Moses die biblische Gottesbegegnung hatte), der Sender firmiert
unter „Eine Botschaft, die hinausgeht". Der spendenfinanzierte Sender, der von
einer Internationalen Christlichen Rundfunkgemeinschaft e. V. betrieben wird,
hat seinen Sitz in Immenstadt in Bayern und verfügt dort auch über eine terrestrische Frequenz, ist aber auch bundesweit in verschiedenen Netzen empfangbar
(www.horeb.org). Der streng konservativ orientierte Sender, der den „Verfall
sittlicher Werte" beklagt, hatte seine Lizenz in der bayerischen Landesmedienanstalt erst nach einem heftigen Streit und mit Rückendeckung der Landesregierung erhalten.

Auf protestantischer Seite findet sich die Station *ERF-Radio* (für *Evangeliums-Rundfunk*), „der Sender fürs ganze Leben". Mit dem Hauptquartier in Wetzlar ging die spendenfinanzierte Organisation bereits 1959 auf Kurzwellen-Sendung (bei *Radio Monte Carlo*) und ist heute über Satellit, Kabel und Web empfangbar. Er bringt neben Nachrichten vor allem christliche Musik, Kirchenlieder, Klassik, Chansons, Pop, Gospel, Spirituals. International ist der Sender in der Organisation *TransWorldRadio* mit vielen Partnern vernetzt, mit allen zusammen – so heißt es – sende man in 225 Sprachen (www.erf.de). *Radio 98,2 paradiso* in Berlin ist ein kommerziell finanzierter Sender mit evangelischer Beteiligung. Gemeinden und Privatleute können sich an dem Sender mit 5000 € beteiligen, ein Programmrat wacht über die Arbeit. Auf dem heftig umkämpften Berliner Radiomarkt hat der Sender eine Nische gefunden, Programme heißen etwa *Lifestyle, Gesundheit, Wellness* oder *Die paradiso Wohlfühlschau*, „Musik mit Gefühl" begleitet das Programm, das über die üblichen Verteilnetze auch bundesweit empfangbar ist (www.paradiso.de). Angesichts der kommerziellen Realitäten steht die evangelische Botschaft dabei nicht immer im Vordergrund.

## 14.7 Sport und Radio

Enthusiastische Anhänger von Sportereignissen sind an Live-Berichten von großen Events interessiert. Das Radio als aktuelles Medium bietet sich hier an, insbesondere wenn der Empfang nebenher erfolgt, der TV-Zugang mit Kosten verbunden ist (Pay-TV) oder es um Randsportarten geht (die *BBC* bietet z. B. *Gaelic Games*). So sind in Staaten mit Vielkanal-Angeboten spezielle Sportstationen entstanden. In den USA gibt es über 600 „Sport-Talk"-Sender, die örtliche Ereignisse übertragen, über Netzwerke Berichte von national bedeutsamen Spielen übernehmen oder einfach über Sport berichten und diskutieren. Die Reichweite ist vergleichsweise gering (3 %), dafür verfügen sie über eine treue, tatsächlich zuhörende Anhängerschaft. Das Publikum ist überwiegend männlich, die Sprache gilt als ruppig, die Sender werden als Ort gesehen, an dem Männer sich gehen lassen können. Ein Vertreter aus der Szene charakterisiert sie so: „This is a tupperware party for guys. Guys finally have a place where it´s okay to burp and scratch and not worry about being P.C. (= politisch korrekt). We know we´re pigs and we´re not apologizing for it." (zit. Dempsey 2008: 185).

In Großbritannien bietet die Hörfunksektion von *BBC* umfassende Sportangebote auf *BBC5* „live news – live sports" und auf dem DAB-Kanal *BBC5 live sports extra* (www.bbc.co.uk/5live) an. Überall in der Welt des Commonwealth (von England über Indien bis Neuseeland) sind z. B. stundenlange, für den Unkundigen schwer nachvollziehbare Cricket-Übertragungen sehr populär. Das Sportmagazin *Cricket World* betreibt in Ergänzung zur *BBC* ein *Cricket World*

*Radio* mit Live -Übertragungen, einer *Around the World Cricket Show* und bietet parallel Wettmöglichkeiten im Internet an (www.cricketworld.com/radio).

In Deutschland sind Sportradiostationen unbekannt, gleichwohl ist auch hier Sport ein großes Feld für die Sender. 2009 berichtete die *WDR2*-Sportchefin Sabine Töpperwien, dass etwa 16 Mio. Hörer regelmäßig die Fußball-Bundesliga über Radio verfolgen. Sportberichterstattung ist vielfältig in die vorhandenen Programme – vor allem der öffentlichen Sender – eingeflochten. Beim *NDR* finden wir die folgende Arbeitsteilung: Der Hauptsender *NDR 2* bringt an den Nachmittagen des Samstags und des Sonntags die Bundesligashow, die als *ARD*-Produktion auch von den anderen *ARD*-Anstalten übertragen wird. Sie zeichnet sich dadurch aus, dass, in ein Musikprogramm eingebettet, Sportreporter live von den laufenden Spielen berichten: „Was passiert vor, während und nach den Spielen? Dazu Interviews, Analysen, die aktuelle Tabelle – und natürlich der absolute Radioklasssiker live: die Schlusskonferenz aus allen Stadien." (www.ndr2.de). Auf dem Nachrichtenkanal *NDR info* wird auf einem festen Sendeplatz „fünf vor halb" über das aktuelle Sportgeschehen berichtet. Die vier Länderprogramme übernehmen – angepasst an die Spielzeiten und regional dominierenden Sportarten – eine detaillierte Berichterstattung, das Internet bietet ergänzende Informationen.

Für Sportjournalismus via Radio ist besonders wichtig, dass über das gesprochene Wort beim Zuhörer eine Art „Kopfkino" erzeugt wird. Die Anspannung im Stadion soll dem interessierten Hörer – also jemandem der eigentlich gern dabei wäre – vermittelt werden, es geht dabei nicht nur um Fakten, sondern auch um Gefühle. „Diese Live-Schilderung ist die emotionalste, aber auch die fachlich schwierigste Berichterstattung", analysiert Sabine Töpperwien ihre Aufgabe, die seit zwanzig Jahren von der Stadiontribüne für das Radio kommentiert und deren Stimme alle Sporthörer kennen. „Wir müssen reden, reden, reden. Wir müssen auf die Uhr schauen und pünktlich sein, wir müssen auf den Zettel achten und denken: Hast du dem Sender das schon erzählt oder nicht?" (zit. Weber 2010).

Die *ARD* übernimmt die Berichterstattung von internationalen Sportereignissen. So war sie in Deutschland der führende Transporteur aktueller Informationen von dem Weltereignis Olympische Spiele 2008 in Peking. Sie beschrieb ihre Leistungen wie folgt: „Bis zu 26 Millionen Menschen haben sich täglich im Radio über die die Olympischen Spiele informiert. Damit wurden deutlich mehr Menschen erreicht, als über das Fernsehen." (Bleick 2009: 109). Bei diesen Sendungen standen Live-Berichterstattung über Wettbewerbe, Siegerehrungen und Exklusivgespräche im Mittelpunkt, insgesamt zählte man 4500 Beiträge aller Art in 50 unterschiedlichen Programmen.

Eine Untersuchung nach der Fußball-Europameisterschaft 2008 kommt zu folgenden Ergebnissen: Die repräsentative Befragung unterstreicht, dass fast 73 % der Bevölkerung ab 14 Jahre Berichte zur Europameisterschaft im Radio gehört hat und rund 40 % oder 26 Mio. sich täglich über das Radio informierten. Dies ist zwar weniger als beim Fernsehen, aber – zumindest bei der wichtigen Zielgruppe unter 50 Jahren – ein Ergebnis, das vor den Tageszeitungen liegt (Mai 2008). Das Radio wurde dann besonders viel frequentiert, wenn wichtige Ereignisse an Werktagen bzw. während des Tagesablaufs stattfanden – ähnlich wie bei anderen aktuellen Berichten zeigt das Radio hier seine spezifischen Qualitäten. „Im Radio konnte man sich aktuell und umfassend informieren, ohne begleitende Tätigkeiten unterbrechen zu müssen. Im Gegensatz zum Liveticker im Internet konnte das Radio die Emotionen und die Spannung auf dem Fußballfeld live vermitteln." (Mai 2008: 452).

## 14.8 Talk und Radio

Bei Talk-Radio handelt es sich um ein Programmformat, bei dem ein bekannter Talk-Host im Studio sitzt und Themen kommentiert, häufig zusammen mit einem Gast oder mit Hörern („call in") (Rehm 1995). Das Format zählt zu den erfolgreichsten in den USA, wo (2004) 17 % der Hörer aussagten, dass sie regelmäßige Hörer von Talk-Stations sind. Ein beliebtes Bild, mit dem deren Attraktivität beschrieben wird, verweist auf das Gespräch über den „elektronischen Gartenzaun". Talk-Radio kann alles umfassen, z. B. Debatten zu zwischenmenschlichen Beziehungen, Gesundheit etc., aber oft geht es um Themen der aktuellen Politik. Der Stil kann ernst sein oder Comedy-Elemente einbeziehen. Talk-Sendungen gab es schon immer, aber dieser neue Typ explodierte in den 90er Jahren, nachdem 1987 eine Fairness Doktrin der Aufsichtsbehörde *FCC* aufgehoben worden war, die bis dato ein ausgewogenes Programm einforderte: Wer angegriffen wurde, konnte nun nicht mehr Sendezeit zu seiner Verteidigung einfordern.

Der bekannteste Talker der USA ist Rush Limbaugh, der selbst ernannte „American Truth Detector, the Doctor of Democracy" (so auf seiner Homepage www.rushlimbaugh.com). Er ist regelmäßig auf über 600 Stationen zu hören. Limbaugh inszeniert sich als rechtspopulistischer Konservativer, der den Mut hat, das politische Establishment frontal herauszufordern. Seine Zuhörer sind vor allem ältere, weiße Männer aus unteren sozialen Schichten, oft gesellschaftliche Verlierer, die hier ihre düstere Weltsicht bestätigt finden. Talk-Radio gilt in den USA als Domäne der politischen Rechten, es hat viele Versuche gegeben, dem progressiven Alternativen entgegenzusetzen, aber mit geringem Erfolg (Lewis 1995).

Eine andere Persönlichkeit ist Howard Stern, der selbst ernannte „King of all Media". Er versteht sich als „shock jock", der vor allem über Sex, Skandale und Intimitäten spricht und damit zum bestverdienenden Radioentertainer der USA wurde. Stern provoziert gern, indem er in ordinäre Sprache verfällt, worauf seine Sender immer wieder von der Aufsichtsbehörde *FCC* bestraft wurden, zum Teil mit Sanktionen in Millionenhöhe. In den USA ist es seit Jahrzehnten verboten, im Radio sog. Four-Letter-Words, also ordinäre Sprache zu verwenden. 2006 ist er mit seiner Show auf Satellite Radio ausgewichen, das – da es abonniert werden muss – nicht als allgemein zugänglich gilt und in dem keine Restriktionen gelten. (vgl. Kap. 5.6.2.3)

Talk-Radio ist ein sehr amerikanisches Phänomen, auch wenn es in anderen angloamerikanischen Ländern zu finden ist, in Großbritannien bei der *BBC*; in Australien und Neuseeland heißt es Talkback-Radio. Bei Talk-Radio wird deutlich, wie in den USA eigentümliche Grenzen der Medienfreiheit existieren, die sich letztlich auch entlang politischer Linien festmachen lassen. Während rechte Talker wie Limbaugh mit unterschwellig rassistischen und chauvinistischen Angriffen operieren und dabei unbehelligt bleiben, tritt der strafende Staat an, wenn es um die Gossensprüche einer eher kritisch-unkonventionellen Stimme wie die von Stern geht.

Ein bekanntes Theaterstück von Eric Bogosian: *Talk Radio* (1988) stellte die einsame Arbeit eines Night-Talkers auf die Bühne. Als es 2007 am Broadway (wieder) aufgeführt wurde, wollten die Veranstalter mit drastischen Sequenzen aus dem Stück im Radio werben – und wurden genau deswegen von Radiostationen abgewiesen: Talk-Radio konnte nicht im Radio stattfinden. (für Bogosian vgl.Kap. 15.7)

## 14.9 Krisen und Krieg im Radio

In politischen Ausnahmesituationen kann das Radio eine strategische Schlüsselrolle spielen, weil es mit einfachen Mitteln große informationshungrige Publika zu erreichen vermag. Mehrfach spielten Radiostationen eine zentrale Rolle in Phasen des Umbruchs. Prototypisch dafür steht der Einsatz eines Senders in Manila. 1986 war es nach massiven Wahlmanipulationen auf den Philippinen zu einer Revolte gegen den damaligen Diktator Ferdinand Marcos gekommen. Der hatte nahezu alle Medien unter seiner Kontrolle. Zu einer Umsturzstimmung trug aber bei, dass er die Unterstützung des Westens und der im Lande starken katholischen Kirche verloren hatte. Der gewaltlose Widerstand der Bevölkerung, in der Bewegung People Power zusammengefasst, wurde von einer einzigen Radiostation aus dirigiert. Es handelte sich um *Radio Veritas*, einen katholischen Sender, der während der Krisentage kontinuierlich Meldungen über Demonstrationen, Truppenbewegungen, Übergriffe der Ordnungskräfte und internationale Solidaritätsaktionen verbreitete. Nachdem militärische Einheiten den Sender zerstört hatten, übernahmen Protestierende eine andere Station und dirigierten ihre friedliche Revolution von dort aus weiter, bis Marcos schließlich die Flucht ergriff und das Land verließ. Die Revolte war erfolgreich, ein Schritt in Richtung Demokratie war erkämpft worden. Deutlicher kann wohl kaum demonstriert werden, welchen Einfluss das Medium Radio in einer zugespitzten Situation übernehmen kann.

Kam es im 20. Jahrhundert zu bewaffneten Konflikten, bauten beide Seiten Radiostationen auf, um für ihre Ziele zu werben und die Kämpfenden zu motivieren. So geschah es auch im Bürgerkrieg von El Salvador (1980-1991), wo als Gegengewicht zur Regierungspropaganda die Station *Radio Venceremos* aufgebaut worden war (López Vigil 1994). Als der Krieg 1992 mit einem Friedensschluss endete, wurde die Station nach gültigem Recht lizenziert und arbeitete weiter. Im Revolutionsmuseum des Landes wurde später das kleine Sendestudio von *Radio Venceremos* mit der Originalausstattung aus dem Untergrund aufgebaut und ausgestellt.

Traurige Berühmtheit erwarb das Radio als Sprachrohr des Hasses in Afrika. In Ruanda gab es schon seit vielen Jahren Spannungen zwischen den Hutu und den Tutsi, Spannungen, die bereits zu Kolonialzeiten geschürt und niemals offen angegangen worden waren. Die Konkurrenz zwischen den Stämmen ging so weit, dass 1994 von der Hutu-Seite ein Genozid an den Tutsi strategisch geplant worden war. Der wurde mit Hasspropaganda vorbereitet, zentrale Sprachrohre waren Radiosender, insbesondere *Radio Mille Collines* und *Radio Rwanda*. Im Talk-Show-Stil verbreiteten sie Aufrufe zum Genozid, die schließlich eine fürchterliche Resonanz fanden. Etwa eine halbe Million Tutsi wurden systematisch ermordet, die internationale Öffentlichkeit sah unentschlossen zu. Auch vor und während der Unruhen in Kenia 2007 spielten einige Radiostationen auf verschiedenen Seiten des Konflikts eine unrühmliche Rolle.

Nach Ende der Massaker in Ruanda hat man versucht, in dem zerstörten Land Radioprogramme mit versöhnlichen Botschaften auszustrahlen, um dergleichen zu verhindern und die Transition in Richtung Frieden und Versöhnung zu unterstützen (Carver 2000). Auch in anderen, von Bürgerkriegen erschütterten Teilen Afrikas hat man versucht, das Radio gegen Gewaltprediger einzusetzen und den Menschen neue Zuversicht zu vermitteln, so in Sierra Leone (Richards 2000). Im Nachbarland von Ruanda, in Burundi, in dem eine ganz ähnlich explosive ethnische Spannung herrscht, hatten sich 2010 fünfzehn unabhängige Radiostationen zu dem Projekt *Synergy* zusammengeschlossen, um am Wahltag sachlich zu informieren und für friedliches Miteinander zu werben. In einem Bericht aus dem Land wurde von „Demokratie aus dem Transistorradio" gesprochen und darauf verwiesen, dass Radio in einem Land, in dem viele nicht einmal einen Dollar pro Tag verdienen und 80 % Analphabeten sind, das einzige Medium darstellt, das alle zu erreichen vermag (Schlindwein 2010).

Auch bei den Kriegen, die den Zerfall Jugoslawiens begleiteten (1991-1995) spielte das Radio mehrfach eine Rolle, oft verhängnisvoll, weil hier von den Gegnern uralte Feindbilder auf dem Balkan reaktiviert wurden. Nach Abschluss der Feindseligkeiten war das Radio aber auch das erste Medium, das die Menschen in den zerstörten Gebieten wieder erreichte. Das dort präsente Militär, einschließlich der Bundeswehr, wurde darauf mit Radioangeboten aktiv. Nachdem zivile westliche Organisationen eingezogen waren, legten sie einen Schwerpunkt ihrer Ausbildungs- und Trainingsprogramme darauf, den Medienschaffenden beim Aufbau neuer, professioneller Strukturen zu helfen, aber auch darauf sicherzustellen, dass nicht erneut friedensbedrohende Hasssendungen verbreitet werden (von Franqué 2008).

Inzwischen sehen hier auch Auslandssender mit ihrer großen transkulturellen Erfahrung ein wichtiges Aktionsfeld. Die *DW-Akademie* ist die zentrale Einrichtung Deutschlands zur Ausbildung von Medienleuten aus der Dritten Welt im Bereich des Radiojournalismus. Sie konzentriert sich seit Jahren in ihrer Arbeit darauf, Journalisten mit Konzepten der Konfliktprävention und der medialen Friedenssicherung vertraut zu machen. So versucht man, frühere Gegner und Ex-Rebellen an das Mikrofon zu bringen, etwa nach dem Motto „Friedensradio statt Hasspropaganda" (*DW-Akademie* unter www.dw-world.de). Ihr sind dabei handwerkliches Können und journalistisches Selbstverständnis wichtig, es geht aber auch um „konfliktsensitive Berichterstattung" und die Verantwortung der Medien in einem latent schwelenden Konflikt. Die *Deutsche Welle* versucht in multi-ethnischen Workshops auf den kritischen Umgang mit tradierten Feindbildern einzugehen und die Verantwortung der Journalisten für friedensfördernde Berichterstattung zu betonen (Deutsche Welle 2009: 16f.).

*DW Radio* sendet seit vierzig Jahren ein Angebot in den Landessprachen Dari und Paschtu von Afghanistan. In dem von Bürgerkrieg und Militärintervention zerrissenen Land ist *DW Radio* 2010 mit einem Kurzwellen-Programm vertreten, zudem wird ein UKW-Sender in Kabul betrieben. Im Rahmen der Aufbauhilfe für das zerrüttete Land werden Hörspiel-Serien in der Form von Radionovelas, also Serienerzählungen mit einheimischen Kräften produziert, die speziell junge Hörer ansprechen sollen. Die Reihe *Learning by Ear* umfasst Themen wie Mädchenförderung, berufstätige Frauen oder Drogenprobleme. In einem verarmten und zerstörten Land, in dem 70 % der Bevölkerung weder Lesen noch Schreiben beherrschen, erweist sich Radio als das wichtigste Medium, wenn möglichst viele Menschen erreicht werden sollen (Babori 2010).

**14.10    Katastrophen und Radio**

Japan hat – eigentlich unüblich für asiatische Staaten – mit *NHK* einen starken öffentlichen Rundfunkanbieter nach europäischem Vorbild, der hohe Anerkennung genießt. In dem immer wieder von Erdbeben heimgesuchten Inselstaat wirkt *NHK* im Ernstfall wie ein Ruhepol. Dann übernimmt der Sender zentrale Kommunikationsaufgaben, verbindet Opfer und Helfer, informiert über staatliche Hilfsmaßnahmen und mögliche Gefahren. Besuchern des Landes wird Vorsorge empfohlen: Zur Notausstattung zählt ein Transistorradio, das auf die Frequenz *InterFM 76.1* eingestellt ist. Dort werden im Katastrophenfall Informationen in vielen Sprachen angeboten (www.japanvisitor.com). Es wird deutlich, wie hier spezifische Eigenschaften des Radios in einer Ausnahmesituation zum Tragen kommen. Das Transistorradio ist klein, kaum störanfällig und bringt seine eigene Stromversorgung mit. Ist die öffentliche Infrastruktur wegen einer Naturkatastrophe zusammengebrochen, ermöglicht es eine erste, schnelle und unkomplizierte Informierung über Gefahrenmomente, Hilfsmaßnahmen etc., selbst an abgelegenen und von Hilfstrupps nicht erreichbaren Orten.

Auch in den von Hurrikanen bedrohten Gebieten der Karibik und des Südostens der USA erweist sich das Radio oft weiterhin als unentbehrlich. Dies galt z. B., als 2005 der Wirbelsturm Katrina die Stadt New Orleans zerstörte und die begleitende Flutwelle alle modernen Kommunikationsnetze unbrauchbar machte – es verblieb nur das Radio (Moody 2009). Das Politikmagazin *Newsweek* schrieb: „… it was old-fashioned radio, not newfangled insta-media that served as a lifeline for people battered by the storm. In the dark chaos of the Louisiana Superdome, or the lonely quiet of their homes, people along the Gulf coast huddled around battery-operated devices, seeking comfort and news from the on-air voices." (Newsweek, 21. 9. 2005: 14). In den USA sind die örtlichen Radiostationen in ein *Emergency Alert System* eingebunden, das vor nahenden Katastrophen warnen und während des Ausnahmezustands informieren soll. Tatsächlich werden aber immer mehr Radiostationen automatisch betrieben und können dieser Aufgabe nicht länger nachkommen. So wird in den USA daran erinnert, dass trotz aller Deregulierungen die lizenzierten Radiostationen weiterhin verpflichtet sind, im öffentlichen Interesse für aktuelle Krisendurchsagen zur Verfügung zu stehen. Das setzt nicht nur voraus, dass qualifiziertes Personal vorhanden ist, es fordert auch, dass die Stationen im Falle eines Energieausfalls weiter arbeiten können. Derzeit sind Radiosender in dieser Rolle unersetzlich und Beobachter fordern, dass Stationen als Nutzer öffentlicher Frequenzen der gesetzlichen Verpflichtung nachkommen müssen, alle Vorkehrungen für den Katastrophenfall zu treffen (Spence et. al. 2009).

Auch deutsche Radiosender geben Warnungen durch, etwa wenn Sturmfluten oder Stürme drohen. Die Frage stellt sich, wie simple Vorwarnsysteme noch funktionieren sollen, wenn in Zukunft das Universalmedium terrestrisches Radio verschwunden sein sollte und durch eine Vielzahl unterschiedlicher Transportwege ersetzt wird? Es wird dann weitaus schwieriger sein, eine große Zahl von Menschen schnell und unkompliziert zu erreichen. Auch die Störanfälligkeit aller anderen Medien ist weitaus höher. Es wird deutlich, dass im Zeitalter der individualisierten Medien die Integrationsfähigkeit verloren gehen kann, die für das Zusammenleben in einer Gemeinschaft – ganz speziell in Ausnahmesituation – unentbehrlich ist. Und ein Weiteres wird klar: Neue Techniken sind nicht per se überlegen, so konnte bisher das Fernsehen die Warnfunktion des Radios nicht übernehmen und bei neuen digitalen Angeboten sieht es nicht anders aus. Was wird passieren, wenn die nächste Generation nicht einmal mehr über die Kompetenz verfügt, ein FM-Radio zu bedienen?

## 14.11    Fazit

Weil das Radio in den entwickelten Teilen der Welt seine dominierende Rolle an das Fernsehen – und zunehmend ans Internet – verloren hat, begegnen wir ihm in den unterschiedlichsten Nischen wieder, wo es quicklebendig ist. Bei einem Thema wie ethnisches oder Kinderradio wird deutlich, warum Radio als das variationsreichste Medium beschrieben wird. Es umspannt den Erdball mit Programmen, es ist aber auch in kleinen Räumen und Nischen aktiv, ermöglicht die Ansprache auch sehr spezieller Hörergruppen und fördert die unkomplizierte Selbstversorgung gesellschaftlicher Gruppierungen. Die hier aufgeführten Varianten sind lediglich als Beispiele zu sehen, es gibt noch viele andere Möglichkeiten, Radioprogramme für Jugendliche, Frauen, Migranten, Schwule etc. Das Beispiel Radio für Kinder unterstreicht, dass es nicht um wohlmeinende Gesetzeswerke geht, viel wichtiger ist es, die immensen Möglichkeiten des Radios auszuloten und tatsächlich zu nutzen. Dass die *ARD* und nichtkommerzielle Anbieter trotz ihres fantasievollen Einsatzes kaum Chancen haben, eine nationale Kinderversorgung mit terrestrischer UKW-Ausstrahlung aufzubauen, zeigt nicht nur Defizite, es ist ein Armutszeugnis für unser Land.

## 14.12    Fragen zur Vertiefung

1.  Warum gibt es eine Affinität zwischen Radio und Militär? Dafür gibt es historische Gründe, aber auch heute ist es möglich, über einfache, hochmobile Radiotechnik, Soldaten sowohl in ihren Kasernen wie auch im Einsatz mit Programm zu versorgen. Zentralistische Strukturen (one-to-many) bilden dabei den Zentralismus von Militärorganisationen ab.

2.  Warum gibt es weltweit zahlreiche ethnische Radiostationen? Gerade in
    Staaten, in denen das Fernsehen das dominante Medium darstellt und wenig
    Rücksicht auf Minderheiten nimmt, bietet sich Radio zur Kompensation an.
    Hier vermag es seine Stärken auszuspielen, daher finden sich ethnische Sta-
    tionen in allen drei Bereichen mit öffentlicher, kommerzieller und zivilge-
    sellschaftlicher Trägerschaft.

3.  Warum gilt das Radio als zentrales Kommunikationsmittel in Katastrophen-
    situationen? Radiostationen sind relativ wenig störanfällig und sie erreichen
    große Publika mit geringem Aufwand, Transistorradios arbeiten auch unab-
    hängig von elektrischer Stromversorgung.

## 14.13    Definitionen und Erklärungen

*Ethnic Radio:* Auf Internetplattformen, die Zugang zu Webradios in aller Welt
eröffnen, wird üblicherweise dieses Genre angeboten. Die Stationen unterscheiden sich stark, werden von einer Minorität betrieben, von verschiedenen Ethnien
genutzt oder versorgen ein international interessiertes Publikum, z. B. mit Weltmusik. Die Plattform www.shoutcast.com bietet z. B. „Top Ethnic Radio Stations" und informiert darüber, welche gerade nachgefragt werden.

*World Children's Radio Network:* Die Kinderstation Radijojo baut eine weltweite Vernetzung von Kinderstationen auf (www.radijojo.de/WCN). Besonders weit
ist sie bei transatlantischer Kooperation, wo Stationen, Schulen etc. in Deutschland, USA und Kanada zusammenarbeiten (www.across-the-ocean.org).

*Emergency Alert System*: Dieses gesetzlich vorgeschriebene Warnsystem in den
USA umfasst alle Radiostationen, dazu Satellitenradio, Fernsehen und andere
Transportwege. Es wird durch den Präsidenten aktiviert, der auch innerhalb 10
Minuten darüber sprechen kann – was er nie genutzt hat.

# Kapitel 15
# Rund ums Radio

## 15.1 Vereinigungen

Bereits in seiner Frühzeit hatte das Radio gemeinschaftsbildende Züge. In Radiovereinigungen erlebten Hörer die Faszination des einst neuen Mediums, oft bastelten sie miteinander, zumal fertig montierte Empfangsgeräte für viele unerschwinglich waren. Heute ist die Empfangssituation in der Regel ganz anders, das Programm wird gehört, weil man allein ist – z. B. bei der Arbeit oder im Auto. Gleichwohl kommen Gemeinschaftserlebnisse vor, vom Dorfempfang in Afrika bis zur *ARD*-Kindernacht in den Schulen. Mit dieser gemeinschaftsspendenden Tradition mag zusammenhängen, dass es eine kleine, aber aktive Szene gibt, die sich gern mit den zahlreichen Facetten des Mediums beschäftigt. In diesem Kapitel werden unterschiedliche Aktivitäten und Publikationen vorgestellt, manche aus der akademischen Forschung, andere von Radioliebhabern getragen und es geht auch um das Radio in der Populärkultur.

Zu den radioaffinen Gruppen zählen seit vielen Jahren die Funkamateure, die sich untereinander mit – oft selbst gebastelten – Sendern und Empfängern global vernetzen. Andere sind von dem Weltangebot auf Kurzwelle fasziniert oder arbeiten in der Radiobranche als Techniker, Händler oder Programmautoren. Für die erstgenannte Gruppe ist die Zeitschrift *Funkamateur – Das internationale Fachmagazin für Amateurfunk, Elektronik und Funktechnik* eine wichtige Quelle, die einige Wurzeln im Militärbetrieb der DDR hat (www.funkamateur.de). Für Radioproduzenten und -händler gibt es das *Radio Journal – Das Branchenmagazin für Radio und Neue Medien* (www.radiojournal.de). Mehrere Communitys im Internet haben sich dem Radio verschrieben, darunter www.radioweb.de, www.oldtimerradio.de und www.radiobookshop.de. Sie bieten zahlreiche Fachbücher an und verbreiten Informationen aus der Radioszene.

## 15.2 Museen

Ein bedeutendes *Rundfunkmuseum* findet sich in der Stadt Fürth (www.rundfunkmuseum.fuerth.de), ehemals Sitz des Weltproduzenten für Radiogeräte Grundig AG. Es bietet eine große Sammlung historischer Radioempfänger und organisiert Sonderveranstaltungen. Der Förderverein gibt die Zeitschrift *Rundfunk und Museum* heraus, mit Artikeln zur Geschichte des Radios. In Berlin befand sich im ehemaligen Sendegebäude am Funkturm (im Messegelände) bis 1997 das *Deutsche Rundfunkmuseum*. Der Trägerverein ist weiterhin aktiv, veröffentlicht Studien und bietet im Internet einen Überblick zu historischen Radiogeräten. (www.drm-berlin.de)

## 15.3 Konferenzen

Radioleute treffen sich regelmäßig auf Konferenzen, um sich über neue Techniken, neue Programmformen, neue Marketingstrategien auszutauschen. Das hat mitunter fast den Charakter eines Wanderzirkusses, viele Akteure treten immer wieder auf. Gleichwohl sind sie als Treffen Gleichgesinnter bestens geeignet, um sich über aktuelle Entwicklungen zu informieren. Bekannt sind in Deutschland die *Medientage* in München, das *nrw-Medienforum* in Köln und der *Mitteldeutsche Medientreff* in Leipzig, die alle auch Panels zu Radiofragen anbieten. In Bayern finden jährlich die *Nürnberger Lokalrundfunktage* mit einem starken Akzent auf lokales Radio und lokales Marketing statt. Hauptveranstalter ist die *Bayerische Landeszentrale für neue Medien*, daher dominieren kommerzielle Akteure. (www.lokalrundfunktage.de). Interessenten rund um das Webradio aus allen Branchen (Betreiber, Marketing etc). treffen sich seit wenigen Jahren regelmäßig auf einem *Radiocamp* in Hamburg, einer Konferenz, auf der Fragen der Radiodigitalisierung diskutiert werden, es geht um Promotion und Marketing, Community Building und viele andere Themen (z. B. www.radiocamp2010.de).

In Großbritannien treffen sich Vertreter von *BBC Radio* und dem kommerziellen Bereich jährlich auf einem Festival der *Radio Academy* (www.radioacademy.org). Radiovertreter und Unterstützer aus ganz Europa – darunter die *European Broadcasting Union* und die *Association Européenne des Radios* – treffen sich jährlich auf den *Radiodays Europe*. Der Sitz der Organisation ist in Kopenhagen und die Teilnahmegebühr liegt bei ca. 600 Euro (www.radiodayseurope.com).

Bei all diesen Konferenzen ist der Sektor der Community Radios kaum beteiligt, für vergleichbar aufwendige eigene Konferenzen fehlt ihm das Geld. *AMARC Europe* hat allerdings schon einige europäische Konferenzen ausgerichtet, z. B. 2008 in Bukarest.

## 15.4 Wissenschaft

Mit der internationalen Wiederentdeckung des Radios sind in der Forschung ganz neue Vernetzungen entstanden. Im Rahmen der europäischen Wissenschaftlervereinigung *European Communication Research and Education Association (ECREA)* ist seit einigen Jahren eine *Radio Research Section* tätig (www.sections.ecrea.eu/RR/). Sie entstand aus einer früheren Vernetzung von Radioforschern, die von der EU unterstützt worden war, dem *International Radio Research Network (IREN)* (www.iren-project.org). In Großbritannien fand sich 1998 das *Radio Studies Network* zusammen, gegründet von Forschern und Praktikern an Universitäten, das 2010 in der *Media, Communications and Cultural Studies Association (MeCCSA)* aufging (www.meccsa.org.uk/radio-studies-network). In Frankreich sammelten sich Radiointeressierte in der *Groupe de Recherches et d'Etudes sur la Radio (GRER)* (www.grer.fr). Mit internationaler Verbreitung wird der *Journal of Radio & Audio Media* in den USA herausgegeben (von der *Broadcast Education Association*); in Großbritannien erscheint in Verbindung mit dem oben genannten *Radio Studies Network* die Zeitschrift *The Radio Journal*.

In Deutschland ist keine vergleichbare Verdichtung der Radioforschung erkennbar. Eine teilweise Ausnahme stellt der Studienkreis *Rundfunk und Geschichte* dar, der Radiohistorie betreibt und mit Jahrestagung, Zeitschrift und Jahrbuch aktiv ist (www.rundfunkundgeschichte.de).

Viele Landesmedienanstalten lassen regelmäßig regionale Analysen der Hörfunklandschaften in ihren Bundesländern erstellen. Die nehmen oft den Charakter einer öffentlichen Rechenschaftslegung über ihre Arbeit an. Niedersachsen legte beispielsweise 2010 die fünfte derartige Studie vor, in der die Arbeit von insgesamt 26 Sendern analysiert wird, einschließlich deren Musik- und Programmangebote (Volpers/Bernhard/Schnier 2010). Diese Studien legen beachtliches Datenmaterial vor, ähneln sich aber oft in Fragestellung und Inhalt und können keine institutionell unabhängige Radioforschung ersetzen.

### 15.5 Studiengänge

An ausländischen Universitäten finden sich nicht selten spezielle Radio Departments, die in der Regel mit einer Campusstation verbunden sind und entsprechende Qualifizierung anbieten. Dieses Modell ist in Deutschland eher selten zu finden. Die Journalistik an der Universität Leipzig setzt in ihrer Ausbildung einen Schwerpunkt auf Radiojournalistenausbildung, die in Verbindung mit der lokalen Station *Radio Mephisto 97,6* erfolgt. In einem volldigitalisierten Studio wird von den Studierenden täglich ein mehrstündiges Programm angeboten, gelernt wird also „on the job" (www.uni-leipzig.de/journalistik/konzept). Der

Sender wird in diesem Buch im Kapitel Community Radio vorgestellt (vgl. Kap. 12.5.1.2.5).

Die Hochschule für Musik in Karlsruhe verfügt über ein Institut mit Lernstudio und hauseigenem Campussender. Dieses „Lernradio" bietet die Abschlüsse Bachelor und Master im Studiengebiet „Musikjournalismus für Rundfunk und Multimedia" an. Nach eigener Auskunft ist es der einzige Studiengang, der diese Spezialisierung in Verbindung mit einer Station in Europa anbietet (www.lernradio.de). An der Martin-Luther-Universität Halle-Wittenberg wird seit 2010 ein Studiengang Online Radio mit dem Abschluss Master angeboten. Einschlägige Kenntnisse werden erwartet, das kostenpflichtige Studium selbst erfolgt berufsbegleitend und online-gestützt, sodass extern studiert werden kann (www.onlineradiomaster.de).

## 15.6 Geschichten

Ein Phänomen wie das Radio, das tief in der Geschichte des 20. Jahrhunderts und im Alltag verankert ist, hat immer wieder zum Geschichtenerzählen angeregt. Aus dem reichhaltigen Reservoir werden hier nur einige Highlights erwähnt. Sie demonstrieren, dass Radio oft auch als magisches oder mythisches Medium interpretiert wurde, mit unerklärlichen Kräften, die den Menschen in seinen Bann nehmen. Gleichzeitig wurde es zum Ort des Spotts und der Ironie. Diese Spiegelungen des Radios in Büchern, Filmen und Geschichten eignen sich auch gut, um ergänzend eingesetzt zu werden, um das hier Vorgetragene zu illustrieren.

Regisseur und Schauspieler Woody Allen drehte 1987 den Film *Radio Days*, in dem er das Familienleben rund um den Radioempfänger in der Phase seiner Kindheit von Ende der 30er Jahre bis 1944 darstellt. Allen erzählt in dem Comedy Film von der Rolle, die Radioshows in seiner Jugend dabei spielten, der Realität zu entfliehen, in Tagträume zu verfallen, die urbanen Legenden der Radiostars mitzuerleben. Dazu kommt die Karriere eines Radiostars und auch Orson Welles berühmtes Hörspiel *The War of the Worlds* findet seinen Platz.

Der Amerikaner Garrison Keillor hat sein Leben mit dem Radio verbracht. Seit 1974 offeriert er (mit Unterbrechungen) wöchentlich seine legendäre Show *A Prairie Home Companion* auf dem öffentlichen Radio der USA (*NPR*). In dieser Varietyshow nach altem Muster erzählt er kleine Geschichten aus dem legendären Dorf Lake Wobegon, lässt Stars auftreten oder verbreitet Witze. Damit erreicht er regelmäßig bis zu fünf Mio. Hörer über 500 angeschlossene Stationen. Mit einiger Referenz zu diesem Radioprogramm drehte Robert Altman 2006 seinen Film *Last Radio Show*, in dem die Bedeutung dieses Mediums in einer Provinzstadt thematisiert wird – bis zum bitteren Ende. Keillor schrieb auch den höchst ironischen Roman *Radio Romance* (Keillor 1992), in dem zwei Restaurantbetreiber 1926 auf die Idee kommen, eine Radiostation in Downtown Minneapolis aufzumachen, um für Ihr Sandwich-Angebot zu werben. Ihre Station *WLT* (*With Lettuce and Tomato*) wird sofort zum Erfolg, die ganze Stadt läuft zusammen, um im Sender aufzutreten. Alsbald wird der Werbespot entdeckt und der Sender entwickelt sich zur Goldgrube, die erfolgreichste Sendung ist der *Old WLT Barn Dance*. Zum Ende aber ruiniert das Fernsehen die Station und seine illustren Betreiber.

Mario Vargas Llosa, der peruanische Schriftsteller, stellt einen Radioautor in den Mittelpunkt seiner Liebesromanze *Tante Julia und der Kunstschreiber* (Llosa 1977). Mario beginnt damit, sein Geld als Radioredakteur zu verdienen, wobei er die verlesenen Nachrichten schlicht der Zeitung entnimmt. Unter dem Pseudonym Pedro beginnt er für *Radio Panamericano* Geschichten zu erfinden, die von den Hörern begeistert aufgenommen werden – auch von seiner Tante, die von seiner Autorenschaft nichts ahnt. Doch Pedro überfordert sich, bringt die Gestalten der Morgenshow mit denen vom Nachmittag durcheinander – aber die Hörer lieben dennoch das Chaos. Insgesamt eine Satire auf die in Lateinamerika einst wichtigen Radionovelas.

Jurek Becker, einer der profiliertesten Autoren der DDR, schrieb mit *Jakob der Lügner* eine gleichzeitig bedrückende wie anrührende Geschichte aus dem Getto einer polnischen Stadt (Becker 1969). Der Jude Jakob Heym muss erleben, dass sein verzweifelter Kumpane Mischa in den sicheren Tod flüchten will. Um ihm Mut zum Überleben zu machen, behauptet er, er verfüge über ein Radio und erhalte Meldungen, dass die Russen bald zur Befreiung kommen werden. Radios sind bei Todesstrafe verboten, aber die Lüge gibt den Menschen in äußerster Not neue Hoffnung. Das Buch wurde 1974 von der DEFA verfilmt und erhielt als einziger Film aus der DDR eine Oskar-Nominierung als bester ausländischer Film.

Eric Bogosian schrieb 1987 das am Broadway erfolgreiche Theaterstück *Talk Radio*. Darin drischt der Moderator Berry Champlain stundenlang auf einsame Anrufer ein, die er beleidigt, beschimpft, entlarvt und zu seinem Spielzeug macht. Am Ende wird er ermordet, wie es tatsächlich zuvor in Denver 1984 geschehen war (Bogosian 1988). 1988 machte Regisseur Oliver Stone einen spannenden Film daraus, mit Bogosian in der Hauptrolle. Hier wird das sehr amerikanische Format des Talk-Radios demontiert, wo unter dem Vorzeichen der Anonymität von dem Talker eine Verbindung zwischen verzweifelten oder geltungsbedürftigen Menschen und voyeuristischen Zuhörern hergestellt wird.

Penelope Ashes Roman *Naked came the Stranger* stellt ein perfektes Ehepaar in den Mittelpunkt, das seit vielen Jahren Gastgeber der *Billy & Gilly Show* ist. Es handelt sich um eine populäre Frühstückssendung in New York City, in der Familienharmonie propagiert wird. Die Realität sieht gänzlich anders aus, die Radio-Gastgeber betrügen einander kräftig. Der Kolportageroman wurde von einer Gruppe Journalisten unter dem Pseudonym Ashe geschrieben, die demonstrieren wollten, wie leicht es ist, einen Bestseller mit viel Sex zu lancieren. Das Buch war später Vorlage für einen X-rated-Film (Ashe 1969).

Ein Roman von Armistead Maupin stellt die Anrufer – Gestrauchelte und Enttäuschte – in einer amerikanischen *Late Night Show* vor, die dem Entertainment preisgegeben werden (Maupin 2000). In dem Roman *Lost City Radio* des Peruaners Daniel Alarcón wird die brutale Verfolgung von Andersdenkenden auf dem lateinamerikanischen Kontinent thematisiert. Norma ist Moderatorin dieser populären Radio-Show, die sich den Vermissten widmet und mithilfe eines Waisenjungen gelingt es ihr, das Schicksal ihres verschwundenen Mannes aufzuklären (Alarcón 2007). Der Roman *Late Nights on Air*, geschrieben von der langjährigen kanadischen Radiomoderatorin Elizabeth Hays, beschreibt eine kleine Station im hohen Norden des Landes, in der die Wildnis bedroht ist und sich die dort oft gestrandeten Menschen als besonders verletzlich erweisen. In geheimnisvoller Weise hält die Station sie zusammen (Hays 2007).

Im Radio geht es mitunter auch kriminell zu. Laut Sebastian Fitzek überfallen bewaffnete Kidnapper und Geiselnehmer das Studio der Berliner Station *101 Punkt 5*, ausgerechnet als Mitglieder eines Hörerklubs den Sender besichtigen. Nicht nur der Sendebetrieb wird gestört (Fitzek 2007). Pedro Juan Gutiérrez beschreibt die Frustrationen eines Radiojournalisten in Havanna, der sein Publikum mit positiven Ermahnungen erziehen soll, daran zerbricht und sich ins wilde Leben stürzt (Gutiérrez 2004). In einer Wiener Hit-Radiostation verblutet der Starmoderator vor seinem Mischpult; wir bekommen einen erschreckenden Einblick in die Medienschickeria innerhalb und außerhalb des Senders (Stadtbauer 2004). Don FM Kunze ist der Star des Nachtprogramms; er wollte schon immer Radiomoderator werden. Das gelingt ihm auch, er gerät dann aber an die falschen Leute und stürzt ab. Schafft er den Wiederaufstieg? (Liehr 2008).

## 15.7 Humor

Eine einzigartige Spezies sind *Radio Eriwan* Witze, die jahrzehntelang durch die Sowjetunion vagabundierten und von dort auch die DDR und die Bundesrepublik erreichten. Eriwan, die Hauptstadt Armeniens, existiert ebenso wie die dortige Radiostation. Aber hier geht es um politische Satire im virtuellen Raum, die in ein harmlos wirkendes Wortspiel eingebunden ist. Dem Sender wird eine simpel scheinende Frage gestellt, die er mit einem „im Prinzip ja" bzw. „nein" beantwortet, wobei die Erläuterungen konträr zur ersten Auskunft gegeben werden. Das Radio, das das gesprochene Wort mit dem erzählten Witz gemein hat, wird zur Projektionsfläche für bitteren Spott und ätzende Alltagskritik (http://fun.wikia.com/wiki/Radio-Eriwan-Witze). „Frage an Radio Eriwan: Gibt es in der Sowjetunion eine Pressezensur? Im Prinzip nein. Es ist uns aber nicht möglich, auf diese Frage näher einzugehen." „Frage an Radio Eriwan: Gibt es in Armenien mehr Humor als anderswo? Im Prinzip ja. Aber wir haben ihn auch bitter nötig."

# Kapitel 16
# Fazit – Ein Medium der Zukunft?

Das Radio hat schon viel erlebt. In seinen Entstehungsjahren hat es die Menschen fasziniert und wurde zum Auslöser verschiedener Fantasien von Freiheit und Selbermachen. Radio wurde in den Jahren seines Aufbaus Objekt politischer Kontrollbegehrlichkeiten und in seiner Hochphase Gegenstand kommerzieller Herrschaftsgelüste. Heute konzentriert sich die Politik auf das Fernsehen und dort sind auch die großen Medienkonzerne aktiv. Radio hat sich in der Nische eingerichtet, wird überwiegend nebenbei gehört; anonyme Investoren haben lohnendere Anlageformen gefunden. Während es in Deutschland durchaus lokale Platzhirsche gibt, ist der Konzentrations- und Monopolisierungsgrad auf den großen Märkten – verglichen mit allen anderen Medien – eher gering. Dies gilt auch für die meisten anderen Teile der Welt. Mit seiner großen Zahl von Übertragungskanälen, mit seinen überschaubaren Kosten für die Produktionsstätte Studio, mit seinen journalistischen Möglichkeiten und mit der Breite seiner Trägerschaft wurde es zum insgesamt vielfältigsten und wechselhaftesten Medium. Darin liegt seine weiter anhaltende Attraktivität – aber wie lange noch?

Wird Radio eine Zukunft haben, trotz Television und Computer? Die Frage sollte beantwortbar sein. Das klassische Wellenradio, das terrestrische Empfangsgerät für UKW-Hörfunk, hat, auch wenn es beachtliche Beharrlichkeit zeigt, seinen Zenit überschritten. Aber dies heißt nicht, dass es der Begrifflichkeit und der Funktion nach ein Verschwinden des Radios geben wird. Zuerst einmal: Der Weltbegriff des Radios ist älter als der des Hörfunks, er hat also schon etliche Anpassungen erfolgreich absolviert, er wird als attraktives Etikett für Audio-Leistungen der unterschiedlichsten Art auf jeden Fall weiterleben. Er wird den Sprung in die Digitalisierung meistern, auch wenn es in Zukunft eher um „Radioness" gehen wird (wie es angelsächsische Beobachter nennen), also eine Weiterführung vertrauter Aspekte des Radios unter neuen Bedingungen. Tatsächlich wird die aktuelle Nachrichtenversorgung via Ton, seit Jahrzehnten eine Domäne des Radios, auch in Zukunft ihren Stellenwert haben. Ebenso wird es als Nebenbei-Medium nicht untergehen – zumal es mit der Siegertechnik des Computers in Form des Internetradios schon eine Liaison eingegangen ist: Die Augen dem Bildschirm, die Ohren dem Webradio. Auf dem iPhone oder iPad genügt eine Berührung, um via App die gewünschte Radiostation anzuwählen.

Ebenso wird Radio auch zukünftig das niedrigschwellige, kostengünstige Medium der Zivilgesellschaft bleiben, das es mit dem Community Radio heute schon ist.

Die Frage wird eher sein: Auf der Grundlage welcher Techniken geschieht dies? Bisher war schon interessant, dass sich das Radio – anders als andere Medien – lange gegen die Avancen der Digitalisierung erfolgreich gesträubt hat. Nach dem Desaster der digitalen Sendewellen von DAB und DRM wird es nun einen neuen Ansatz mit DAB+ geben, der erwartbar ähnlich wenig Resonanz finden wird. Aber natürlich stimmt das Argument der DAB-Promotoren: Wenn es jetzt nicht gelingt, wird das Radio der Zukunft über keinen eigenen Übertragungskanal mehr verfügen, es wird Huckepack genommen von Netzbetreibern, die es nur noch neben anderen Diensten vertreiben. Aber dies ist nicht neu, früher übernahmen Kabel und Satellit diese Rolle, jetzt werden es Internetprovider und Mobilfunker sein. Hier wird es in unmittelbarer Konkurrenz mit dem Fernsehen und vielen anderen attraktiven Diensten antreten müssen. Das Radio wird also erneut unter Druck kommen, aber es wird sich – wie damals bei Einführung des Fernsehen – häuten und in neuer Form seine Dienste anbieten müssen.

Von Verlust sollte man dabei nicht sprechen, es entspricht offensichtlich einem nostalgischen Verständnis, wenn man das Radio an die ausgestrahlte Welle koppelt. Das Radio der Zukunft wird ein massenmedialer oder auch individualisierter Strom von Audio-Daten sein, der aus einer professionellen Redaktion kommen kann, aus einer Musikdatenbank oder auch einem improvisierten Studio von Radioliebhabern. Der mag einem lineare Programm entstammen oder zeitlich versetzt abgerufen werden. Für den Radiohörer bedeutet dies, er hat viel mehr Auswahl als früher, ansonsten ändert sich eher wenig. Aber wenn er will, kann er sich viel leichter in die Programmgestaltung einmischen als bisher, kann sich zusätzlich zu den heute gegebenen Möglichkeiten via Facebook & Co. aktiv an der Programmgestaltung beteiligen, kann – wenn er will – selber ein Programm ins Netz stellen Den Bereich menschlicher Bedürfnisse und Aktivitäten, den das Radio bisher abdeckte, wird es auch in Zukunft geben. Wer sich daran hält, wer nicht am alten Radio klebt, sondern Radioness zur Leitlinie wählt, für den wird es Zukunft haben. Dabei darf niemals die technische Sicht im Vordergrund stehen, vielmehr sollte die bisher schon bestehende Affinität des Radios zu Vielfalt und Wandlungsfähigkeit die Zukunftsplanungen bestimmen.

# Abkürzungsverzeichnis

| | |
|---|---|
| ABC | American Broadcasting Company USA) |
| AC | Adult Contemporary |
| ACT | Association of Commercial Television |
| AER | Association Européenne des Radios |
| AFN | American Forces Network (USA) |
| AFRRI | African Radio Research Initiative |
| AFRTS | Armed Forces Radio and Television Service |
| AIROS | American Indian Radio on Satellite (USA) |
| ALM | Arbeitsgemeinschaft der Landesmedienanstalten in der Bundesrepublik Deutschland |
| AM | Amplitudenmodulation |
| AMARC | Association Mondiale des Radiodiffuseurs Communautaires |
| AOR | Adult Oriented Rock |
| ARD | Arbeitsgemeinschaft der öffentlich-rechtlichen Rundfunkanstalten der Bundesrepublik Deutschland |
| ARI | Autofahrer-Rundfunk-Information |
| ARRL | American Radio Relay League (USA) |
| AVR | Aboriginal Voices Radio Network (Australien) |
| BBC | British Broadcasting Corporation (UK) |
| BFN | British Forces Network (UK) |
| BFR | Bundesverband Freier Radios |
| BmE | Bericht mit Einblendung |
| BR | Bayerischer Rundfunk |
| BRF | Belgischer Rundfunk |
| BUGA | Bundesgartenschau |
| CATI | Computer Assisted Telephone Interview |
| CBAA | Community Broadcasting Association of Australia |
| CBS | Columbia Broadcasting System (USA) |
| CHR | Contemporary Hit Radio |
| CMFE | Community Media Forum Europe |
| CNN | Cable News Network (USA) |
| CPB | Corporation for Public Broadcasting (USA) |
| CRI | China Radio International |

| | |
|---|---|
| CRTC | Canadian Radio-television and Telecommunications Commission |
| DAB | Digital Audio Broadcasting |
| DJV | Deutscher Journalisten Verband |
| DLF | Deutschlandfunk |
| DLM | Direktorenkonferenz der Landesmedienanstalten |
| DLR/DRadio | Deutschlandradio |
| DMB | Digital Multimedia Broadcasting |
| DRA | Stiftung Deutsches Rundfunkarchiv |
| Dradag | Drahtlose Dienst AG |
| DRM | Digital Radio Mondiale |
| DRS | Radiosender der deutschen und rätoromanischen Schweiz |
| DS Kultur | Deutschlandsender Kultur |
| DSR | Digital Satellite Radio |
| DVB | Digital Video Broadcasting |
| DVB-C | DVB über Kabel |
| DVB-S | DVB via Satellit |
| DVB-T | DVB terrestrisch |
| DW | Deutsche Welle |
| DZVfV | Deutsche Zentralverwaltung für Volksbildung |
| EBU | European Broadcasting Union |
| ECREA | European Communication Research and Education Association |
| EHR | European Hit Radio |
| ERF-Radio | Evangeliums-Rundfunk |
| ERP | European Radio Project |
| Euranet | European Radio Network |
| FCC | Federal Communications Commission (USA) |
| FFH | Funk und Fernsehen Hessen |
| ffn | Funk & Fernsehen Nordwestdeutschland |
| FM | Frequenzmodulation |
| FSK | Freies Sendekombinat Hamburg |
| GEMA | Gesellschaft für musikalische Aufführungs- und mechanische Vervielfältigungsrechte |
| GEZ | Gebühreneinzugszentrale |
| GRER | Groupe de Recherches et d'Etudes sur la Radio (Frankreich) |
| GVL | Gesellschaft zur Verwertung von Leistungsschutzrechten |
| HMS | Hamburg Media School |
| HR | Hessischer Rundfunk |
| IBOC | In Band On Channel |
| IREN | International Radio Research Network |

| | |
|---|---|
| KEF | Kommission zur Ermittlung des Finanzbedarfs der Rundfunk- anstalten |
| KEK | Kommission zur Ermittlung der Medienkonzentration |
| ma | Media-Analyse |
| MA HSH | Medienanstalt Hamburg/Schleswig-Holstein |
| MDR | Mitteldeutscher Rundfunk |
| MeCCSA | Media, Communications and Cultural Studies Association (UK) |
| MOR | Middle oft the Road |
| NBC | National Broadcasting Company (USA) |
| NDR | Norddeutscher Rundfunk |
| NHK | Nippon Hoso Kyokai (Japan) |
| NPR | National Public Radio (USA) |
| NWDR | Nordwestdeutscher Rundfunk |
| Ofcom | Office of Communications (UK) |
| ORB | Ostdeutscher Rundfunk Brandenburg |
| ORF | Österreichischer Rundfunk |
| RÄST | Rundfunk-Änderungs-Staatsvertrag |
| RAVAG | Radio Verkehrs AG (Österreich) |
| RB | Radio Bremen |
| RBB | Radio Berlin-Brandenburg |
| RBI | Radio Berlin International |
| RCA | Radio Corporations of America (USA) |
| RDL | Radio Dreyeckland |
| RDS | Radio Data System |
| RFE | Radio Free Europe |
| RFI | Radio France International (Frankreich) |
| RHH | Radio Hamburg |
| RIAS | Rundfunk im amerikanischen Sektor (früher: DIAS) |
| RL | Radio Liberty |
| RMS | Radio Marketing Service |
| RPR | Rheinland-Pfälzischer Rundfunk |
| RRG | Reichs-Rundfunk-Gesellschaft mbH |
| R.SH | Radio Schleswig-Holstein |
| RTL | Radio Télévision Lëtzebuerg (Luxemburg) |
| SDR | Süddeutscher Rundfunk |
| SFB | Sender Freies Berlin |
| SR | Saarländischer Rundfunk |
| SR DRS | Schweizer Radio der deutschen und rätoromanischen Schweiz |
| SRG | Schweizerische Radio- und Fernsehgesellschaft |

| | |
|---|---|
| SRG SSR | Schweizerische Radio- und Fernsehgesellschaft – Société suisse de radiodiffusion et télévision |
| SWF | Südwestfunk |
| SWR | Südwestrundfunk |
| TDF | Télédifusion de France (Frankreich) |
| TIM | Traffic Information Memo |
| TMC | Traffic Message Channel |
| UC | Urban Contemporary |
| UKW | Ultrakurzwelle |
| UMTS | Universal Mobile Telecommunications System |
| UN | United Nations |
| UNESCO | United Nations Educational, Scientific and Cultural Organization |
| UNIKOM | Union Nicht-Kommerzorientierter Lokalradios (Schweiz) |
| VDRJ | Vereinigung Deutscher Reisejournalisten |
| VFRÖ | Verband Freier Radios Österreich |
| VHF | Very High Frequency |
| VPRT | Verband Privater Rundfunk und Telemedien e.V. |
| WDR | Westdeutscher Rundfunk |
| WTO | Welthandelsorganisation |
| ZAW | Zentralverband der deutschen Werbewirtschaft |
| ZDF | Zweites Deutsches Fernsehen |

# Abbildungen und Tabellen

## Tabellen

*Tabelle 1:*   Arenen, Akteure und Medien auf verschiedenen Politikebenen; jeweils mit Beispielen ...................................... 119

*Tabelle 2:*   Ergebnisse der Media-Analyse 2010 Radio II für Hamburg 141

*Tabelle 3:*   Netto-Umsatzentwicklung der Werbung im Radio 2008 In Mio. Euro, ohne Produktionskosten ..................................... 152

*Tabelle 4:*   Werbegeschäft der Medien in ausgewählten Ländern (2008 in Mio. US-Dollar) .................... 153

*Tabelle 5:*   Werbeumsatzprognose nach Mediengattungen in Deutschland 2009-2012. ........................ 153

*Tabelle 6:*   Programmstatistik Hörfunk 2008 ..................................... 162

*Tabelle 7:*   Anzahl und Verhältnis der Musikformate bei privaten Sendern: Veränderungen 1992 bis 2008................................ 186

*Tabelle 8:*   Musikformate der öffentlich-rechtlichen Programme in Deutschland 2006................................ 187

*Tabelle 9:*   Programmierungstypen ........................ 196

*Tabelle 10:*   Tägliche Reichweite (Hörer gestern in Prozent) und Hördauer (Minuten pro Tag) des Radios 1968 bis 2010 ..................... 217

*Tabelle 11:*   Nutzung von Radioprogrammformaten nach Nutzertypen der MNT 2.0 (meist/zweitmeistgehörtes Programm, in %)........ 225

*Tabelle 12:*   Typische Musiktest-Auswertung:........................................ 254

*Tabelle 13:*   Deutsche Welle, Hörfunk 2007, gesamtes Angebot............. 301

*Tabelle 14:*   Radiohören in Europa im Vergleich (2007)...................... 308

**Abbildungen**

*Abbildung 1:*        Programmschema des Privatradios *Charivari* (Bayern, Regensburg) .................................................................... 198

*Abbildung 2:*        Stundenuhr von *Radio FFH* ........................................... 201

*Abbildung 3:*        Mediennutzung im Tagesverlauf 2010 (Mo-So, 5-25 Uhr, Personen ab 14 Jahren, BRD gesamt, in %) .................... 220

*Abbildung 4:*        Testergebnis eines Musiktitels über einen Zeitraum x (zwei Darstellungen). .............................................................. 255

*Abbildung 5:*        Typische Sendeuhr eines Vollprogramms: ...................... 261

*Abbildung 6:*        Typische Sendeuhr eines Info-Programms ...................... 262

*Abbildung 7:*        Ergebnis der Marktforschung – die „Image-Spinne" ...... 264

*Abbildung 8:*        Ergebnis der Marktforschung – die „Branding-Spinne".. 265

# Literatur

Abele, Günter F. (2004): Radio-Chronik. Von der Nachkriegszeit bis zur Gegenwart. Stuttgart: Füsslin

Abbott, Waldo (1941): Handbook of Broadcasting. How to broadcast Effectively. New York: McGraw-Hill

Ackermann, Max M. 1998: Let's do the Time Warp...!. In: Ackermann/Schwanebeck (1998): 35-50

Ackermann, Max M./Schwanebeck, Axel (Hrsg.) (1998): Radio in Zeitdruck. Medienzeit und Beschleunigungskrise. München: R. Fischer

AFRRI (African Farm Radio Research Initiative) (2008): Communicating with Radio. What Do We Know?. Ottawa: Farm Radio International. Online unter: http://www.farmradio.org/english/partners/afrri/communicating-with-radio.pdf

Ala-Fossi, Marko/Jauert, Per/Lax, Stephen/Nyre, Lars/Shaw, Helen (Hrsg.) (2010): Digital Radio in Europe. Technologies, Industries and Culture. Bristol: Intellect

Alarcón, Daniel (2007): Lost City Radio. New York: Harper Collins (deutsch: Berlin: Wagenbach 2008)

ALM Arbeitsgemeinschaft der Landesmedienanstalten in Deutschland (Hrsg.) (2009): ALM Jahrbuch 2008. Landesmedienanstalten und privater Rundfunk in Deutschland. Berlin: Vistas (erscheint jährlich)

Altendörfer, Otto/Hilmer, Ludwig (Hrsg.) (2006): Medienmanagement. Bd.4 Gesellschaft – Moderation & Präsentation – Medientechnik. Wiesbaden: VS

Anduaga, Aitor (2009): Wireless and Empire. Geopolitics, Radio, Industry and Ionosphere in the British Empire 1918-1939. Oxford: Oxford University Press

Ang, Ien (1991): Desperately Seeking the Audience. London: Routledge

Antoine, Frédéric (2008) (Hrsg.): Nouvelles Voies de la Radio/The Way Ahead for Radio Research. Recherches en Communication Nr. 26. Louvain-la-Neuve: Université Catholique de Louvain

Archer, Gleason L. (1939): Big Business and Radio. New York: The American Historical Society

ARD (Arbeitsgemeinschaft der öffentlich-rechtlichen Rundfunkanstalten der Bundesrepublik Deutschlands) (Hrsg.) (2009): ARD-Jahrbuch 08. Hamburg: Hans-Bredow-Institut (erscheint jährlich). Online unter: www.ard.de/intern/publikationen

Arnheim, Rudolf (zuerst 1933): Film und Funk. In: Arnheim (2001) 211-214.

Arnheim, Rudolf (1936): Radio. London: Faber & Faber

Arnheim, Rudolf (2001): Rundfunk als Hörkunst und weitere Aufsätze zum Hörfunk. Frankfurt: Suhrkamp (zuerst München 1979)

Arnold, Bernd Peter (1991): ABC des Hörfunks. München: Ölschläger

Arnold, Bernd Peter/Quandt, Siegfried (Hrsg.) (1991): Radio heute. Die neuen Trends im Hörfunkjournalismus. Frankfurt: Institut für Medienentwicklung und Kommunikation GmbH

Arnold, Klaus (2002): Kalter Krieg im Äther. Der Deutschlandsender und die Westpropaganda der DDR. Münster: Lit
Arnold, Klaus/Classen, Christoph (Hrsg.) (2004): Zwischen Pop und Propaganda. Radio in der DDR. Berlin: Links
Ashe, Penelope (1970): Naked Came the Stranger. New York: Dell
Baacke, Dieter/Schill, Wolfgang (1996): Kinder und Radio. Zur medienpädagogischen Theorie und Praxis der auditiven Medien. Frankfurt: GEP
Barber, Benjamin R. (1996): Jihad vs. McWorld. How Globalism and Tribalism are Reshaping the World. New York NY: Ballantine (deutsch: Coca Cola & Heiliger Krieg. Wie Kapitalismus und Fundamentalismus Demokratie und Freiheit abschaffen. München: Scherz 1998)
Bausinger, Hermann 2001: Die Region als Kommunikationsraum. In: Rössler/Vowe (2001): 13-28
BCO (Building Communication Opportunities) (2008): BCO Assessment Study. The Hague:                                                                                      BCO
Online unter: http://www.bcoalliance.org/system/files/BCO_FinalReport.pdf
Beck, Klaus 2001: Überall und nirgends? Territorialität von Kommunikation. In: Rössler/Vowe (2001): 29-44
Becker, Jurek (1969): Jakob der Lügner. Berlin: Aufbau (Frankfurt: suhrkamp 1972)
Behne, Klaus-Ernst (1986): Hörertypologien. Zur Psychologie des jugendlichen Musikgeschmacks. Regensburg: Gustav Bosse Verlag
Behrendt, Joachim-Ernst (1985): Nada Brahma. Die Welt als Klang. Reinbek: Rowohlt
Benjamin, Walter (1989): Gesammelte Werke, Bd. II und III. Aufsätze, Essays, Vorträge. Frankfurt: Suhrkamp
Benjamin, Walter (zuerst 1930/31): Reflexionen zum Rundfunk. In: Benjamin (1989) Bd. II.3, S. 1506-1507
Benjamin, Walter (zuerst 1934): Der Autor als Produzent. In: Benjamin (1989) Bd. II.2, S. 683-701
Berg, Jerome S (2008): Listening to the Short Waves. 1945 to Today. Jefferson NC: McFarland & Co Inc
Berger-Klein, Andrea (2002): Mikropolitik im Rundfunk. Programm- und Strukturreformen bei NDR 90,3 (Hamburg-Welle). Münster: Lit Verlag
Bessler, Hansjörg (1980): Hörer- und Zuschauerforschung. München: dtv
Binder, Reinhart 2009: Drei Medien unter einem Dach. In: ARD (2009). 56-63
Bleick, Alexander 2009: Olympia zum Hören. In: ARD (2009). 107-110
Bloech, Michael/Fiedler, Fabian/Lutz, Klaus (Hrsg.) (2005): Junges Radio: Kinder und Jugendliche machen Radio. München: kopaed
Bloom-Schinnerl, Margareta (2002): Der gebaute Beitrag. Ein Leitfaden für Radiojournalisten. Konstanz: UVK
Blue Sky Media (2009): Die Podcaster. Podcast-Befragung 2009. Online unter: http://blog.podcast.de/files/Podcaststudie-2009_podcastDe_BlueSky Media.pdf
Bogosian, Eric (1988): Talk Radio. New York NY: Vintage
Brecht, Bertolt (1992): Werke. Schriften I 1914-1933. Frankfurt Suhrkamp
Brecht, Bertolt (zuerst 1927a): Junges Drama und Rundfunk. In: Brecht (1992): 189-190

Brecht, Bertolt (zuerst 1927b): Vorschläge für den Intendanten des Rundfunks. In: Brecht (1992): 215-217

Brecht, Bertolt (zuerst 1927c): Radio – Eine vorsintflutliche Erfindung? In: Brecht (1992): 217-218

Brecht, Bertolt (zuerst 1927d): Über Verwertungen. In: Brecht (1992): 219

Brecht, Bertolt (zuerst 1932): Der Rundfunk als Kommunikationsapparat. Rede über die Funktion des Rundfunks. In: Brecht (1992): 552-557

Bronner, Kai/Hirt, Rainer (Hrsg.) (2009): Audio Branding. Brands, Sound and Communication. Baden-Baden: Nomos

Brünjes, Stephan/Wenger, Ulrich (1998): Radio-Report. Programme, Profile, Perspektiven. München: TR-Verlagsunion

Bucher, Hans-Jürgen/Klingler, Walter/Schröter, Christian (Hrsg.) (1995): Radiotrends. Formate, Konzepte, Analysen. Baden-Baden: Nomos

Bull, Michael/Back, Les (Hrsg.) (2003): The Auditory Culture Reader. Oxford: Berg

Busch, Christoph, (1981): Was Sie schon immer über freie Radios wissen wollten, aber nie zu fragen wagten!. Münster: C. Busch

Busch, Martin (2006): Der Radiosender als Dienstleistungsmarke. Ein Ansatz für eine ganzheitliche Markenführung im Hörfunk; exemplarisch dargestellt am Radio Bremen-Programm "Bremen Eins". Hamburg: Universität Hamburg Online-Dissertation unter: http://www.sub.uni-hamburg.de/opus/volltexte/2006/3068/

Campion, Minerva 2007: Mapuche Radio: FM Pocahullo. In: Settekorn/Kannengießer (2007): 126-131

Carlsson, Ulla (Hrsg.) (2009): Media and Global Divides. IAMCR World Congress 2008. Gothenburg: Nordicom

Carpenter, Sue (2004): 40 Watts from Nowhere: A Journey into Pirate Radio. New York NY: Scribner

Carver, Richard 2000: Broadcasting & Political Transition. In: Fardon/Furniss (2000): 188-197

Cebulla, Florian (2004): Rundfunk und ländliche Gesellschaft 1924 – 1945 (Kritische Studien zur Geschichtswissenschaft). Göttingen: Vandenhoeck & Ruprecht

Chignell, Hugh (2009): Key Concepts in Radio Studies. London: Sage

Clef, Ulrich (Hrsg.) (1995): Handbuch Radiomarketing. München: Clef Creative Communications GmbH

Crisell, Andrew (1994): Understanding Radio. 2nd edition. London: Routledge

Crisell, Andrew (Hrsg.) (2008): Radio. Critical Concepts in Media and Cultural studies. Vol. I: Radio Theory and Genres. London: Routledge

Critchlow, James (1995): Radio Liberty: Radio Hole-in-the-Head. An Insider's Story of Cold War Broadcasting. Lanham MD: University Press of America

Dahl, Peter (1978): Arbeitersender und Volksempfänger. Proletarische Radio-Bewegung und bürgerlicher Rundfunk bis 1945. Frankfurt/Main: Syndikat

Dempsey, John Mark 2008: "We talk about life" – KTCK, The Ticket, and the influence of Guy Talk on Sports-Talk Radio. In: Journal of Radio and Audio Media. 6.2. 184-196

Dieste, Werner 2001: Entwicklung des Radios als Massenmedium für die Region. In Rössler/Vowe (2001): 45-54

Diller, Ansgar 1999: Nationaler Rundfunk. In: Schwarzkopf, Dietrich (1999): 978-1007

DJV – Deutscher Journalistenverband (2004): Qualitätskriterien für den öffentlich-rechtlichen Rundfunk. (aufgestellt vom Fachausschuss Rundfunk des DJV) Online unter: http://www.djv.de/Qualitaetskriterien.1026.0.html

Douglas, Susan J. (1999): Listening In. Radio and the American Imagination. New York: Times Books

Duarte, Nicole Pestana/de Scuca, Annabela/de Silva, Rahel 2007: Radio in Brasilien. Radio Favela FM. In: Settekorn/Kannengießer (2007) 92-99

Dubber, Andrew 2007: Tutira mai nga iwi (Line up together people). Constructing identity through commercial radio. In: Radio Journal 1/2007. 19-34

DW – Deutsche Welle (2008): Leitbild. Online unter: www.dw-world.de/dw /0,,11519,00.html

DW-Akademie (2009): Jahresbericht 2008. Medienförderung weltweit. Bonn: Deutsche Welle
Online unter: www.dw-world.de/popups/popup_pdf/0,,4211538,00.pdf

EBU (European Broadcasting Union) (2006): European Public Radio. Recent Trends and Audience Results. Genf: EBU Strategic Information Service

EBU (European Broadcasting Union) (2007a): Radio in Europe. Trends and Audiences. Dublin: EBU Radio Assembly Online unter: http://www.rte.ie/ebu/english/speeches/day1/alex_shulzycki/shulzycki_radio_dublin.ppt#372,1,The.

EBU - European Broadcasting Union (2007b): Radio. Public Radio in Europe 2007. Genf: EBU

Eckert, Gerhard (1941): Der Rundfunk als Führungsmittel. Heidelberg: Vowinkel

Eckhardt, Josef 1982: Stellenwert des Radiohörens – Versuch eines neuen Forschungsansatzes. In: Hans-Bredow-Institut (1982): 187-188

Eckhardt, Josef 1987: Musikakzeptanz und Programmstrategien des Hörfunks. In: Media Perspektiven. 7/1987. 405-427

Egger, Andreas/Windgasse, Thomas 2007: Radionutzung und MNT 2.0. In: Media Perspektiven. 5/2007. 255-263

Ehrnsberger, Jörg 2005: Antik, aber nicht antiquiert. 'Ars Poetica': das Lehrwerk des Dichters Horaz. In: Text Art. 1/2005. 24-28.

Eimeren, Birgit van/ Frees, Beate 2009a: Der Internetnutzer 2009 – multimedial und total vernetzt? Ergebnisse der ARD/ZDF-Onlinestudie 2009. In: Media Perspektiven. 7/2009. 334-348

Eimeren, Birgit van/Frees, Beate 2009b: Nutzungsoptionen digitaler Audio- und Videoangebote. Ergebnisse der ARD/ZDF-Onlinestudie 2009. In: Media Perspektiven. 7/2009. 349-355

Eimeren, Birgit van/Frees, Beate (2010) Fast 50 Millionen Deutsche online – Multimedia für alle? Ergebnisse der ARD/ZDF-Onlinestudie 2010. In Media Perspektiven. 7&8/2010. 334-349

Elfert, Brunhild (1985): Die Entstehung und Entwicklung des Kinder- und Jugendfunks in Deutschland von 1924 bis 1933 am Beispiel der Berliner Funk-Stunde AG. Frankfurt: Lang

Enzensberger, Hans Magnus 1970: Baukasten zu einer Theorie der Medien. In: Kursbuch. 20/1970. 159-186

Fardon, Richard/Furniss, Graham (Hrsg.) (2000): African Broadcast Cultures. Radio in Transition. Westport CT: Praeger

Faulstich, Werner (1981): Radiotheorie. Eine Studie zum Hörspiel 'The war of the worlds' (1938) von Orson Welles. Tübingen: Narr

Faulstich, Werner (1991): Medientheorien. Einführung und Überblick. Göttingen: Vandenhoeck und Ruprecht

Faulstich, Werner (2002): Einführung in die Medienwissenschaft. Probleme – Methoden – Domänen. München: Fink

Feldmer, Simon (2010): Idealismus und Ikea-Regal. In: Journalist. 3/2010. 50-53

Filk, Christian 2005: Medientheorie des Radios - Überlegungen zu einer systematischen Rekonstruktion. In: Medienwissenschaft: Rezensionen, Reviews. 3/2005. 280-294

Fischer, Eugen Kurt (1942): Dramaturgie des Rundfunks. Heidelberg: Vowinckel

Fischer, Eugen Kurt (1949): Der Rundfunk. Wesen und Wirkung. Stuttgart: Schwab

Fischer, Eugen Kurt (1964): Das Hörspiel. Form und Funktion. Stuttgart: Kröner

Fitzek, Sebastian (2007): Amokspiel. München: Knaur

Fornatale, Peter/Joshua E. Mills (1980): Radio in the Television Age. New York: Overlook Press

Foxwell, Kerrie 2005: Creating an Australian community public sphere: the role of community radio. In: The Radio Journal. 3/2005. 171-187

Franqué, Friderike von (2008): Medienhilfe als Instrument der Außen- und Wirtschaftspolitik. Ziele, Motive und Implementierungswege internationaler Akteure in Bosnien-Herzegowina und Kosovo. Berlin: wvb

Gattringer, Katrin; Klingler, Walter 2010: Radionutzung in Deutschland mit leichten Zuwächsen. Ergebnisse, Trends und Methodik der ma 2010 Radio II. In: Media Perspektiven. 10/2010. 442-456

Gehrau, Volker/Bilandzic, Helena/Woelke, Jens (Hrsg.) (2005): Rezeptionsstrategien und Rezeptionsmodalitäten. München: R. Fischer

Geller, Valerie (1996): Creating Powerful Radio. A Communicator's Handbook. New York: M Street Publications

GfK Telecontrol (o.J.): Mediawatch. Informationsbroschüre. Online unter: http://www.gfk.ch/solutions/media/2/index.de.html

Girard, Bruce (Hrsg.) (2001): A Passion for Radio: Radio Waves and Community (zuerst 1992)
Online unter: http://comunica.org/passion/pdf/passion4radio.pdf

Girard, Bruce (2007): Empowering Radio. Good Practices in Development & Operation of Community radio: Issues Important to its Effectiveness. Program on Civic Engagement, Empowerment & Respect for Diversity. Washington: World Bank Institute
Online unter: http://comunica.org/pubs/cr5cs.pdf

Glevarec, Hervé (2005): Youth radio as „social object". The social meaning of "free radio" shows for young people in France. In: Media, Culture & Society. 3/2005. 333-352

Goldhammer, Klaus (1996): Formatradio in Deutschland. Konzepte, Techniken und Hintergründe der Programmgestaltung von Hörfunkstationen. Berlin: Wissenschaftsverlag Spiess

Goldhammer, Klaus (2008): Radio in der digitalen Welt. Online unter: http://www.medientage.de/mediathek/archiv/2008/Goldhammer_Klaus.pdf

Goldhammer, Klaus; Schmid, Michael; Link, Christine (2010): BLM-Webradiomonitor 2010: Internetradio-Nutzung in Deutschland. Onlne unter http://www.blm.de/apps/documentase/data/pdf1/100708_Goldmedia_BLM_Webradiomonitor_2010_LONG_RELEASE.pdf (letzter Zugriff: 12.12.2010).

Grieger, Karlheinz/Kollert, Ursi/Barnay, Markus (1991): Zum Beispiel Radio Dreyeckland. Wie freies Radio gemacht wird – Geschichte, Praxis, Politischer Kampf. Freiburg: Dreisam

Grull, Günther (2000): Radio und Musik von und für Soldaten. Kriegs- und Nachkriegsjahre 1939 – 1960. Köln: Wilhelm Herbst

Günther, Hans (1921): Radiotechnik. Das Reich der elektrischen Wellen. Stuttgart: Kosmos

Gürtler, Klaus (2009): Radiomitschnitte statt Raubkopien. Spiegel-Online v. 03. Mai 2009.
Online unter: www.spiegel.de/netzwelt/tech/0,1518,621687,00.html

Gutiérrez, Pedro Juan (2002): Schmutzige Havanna Trilogie. Hamburg: Hoffmann & Campe

Haas, Michael/Frigge, Uwe/Zimmer, Gert (1991): Radio-Management. Ein Handbuch für Radio-Journalisten. München: Ölschläger

Hagen, Wolfgang (2005): Das Radio. Zur Geschichte und Theorie des Hörfunks – Deutschland/USA. München: Fink

Hampf, Michaela (2000): Freies Radio in USA. Die Pacifica-Foundation 1946-1965. Münster: Lit

Hans-Bredow-Institut (Hrsg.) (1982): Rundfunk und Fernsehen. Zeitschrift für Medien- und Kommunikationswissenschaft 30/2. Baden-Baden: Nomos

Hans-Bredow-Institut (Hrsg) (2009): Internationales Handbuch Medien. Baden-Baden: Nomos

Häusermann, Jürg (1998): Radio. Tübingen: Niemeyer

Harris, Paul (1977): Broadcasting from the High Seas. The History of Offshore Radio in Europe 1958-1976. Edinburgh: Beekmann

Heinrich, Jürgen (1999): Medienökonomie Band.2. Hörfunk und Fernsehen. Wiesbaden: VS

Heinrich, Jürgen (2005): Medienökonomie. In: Siegfried Weischenberg/Hans J. Kleinsteuber/ Bernhard Pörksen (Hrsg.): Handbuch Journalismus und Medien. Konstanz, UVK. 253-257

Herbst, Wilhelm (1997): Mittelwelle. Band 1 – Grundlagen. Dessau: Wilhelm Herbst

Herbst, Wilhelm (2004): Mittelwelle. Band 2 – Antennen. Dessau: Wilhelm Herbst

Herbst, Wilhelm (2005): Mittelwelle. Band 3 – Empfänger und Zubehör. Dessau: Wilhelm Herbst

Herrmann, Friederike 1999: Theorien des Hörfunks. In: Leonhard/Ludwig/Schwarze (Hrsg.) (1999): 175-189

Hermann, Inge/Krol, Reinhard/Bauer, Gabi (2002): Das Moderationshandbuch. Souverän vor Mikro und Kamera. Stuttgart: utb

Hermanni, Alfred-Joachim (2008): Medienpolitik in den 80er Jahren. Machtpolitische Strategien der Parteien im Zuge der Einführung des dualen Rundfunksystems. Wiesbaden: VS

Hesels, Rainer/Hirsch, Nicola (Hrsg.) (1989): Lokalfunk heute. Ein Handbuch zur Umsetzung des Landesrundfunkgesetzes in Nordrhein-Westfalen. Düsseldorf: DGB-NRW

Hesmondhalgh, David (2007): The Cultural Industries. London: Sage

Hickethier, Knut (1992): Gebrauchsformen. Radio im Zeitalter der Bilder. In: epd medien. 98/1992. 4-9

Hickethier, Knut (2003): Einführung in die Medienwissenschaft. Stuttgart: Metzler

Hilliard, Robert L./Keith, Michael C. (2005): The Quieted Voice. The Rise and Demise of Localism in American Radio. Carbondale IL: Southern Illinois University Press

Hilmes, Michele/Loviglio Jason (Hrsg.) (2001): Radio Reader: Essays in the Cultural History of Radio. New York: Routledge

Hintz, Arne (2009): Civil Society Media and Global Governance. Intervening into the World Summit on the Information Society. Berlin: Lit

Hirsch, Nicola (1991): Lokaler Hörfunk in Nordrhein-Westfalen. Eine Analyse des Zwei-Säulen-Modells für privat-kommerziellen Rundfunk sowie seiner Realisierung aus politikwissenschaftlicher Sicht. Bochum: Schallwig

Hochheimer, John L. 1993: Organizing Democratic Radio. In: Media, Culture & Society. 15 (3)/1993. 473-486

Horsch, Jürgen/Ohler, Josef/Schwiesau, Dietz (Hrsg.) (1994): Radionachrichten. Ein Handbuch für Ausbildung und Praxis. Leipzig: List

Horten, Gerd (2003): Radio Goes to War. The Cultural Politics of Propaganda During World War II. Berkeley CA: University of California Press

Hösel, Michael 2006: Medienproduktionssysteme – Audiotechnik. In: Altendörfer/Hilmer (2006): 353-378

House Of Research (2009): Neue Potenziale der Webradionutzung durch WLAN-Radio? Ergebnisse einer Rezipientenstudie zur Zukunft des Webradios von House of Research in Kooperation mit der WDR-Medienforschung und TerraTec. Online unter: http://www.house-of-research.de/fileadmin/user_upload/Veroeffentlichung en/20090708_Martens_Lokalrundfunktage09_Webradio.pdf (letzter Zugriff: 12.12.2001)

Huesca, Robert (1995): A Procedural View of Participatory Communication: Lessons from Bolivian Tin Miners´ Radio. In: Media, Culture & Society. 17 (1)/1995. 101-119

Huth, Arno (1942): Radio Today. The Present State of Broadcasting. Genf: Geneva Research Centre

Huth, Arno (1944): Radio. Heute und Morgen. Zürich: Europa Verlag

Huth, Matthias (2003): Das Radio-Rad. In: Cut 10+11. 48-51

Infosat (2009): Mission erfüllt? In: Infosat. 3/2009. 96-99

Innis, Harold (2007): Empire and Communications. Critical Media Studies: Institutions, Politics, and Culture. Lanham MD: Rowman & Littlefield

IP (2000): International Key Facts Radio 2000. Paris: IP

Jarren, Otfried/Bendlin, Rüdiger/Grothe, Thorsten/Storll, Dieter (1993): Die Einführung des lokalen Hörfunks in Nordrhein-Westfalen. Elektronische Medien und lokalpolitische Kultur. Opladen: Leske + Budrich

Jedele, Helmut (1952): Reproduktivität und Produktivität im Rundfunk. Dissertation, Universität Mainz

Journalistenwerkstatt (Hrsg.) (2009): Kinder, Kinder. So schreibt man für junge Zielgruppen. (Beilage Zeitschrift medium magazin).

Kainka, Burckhardt/Schneider, Ulf (2004): DRM Empfangspraxis. München: Franzis.

Kannengießer, Sigrid 2007: Die Rolle des Radios für Women Empowerment im südlichen Afrika. In: Settekorn/Kannengießer (2007): 16-25

Karmasin, Matthias/Winter, Carsten (Hrsg.) (2000): Grundlagen des Medienmanagements. München: Fink

Keillor, Garisson (1992): Radio Romance. London: Faber & Faber (deutsch: München 1996)

KEK (Kommission zur Ermittlung der Konzentration im Medienbereich) (2009): Zwölfter Jahresbericht. 1. Juli 2008 – 30. Juni 2009. Potsdam: KEK

Ketterer, Ralf (2003): Funken – Wellen – Radio. Zur Einführung eines technischen Konsumartikels durch die deutsche Rundfunkindustrie 1923-1939. Berlin: Vistas

Kivikuru, Ullamaija (2009): From an Echo of the West to a Voice of its Own? Sub-Sahara African Research under the Loophole. In: Carlsson (2009): 187-196

Klawitter, Gerd/Siebel, Wolf (Hrsg) (2009): HÖRZU Radio Guide 2010/2011. Alles über Rundfunksender und Radiohören in Deutschland. Baden-Baden: Siebel Verlag (erscheint zweijährig)

Kleinsteuber, Hans J. 1983: Autoradio macht die Straße breiter. Die gesellschaftliche Bedeutung des Verkehrsfunks. In: medium magazin. 8/1983. 3-10

Kleinsteuber, Hans J. 1989: Electronic Dreaming: Aboriginal Radio im weißen Australien. In: Rundfunk und Fernsehen. 4/1989. 486 – 496

Kleinsteuber, Hans J. (Hrsg.) (1991): Radio – Das unterschätzte Medium. Erfahrungen mit nicht-kommerziellen Lokalstationen in 15 Staaten. Berlin: Vistas

Kleinsteuber, Hans J. 1993: Der Weg zum Formatradio in den USA. Die Genese des modernen kommerziellen Hörfunks in den 50er Jahren und deren Bedeutung für die Bundesrepublik. In: Amerikastudien 38. 4/1993. 525-548

Kleinsteuber, Hans J. 1997: Politprojekt. Niemand braucht DAB. In: epd medien. 63/1997. 3-6

Kleinsteuber, Hans J. 2004: Radio und Radiotechnik im digitalen Zeitalter. In: Segeberg (2004): 371-397

Kleinsteuber, Hans J. 2007a: Medientechniken. In: Thomaß (2007): 93-209

Kleinsteuber, Hans J. (2007b): Sieben Jahre im Rundfunkrat der Deutschen Welle. Expeditionen eines Wissenschaftlers in die medienpolitische Praxis. Köln: Arbeitspapiere des Instituts für Rundfunkökonomie. Online unter: http://www.rundfunk-institut.uni-koeln.de/institut/pdfs/22907.pdf

Kleinsteuber, Hans J. 2008a: A Great Future? Digital Radio in Europe. In: Antoine (2008): 135-146

Kleinsteuber, Hans J. 2008b: Europäische Öffentlichkeit und Auslandssender. In: Aus Politik und Zeitgeschichte. 11/2008. 19-25

Kleinsteuber, Hans J./Sonnenberg, Urte 1989: Radio in Grenzen. Nicht-kommerzielle Lokalradios in Westeuropa. In: Rundfunk und Fernsehen. 2&3/1989. 283-294

Klingler, Walter 2009: Radio gewinnt Hörer bei jungen Zielgruppen. In: Media Perspektiven. 10/2009. 518-528

Klingler, Walter/Kutteroff, Albrecht 2010: Radio der Zukunft. Forschungsergebnisse zu Chancen des digitalen Hörfunks. In: Media Perspektiven. 4/2010. 195-204

Kloock, Daniela/Spahr, Angela (2007): Medientheorien. Eine Einführung. 3., aktualisierte Auflage. Paderborn: UTB

Klussmann, Jörgen (Hrsg.) (2004): Interkulturelle Kompetenz und Medienpraxis. Frankfurt: Brandes & Apsel

Knilli, Friedrich (zuerst 1959): Das Hörspiel in der Vorstellung der Hörer. Eine experimental-psychologische Untersuchung. Masch. Dissertation, Universität Graz (Neuausgabe: Frankfurt: Lang 2009)

Knilli, Friedrich (1961): Das Hörspiel. Mittel und Möglichkeiten eines totalen Schallspiels. Stuttgart: Kohlhammer

Knilli, Friedrich (1970): Deutsche Lautsprecher. Versuche zu einer Semiotik des Radios. Stuttgart: Metzler

Köbberling, Ursel 1989: Rundfunk auf dem Eis: Erfahrungen der Inuit Kanadas mit Hörfunk und Fernsehen. In: Rundfunk und Fernsehen. 37/1989. 497-520

Kolb, Richard (1932): Das Horoskop des Hörspiels. Berlin: Hesse

Kolb, Richard/Siekmeier, Heinrich (Hrsg.) (1933): Rundfunk und Film im Dienste nationaler Kultur. Düsseldorf: Floeder

Kommerell, Kathrin (2008): Journalismus für junge Leser. Konstanz: UVK

Kops, Manfred (Hrsg.) (2008): Die Aufgaben des öffentlich-rechtlichen Auslandsrundfunks in einer globalisierten Welt. Berlin: Vistas

Kramp, Leif/Weichert, Stephan (2008): Journalismus in der Berliner Republik. Wer prägt die politische Agenda in der Hauptstadt? Wiesbaden: Netzwerk Recherche Online abrufbar unter http://www.netzwerkrecherche.de/docs/NR-Studie-Hauptstadtjournalismus.pdf

Krebs, Claudia (Hrsg.) (2008): Radio. Zwischen kritischer Darstellung, Theorie, Experiment. Forschungsbeiträge zum Radio in einigen europäischen Ländern. Berlin: Avinus

Kümmel, Albert/Löffler, Petra (Hrsg.) (2002): Medientheorie 1888-1933. Texte und Kommentare. Frankfurt: Suhrkamp

Künzler, Matthias (2009): Die Liberalisierung von Radio und Fernsehen. Leitbilder der Rundfunkregulierung im Ländervergleich. Konstanz: UVK

Kuhl, Harald (2004): Mit dem Radio unterwegs. Radiohören im Urlaub und auf Reisen. Baden-Baden: vth

Lange, Bernd-Peter (2008): Medienwettbewerb, Konzentration und Gesellschaft. Interdisziplinäre Analyse von Medienpluralität in regionaler und internationaler Perspektive. Wiesbaden: VS

Langer, Ulrike (2008): Community is the Radiostar. In: medium magazin. 10/2008. 20-21

La Roche, Walther von/Buchholz, Axel (Hrsg.) (1993): Radiojournalismus. Ein Handbuch für Ausbildung und Praxis im Hörfunk. München/Leipzig: Econ

Lawrence, Magne/Jones, Tony/Tyson, Craig (Hrsg.) (2009): Passport to World Band Radio. Penn's Park PA: IBS North America (erscheint jährlich)

Lendzian, Bettina/Münch, Eckhard (1994): Die Praxis des Zwei-Säulen-Modells. Untersuchungen aus der Startphase des lokalen Hörfunks in Nordrhein-Westfalen. Opladen: Leske + Budrich

Leonhard, Joachim-Felix/Ludwig, Hans-Werner/Schwarze,Dietrich (Hrsg.) (1999): Medienwissenschaft. Ein Handbuch zur Entwicklung der Medien und Kommunikationsformen. 1. Teilband. Berlin: de Gruyter

Lersch, Edgar/Schanze, Helmut (Hrsg.) (2004): Die Idee des Radios. Von den Anfängen in Europa und den USA bis 1933. Konstanz: UVK

Leschke, Rainer (2003): Einführung in die Medientheorie. München: Fink

Lewis, Peter M./Jerry Booth (Hrsg.) (1989): The Invisible Medium. Public, Commercial and Community Radio. London: Houndsmills

Lewis, Tom 1994: Triumph of the Idol. Rush Limbaugh and a Hot Medium. In: Pease/ Dennis (1994): 59-68

Liehr, Tom (2008): Radio Nights. Berlin: Aufbau

Lilienthal, Volker (Hrsg.) (2009): Professionalisierung der Medienaufsicht. Neue Aufgaben für Rundfunkräte. Wiesbaden: VS

Lindner, Livia (2007): Radiotheorie und Hörfunkforschung. Zur Entwicklung des trialen Rundfunksystems in Deutschland, Österreich und der Schweiz. Hamburg: Kovač

Lindner-Braun, Christa (Hrsg.) (1998): Radioforschung. Konzepte, Instrumente und Ergebnisse aus der Praxis. Opladen: Westdeutscher Verlag

Lindner-Braun, Christa 1998: Radio ist lebendig, präzise und persönlich – Ansatz zu einer Radiotheorie. In: Lindner-Braun (Hrsg.) (1998): 25-76

Lindstrom, Martin 2009: Kauf mich. In: Wirtschaftswoche. 33/2009. 53-59

Linke, Norbert 2006: Live Betrug. In: CUT. 9/2006. 32f

Linke, Norbert (2007): Moderne Radio-Nachrichten. Redaktion, Produktion, Präsentation. München: Fischer

Llosa, Mario Vargas (1979): Tante Julia und der Kunstschreiber. München: Steinhausen

Lochte, Robert 2007: Contemporary Christian Radio in the United States. In: The Radio Journal. 2&3/2007. 113-128

López Vigil, José Ignazio (1994): Rebel Radio: The Story of El Salvador's Radio Venceremos. Williamantic CT: Curbstone Press

Lungmus, Monika (2009): Der Parteien-Check. In: Journalist. 9/2009. 66-70

Lynen, Patrick (2009): Das wundervolle Radiobuch. Personality, Moderation, Motivation. Baden-Baden: Nomos

Magenheim, Anika (2006): Radiowerbung. Grundlagen, Märkte, Potenziale. Saarbrücken: vdm

McLuhan, Marshall (1964): Understanding Media. The Extensions of Man. Cambridge MA: MIT Press (Die magischen Kanäle. Dresden 1992)

Mai, Lothar 2008: Die Fußball-Europameisterschaft 2008 im Radio. In: Media Perspektiven. 8/2008. 449-452

Maletzke, Gerhard (1963): Psychologie der Massenkommunikation. Hamburg: Hans-Bredow-Institut

Malfeld, Rüdiger (2009): Die neuen Weltempfänger. In: ARD (2009): 64-68

Mark, Desmond (Hrsg.) (1996): Paul Lazarsfelds Wiener RAVAG-Studie 1932: Der Beginn der modernen Radioforschung. Wien: Guthmann-Peterson

Martens, Dirk (2009): Expansion ins Netz. Chancen und Risiken von Radio im Internet. Online unter: http://www.medientage.de/mediathek/archiv/2009/Martens_Dirk.pdf

Maupin, Armistead (2000): The Night Listener. New York: Harper

Maxson, David P. (2007): The IBOC Handbook: Understanding HD Radio Technology. Amsterdam/Boston: National Association of Broadcasters

Meckel, Miriam (1999): Redaktionsmanagement. Ansätze aus Theorie und Praxis. Opladen: Westdeutscher Verlag

Media Perspektiven (Hrsg.): Basisdaten. Daten zur Mediensituation in Deutschland. Frankfurt/Main: Media Perspektiven (erscheint jährlich)

Meier, Werner A. 2009: Das Mediensystem der Schweiz. In: Hans Bredow-Institut (2009): 592-602

Meyer, Jens-Uwe (2007): Radio-Strategie. Konstanz: UVK.

Meyer, Sandra 2007: Radiolandschaft Senegal. In: Settekorn/Kannegießer (2007): 26-35

Menduni, Enrico 2007: Four Steps in innovative radio broadcasting: From Quick Time to podcasting. In: The Radio Journal. 1/2007. 9-18

Möbus, Panela/Heffler, Michael 2009: Der Werbemarkt 2008. In: Media Perspektiven. 6/2009. 278-287

Moody, Reginald F. 2009: Radio's Role During Hurricane Katrina. In: Journal of Radio & Audio Media. 2/2009. 160-180

Moore, Paul 2008: From the Bogside to Namibia: The place of community radio in post-conflict cultural reconstruction. In: The Radio Journal. 1/2008. 45-58

Müller, Dieter K. 2002: Nutzungsmessung des Radios: Uhr oder Ohr? Erfüllen Radiometersysteme die Anforderungen an die Erhebung der Hörfunknutzung? In: Media Perspektiven. 1/2002. 2-8

Müller, Dieter K./Raff, Esther (Hrsg.) (2007): Praxiswissen Radio. Wie Radio gemacht wird. Und wie Radiowerbung anmacht. Wiesbaden: VS

NDR (2009) (Hrsg.): Verkehrs-Service im Radio. Hamburg: NDR (Broschüre)

Negt, Oskar/Kluge, Alexander (1972): Öffentlichkeit und Erfahrung. Zur Organisationsanalyse von bürgerlicher und proletarischer Öffentlichkeit. Frankfurt (Main): Suhrkamp

Nehls, Sabine (2009): Mitbestimmte Medienpolitik. Gewerkschaften, Gremien und Governance in Hörfunk und Fernsehen. Wiesbaden: VS

Noelle-Neumann, Elisabeth (1984): Die Schweigespirale. Die öffentliche Meinung, unsere soziale Haut. München: Piper

Nombré, Urbain 2000: The Evolution of Radio Broadcasting in Burkina Faso. From Mother Radio to Local Radios. In: Fardon/Furniss (2000): 83-89

Oehmichen, Ekkehardt (2001): Aufmerksamkeit und Zuwendung beim Radio hören. In: Media Perspektiven. 3/2001. 133-141

Oehmichen, Ekkehardt (2007a): Die neue MedienNutzerTypologie MNT 2.0. In: Media Perspektiven. 5/2007. 226-234

Oehmichen, Ekkehardt (2007b): Radionutzung von Migranten. Ergebnisse der ARD/ZDF-Studie „Migranten und Medien". In: Media Perspektiven. 9/2007. 452-460

Oermann, Carsten (1997): Rundfunkfreiheit und Funkanlagenmonopol. Berlin: Duncker & Humblot

Ofcom – Office of Communications (2010): Community Radio: Annual Report on the Sector 2009/10. London OfCom (erscheint jährlich) Online unter: http://stakeholders.ofcom.org.uk/broadcasting/radio/community/annual-reports/09-10/

O'Neill, Brain (ed.) (2010): Digital Radio in Europe. Technologies, Industries and Cultures. Bristol: Intellect.

Opel, Andy (2004): Micro Radio and the FCC. Media Activism and the Struggle over Broadcast Policy. Westport CT: Praeger

Ory, Stephan/Bauer, Helmut G. (Hrsg.) (2009): Hörfunk-Jahrbuch. Special Digitalradio. Berlin: Vistas.

Palme, Hans-Jürgen/Schell, Fred (Hrsg.) (1998): Voll auf die Ohren 2. Kinder und Jugendliche machen Radio. Beispiele, Anregungen, Ideen. München: KoPäd

Parta, R. Eugene (2007): Discovering the Hidden Listener. An Assessment of Radio Liberty and Western Broadcasting to the USSR during the Cold War. Stanford CA: Hoover Institution Press

Paukens, Hans/Wienken, Uschi (Hrsg.) (2005): Handbuch Lokalradio. Auf Augenhöhe mit dem Hörer. München: R. Fischer

Pease, Edward C./Dennis, Everette E. (Hrsg.) (1994): Radio – The Forgotten Medium. Piscataway NJ: Transaction Publishers

Peissel, Helmut/Pfisterer, Petra/Purkarthofer, Judith/Busch, Brigitta (2010): Mehrsprachig und lokal. Nichtkommerzieller Rundfunk und Public Value in Österreich. Wien: Rundfunk und Telekom Regulierungs-Gmbh

Pinkau, Rainer/Weber, Hans (2004): Geheimsender 2005/2006. Schwarzsender, Propagandasender, Untergrundsender und Targetradios. Baden-Baden: Vth

Pinkau, Rainer/Weber, Hans/Hebbeker, Peter (2007): Soldatensender. Geschichte und Gegenwart. Baden-Baden: Vth

Pinkau, Rainer/Thiemann, Sven (2005): Freie Radiostationen. Aktuelle Frequenzen, Programme, Sendezeiten. Baden-Baden: Vth

Pongs, Hermann (1931): Das Hörspiel. Stuttgart: Frommann

Raboy, Marc/Skinner, David 2009: Das Mediensystem Kanadas. In: Hans-Bredow-Institut (2009): 972-986

Rehm, Diana 1995: Talking Over America's Electronic Backyard Fence. In: Pease/Dennis: 69-73

Reitze, Helmut/Ridder, Christa-Maria (2006): Massenkommunikation VII. Eine Langzeitstudie zur Mediennutzung und Medienbewertung 1964-2005. Baden-Baden: Nomos

Richards, Paul 2000: Local Radio Conflict Moderation. The Case of Sierra Leone. In: Fardon/Furniss (2000): 216-229

Ridder, Christa-Maria/Engel, Bernhard (2010a): Massenkommunikation 2010: Medienutzung im Intermediavergleich. Ergebnisse der 10. Welle der ARD/ZDF-Langzeitstudie zur Mediennutzung und -bewertung. In: Media Perspektiven. 11/2010. 523-536

Ridder, Christa-Maria/Engel, Bernhard (2010b): Massenkommunikation 2010: Funktionen und Images der Medien im Vergleich. Ergebnisse der 10. Welle der ARD/ZDF-

Langzeitstudie zur Mediennutzung und -bewertung. In: Media Perspektiven. 11/2010. 537-548

Riedler, Rudolf (1976): Schulfunk und Schulpraxis. Anregungen zur Didaktik des akustischen Unterrichtsmittels. München: Oldenbourg

Riegler, Thomas (2004): Radiovielfalt via Satellit. So gehen Sie auf Empfang. Baden-Baden: Vht

Riegler, Thomas (2005): DAB – Das neue digitale Radio. Baden-Baden: Vth

Riegler, Thomas (2006): DRM – Digital Radio Mondiale. Theorie und Empfangspraxis. Baden-Baden: Vht

Riegler, Thomas (2007): Radiohören auf Lang- und Mittelwelle. Empfangspraxis, Geräte, Sender und Programme. Meckenheim: Siebel

Riehm, Ulrich/Wingert, Bernd (1995): Multimedia. Mythen, Chancen und Herausforderungen. Mannheim: Bollmann

Riehm, Ulrich/Wingert, Bend 1995: Computerisierung des Hörfunks: DAB und andere digitale Radioformen. In: Riehm/Wingert (1995): 221-237, online unter: www.itas.fzk.de/deu/itaslit/riwi95a/Kap7.pdf

Rössler, Patrick/Vowe, Gerhard (Hrsg.) (2001): Das Geräusch der Provinz – Radio in der Region. München: KoPaed

Röttgers, Janko (2009). Das Hosentaschenmedium. In: medium magazin. 12/2009. 30f

Rogge, Jan-Uwe 1988: Radio-Geschichten. Beobachtungen zur emotionalen und sozialen Bedeutung des Hörfunks im Alltag von Vielhörern. In: Media Perspektiven. 3/1988. 139-151

Roth, Wolf-Dieter (2004): Piratensender – Geschichte und Praxis. Die Story der Seesender, Alpensender und der illegalen Rundfunkpiraten. Baden-Baden: Vth

Rundfunkstaatsvertrag (2010): Staatsvertrag für Rundfunk und Telemedien in der Fassung des 13. Staatsvertrags zur Änderung rundfunkrechtlicher Staatsverträge vom 10. März 2010. Online unter: http://www.alm.de/fileadmin/Download/Gesetze /RStV_aktuell.pdf

Sala, Roberto 2009: Fremde Stimmen im Äther. Wie das „Gastarbeiterradio" zum demokratischen Problemfall wurde. In: WZB-Mitteilungen. 126/2009. 28-31

Saxer, Ulrich/Rathgeb, Jürg (1992): Lokalradiowerbung als Innovation. Der Einführungsprozess eines neuen Werbeträgers in der Schweiz. Eine empirische Studie. München: R. Fischer

Scanell, Paddy (1996): Radio, Television and Modern Life. Oxford: Blackwell

Schade, Edgar/Ganz-Blättler, Ursula 2004: Die Anfänge der Rundfunkpolitik in der Schweiz. Das Radio als Hort interkultureller Verständigung – mehr als ein Mythos?. In: Lersch/Schanze (2004): 205-238

Schadomsky, Ludger (2007): DW-Radio wird in Äthiopien gestört. DW-World v. 23.11.2007 Online unter: http://www.dw-world.de/dw/article/0,,2968581,00.html

Schätzlein, Frank (2010): Beiträge zur Radiotheorie. Eine Bibliographie. Online unter: http://www.frank-schaetzlein.de/biblio/radiotheorie.htm

Scheffner, Horst (Hrsg.) (1978): Theorie des Hörspiels. Stuttgart: Reclam

Schiller-Lerg, Sabine (1984): Walter Benjamin und der Rundfunk. Programmarbeit zwischen Theorie und Praxis. München: Saur

Schmitz, Michael/Siebel, Wolf (2010): Sender und Frequenzen 2011. Jahrbuch für weltweiten Rundfunkempfang: Lang-, Mittel-, Kurzwelle, Satellit, Internet. Baden-
Baden: Vth

Schneider, Irmela (Hrsg.) (1984): Radio-Kultur in der Weimarer Republik. Eine Dokumentation. Tübingen: Narr

Schneider, Wolf (1986): Deutsch für Profis. Wege zu gutem Stil. Hamburg: Gruner und
Jahr

Schneider, Wolf (1987): Deutsch für Kenner. Die neue Stilkunde. Hamburg: Gruner und
Jahr

Schneider, Wolf/Raue, Paul-Josef: (1998) Handbuch des Journalismus. Reinbek: Rowohlt

Schramm, Holger 2005: Wer fühlen will, muss hören!. Zusammenhänge zwischen Musik-
rezeptionsmodalitäten, Musikgenrepräferenzen und der situativen Nutzung von Musik zur Regulierung von Stimmungen. In: Gehrau/Bilandzic/Woelke (2005): 149-
166

Schramm, Holger (Hrsg.) (2008): Musik im Radio: Rahmenbedingungen, Konzeption,
Gestaltung. Wiesbaden: VS

Schramm, Holger 2008a: Nutzung von Radioprogrammen. In: Schramm (2008): 35-63

Schramm, Holger 2008b: Praxis der Musikforschung. In: Schramm (2008): 135-166

Schramm, Holger 2009: Die Gestaltung von Musikprogrammen im Radio. In: Trep-
te/Hasebrink/Schramm (2009): 205-223

Schramm, Holger/Petersen, Sven/Rütter, Karoline/Vorderer, Peter (2002): Wie kommt die
Musik ins Radio? Stand und Stellenwert der Musikforschung bei deutschen Radiosendern. In: Medien und Kommunikationswissenschaft. 2/2002. 227-246

Schwartz, Tony (1983): Media – The Second God. Garden City NY: Anchor

Schwartz, Tony (1973): The responsive chord. Garden City NY: Anchor

Schwarzkopf, Dietrich (Hrsg.) (1999): Rundfunkpolitik in Deutschland. Wettbewerb und
Öffentlichkeit. München: dtv

Schwering, Gregor 2007a: Brechts Radiotheorie und Enzensbergers Baukasten: Zwei
Kommunikationsmodelle auf dem Prüfstand. In: Sprache und Literatur. Jg. 38.
1/2007. 18-38

Schwering, Gregor (2007b): Datenlage und Theorie: Brechts und Enzensbergers Modelle.
Stichworte zu einer Re-Lektüre der Radiotheorie und des Baukastens. In: Navigatio-
nen – Zeitschrift für Medien- und Kulturwissenschaften. 1/2007. 95-119

Schwiesau, Dietz/Ohler, Josef (2003): Die Nachricht in Presse, Radio, Fernsehen, Nachrichtenagentur und Internet. Ein Handbuch für Ausbildung und Praxis. Mün-
chen/Leipzig: List

Segeberg, Harro (2004) (Hrsg.): Die Medien und ihre Technik. Theorien – Modelle –
Geschichte. Marburg: Schüren

Settekorn, Wolfgang/Kannengießer, Sigrid (Hrsg) (2007): Radio global. Radiokultur in
Ländern der „Dritten Welt". Hamburg, Institut für Medien und Kommunikation der
Universität Hamburg Online unter: http://www.slm.uni-hamburg.de/imk/Hamburger
Hefte/HH10_RadioDritteWelt.pdf

Shingler, Martin/Wieringa, Cindy (1998): On Air: Methods and Meanings of Radio.
London: Arnold

Sjurts, Insa (2002): Strategien in der Medienbranche. Grundlagen und Fallbeispiele. Wiesbaden: Gabler

Sommer, Heinz 2009: Wie kommt Europa ins Radio?. In: Infosat 256/2009. 98f (Interview)

Spang, Wolfgang (2006): Qualität im Radio. Determinanten der Qualitätsdiskussion im öffentlich-rechtlichen Hörfunk in Deutschland. St. Ingbert: Röhrig

Speda, Chris (2008): Survive Radio: Radiowerbung & Promotion richtig getextet und produziert. Esslingen: Chris Speda

Spence, Patric R. et. al. 2009: Serving the Public Interest in a Crisis: Radio and its Unique Role. In: Journal of Radio & Audio Media. 2/2009. 144-159

Stadlbauer, Clemens (2004): Quotenkiller. Zürich: Unionsverlag

Steglich, Ulrike 2005: Von Kindern für Kinder. Das gemeinnützige Radijojo auf Erfolgskurs. In: epd medien. 28/2005. 5-7

Steinmaurer, Thomas 2009: Das Mediensystem Österreichs. In: Hans-Bredow-Institut (2009): 504-517

Steinmetz, Rüdiger (2005): Teuflisch gut. Vorgeschichte und zehn Jahre Programm- und Organisationsgeschichte von mephisto 97.6, dem Lokalradio der Universität Leipzig. Leipzig: Universität Leipzig

Strauss, Neil (Hrsg.) (1993): Radiotext(e). New York: Semiotext(e)

Stümpert, Hermann (2005): Ist das Radio noch zu retten?. Überlebenstraining für ein vernachlässigtes Medium. Berlin: Uni-Ed.

Teichert, Will 1987: Der Hörfunk des Nebenbei – ernstgenommen. In: Media Perspektiven. 5/1987. 275-293

Teichert, Will 1991: Hörerbedürfnisse. In: Arnold/ Quandt (1991): 275-283

Thomaß, Barbara (Hrsg.) (2007): Mediensysteme im internationalen Vergleich. Konstanz: utb

Trepte, Sabine/Hasebrink, Uwe/Schramm Holger (Hrsg.) (2009): Strategische Kommunikation und Mediengestaltung – Anwendung und Erkenntnisse der Rezeptions- und Wirkungsforschung. Baden-Baden: Nomos

UNESCO – Deutsche UNESCO Kommission (2009): Kulturelle Vielfalt gestalten. Weissbuch. Bonn: Deutsche UNESCO Kommission

UNESCO (2005): Übereinkommen über den Schutz und die Förderung der Vielfalt kultureller Ausdrucksformen. Paris: UNESCO Online unter: http://www.unesco.de/konvention_kulturelle_vielfalt.html?&L=0

Venus, Theodor 2004: Das österreichische Beispiel. Rundfunkpolitische Weichenstellungen von den Anfängen des Funks bis zur Gründung der RAVAG 1897-1924. In: Lersch/Schanze (2004): 165-204

Virilio, Paul (1997): Rasender Stillstand. Frankfurt: Fischer

Völkner, Thomas (Hrsg.) (2006): Internationales Radio in Europa. Situation und Zukunftsperspektiven. Remscheid: Gardez!

Vogel, Bernhard 2001: Politik im Rundfunk – Rundfunk in der Politik. In: Rössler/Vowe (2001): 515-522

Volpers, Helmut (2007): Public Relations und werbliche Erscheinungsformen im Radio. Eine Typologisierung persuasiver Kommunikationsangebote des Hörfunks. Berlin: Vistas

Vowe, Gerhard/Andreas Will (2004): Die Prognosen zum Digitalradio auf dem Prüfstand. Waren die Probleme bei der DAB-Einführung vorauszusehen?. München: KoPäd.

Vowe, Gerhard/Wolling Jens (2004): Radioqualität – was die Hörer wollen und was die Sender bieten. Vergleichende Untersuchung zu Qualitätsmerkmalen und Qualitätsbewertungen von Radioprogrammen in Thüringen, Sachsen-Anhalt und Hessen. München: KoPäd.

VPRT Verband Privater Rundfunk und Telemedien (Hrsg.) (2006): Hörfunk in Deutschland. Rahmenbedingungen und Wettbewerbssituation Bestandsaufnahme 2006. Berlin: Vistas

Waits, Jennifer C. 2007: Does „indie" Mean Independence?. Freedom and Restraint in a late 1990s US College Community Radio. In: The Radio Journal. 2&3/2007. 83-96

Wall, Tim 2004: The Political Economy of Internet Music Radio. In: The Radio Journal. 2 (1)/2004. 27-44

Waller, Judith C. (1946): Radio. The Fifth Estate. Boston: Houghton Mifflin

"Waves for Freedom". Report on the Sixth World Conference of Community Radio Broadcasters. Dakar, Senegal, January 23-39, 1995

Weber, Heike (2008): Das Versprechen mobiler Freiheit. Zur Kultur- und Technikgeschichte von Kofferradio, Walkman und Handy. Bielfeld: transcript

Wehr, Hendric (2005): Webradio aufnehmen. Düsseldorf: Data Becker

Weichler, Kurt (2003): Redaktionsmanagement. Konstanz: UVK

Weischenberg, Siegfried (1990): Nachrichtenschreiben. Journalistische Praxis zum Studium und Selbststudium. Opladen: Westdeutscher

Widlock, Peter 1989: Indianerradio in den USA: KILI-FM in South Dakota. In: Rundfunk und Fernsehen. 37/1989. 511-523

Wienken, Uschi (2004): Radiomoderatoren und ihre Erfolgsrezepte. Von den Besten lernen. München: Fischer

Wild, Christoph 2007: Radiowerbewirkungsforschung für die Praxis. Aufgabenstellung, Instrumente, Befunde. In: Müller/Raff (2007): 123-168

Wilke, Jürgen 2004: Der Deutsche Freiheitssender 904 und der Deutsche Soldatensender 935 als Instrument des Kalten Krieges. In: Arnold/Classen (2004): 249-266

Windgasse, Thomas 2009: Webradio: Potentiale eines neuen Verbreitungswegs für Hörfunkprogramme. In: Media Perspektiven. 3/2009. 129-137

World Radio TV Handbook (2009): World Radio TV Handbook. 2009 Edition. The Directory of Global Broadcasting. Oxford: WRTH Publications (erscheint jährlich)

Zambonini, Gualtiero 2004: Funkhaus Europa, das kosmopolitische Mehrsprachenprogramm des WDR. In: Klussmann (2004): 93-100

ZAW Zentralverband der deutschen Werbewirtschaft (Hrsg.) (2009): Werbung in Deutschland 2009. Berlin: ZAW

Zota, Volker (2009): Modellpflege bei Apples iPods. Online unter: http://www.heise.de/newsticker/meldung/Modellpflege-bei-Apples-iPods-Update-755369.html

## Zeitschriften

Funkamateur – Das internationale Fachmagazin für Amateurfunk, Elektronik und Funktechnik (www.funkamamteur.de)

Infosat – Multimedia Illustrierte, (www.infosat.de/)

Journal of Radio & Audio Media – Journal of the Broadcast Education Association. (www.informaworld.com).

Journalist - Zeitschrift der Journalistengewerkschaft DJV (www.djv/journalist)

Media Culture & Society (mcs.sagepub.com/)

Medien und Kommunikationswissenschaft – Zeitschrift des Hans-Bredow-Instituts, Hamburg (www.hans-bredow-institut.de/de/mampk/medien-kommunikationswissenschaft)

medium magazin (www.mediummagazin.de/)

Radio Journal – Das Branchenmagazin für Radio und Neue Medien (www.radiojournal.de)

Rundfunk und Geschichte – Zeitschrift des gleichnamigen Studienkreises (www.rundfunkundgeschichte.de)

The Radio Journal - International Studies in Broadcast & Audio Media (www.intellectbooks.co.uk/journals)

## Einige Websites

www.funkamateur.de
www.radiobookshop.de
www.radiojournal.de
www.radioweb.de
www.oldtimeradio.de

Wer sich für die wirtschaftlichen Verhältnisse der Radiosender und –märkte interessiert, wird insbesondere bei der Kommission zur Ermittlung der Konzentration im Medienbereich (KEK) fündig, die eine eigene Mediendatenbank betreibt (www.kek-online.de).

Alle deutschen Radiosender mit Bezeichnung, Adresse und Verantwortlichen listet das Jahrbuch der Landesmedienanstalten auf.

# Autorinnen und Autoren

**Ralph Eichmann**, geb. 1971, MA, Journalist, Leiter Programmgestaltung NDR1 Radio MV, NDR-Landesfunkhaus Mecklenburg-Vorpommern. Trainer für NDR-Volontäre und Lehrbeauftragter an der Universität Greifswald.

**Uwe Hasebrink**, geb. 1958, Dr., Prof. für Empirische Kommunikationswissenschaft an der Universität Hamburg. Direktor des Hans-Bredow-Instituts für Medienforschung sowie des Research Center for Media and Communication, beide Hamburg. Forschungsschwerpunkte: Mediennutzung und Medieninhalte.

**Hans J. Kleinsteuber**, geb. 1943, Dr., Prof. (em.) für Politische Wissenschaft (seit 1976) und Journalistik (seit 1982) an der Universität Hamburg. Leiter der Arbeitsstelle Medien und Politik. Forschungsschwerpunkte: Medienpolitik und Mediensysteme in Deutschland und international vergleichender Perspektive.

**Corinna Lüthje**, geb. 1968, Dr. in Kommunikationswissenschaft, wissenschaftliche Mitarbeiterin am Institut für Journalistik und Kommunikationswissenschaft an der Universität Hamburg. Forschungsschwerpunkte: Rezeptionsforschung, Kultur- und Mediensoziologie.

**Norman Müller**, geb. 1980, Studentische Hilfskraft am Hans-Bredow-Institut für Medienforschung, Moderator bei *ByteFM*, beide Hamburg. Forschungsschwerpunkte: Radio in digitalisierten Medienumgebungen.

**Frank Schätzlein**, geb. 1973, M.A., stellvertretender Leiter der Arbeitsstelle Studium und Beruf der Fakultät für Geisteswissenschaften an der Universität Hamburg. Arbeitsschwerpunkte: Audiomedien, Hörspiel, Radio, Sounddesign, Recherche, Medienkompetenz. Bietet Texte und Bibliografien unter: www.frank.schaetzlein.de.

# Journalismus

Klaus-Dieter Altmeppen /
Regina Greck (Hrsg.)
**Facetten des Journalismus**
Theoretische Analysen
und empirische Studien

2011. ca. 250 S. Br. ca. EUR 29,95
ISBN 978-3-531-17524-9

Volker Banholzer
**Technikjournalismus in
Redaktion und Public Relations**
Zielgruppengerecht Technik vermitteln

2012. ca. 240 S. Br. ca. EUR 29,95
ISBN 978-3-531-18071-7

Sascha Demarmels /
Wolfgang Kesselheim (Hrsg.)
**Textsorten in der Wirtschaft**
Zwischen textlinguistischem Wissen
und wirtschaftlichem Handeln

2011. ca. 200 S. Br. ca. EUR 24,95
ISBN 978-3-531-17869-1

Beatrice Dernbach /
Wiebke Loosen (Hrsg.)
**Didaktik der Journalistik**
Konzepte, Methoden und Beispiele
aus der Journalistenausbildung.

2011. ca. 300 S. Br. ca. EUR 34,95
ISBN 978-3-531-17460-0

Frank Littek
**Storytelling in der PR**
Wie Sie die Macht der Geschichten
für Ihre Pressearbeit nutzen

2011. ca. 180 S. Br. ca. EUR 19,95
ISBN 978-3-531-17624-6

Christoph Neuberger / Christian
Nuernbergk / Melanie Rischke (Hrsg.)
**Journalismus im Internet**
Profession – Partizipation – Technisierung

2., akt. und erw. Aufl. 2011. ca. 400 S. Br.
ca. EUR 39,95
ISBN 978-3-531-18076-2

Christoph Neuberger / Peter Kapern
**Grundlagen des Journalismus**

2012. ca. 180 S. (Kompaktwissen
Journalismus) Br. ca. EUR 19,95
ISBN 978-3-531-16017-7

Erhältlich im Buchhandel oder beim Verlag.
Änderungen vorbehalten. Stand: Juli 2011.

**www.vs-verlag.de**

**VS VERLAG**

Abraham-Lincoln-Straße 46
65189 Wiesbaden
tel +49 (0)6221.345 - 4301
fax +49 (0)6221.345 - 4229

# Lehrbücher / Nachschlagewerke

Klaus Beck
**Das Mediensystem Deutschlands**
Strukturen, Märkte, Regulierung
2012. ca. 290 S. (Studienbücher zur Kommunikations- und Medienwissenschaft)
Br. ca. EUR 19,95
ISBN 978-3-531-16370-3

Michael Jäckel
**Medienwirkungen**
Ein Studienbuch zur Einführung
5., vollst. überarb. u. erw. Aufl 2011. 434 S. (Studienbücher zur Kommunikations- und Medienwissenschaft) Br. EUR 29,95
ISBN 978-3-531-17996-4

Otfried Jarren / Patrick Donges
**Politische Kommunikation in der Mediengesellschaft**
Eine Einführung
3., grundl. überarb. u. akt. Aufl. 2011. 283 S. (Studienbücher zur Kommunikations- und Medienwissenschaft) Br. EUR 24,95
ISBN 978-3-531-17437-2

Hans-Dieter Kübler
**Interkulturelle Medienkommunikation**
Eine Einführung
2011. 124 S. Br. EUR 14,95
ISBN 978-3-531-18229-2

Patrick Rössler
**Skalenhandbuch Kommunikationswissenschaft**
2011. ca. 400 S. mit Online-Service. Geb.
ca. EUR 49,95
ISBN 978-3-531-15453-4

Ulrike Röttger / Joachim Preusse / Jana Schmitt
**Grundlagen der Public Relations**
Eine kommunikationswissenschaftliche Einführung
2011. 297 S. Br. EUR 19,95
ISBN 978-3-531-16470-0

Barbara Thomaß
**Ethik der Kommunikationsberufe**
Journalismus, Public Relations, Werbung
2012. ca. 250 S. (Studienbücher zur Kommunikations- und Medienwissenschaft)
Br. ca. EUR 24,95
ISBN 978-3-531-14416-0

Hartmut Weßler / Michael Brüggemann
**Transnationale Kommunikation**
Eine Einführung
2012. ca. 250 S. (Studienbücher zur Kommunikations- und Medienwissenschaft)
Br. ca. EUR 24,95
ISBN 978-3-531-15008-6

Erhältlich im Buchhandel oder beim Verlag.
Änderungen vorbehalten. Stand: Juli 2011.

**www.vs-verlag.de**

**VS VERLAG**

Abraham-Lincoln-Straße 46
65189 Wiesbaden
tel +49 (0)6221.345 - 4301
fax +49 (0)6221.345 - 4229